中央大学政策文化総合研究所研究叢書　33

韓国・朝鮮の近現代史と日本

李　熒娘 編著

中央大学出版部

ま え が き

　本書は，中央大学政策文化総合研究所の研究プロジェクト「朝鮮史研究と日本史研究の接点――朝鮮半島と日本の共生をめざして――」の研究成果の一部である．全16篇で，4部構成となっている．時系列的に配列し，第Ⅰ部　前近代から開港期・植民地期（1〜5章），第Ⅱ部　植民地下の朝鮮（6〜8章），第Ⅲ部　在日・在満朝鮮人（9〜13章），第Ⅳ部　現代の韓国と日本（14〜16章）である．以下，その内容を紹介する．

　第Ⅰ部第1章　明治中期の下関港と朝鮮貿易（木村健二）は，北前船の来航とそこに積載された積荷の売り捌きを担当した下関の物品問屋が，明治維新以降，どのような変遷を示すのかについて，新たに登場した朝鮮貿易と関わらせつつ論じたものである．具体的には，下関港が対朝鮮貿易港から，さらに一般開港場となっていく過程を，制度面と貿易品目面からたどっていく．その際に，業種横断的組織である商業会議所と，業種別組織である物品問屋組合が，いかなる対応を示すのかを明らかにし，その間の下関港における営業税上位者の特徴を把握した上で，1898年末に設立された日韓貿易委托株式会社が，旧来の北前船が持ち寄った日本海地域の産物とほぼ同類の産物を朝鮮から引き取り，中国・四国・九州地域に売り込んでいく点に着目する．それは彼らが，朝鮮を後退しつつある北前船ビジネスに代わる地域として位置づけ，旧来の勢力を保持しようとしたものにほかならなかったが，日清戦後における銀行の為替取組み拒絶に遭遇して破綻を余儀なくされ，同社に関わった商業者の多くは，活動の拠点を朝鮮の開港場に移していくという．

　第2章　昔話の文化的接触――『温突夜話』を通して（尹惠貞）は，昔話とは，親から子へ，祖父母から孫へと，口頭で語りかけるものとして伝承され，人間の基本的な文化的営みと言えるとした上で，「外地人」である朝鮮人の基本的な文化的営みを，自然の営みの上に成り立つものとしての「国語」で伝え

た田島泰秀（1923）『温突夜話』と，自国の基本的な文化的営みを，自然の営みの上に成り立つものではない「日本語」で伝えた鄭寅燮（1927）『温突夜話』に焦点を当てる．田島と鄭の人物，両『温突夜話』の構造や挿絵を分析し，日本人による「朝鮮の昔話」の発見利用の意味と朝鮮人によるそれとを考察する．その結果，「世界の人」を思考するという理想のもと，同化推進者として「ネーション／ナショナル」を奪う田島泰秀と，コスモポリタンを称し民族を志向しながら「ネーション／ナショナル」を奪われる鄭寅燮は，同じタイトルである『温突夜話』を残した．これは時代的産物ではあるが，偶然的な産物ではなかった．当時の朝鮮において，ネーション的なものとコスモポリタン的なものが，対極から文化的に接触した交点が『温突夜話』であったと結論づける．

　第3章　朝鮮の茶文化——伝統の継承と日本植民地統治期を経た変容——（新井佑一）は，朝鮮近代史研究の中でも，日本の植民地統治期を通して，朝鮮在来の茶文化がいかに継承され，また日本の植民地統治政府や日本人移民が持ち込んだ日本の茶文化がいかなる影響を与えたかを検証したものである．そのため，まず，中国から伝わった茶文化が古代朝鮮の伽耶，百済でどのように受容されたか，そしてその後，統一新羅，高麗，朝鮮の時代に，どのように朝鮮の独自色が付け加えられていったかを官撰及び個人の資料を通して検証した．その上で，これらを土台として，朝鮮開港以降，日本の植民地期を経て，日本政府による朝鮮における茶に関連する諸政策や，日本人移民による自発的な日本茶文化の流入過程を検証することで，今日の朝鮮社会に見られる茶文化の態様の根源となるものが見い出されると結んでいる．

　第4章　朝鮮王朝後期の紀年法について——清の年号と”崇禎”年号——（文純實）朝鮮王朝後期の社会では，まず，冊封する宗主国が明から清に代わっても，明の最後の皇帝であった毅宗崇禎帝の年号である「崇禎」年号が長らく使用されたという．今日の研究では，こうした紀年法を「崇禎紀年」と言い，冊封体制下で宗主国の「奉正朔」は，儒教的に欠かすことのできない礼であったが，武力による清の冊封に対して，朝鮮の国内での反発は長く続いた．その後の朝鮮社会では，国家再建の理念として，清に対する「北伐論」

や明に対する「対明義理論」，さらには明亡き後その中華を継承したとする「朝鮮中華主義」を定立し，清の年号の使用を拒否し，「崇禎」を使用し続けたのはこうした朝鮮社会の一つの表出だったといえるとされている．そこで本稿では，「丙子之乱」後，朝廷での年号に関する議論および使用状況を検討し，さらに当時の知識人が年号の使用をどう見ているのかを考察したものである．朝廷では特に王室に玉冊，誌文，王陵の表石文，また王が下す教命文などに使用され，社会では郷校，書院，家門の祭礼や，個人の文集，書簡，墓碑などで使用された．当時の人々の年号に関する見解として，宋時烈と朴世堂，閔以升と鄭斉斗，とそれぞれの論争を，他に朴趾源の見解などを考察し，以上より，当時の朝鮮社会において年号が「記録」としてだけでなく「記憶」としても使用されていたことなどを指摘する．

第5章　済州島「停漁」問題と日本人潜水器漁業——（1879年〜1893年）——（神谷丹路）は，19世紀後半，朝鮮への漁業侵略を始めた日本が，朝鮮の人々の激しい反発にあい，一時的に済州島への出漁を「停漁」（「往漁差控」）とした時期があったことに着目し．これまで実態がよくわかっていなかった済州島「停漁」について，戦前期外務省記録「済州島漁業関係雑纂」等をもとに検討したものである．日本漁民の朝鮮出漁の法的根拠は，1883年「朝鮮国に於て日本人民貿易の規則」第41款に始まり，許可海域は南岸と東岸すべて，無関税（漁業税なし）で，獲り放題となった．ただちに官民の激しい反発を招いたのは済州島である．長崎県のアワビ潜水器漁業者が済州島の豊かなアワビ漁場へ押しかけたためで，日本政府は，済州島に限り一時「停漁」を持ち出し，沈静化を図った．だがその後，部分解禁，2度の「停漁」延長など，複雑な経過をたどり，短銃や短刀を所持する日本漁民は島民殺傷事件を頻発させ，上陸を強行，島は無法地帯と化していた．「停漁」は7年2カ月で打ち切りと通告されたが，「停漁」中も一部の日本漁業者は，島の地方官と結んだり，朝鮮会社に属したりなど，実態は抜け穴だらけであった．最終的に日本政府は，軍艦による威嚇，漁場調査，朝鮮高官，「王命」を利用し，済州島「停漁」の打ち切り通告に実効性をもたせたという．

第Ⅱ部第6章　1920年代後半以降における朝鮮林政の検討──譲与事業に注目して──（韓梨恵）は，林野調査事業が終了した1920年代後半朝鮮では，「朝鮮特別縁故森林譲与令」が出され，国有林内に縁故を有する林野の譲与が実施され，他方で同時期には国有林事業の促進という内容を含む『朝鮮林政計画書』が出されたことに着目する．本論文の目的は，1920年代後半以降にみられた総督府林政を具体的な事例に基づいて考察することにある．咸鏡南道定平郡高山面に位置する要存林・香爐峰で実施された譲与事業を分析したところ，譲与令に基づく出願に優先して国有林処分事業が進められていたことがわかった．すなわち『計画書』を後ろ盾にして展開されていた国有林処分と，譲与令による出願が同区域で衝突した際には前者が優先されたことを明らかにしている．

第7章　シンガーミシンの朝鮮市場席巻（李榮娘）は，シンガーミシンの朝鮮市場の展開過程を把握することを通じて，朝鮮においてミシン需要が創出される過程の一側面を明らかにしようとしたものである．世界初の多国籍企業だといわれるシンガー社は1853年生産しはじめてから半世紀の間，市場を開拓する過程で世界市場へ供給する生産体制とともに，販売システムの体系化を整えたのである．シンガー社の東アジアへの進出は20世紀に入って（日本1900年，朝鮮1905年）からである．シンガーミシンの日本市場の展開過程の比較を念頭におきながら，朝鮮におけるシンガー社の流通・販売過程の特徴を浮き彫りにしている．

第8章　増田収作を通じてみる農村振興運動の一側面（早川和彦）は，1930年代の農村振興運動を考察の対象としている．筆者は，農村振興運動とは朝鮮総督府の官製運動で，自力更生のスローガンの下，不足食料の充実・現金収支の均衡・負債の根絶という三目標を達成するため，部落内の農家の経営状況を一戸ずつ調査し，各戸ごとに五年間の農家更生計画をつくらせ，実行させたこととする．そして，農振運動実施の背景として，朝鮮農村の疲弊があったとし，1920年代に加速した商品経済の浸透による農民層の分解とそれに伴う零細農・小作農の増加，他方で彼らを吸収できるほど発達していない

労働市場とその結果としての農村の過剰人口，そこに 1930 年からの昭和恐慌が追い打ちをかけたことをあげる．しかし，農振運動の指導者たちは，農村窮乏の原因をこのような構造的問題に求めるのではなく，朝鮮農民愚民観とそれに基づく「私事化」イデオロギー（松本武祝, 1996）に帰した．つまり，農民の困窮は，営農の稚拙さ，陋習に固執する頑迷さ，懸命に働こうとしない怠惰性などに起因し，したがって窮乏を招いた責任は努力の足りない農民自身にある，としたとする．筆者は，初等学校教員から農振運動の唱導者に転じた増田収作という人物の活動や思想を通じて，この運動が朝鮮農民愚民観に基づいた「私事化」イデオロギーの下に推進されたという点を強調した．

第Ⅲ部第 9 章　在日朝鮮人預金者について（樋口雄一）は，在日朝鮮人の金銭的な諸状況のうち，これまで正面から取り上げられてこなかった，渡日時所持金やその後の収入金，そして貯蓄金について，1930 年代前半期の大阪府や東京府，そして 1940 年の労働動員下における 40 道府県の調査報告書を細かく分析し，そこから見えてくる今後の研究課題を提示したものである．

すなわち，所持金に関しては，10 円以上という規定があるにも拘わらず「無」とするものが圧倒的多数を占めたこと，その一方，数百円以上を所持するものもあって，一定の事業目的者の存在をうかがわせること，収入金に対する余剰金や貯蓄金はきわめて少額であったこと，労働動員下においては多額の貯蓄がなされており，「強制貯蓄」の跡が見て取れることなど，興味深い論点を指摘している．

第 10 章　近現代間島地域における農業構造と食糧の流通状況（朴敬玉）は，朝鮮半島と隣接し，中朝露国境地帯となる間島地域の農業構造と食糧の流通状況を明らかにすることを目指している。当該地域は 1909 年の日本領事館開設及び 1910 年の韓国併合を境として進展し始め，それが第 1 次世界大戦を経て，1923 年の天図軽便鉄道の開通により，急激な商品市場化を辿ることとなったが，筆者は，間島への朝鮮人の移住過程を概観し，畑作農業を主とする農業構造が，民国期（1912〜1931），「満洲国」期（1932〜1945）にどのように変化していくのかを，分析する．間島地域には統監府派出所設置以降，日

本の商権が浸透し，農作物の流通過程において，朝鮮北部の商人（日本人・朝鮮人）が重要な役割を果たし，それは，糧桟を媒介に農作物が流通された満洲の他の地域と比べて大きな違いであると指摘する．加えて，満洲事変以降，間島地域の原料供給地としての役割が一層強化されることとなり，その結果輸出入合計において約70％を占める間島の対朝鮮貿易は，朝鮮との間に完全な経済ブロックを構成していたことを表すものであったと結論づける．

　第11章　敗戦直後の対朝鮮人刑事政策の実態——朝鮮人高犯罪率言説と「不法行為」化・取締集中化——（金守香）は，敗戦前後における朝鮮人高犯罪率言説を前提に，敗戦直後の朝鮮人取締りにおいて現れた特徴を把握し，その背後にある刑事政策・治安政策を浮かび上がらせることを目的とした．刑事政策は，一般に，犯罪防止を直接の目的とする点において，社会にとって必要かつ重要な施策である反面，治安政策と密接に関連している点が問題となる．しかし，それは刑罰法規の形式をとり，警察・検察など国家機構の活動という形式で行われることから，その本質が見えにくい．警察，検察が敗戦直後より行った朝鮮人に対する取締りは，広範に行っていた戦前の取締りとは大きく異なる様相を呈していた．そこで本稿では，敗戦後の朝鮮人取締りの対象および手段に着目し，「不法行為」化と取締集中化について検討した．これらを通じて，敗戦直後，警察，検察がどのように朝鮮人の取締りを行ったか，取締りの特徴は何であったかを明らかにし，当時の朝鮮人に対する刑事政策とその背後にある治安政策を可視化することを試みた．これらは，過去と現在に通底する問題として，現在の刑事政策および治安政策をみるうえでも重要な視点となろう．

　第12章　関東大震災と朝鮮人虐殺，そして弁護士・布施辰治（李圭洙）は，ハーバード大学ロースクール教授のジョン・マーク・ラムザイヤー氏の発言を通じて，関東大震災当時の朝鮮人虐殺がこれまでどのように記憶されてきたのか，そして1990年代以降の歴史修正主義の台頭とともに日本の排外主義的風潮によってどのように忘れ去られてきたのかを検証し，記憶を正しく継承するための連帯と研究の可能性を展望した．ラムザイヤー妄言は，私たち

に今でも真実が完全に解明されていないことを教えてくれる．隠蔽された虐殺の記憶を正当に蘇らせ，次の世代に伝えなければならないという新たな課題を投げかけている．虐殺された朝鮮人の叫びに対して，今こそ日本社会が応答すべきである．解放後，在日朝鮮人を中心に朝鮮人虐殺の真相を明らかにしようとする研究成果が蓄積されてきた．それは，日本社会で体験せざるを得なかった極端な差別と排外主義を超え，自らの歴史を復元しようとする過程であった．特に布施辰治を例に，良心的な日本人や市民団体との連帯を通じて，関東大震災当時の朝鮮人虐殺の真相究明の重要性を提起した．

　第 13 章　水俣病になった朝鮮人——洲上朝市と朝鮮人集落（辻信行）は，水俣病に罹患した朝鮮人の状況を明らかにすることを目的としている．1950 年に実施された国勢調査によると，水俣市に居住する外国人で最も多い国籍は「朝鮮」で 309 人である．その次に多いのが復帰前の「沖縄」で 20 人，その次が「中華民国」の 4 人である．これらの外国人の罹患状況についての調査研究は立ち遅れており，もっとも多い「朝鮮」の国籍を持つ人々についても同様である（ただし当然のことながら，水俣病の被害地域は，水俣市に限らない）．そのような中，本章では，岡本達明によって収集された証言集を主たる文献資料として，筆者の現地でのフィールドワークを加えて論じる．まずは朝鮮で生まれ，幼少期に日本人の漁師と天草に渡島し，釜山での生活を経て水俣に移住し，水俣病に罹患して亡くなった洲上朝市（1900～1972）の生涯を辿る．次に，水俣病が公式確認された前後の水俣における朝鮮人集落の生活状況を概観し，その上で，朝鮮人の罹患状況について探る．それにより，これまで明らかにされてこなかった朝鮮人の水俣病被害の実態が垣間見られる．

　第 IV 部第 14 章　解放後の韓国の宗教政策——米軍政の開始と大韓民国の成立——（上別府正信）は，朝鮮の解放後の米軍政の統治下，及び韓国の成立過程における宗教政策を日本との比較を通して検証し，戦後の日韓の宗教政策の相違点を明らかにしようとする試みである．近代以降，朝鮮の宗教は常に日本統治の影響を受けてきた．戦後は日韓両国とも連合国（米国）の統治下で信教の自由，政教分離が保障されたが，韓国では政治情況から李承晩が

親基督教政策を推進したことと，仏教の内部対立もあり，日本統治時代の「寺利令」等の管理統制の強い法が維持されたため，仏教は厳しい立場に置かれた．朴正熙政権下では，民主化運動と結びついた基督教に対抗し親基督教政策から離脱，仏教とその支持基盤を取り込むため「寺利令」等も廃止したが，実質的には別の管理統制の強い法律に置き換わっただけであった．その後，社会，政治状況の変化に伴い，仏教団体を管理する法律は改正されたが，依然として仏教だけが他の宗教団体と異なる法律が適用されている．戦後，日本では信教の自由，政教分離が比較的実現されたのに対し，韓国では日本統治の影響と複雑な政治状況によって，歪んだ宗教政策が続き，現在の韓国の宗教状況にまで大きな影響を及ぼすこととなったと結論づける．

　第15章　2000年代韓国映画に表れた女子商業高校全盛期の「終焉」（藤田忠義）は，2001年に初上映された韓国映画『子猫をお願い』を参考に1980年代から2000年代序盤における女子商業高校の変化を考察する．同作品は2000年代に女子商業高校を卒業した5人の女性のその後の1年間を描いた物語で，そこには1995年頃から変化の過渡期にあった女子商業高校とその出身者の姿が映し出されているという．映画ではタイプライターが古い時代の象徴として扱われる一方，パソコン技能は就職を左右するほど重要なものとなっている．また，主人公の一人が事務技能ではなくデザインに関心を寄せる描写も挿入されるなど，商業科の学科編成も情報処理科を中心に時代の変化に対応した学科が設置されはじめる．主人公5人の内，事務職として就職したのはただ一人で，残りの4人は映画の時間軸において進学も就職もしていない状態だった．女子商業高校生は学校推薦や紹介により安定した就職経路を確保していたが，就職者は年々減少し，上級学校進学者が増加するようになる．さらに，事務職を中心としていた就職者の職種はサービス販売などにも分散していく．多くの学生を事務職員として送り出した女子商業高校の姿は過去のものとなった．映画では，かつて人材養成において全盛を誇っていた女子商業高校の「終焉」を物語るかのように，その断片が象徴のように登場する．2000年代の女子商業高校生の進路選択は多様化したように見えるが，彼女ら

の先行は不安定だった.「就職がうまくいく高校」という過去の神話は,将来に悩み,人生を模索する多声的な主人公の日常でつなぎ合わされている.本章はそうした女子商業高校の変化を『子猫をお願い』から読み取っている.

　第16章　韓国の行政デジタル化の変遷と日本への示唆点（髙木佳祐）は,世界最高水準にまで発展した韓国の行政デジタル化（電子政府）の変遷を追いながら,その成功要因と日本への示唆点の導出を試みている.韓国の行政デジタル化は,大統領を中心とした強いリーダーシップや,「選択と集中」に基づく集中投資の実施などに加え,電子政府を民主的な政府を実現するためのツールとして位置付けたことがその発展を後押しした.行政デジタル化は,政府の業務合理化や効率化に留まらず,政府の透明性を向上させ,市民や企業の政策参加を促進し,民主的な政府の実現に寄与する.韓国では,電子政府が民主的価値を実現するためのツールとして初期から認識されており,その認識に基づいて,韓国社会の民主主義の発展とともに行政のデジタル化も推進してきた.現在は,デジタルを介して市民社会や企業が政府と協働し,公共サービスを生産・提供する市民参加志向型政府の実現に向けて,政府や自治体がさまざまな取組みを試行している.こうした民主的価値実現のための韓国におけるデジタル化政策は,政府の業務効率化や市民の利便性ばかりが強調され,社会的な支持を得られずにいる日本のデジタル化の取組みに対し,貴重な示唆を与えてくれるものであると指摘する.

　研究プロジェクト「朝鮮史研究と日本史研究の接点——朝鮮半島と日本の共生をめざして——」に参加したメンバーたちはそれぞれの研究テーマに基づきながら,横軸（分野）と縦軸（時代）を広げていく趣旨で研究会を続けてやってきた.総体性・複合性をもって全体を観る「慧眼」が一層要求されている「いま」,歴史研究においてその努力は不可欠である.朝鮮半島と日本の望ましい共生の道はその過程で必ず広がるであろう.

編者　李　熒娘

目　　次

まえがき

第Ⅱ部　植民地下の朝鮮

第6章　1920年代後半以降における朝鮮林政の検討
——譲与事業に注目して——　…………………… 209
韓　　梨　恵

第7章　シンガーミシンの朝鮮市場席巻　………… 243
李　　熒　娘

第Ⅳ部　現代の韓国と日本

第 **I** 部

前近代から開港期・植民地期

第 1 章

明治中期の下関港と朝鮮貿易

木 村 健 二

は じ め に

　山口県は三方を海に囲まれ，近世期（1670年頃）より北前船の停泊や瀬戸
内廻船の往来でにぎわっていた．とくに日本海側では萩，仙崎が，瀬戸内海
側では三田尻・中関，室積・室津・上関，由宇など，点々として港が栄え，
それらを結ぶ位置にあった下関港（名称は赤間関・馬関なども使われたが，ここ
では資料引用以外は下関に統一する）は，物品問屋を中心に，殷賑を極めた港と
して，卓越した位置を占めていた．

　それが明治以降，藩（新地は萩本藩，伊崎・今浦は清末藩，西細江以東は長府藩）
の統制が解かれ，外国貿易も始まり，また汽船の寄港や鉄道の敷設なども進
むようになると，下関における流通の担い手，方式，品目において，何がし
かの変化も免れない状況に立ち至ることとなった．

　そうした状況をよく示すものとして，県内各郡区から山口県に提出された
「調査報告書」があり，その赤間関区による分「区内景況並事務調査書」（1887
年上・下半期，1888年上・下半期）をあげることができる[1]．そこでは，「商況

及金融ハ商業ノ気脈稍弛ニシテ以テ到ルトコロ商家ノ歎声ヲ発セサルモノナ
シ剰エ客年悪疫流行ニ際会シ市況頓ニ不景気トナリ其売買ノ重ナル船舶ノ出
入殆ント少ク商業停止ノ姿トナリ日ニ増シ衰退ニ傾キ一時救フヘカラサルノ
困弊ヲ来スノ状況ニ至リシモ該病撲滅ニ帰シ漸次船舶出入増加シ当春ニ至リ
稍快復セリ金融モ亦然リ然レトモ商況挽回旺盛ノ域ニ赴ク色アルト同時ニ少
ク裕融ニ至リ本年四月以降利息概シテ六七分以上一割トス」とあって，1886
年末には，悪疫（虎列莉）の流行もあいまって，船舶の出入りはほとんどなく
なり，商業停止の状態になったが，年があけて疫病撲滅以降はようやく景気
も回復のきざしが見えたとある．

　実際のデータを同報告書で見ると，1887 年 1 ～ 6 月には，裁判所に身代限
で取調べを受けた企業が33 件で，そのうち処分されたものが4 件，地方税営
業者の開業数が267 人で廃業が212 人，1887 年 7 ～ 12 月では前者が26 件中
3 件処分，後者の開業数が513 人で廃業が271 人であった．身代限処分の件
数が少ないのは，金融がやや回復したということとともに，民事裁判では容
易に決行できなかったためと分析している．いずれにしろ，87 年後半には大
きく景気が回復していることがうかがえるが，身代限・廃業者もあり，往時
の盛況に戻るのは容易ではなかったようである．

　こうした事態に対処するうえで，重要な役割を占めたのが朝鮮貿易であっ
たと考えられる．その模様は，やはり同報告書の「朝鮮国渡航者」において
よく示されている．すなわち，朝鮮渡航者は表1 に示すように季節的変動が
あったとはいうが（海が荒れる日が少ない上半期が多かった），1888 年には大幅
な増加を示しており，「近来朝鮮国トノ間商業ノ販路稍々頻繁ニ赴キタルカ

表1　朝鮮渡航者数の推移（単位：人）

年次	男	女	計
1887 年上半期	49	27	76
1887 年下半期	55	10	65
1888 年上半期	208	63	271
1888 年下半期	71	21	92

出典：庶務掛『郡区事務』各年より．

年々渡航者ノ増加スルモノ」(中略)，旅券「下付ニ係ルモノハ新ニ商業ヲ開創スル有リ或ハ親戚故旧ノ已ニ同地ニ滞在シ彼等ニ投託シ以テ目的ノ確定シタル者等ナリ」とあって，商業目的で渡航するものが多かったのである（女は「妻子」・「下女」・「芸娼妓酌婦」であったと見られる）.

　以下ではまず，以上に述べたような下関と朝鮮との貿易関係につき，主として明治期における貿易の制度や貿易統計，そして経済団体の構成と活動，なかでも貿易インフラの整備状況をたどったうえで，1898年末に下関に設立された「日韓貿易委托株式会社」に着目し，その設立主体や営業動向に関して検討する．それらを通して，近代化が進行する地域経済にとって，朝鮮はどのような位置にあったかを浮彫りにしてみたい.

　なお本稿は，2011年に山口県史編さん室主催の県史講演会で「山口県の近代化と対外経済関係」というタイトルで講演し，のちに『山口県史研究』(第20号，2012年3月)に掲載した内容のうち，明治中期下関の対朝鮮貿易に焦点をあて，これを拡充したものであることをお断りしておく.

1. 下関「開港」と貿易動向

(1)　貿易港指定と税関の設置

　下関港が，それまでの内国貿易＝西廻り航路の中継拠点であったところから，「外国貿易港」となっていくのは，どのような経緯を経てのことであったのか.

　年表1に示すように，1875年8月，下関に長崎税関監吏出張所が置かれ，同税関監吏が赴任してくる．これは，外国船の水先案内人が下関で下船するのに対応すべく，また同年2月に，三菱商会による横浜ー上海航路の下関寄港にともない，内地回漕品や旅客の積卸しがなされるようになって，それらに関わる監視体制を整えるためというものであった[2].

　朝鮮との貿易は，周知のように1876年の日朝修好条規締結以降のことにな

る．それまでは「倭館貿易」という形で対馬島民に限られていたものが，自由化されたのである．これによって，無関税（1882 年まで）・治外法権・日本貨幣流通権に守られつつ，朝鮮貿易に限り非開港場でも，出入船地の区務所に届け出れば貿易が可能となった[3]．さらに明治政府は，朝鮮への旅券発給場所を，従来の外務省本省と 5 開港場のほかに，山口・広島・島根・福岡・鹿児島・対馬厳原に拡大し，渡航の便宜を図っていく．先の下関からの朝鮮渡航者も，山口県の下関における出先機関（実際は警察署）で旅券を受領したのである．

　1882 年になると朝鮮は，アメリカや清国と条約を締結し，ここに日本の対朝鮮貿易独占時代は終わりを告げる．それとともに関税も付加されるようになり，83 年には下関・博多・厳原が朝鮮貿易港に指定され，日本人所有の船舶に限り出入港し，朝鮮貿易取締所の取締のもと，貨物の積卸しができた．その際「船長心得」というものが下関港長崎税関出張所名で出されており，朝鮮を往来する商船が入港した場合，48 時間以内に税関出張所へ入港届書及び積荷目録を提出し，手数料（日本形船舶に限り出港 1 円，入港 2 円）を納めることとされた．また，税関出張所に願書を出して積卸しをし，夜間にはしないこと，船から船へ積荷を移す場合は官吏の見分を受け船移（ふなうつし）免状を受けることなどが規定された[4]．89 年には，下関ほか 8 港がもっぱら清国方面への米・石炭・麦・麦粉・硫黄の特別輸出港に指定される．ところが1896 年の法律第 18 号によって，「開港外」における外国貿易のための船舶の出入及び貨物の輸出入が許される港（勅令により 96 年に 6 港，97 年に 3 港，98年に 1 港）から，下関港ははずされてしまう．下関に要塞砲大隊が置かれた（93 年以降）ことと関係があったようである．それがようやく許可されたのは，99 年の条約改正にともなう「内地雑居」の実施の際で，先の 10 港に追加して新たに 12 港が「一般開港場」となった時であった．

　この間下関税関の管轄は，当初の長崎から 1890 年に神戸税関の出張所となり，さらに 1901 年には山陽鉄道の下関開通の際に，馬関停車場に長崎税関門司支署派出所が，1908 年には彦島に監視所が設置される．そして 1909 年か

年表 1　下関港の対外貿易港としての登場

年月	事項
1875 年　2 月	三菱商会：横浜―上海航路開設，下関に碇泊，非開港場に付，郵便物，内地回漕品，旅客の積卸しのみ実施.
8 月	下関に長崎税関監吏出張所設置（90 年神戸税関，99 年長崎税関へ移管）
1876 年 10 月	日朝修好条規：朝鮮貿易の自由化
1877 年　3 月	外務省布達：旅券下付地を開港場のほか山口等に拡大
1883 年 12 月	太政官布告：下関・博多・厳原を朝鮮貿易港に指定，84 年 2 月実施
1889 年　7 月	法律第 20 号「特別輸出港規則」：下関ほか 8 港を米・石炭・麦・麦粉・硫黄の特別輸出港に指定（近隣に産地）
1899 年　7 月	勅令 342 号：下関ほか 21 港開港（満 2 年毎の貿易額が 5 万円以上の事）
1901 年　8 月	長崎税関門司支署：山陽鉄道馬関停車場構内派出所に設置
1905 年　9 月	関釜連絡船就航：船内で旅客携帯品検査実施
1906 年　2 月	下関市観音崎町に保税倉庫開業，同年鉄道・連絡船国有化
1908 年　4 月	彦島南風泊監視所設置
1909 年 11 月	門司税関下関支署となり，徳山・萩には税関監視所が設置される

出典：『法令全書』各年，大蔵省関税局編『税関百年史』上巻，1972 年，門司税関『門司税関 80 年のあゆみ』1989 年，「商業・外国貿易」（山口県編刊『山口県史　史料編近代 4』2003 年）より.

らは，門司税関が長崎税関から独立し，下関はその出張所となるのである.

(2)　貿 易 動 向

　近代日本の貿易統計として知られる資料は，もっぱら官庁統計によってもたらされた. そのもっとも古く長期にわたるものは，大蔵省編『大日本外国貿易年表』であり，その数値はいうまでもなく，関税との関連で得られたものといえる. それは 1882 年分から発行されているが，港別では 82，83 年分は 5 開港場分しか示されていない. 大蔵省関税局は，『大日本外国貿易自明治元年至同十八年，十八箇年対照表』という 18 年間を一括した資料も出しており，その附録版「朝鮮旧貿易自明治十年至同十七年八箇年対照表」は，もっぱら無関税時代の日朝貿易の品目別数値を掲げている. しかしこれらは，前者にあっては港別・品目別の数値はあっても，貿易相手国別の数値を知ることはできず，逆に後者の「朝鮮」の場合は，港別には記載されていない. 内務省土木局が 1906 年分以降編纂した『日本帝国港湾統計』（1908 年以降は『大

日本帝国港湾統計』）は，港別・品目別の出入金額が掲げられており，さらに部分的に仕出地・仕向地も記載されている[5]．ただし韓国（1897 年以降の大韓帝国）は金額が一括記載であり，品目別に知ることはできない．

　韓国の外国貿易統計を日本が掌握するようになるのは，1905 年以降，すなわち「保護国」化以降のことである．『韓国統監府統計年報』（1910 年以降『朝鮮総督府統計年報』）は 1906 年度分より発行され，ここでようやく「輸出入品価額港別」の数値を得ることができるようになる[6]．さらに併合後は『朝鮮貿易年表』が発行され，1941 年まで同様のデータを得ることができる．

　この間外務省では，出先の領事館より貿易関係の報告書が本省へ向けて発信され，それらを編集した『通商報告』（のちに『通商彙纂』）が 1881 年以降刊行されている．そこでは，朝鮮の開港場別の貿易状況が示されており，日本からの輸出品の売れ行きや，朝鮮からの輸入品の集散状況，さらには商習慣などが記載されている[7]．また農商務省では，1895 年以降，輸出品の売れ行きを分析した『輸出重要品要覧』を発行し（もっとも主要検討対象は清国），日露戦後には各府県別に輸出重要品を調査し，『各府県輸出重要品調査報告』を刊行しており，それぞれの輸出品の生産状況まで知ることができる[8]．

　下関港に関しては，『大日本外国貿易年表』の 1884 年分から品目別数値を「新潟其他三港」において得ることができる．その前年に朝鮮貿易港に指定されたことと関係していよう（年表 1）．表 2 は 1884 年の下関港の主要貿易品目を掲げたものである．輸入が輸出を大幅に上回っており，輸出品では米・酒類・塩が多く，工業製品では煙草類ていどであった．輸入品では豆類，乾鰯，生牛皮，米と続き，金地金や銀の輸入も見られた．これらの相手国は，同年の日本全体の対朝鮮輸出総額が 212,971 円で，下関の割合は 11.9%，輸入総額が 276,155 円で下関の割合は 25.5% であったことを勘案すれば，下関の貿易相手の大部分が朝鮮であったと見てよかろう．なお，再輸出品として，欧米や清国からの輸入品を中継ぎし，やはりもっぱら朝鮮へ輸出したものとして，石油・金巾・寒冷紗があった．つまりこの時期の特徴として，地元産品である酒・食塩の輸出の一方で（煙草類は，後述の 1890 年の『家昌フ赤間ノ賑』

によれば，国分産の葉を仕入れ，巻・刻煙草にした商家が何軒も見られた)，従来北前船によってもたらされていた乾鰯が朝鮮から入ってきていること，英国の綿製品や米国の石油が中継貿易の形で下関を経由して朝鮮へもたらされたことなどをうかがうことができる．いわば衰退に向かう西廻り航路を朝鮮航路で代替していったということである．

表2　下関港の貿易上位品目（1884年，単位：円）

順位	輸出品	金額	輸入品	金額
①	米	7,511	豆類	54,393
②	酒類	2,741	乾鰯	4,421
③	塩	1,758	生牛皮	3,762
④	其他飲食物	1,459	米	1,962
⑤	諸製煙草類	1,320	海羅	1,542
	其他共計	25,326	其他共計	67,744

注：このほか輸入品中には金地金58円，墨西哥銀2,650円があった．
出典：大蔵省編『大日本外国貿易年表』1884年より．

表3は下関市の公表による1901年の対韓貿易動向である．相変わらず輸入は輸出の2倍以上であるが，輸入・輸出ともに大幅に金額を増大させ，砂糖類の輸入が200万円に達する香港に第一位を譲るものの，対韓貿易は第二位で，輸入は35.1％を占め，輸出は清国向け石炭の90円以外はすべて韓国向けという状況であった．そのうち輸入品では大豆・米が圧倒的に上位を占め，乾鰯も3位につけて，農水産物中心で内容的には前段階と変わらず，北前船が持ち込んだものと同類であったといえる．輸出品としては地元産と思われる食塩が大幅に増大し[9]，やはり地元産（主に周防産）の白木綿・諸綿布や，阪神産の綿織糸・マッチのような工場製品，そして英国製と思われる鉄製品が新たに登場している．とりわけ英国からの輸入品は，下関が一般開港場となったことによって，それまで長崎に陸揚げしていたものが，直接下関に輸入できるようになり，増加していったのである．

その後も食塩輸出が減少するほかは，こうした傾向は続いていくのであり，1906年の山口県のデータには，輸入では，玄米・大豆・大豆粕・煎鰮に加え

表3 下関港対韓国貿易品（1901年，単位：円）

輸出品	金額	輸入品	金額
縄索叺及莚	82,309	大豆	660,548
綿繊維	72,522	米	532,451
磁気及陶器	61,115	乾鰯	66,863
食塩	59,876	諸穀物	18,108
諸雑品	46,514	肥料其他	14,923
木材及板他	34,784	諸有税雑品	11,842
酒	33,327	其他共計	1,353,030
石炭	24,609		
マッチ	19,582		
鉄製品	18,996		
白木綿	15,858		
諸綿布	13,297		
煙草類	12,379		
其他共計	574,273		

注①：1万円以上を1円未満四捨五入し掲出した．
注②：国別貿易額は，香港，韓国，ドイツの順．
出典：下関市『下関市勢一班』（1903年），69-75頁より．

て生魚類が登場し，西日本各地に移送されている．また，精糖については，門司の大里その他内国からの移入が見られ，それが清韓両地へ輸出されている．輸出ではメリケン粉・石油・洋反物などの再輸出品と木材・清酒などもっぱら日本人向けと見られる製品が並ぶ[10]．1909年の韓国統監府データでは，輸出品は綿織糸や白木綿，打綿などの繊維製品と清酒・麦酒・紙巻煙草・砂糖類などの嗜好品が上位を占め，輸入品は大豆・米の農産品，牛・牛皮の畜産品，乾魚の水産品が並ぶ[11]．全体として，輸入品はほとんど変わりがないが，輸出品には工場製品や嗜好品が増加していることがうかがえる．

2. 商業会議所と物品問屋組合の活動

(1) 商業会議所

通常，商業会議所は「業種横断的」組織として，近代国家における意見開

陳機関という位置づけを与えられ，日本では 1878 年に東京に設立されたのを最初としている．しかし，大阪や下関の場合，株仲間の解散以降，会議所の目的として「競争による弊害を矯正する」という一項目が加えられ，従来の主として物品問屋の利益を維持しようとする側面もあったことが考えられる．

　具体的には，大阪商法会議所では，東京などとは異なり，「商業仲間の統制を図り無秩序不統一の弊を矯正」するという項目も考慮され，そのための商業仲間申合規則を作っている[12]．下関商法会議所においても，1880 年に設立を見，その規則第二条において，「本会ハ商工業ノ利害得失ヲ商議スルモノトスル」とあり，さらに「港位の向上と背後産業の開発並に海陸運輸連絡の円滑合理化を図ることは本市商工業者の一大関心事たり[13]」とあって，港湾都市として発展してきた下関の実情をふまえた目標事項が簡潔に示される一方，大阪に類似して，1891 年の下関商業会議所設立時点において，「凡ソ実業家ガ各自其利益ヲ競争スルノ間ニ於テ発展進歩ヲ来スハ更ニ疑フ可ラザルノ事実ニシテ其ノ競争ノ際ニ動モスレバ其弊害ヲ醸成スル亦タ已ムヲ得サルノ勢ナリトス[14]」という状況の中で，その競争による弊害を矯正する機関の設立申請を行うとされていた．

　そうした状況のもとで，下関の物品問屋としてリーダー格であった徳永安兵衛は，常議員を 1891 年から 95 年まで務め，96 年には副会頭になっており，ほかに芳岡六左衛門も 3 期常議員であり，「会員」(＝ 1902 年商業会議所法施行以降「議員」)には高瀬徳蔵や市藤清太郎，米光吉左衛門，川崎助左衛門，奈良原善助など，「旧来の物品問屋[15]」が 1901 年ころまで平均 4 人が就任していた（安井作次郎は 1890 年の商工人名録には記載されていなかったが，商業会議所「会員」30 人中には「諸物品問屋」として名前を連ね，その後も 1901 年以降連続して「会員」・「議員」となっている）．さらに徳永は，1917 年と 21 年には会頭に就任している．もっとも，1890 年の時点で『日本全国商工人名録』中の「諸物品問屋」は 42 人いたのであるから[16]，商業会議所「会員」のうち約 1 割であったのは少ない方であるといえよう．さらに同書の 1898 年版（第二版）における「諸物品問屋」は 25 人であり，営業税額も 50 円を超すものは米穀商を兼

ねた高瀬徳蔵1人だけであった（ほかには，煙草製造販売，酒類醸造，醤油醸造，缶詰製造，呉服太物商，石炭商，料理店に各1人）．そして1907年版（第三版）では，「諸物品問屋」の名称は消え，徳永安兵衛も市藤清太郎も登場しない（安井作次郎が「海陸物産其他各種仲買業」中の物品問屋として名前があがっているていどである）．徳永や市藤が「会員」を歴任したのは，いわば名士を担ぎ上げた側面もあったであろう．そうした傾向も1901年頃には下火になっており，かわって薬種商の伊藤房次郎，和洋紙商の松尾寅三，金物商の桝谷音三，呉服太物商の土井重吉，内田吉三郎（内田は米穀取引所の代表も兼ねていた），松尾・土井・関谷・内田・伊藤などの馬関商業銀行役員，室田義文百十銀行頭取といった新たな商品を取り扱う商業者や銀行役員が会議所役員に就任し（大正期の徳永安兵衛は下関倉庫株式会社代表として会頭になっている），さらに昭和期になると林平四郎（醤油・蝋油類製造業）や中部幾次郎（林兼商店）などの産業資本家が会頭に就任してくるようになるのである[17]．そしてこの間，1897年に「会員」選挙有権者が319人であったものが，1902年には661人（その際の議員選挙有権者要件は営業税額10円以上であり，この年の市内の国税営税納入者は1475戸で，物品販売が最多の985戸でほかに仲買153戸などがあった）で，営業税納入者の約45%が該当した[18]．

　年表2は1891年に商業会議所条例に基づいて下関商業会議所が設立を見て以降，日露戦争までの時期における「建議」・諮問答申事項のうち，「外国貿易」に関連した事項を掲出したものである（以下頁数は『下関商工会議所五十年史』による）．1893年の「商品販路拡張」においては，「我国商品ノ販路ヲ拡張シ海外貿易ノ進捗ヲ図ルハ現今ノ情勢ニ応シ最モ緊要ナルコト」と位置づけ，このとき「緊要ナルハ清国及露国」としている（69-70頁）．下関は，既述のように，すでに対朝鮮貿易港に指定され，また5品目の特別輸出港ともなっていたので，その品目の増大やさらなる近隣諸国への拡張を求めていたものといえる．

　1896年1月の二件に関しては，前者はこの関門両港を「我邦西門の咽喉東西交通の要衝なり」とした上で，83年に朝鮮貿易港となり，89年に米ほか4

品の特別輸出港となったが，「更に進んで輸出入港たらしむるにあらざれば未
だ以て我国西部一体の商路を開通するに足らず」とし，条約改正・内地雑居
にあたって当然輸出入港とすべきであるのに，軍機漏洩を恐れてそうしない
のは納得できないと主張する（76-79 頁）．さらに山陽鉄道延長工事の速成に
ついては，「抑も当赤間関市は（中略）古来船舶来往の衝に当り所謂出入千艘
を以て数へ関西の小浪華と称し来りたるに，星移り物換り漸次昔日の盛況を
変更するの傾向を呈し有慮の士は私に焦心罷有候処昨年来我邦実業界の膨張
は戦捷の余烈に藉り百般の経営其面目を一新し殊に本市の如きは東西貨物の
集散夥しく加るに彼台湾全島我版図に属し人盛んに物衆く実に西部実業界の
焼点と相成候，此秋に際し運輸交通の便を開発致し候は本市に於ける最大緊
急の儀と存奉候」（73 頁）として，山陽鉄道の三田尻以西への延長工事速成を
要望するのである．さらに同年 11 月には，「明治二十三年勅令第二百三号税
関規則第一条及第三条改正の儀に付建議」においては，「本港及博多厳原等よ
り貨物搭載を委托せんとなすも其貨物の運賃にして出入港銀金二十二円を納
めて尚余贏あるに非ざるよりは殊更に寄港するを容さず」（79 頁）とあって，
朝鮮貿易のように小船で少額の貨物を出入りさせる場合，割高な港銀を出費
するのは甚だ痛痒を感じるので，1400 噸以上の船舶は 22 円で，その他の内
国船は 1 噸につき 1 銭 5 厘として欲しい旨建議している．小規模帆船による
朝鮮貿易に活路を見出そうとした下関港ならではの要望といえる．

　1898 年 6 月には，「商業者保護ノ儀ニ付建議」として，商業の主権がほと
んど外国商人の手裡に帰しており，日本商業者保護の観点から発足後三ヶ年
の間は「開拓免租」の例に準じて租税免除として欲しいと建議している
（81-82 頁）．また同年 10 月には，「特別輸出貨物増加ノ儀ニ付建議」として，
下関に集散する水産品，材木，竹類，醤油の四品目は海外輸出品として見る
べきものがあるので，同年 7 月の大蔵省令第 8 号に追加して欲しいとしてい
る（83-84 頁）．新たな取扱商品に進出していこうとする「新興商人」の要望
をうかがうことができよう．1899 年 11 月の「噸税法案改正」に関しては，外
国貿易のため入港する船舶の噸税（登簿噸数 1 噸に付 20 銭）は第一入港地のみ

課税するように建議している (88-89頁).「内地雑居」の実施を前後して,日本商人を保護し,その主導権のもとに貿易推進を図ろうとしていたのであろう.

　1901年5月には,「下ノ関港湾浚渫ノ儀ニ付請願」において,下関港はわずか2,3千噸内外の汽船3,4艘を停泊させるに過ぎない現状なので,浚渫を徹底するよう市の参事会に要望している (96-97頁).また同日,「税関執務時間改正ノ儀」として,商機においては寸刻を争うので,税関執務時間を現行10時から16時を9時から16時へ延長するよう大蔵省に求めている (97-98頁).同年10月には,「輸入牛検疫所設置」として,現行横浜,神戸,長崎の三港のみの検疫所に,朝鮮からの牛の輸入にあたって,その需要地は大分・山口が多いので,新たに下関も追加して欲しいとしている (99-100頁).1902年には,6月に欧米各国に比して1,2割方運賃が高いので,「重要輸出品ニ対シ鉄道運賃低減及逓送速達」を要望し (109-110頁),さらに9月にはかつて山口町にあった商品陳列所が閉鎖されたので,下関に設置して欲しい旨建議している (111-112頁).ようやく汽船の碇泊への対応が求められるようになったこと (築港問題は1910年末以降[19]),朝鮮貿易に関連する事項が強まってきていることがうかがえる.

　また同日,「韓国貨幣制度確定実行ノ儀ニ付」として,「猥リニ他国ノ容喙スヘキ限リニ在ズ」としつつも,彼我貿易の衰退を来す因ともなっているので,当局者へよろしく「隣邦ノ好ヲ全シ併セテ我通商ノ隆達ヲ期センカ爲」として,貨幣制度の確立を建策するよう内閣総理大臣,外務・大蔵・農商務各大臣宛に請願している (113-114頁).さらに1903年7月には,「支那米輸出解禁ノ儀ニ付意見開申」として,清国防穀令は彼我両国のために頗る不利となるものであって,清国と交渉し,速やかに支那米輸出の道を開き通商貿易の増進を図って欲しいことを外務・農商務大臣宛要望している (118-119頁).この最後の二件は,いずれも外国政府へ向けた「要望事項」であって,主権の侵害に関わるものと見られるが,そうした問題点を顧みることなく,ひたすら通商貿易の拡大のためとして要望していることがうかがえよう.

年表2　下関商業会議所の建議・諮問答申事項

年次	建議・諮問答申事項
1893 年　7 月	商品販路拡張ニ関スル諮問案ニ対スル答申
1896 年　1 月	下関及門司ノ両港ヲシテ輸出入港タラシムルノ件ニ付建議
1 月	赤間関三田尻間山陽鉄道延長工事速成ノ件ニ付建議並ニ請願
11 月	税関規則改正ノ儀ニ付建議
1898 年　5 月	商業者保護ノ儀ニ付建議 (外国商人との競争下で)
10 月	特別輸出貨物増加ノ儀ニ付建議
1899 年　11 月	噸税法案改正ノ儀ニ付建議並ニ請願
1901 年　5 月	税関執務時間改正ノ儀ニ付建議：10 時～ 16 時ヲ 9 時～ 16 時へ
10 月	輸入生牛検疫所設置ニ付建議
10 月	外国貿易統計表記載方ニ付建議
1902 年　6 月	重要輸出品ニ対シ鉄道運賃低減及逓送速達ノ儀ニ付建議
9 月	下関市ニ県下物産陳列場設置ノ儀ニ付建議
9 月	韓国貨幣制度確定実行ノ儀ニ付建議
1903 年　7 月	支那米輸出解禁ノ儀ニ付意見開申

出典：下関商工会議所『下関商工会議所五十年史』1940 年より.

　こう見てくると，下関商業会議所は，必ずしも物品問屋にとって，競争の弊害を矯正する存在として立ち現れていたのではなく，むしろ新たな商業活動に脱皮していくために，貿易関連などの建議請願活動を展開していたとすることができよう．そして，とりわけ物品問屋の利害に関する事項は，次に見るような下関物品問屋組合が担当することになったのである．

(2)　物品問屋組合

　以下では，出典は明記されていないが，1905 年頃までの時期に関して，原資料をふまえてまとめたと見られる眞田新蔵編刊「下関物品問屋組合史」(『硯海集』瞬報社印刷，1906 年) と，それを参考にし，その後に関しても言及があり，物品問屋組合自らがまとめた『下関物品問屋沿革総覧』(1919 年) によりながら，下関の物品問屋の構成と案件について見ていく (頁数は両書による).

　まず1875 年の三菱会社による横浜ー上海航路の停泊地として下関があがった際，碇繋 (ブーイ) を港内に設置する必要があったが，下関の問屋連は北陸北海からの千石帆船の出入りを妨害することになるとして反対したというこ

とがあった．必ずしも進取の気象に裏付けられたものではなかったのである．その結果，停泊港は対岸の門司港になってしまう（組合史 14-15 頁）．また，79年には，赤間関区会の開始とともに，問屋の所有地・素倉が何等組織的裏付けのない頭取一個人の名義となっていることが問題とされ，けっきょく区有名義とすることとなり，地租及びこれに付帯する諸税は問屋によって納付された（組合史 15-16 頁）．

　以上のような経緯のもとで，組合組織の必要性が自覚され，折しも問屋取扱貨物中，もっとも重要な北陸北海の物産が，1874，75 年のころ，海運業発展のため直接消費地である兵阪紀伊瀬戸内等へ送られ，またこの地方の産物も直接北陸北海地方へ搬送されるようになり，はじめにのところで見たように，下関の問屋業は 84,85 年ころには疲弊し，街には多数の空き家を認めるようになった．その結果，1886 年ころより問屋組合設立の議が起こり，手数料減額による荷主の信頼回復をめざしたが，市藤清太郎・安井作次郎・土生秀吉らはこれに反対し，別途に四十物組合を設立，88 年 3 月に 38 人が参会して発会式を挙げ，「規約も宜しきを得」，その後は集散貨物も 10 倍に増加し，組合加盟者も 120 名以上にまで増加したという（組合史 16-18 頁）．この時の「規約」がどのようなものであったかは明確ではないが，旧来の物品問屋が巻き返しを図ったものと見られる．もっともこの組合は，1885 年 1 月に山口県でも発効された「同業組合準則」に基づいたものではなかったようである．

　そのため，改めて 1890 年 1 月 1 日を期して物品問屋組合が成立した．その際の役員は，頭取が徳永安兵衛で，取締役には村野徳右衛門，野村吉五郎，市藤清太郎，安井作次郎，渋谷清兵衛が就任した．物品売買高の千分の一を荷主より徴収して経費に充て（年間 3，4 百円），組合員は 236 名に達したという（組合史 18-19 頁）．

　その後の下関物品問屋組合の活動状況を示したのが年表 3 である．インフラの整備という点ではこの時期，ハード面では，港の浚渫，埋立とその土地の利用，道路，倉庫の建設と商品陳列所の設置などがあり，それらに率先し

年表3　下関物品問屋組合の活動状況

年次	事項
1890 年　6 月	米価暴騰で貧民等米買方問屋・米商会所襲撃に対し安井等役員が調停，救助費5千円
10 月	岬ノ町から唐戸に至る海岸線を浚渫し棒杭建設
1891～92 年	大阪商船会社の門司港碇泊に対し同社排斥活動も，郵船尼崎瓜生の調停で和解
	豊前長州・中津間航路で大阪商船と競合し，赤熊丸破損により撤退も安井引責辞職
1893～95 年	市参事会が物品問屋敷地の沖と唐戸湾の埋立案に対し，徳永ほか調査の上賛成し，
	組合が埋立地の30年間専有を参事会に認めさせる
1898 年	市参事会の専有権侵害により，物品問屋組合より初めて市藤・安井・高瀬・尼田が
	市会選挙に出，高瀬以外当選し乙派に属す．組合の4棟の素倉を契約占有地へ移転
1899 年	電信局東南部町移転問題で乙派の市藤・安井・尼田以外は反対し，甲派に加盟，参
	事会は東西南部町海岸埋立地を倉庫敷地に指定し，組合は自由契約の下に買取り，
	商業銀行に依頼して代金振替え，将来下関倉庫会社に引き渡す
	要塞砲兵拡張のため特別輸出港廃止の議起こり，下関開港期成同盟会を組織し運動
1900 年	海岸通り道路幅で市会と組合で論議し，組合の主張通る
	組合創立十周年祝賀会
	組合土地を水上警察付属官舎に売却
1901 年	尾道，兵庫を視察し，現品売買市場を設置し，40名余の見本陳列
1902 年	赤間関を下関と改称することを建議（下関戦争で諸外国にその名を知られる）
1903 年	素倉の中央に通路設置，倉庫建築，役員改選～頭取：内田伝吉，副頭取：高瀬徳
	蔵，取締役：金井浅次郎，土生秀吉，畠山崴蔵，足立祐造，村田音松

出典：眞田新蔵編刊「下関物品問屋組合史」『硯海集』1906年，『下関物品問屋沿革総覧』1919
年より．

て関わり，そこで生じた利権を問屋組合が掌握していった．またソフト面あ
るいは制度面においても，貧窮民救済，商船会社との対抗，市会選挙と会派
への参加，下関開港期成同盟の組織と開港場化の実現などを行っていった．
それらを先の商業会議所の活動と付き合わせると，共通する部分もあったが，
物品問屋組合独自としては，埋立に関わる利権の確保（埋立地の永年利用）が
最大の案件であり，それを実現せんがため市会へも進出していったのである．
　そして，日露戦争前の時期の活動のうち今ひとつ重要であったのは，開港
期成同盟会の活動であった．そこでは，「下関は韓国の外諸外国に対する貿易
品は米，石炭の外三種を限り特別輸出港であつたが要塞砲兵拡張の必要上，
之を廃止せらる、の不幸生ぜんとするに至りしより市民の驚愕一方ならず下
関港同盟期成会なるものを創立し極力之れが防止策を講じたのであるが，此
際物品問屋は多額の費用を醸出し頭取徳永安兵衛取締役安井作次郎の二氏市
の代表者と共に上京し運動奔走する所あつた，其結果翌三十二年に至り，漸

く其主張を貫徹し其事なきを得たのである」（組合史 27 頁）とあって，「特別
輸出港」の廃止案の中で，内地雑居にともなう既存の開港場（この時には既に
実質 15 開港場となっていた）以外の地への開港場指定への運動がなされ，その
実現を見たのである．その際の請願文は，特別輸出入港指定廃止案は「軍事
国防上の一点より然るなりと然りと雖も国民が国防に巨額の財を投じて防御
を為すも要するに商業の拡張を図るにあらずんば国家又何を以てか其強を得
るを得んや」（物品問屋組合代表者頭取・高瀬徳蔵，総覧 73 頁）とあって，軍事国
防の財源を得るためには商業活動の拡大が不可欠であると主張している．朝
鮮に対する「砲艦外交」や軍事発動の結果としての台湾領有などの利権は享
受しつつ，地元に関する新たな出費・犠牲をともなう事項については忌避す
る姿勢を見てとることができよう．ともあれこの一般開港場化の達成によっ
て，欧米製品（麦粉・砂糖・石油・洋反物等）が一度長崎に陸揚げしなくても，
直接下関に輸入できるようになったのである．

　物品問屋組合における徳永安兵衛と市藤清太郎の役割に関しては，市藤が
別に四十物組合の設立に参加した点で徳永と違いはあるが，徳永は創立当時
の頭取で，開港期成同盟会において上京して運動を担っており，市藤は取締
役 5 人のうちの一人で，また埋立地専有権をめぐり市会に進出しており，と
もに 1900 年の物品問屋組合 10 周年記念祝賀会では相談役を務め，1910 年の
20 周年記念祝賀会では，組合功労者として難波舟三とともに表彰されている．
組合設立初期における重要な役割を担い，その後も一定の発言権を有してい
たと見てよかろう[20]．ただしこの二人は，自己の事業における対応姿勢には
異なるものがあったのであり，その実態をこの二人の物品問屋がそれぞれ参
画した企業に関して以下で見ていくことにしよう．

3.　日韓貿易委託株式会社の設立と営業動向

(1)　設立者とその背景

　下関及び県内外の主として物品問屋と廻船業者が参画して，下関の観音崎
町第一番地に設立したのが「日韓貿易委託株式会社」であった．その会社に
ついては，商業興信所『日本全国諸会社役員録』(1893-1911年，柏書房，1988
年復刻) によれば，同社が登場するのは1899年分と1900年分の2年分であ
り，1900年分に記載された設立年次は1898年12月とある．他方，『門司新
報』(1899年1月1日付) には，「客年中株式組織の会社にして新設されしもの
は日韓貿易委託会社のみなるが同会社は十一月に発起の認可を受け目下株金
の募集中に属せり」とあり，いずれにしろ1898年末設立で，後掲表5から
1899年5月頃より開業したものと見られる．その「会社目的」は，『門司新
報』1900年1月26日付「広告」によれば「諸物品委託売買」とあり，続け
て「右確実機敏ヲ旨トシ精々御便利ヲ図リ御取扱可申上候間多少ヲ不論御委
託ヲ蒙リ度奉願上候也」とあって，多少に拘わらず確実機敏に取扱をなすの
で売買委託を依頼して欲しいとしている．資本金は99年当初は10万円であっ
たが，1900年には35,000円となり，1株25円で1,400株にして，4分の1の
払い込み (8,750円) があった．株主は「馬関に於ける有力なる物品問屋の諸
氏及び日韓両国間を航行する船舶所有者等」であったというが[21]，具体的な
人名は不明である．

　その役員構成は表4の通りであり，恐らく主要な株主も彼等であったと思
われる．社長と監査役に熊毛郡麻里府村出身の大田儀三と水田定七の兄弟が
就いている．水田家は近世期に大庄屋として馬島の対岸の別府 (両村が合併し
て1888年に麻里府村となる．馬島は日朝修好条規以降，多数の朝鮮進出者を出した)
に君臨し，舟持ちとして活躍したことでも知られる．恐らく明治中期まで，
北前船の持ち来たった商品を下関で待ち受け，同地の物品問屋の委託を得て
瀬戸内方面や対馬海域まで運んでいたのである．水田定七は1889年には仁川

表4 日韓貿易委託株式会社の役員構成 (営業税 単位:円)

役職	氏名	本籍地	会社設立前後の動向	1907年の動向		
				居住地	営業種	営業税
社長	大田儀三	山口県熊毛郡麻里府村	⇒1896年元山	元山	貿易商	718.32
専務取締役	梶山新介	山口県佐波郡佐波村	⇒1889年元山 ⇒96年下関	不明	―	―
取締役	夏目市郎兵衛	愛知県知多郡野間村	十郎兵衛:群山⇒城津	元山	貿易商	108
取締役	那須藤三郎	岡山県児島郡下津井村	⇒1903年釜山⇒群山	釜山	精米商	25.6
取締役	迫間房太郎	和歌山県那賀郡池田村	⇒大阪五百井長商店 ⇒1880年釜山	釜山	貿易商	
取締役	小方駒蔵	山口県熊毛郡室津村	⇒1903年釜山	釜山	貿易商	72
取締役	田中良助	山口県熊毛郡伊保庄村	⇒1889年仁川	仁川	代弁及仲立業	70
監査役	鈴木安太郎	愛知県知多郡野間村	不明	不明	―	―
監査役	水田定七	山口県熊毛郡麻里府村	⇒1889年仁川	不明	―	―
監査役	市藤清太郎	山口県赤間関市西南部町	同左	下関	―	―

出典:『第7回日本全国諸会社役員録』1899年,432頁 (由井常彦・浅野俊光編『日本全国諸会社役員録』第3巻,柏書房,1988年復刻),外務省記録『本邦人外国ニ於テ商店ヲ開キ営業スル者』1888〜96年,同『農工商漁業等ニ従事スル在外本邦人営業状態取調一件』1903年〜,『日韓商工人名録』1908年版より.

港に進出し,小間物商人として名を連ねているし,大田儀三は1896年に元山港の貿易兼廻漕業として,1903年には資本額1万2千円で1万円以上貿易者として名前を連ね[22],元山日本人商業会議所でも1891年には副会頭,1907年以降は断続的に会頭に選出されている[23].今度は「朝鮮前」船主あるいは荷主として,朝鮮で仕入れた農畜水産品を下関まで運び,その買主を求めていたというところであったろう.

このほかに山口県内出身者は,佐波郡佐波村の梶山新介,熊毛郡室津村の小方駒蔵,同伊保庄村の田中良助,下関西南部町の市藤清太郎を確認できる.このうち,梶山は1889年時点で元山に貿易商兼問屋として存在し,同地の日本人商業会議所でも87,88年には会頭に選出されている.また,十州塩田同盟を牽引し休浜の徹底や海外輸出によって瀬戸内塩業の打開を図ろうとした秋良貞臣が,朝鮮・ウラジオを視察した際には,長崎で合流し元山まで同道している[24].彼は,96年に粗悪銭行使者として元山領事より退韓処分を受けており,その後は下関で日韓貿易商となっていた(『日本全国商工人名録』1898

年第二版）．田中は 1889 年に仁川で問屋となり，1903 年には穀物輸出，酒類輸入として 1 ヶ年 1 万から 1 万 5 千円の取引高となっていた．1905 年には同地の山口県人会設立に奔走している[25]．小方は 1903 年に釜山でやはり貿易商として名を連ねていた．なお，先の水田家（水田永蔵）は，1905 年に同じ熊毛郡の小方駒蔵を介して，岡山県下津井の中西林蔵へスクーナー船新加徳丸を 3,200 円で売却しており[26]，同じ瀬戸内海の小湊で北前船相手に商売をしていたもの同士が，明治後半期において朝鮮貿易に関わり，船舶の売買を行ったりしていたことをうかがうことができる．

　下関市西南部町の市藤清太郎は，1890 年 11 月時点で，「諸物品問屋」として生蠟・干魚類・鰹節・米雑穀を委託販売していた[27]．また『家昌フ赤間ノ賑』（1890 年）という「銅版画」には，市藤の店頭に「肥料入船」や「平戸・壱岐・朝鮮大豆入船」などの商品札がならんでいた．さらに同店の隣には「赤間関四十物組合事務所」の看板も確認でき，前述したように，四十物（海産物）組合組織化の先頭に立っていたことを彷彿とさせる．屋号が「肥」とあることから，肥料としての干鰯などを北前船から仕入れ，農産地（とくに棉作地）へ販売していたものから，穀物・大豆・干魚類などを九州・朝鮮などから仕入れる方向へ転換を図っていたものと考えられる．この日韓貿易委托会社に監査役のほかにどういった関わりを持っていたかは不明であるが，後に見るように，その取扱商品からしても，また唯一の地元役員としても少なからぬ役割を果たしていたであろう．

　山口県以外では，愛知県知多郡野間村から夏目市郎兵衛と鈴木安太郎の 2 名が役員に名を連ねている．鈴木についてはこの時期の他社との関わりを含めて不明であるが，夏目市郎兵衛家は野間廻船で著名な一族であって，1891 年時点で夏目市郎兵衛家を含む夏目 4 家で千石積船 13 艘を有し，他の 11 艘を有する 6 家と共同で資本金 10 万円の野間商船株式会社を創立し（夏目市郎兵衛は 1896 年と 97 年に取締役），米穀・食塩・石炭・その他雑貨の売買と航海業を目的としたが，欠損続きで 1901 年には解散したという[28]．市郎兵衛は 1898 年から 1902 年（1899 年を除く）には元山日本人商業会議所の議員に就任

している．さらに，1905 年にはその後継者と見られる夏目十郎兵衛が，『日
韓人士名鑑』（木浦新報社刊）に元山（支店）と城津（出張店）の「委託問屋」と
して広告を出しており，同年には元山に動産 1 千円，不動産 7 千円，資本額
3 千円，1 ヶ年取引額 9 万円の有力貿易商として名を連ねている．1906 年か
ら 09 年まで商業会議所議員を歴任し，08 年には副会頭に選ばれ，また営業
税 108 円を納める「貿易商兼委託売買・帆船問屋」として名前を連ねている．
その際の朝鮮からの輸入品は雑穀・海産物・牛皮であり，朝鮮への輸出品は
米穀・食塩・縄叺・木材・味噌・醤油であり，あわせて日本郵船会社の荷客
扱いと東京海上保険会社の代理店を兼ねていた[29]．やはり先の日韓委託や野
間商船と同様の商品を取り扱いつつ，朝鮮の開港場で再起を図ったものと見
られる．

　岡山県の那須藤三郎の出身地児島郡下津井港は，北前船が停泊し瀬戸内地
方の棉作や藍作に使用するニシン粕肥料を取引する問屋が栄えたが，北前船
の衰退と外国貿易による棉花・人造染料・人造肥料などの流入によって大き
く後退し，問屋の中には西洋型帆船あるいは漁船を導入して九州・朝鮮から
カムチャッカ海域まで進出するという状況になっていた[30]．那須藤三郎は，
『日本全国商工人名録』（1898 年版）においては，松屋の屋号で，下津井の船
舶廻航業として所得税 22 円 17 銭，営業税 46 円 44 銭を納め，前掲外務省記
録によれば，1903 年の釜山における「在釜山港本邦人商店製造所及ヒ塩業漁
業牧畜業者取調書」に貿易商として登場し，1 ヶ年 1 万円以上取引をなすも
のとあり，同年の群山にもその支店が登場し，資本金 3 千円，1 ヶ年貿易高
5 万円の有力貿易商であった．下津井港の他の廻船業者と同様の活動領域の
転換を朝鮮において果たしていこうとしていたものと見られる．

　迫間房太郎は，もともと和歌山県那賀郡池田村の出身で，大阪に出て五百
井長商店に雇傭され，同商店が明治初期に衰境に入った際，それを挽回する
ため朝鮮に進出し，釜山を始めとして開港場に次々と支店を開設し手広く貿
易活動を展開したその支店長であった[31]．前掲外務省記録によれば，迫間は
1889 年の釜山には財産額 6 千円の貿易商として，1903 年には釜山で年額 1 万

円以上の貿易商として，また馬山では釜山迫間商店支店として資本1万6千円で貿易年額15万5千円の貿易商とある．迫間の五百井長商店からの独立は日露戦後のことであったが，すでにそれ以前から彼名義の資産を有し，その名前で事業展開を行っていたと考えられる．

　つまり，いずれも明治維新以降，それまでの商業・廻船活動を維持できなくなった山口県や西日本各地の商業者が，下関を拠点とする貿易委託会社を設立してその役員となったのであり（恐らく株主でもあったであろう），またそれと前後して自らも朝鮮に進出しており，もっぱら朝鮮産出品を買い取り，それを下関まで持ち来たって，その販売先を求めていたということであろう．

(2)　営業動向

　それでは，日韓貿易委托株式会社はどのような営業活動を展開したのか．それを示す資料として，『門司新報』1900年1月20日付の「日韓貿易会社と昨年中の営業成績」という記事がある[32]．そこでは，「同社営業の方法は其名の示す如く日韓両国間に於ける貨物の委託販売をなす」として，韓国産出品として，米・大豆・小豆・大麦小麦・糠・干鰯・牛骨・天草油粕をあげている．穀物を中心としつつ，海産物・畜産物などにも及んでいることがわかる．それらを引き受けて北海（ママ）沿岸，九州より瀬戸内海各地の需要者に販売する任に当ったということである．ここでもほとんど北前船の持ち寄った産品と類似したものであった．内国貨物としては阪神地方又は瀬戸内海沿海地方からの塩・石油・縄叺等があるが，それらは今のところ韓国からの復往船の荷支えで，それも産地からの直輸出となっており，同社としては税関手続きのみを行っているに過ぎないという．石油は外国産の再輸出品であったが，塩・縄叺などは地元産ということで，全体として北前船の時代とあまり変わりがなかった．

　創業直後の取扱船舶数と貨物売上代金を示したのが表5である．船舶は日本郵船や大阪商船などの大汽船会社のものか，西洋型帆船であったものと見られ，貨物は8割が大豆で，その他は小麦・小豆・米穀その他雑貨等であり，

表5　日韓貿易委託株式会社の営業状況（単位：隻，円）

年月	取扱船舶数	貨物売上代金
1899年5月	9	3,160
6月	6	5,750
7月	6	5,850
8月	4	10,200
9月	7	18,150
10月	8	23,200
11月	11	42,400
12月	9	5,184
計	60	113,894

出典：「日韓貿易会社と昨年中の営業成績」『門司新報』1900
年1月20日付より.

米穀は今後の価格差によって増加する見込みがあるだろうとしている.

　こうした状況の中で1899年12月ころより金融逼迫し，諸銀行が貸出を停止し荷為替を拒絶したため，商業界に一大頓挫を与え，その影響で同社も営業上一障碍を来たし，荷為替による輸入はストップすることになったという. もっとも，年が明けてからは経済界はやや順境に向かい，下関海岸の倉庫群も多数築造され，収容能力が増したので，秋口には好況に向かうであろうと予測している[33].

　しかし実際の営業成績は，表6に示すように，第4回に至っても株式払込みは一向に進まず，銀行勘定，預り金は多額に及び，委託品売上高は表5の時期に比して激減するという状況に陥っている. 1899年の営業成績が純益995円，配当1割であったことに比べると大幅な落ち込みであった[34]. けっきょく，前述したように北前船との取扱商品のまま，新たな取扱商品に進出していくことなく，ただ朝鮮貿易に活路を見出そうとした状況下にあった一方，下関を主要な拠点とする資本金60万円の百十銀行は九州の炭鉱への不良貸付による経営の行き詰りを起こしていた（その結果同行は，伊藤博文と井上馨の斡旋により元釜山領事で貴族院議員あった室田義文を頭取に迎える[35]）. また資本金36万円の馬関商業銀行の役員層を見ると，徳永安兵衛が監査役を務めてはいたが，そのほかの役員は頭取の松尾寅三（和洋紙商）をはじめ，必ずしも市藤たちの物品問屋に近いものではなかった. 下関に拠点を置いて局面の打開

表 6　第 4 回貸借対照表（1901 年 1 月，単位：円）

負債ノ部		資産ノ部	
株金	35,000.000	未払株金	26,250.000
銀行勘定	3,344.000	諸貸金及立替金	9,231.004
諸預り金	3,745.266	問屋組合信認金	500.000
委託品売上高	926.003	創立費	1,661.866
準備積立金	100.000	社有物	1,252.350
		当期損失金	4,158.015
		現在金銀	53.409
計	43,115.269	計	43,115.269

出典：『防長新聞』1901 年 2 月 5 日付より.

を図ろうとした市藤たち物品問屋の企ては挫折したといえる[36].

　そもそも日韓貿易は，『防長新聞』（1901 年 1 月 27 日付「防長と清韓貿易」）紙上に，「海外貿易にも欧米の得意先を相手とするものと清韓の得意先を相手とするものとは自ら区別ありて彼は大資本を擁し大規模の組織を要すと雖も是は唯一葦帯水を隔つるのみにして人情風俗も髣髴なれば容易に実行するを得べし」とあるように，小規模であっても一衣帯水の清韓方面であれば，大資本と対抗できると位置づけられていたのであるが，銀行などからの資金融資がなければ存続するのは難しかったということであろう。

　ちょうど同じころ，下関西南部町には前述した物品問屋の徳永安兵衛が1899 年，1901 年以降に社長を務め，役員もほぼ地元で固めた[37]「馬関物産株式会社」（1897 年 8 月，馬関糖業委託株式会社として創業，98 年 9 月より改称，02 年には再び馬関糖業に復帰）が設立されている（資本金 75,000 円，払込 18,750 円）。社長の徳永は，先の『家昌フ赤間ノ賑』において本・支店の銅版画を掲載し，観音崎町の本店には「中国（地方－引用者）米」「羽鯡」「鯡〆粕」「棒鱈」「三ツ石昆布」などの商品札が，同支店には大書きした「石油販売所」の看板や，「豊前米」「生蝋」「石油」などの商品札が並ぶ物品問屋であった。

　会社の目的は「砂糖売買仲次」とあって，当初は社名の通り香港製造の洋糖のみを，長崎ホームリンガー商会の特約により取り扱っていたが[38]，その後はそれを中心としつつも，石炭，米穀，雑穀から，麦粉，石油，肥料等の他の輸入品にも手を広げていった。先の日韓貿易委託が韓国産あるいは地元

産のものを多く取り扱ったのに対して，もっぱら欧米からの輸入品が多く，徳永の場合は朝鮮というよりも九州の炭鉱家や欧米との取引に転換していったのである[39]．1898 年下半期，1899 年下半期の実績を見ると，前者が 2,853円，後者が 2,300 円の純益を出しており，配当も 13％あるいは積立金に回す等の堅実な経営ぶりであった．その要因の一例として，「馬関商人の一弊習」であった風袋重量の水増しを回避すべく，中国・四国各地から日本海方面の商人と直接取引を行うという方式を採ったことが挙げられている[40]．この時代，そのような旧弊からの脱却が成否の鍵を握っていたといえるのであろう．徳永はまた，赤間関綿糸紡績株式会社へ 300 株（1万5千円）の出資予定となっていたり[41]，関門汽船株式会社の取締役，馬関商業銀行の監査役を務めたり，門司に石炭部門の商店を開設したりする一方[42]，1902 年には「問屋業」を同業の阿南栄太郎に引き継がせている[43]．旧物品問屋からの脱皮を図っていたことがうかがえる．

　ただし同社は，1907 年以降の『諸会社役員録』には登場しなくなる[44]．鈴木商店系の旭商会（1900 年設立）や大阪糖業株式会社の下関への進出，さらには外国商社の下関支店設置によって取引相手を奪われ，また台湾糖業の台頭や，やはり鈴木系の大里精糖所の登場（1903 年門司の大里に設立，1907 年に大日本製糖に売却）などによって廃業したものと考えられる[45]．

おわりに

　以上に見てきたように，明治維新以降，藩や幕府の後ろ盾をなくした各地の物品問屋は，新たな商品や活動場所を求めて再起を図っていった．日本経済の近代化過程におけるそうした変動の象徴的な存在として下関の物品問屋に求め，明治中期以降の足跡をたどってきたが，その歩みは一様ではなかった．日韓貿易委託株式会社の場合は，取引先を朝鮮に転換しつつ，輸入品は干鰯・油粕などの肥料のほか，大豆・米・麦などの穀物が中心で，ほぼ従来

の北前船の時期の取扱品と共通するものが多く，輸出品はもっぱら地元産の食塩・綿布・縄叺などであった．しかし輸出品は産地との激しい競争もあって容易に伸びず，けっきょく金融逼迫による銀行の貸出停止からくる荷為替取組の不調から廃業を余儀なくされ，構成役員の多くは拠点を朝鮮へ移していく[46]．それに対し馬関糖業（物産）株式会社は，香港からの精糖の取り扱いに特化する形で創業し（砂糖売買仲次），石油・麦粉など欧米からの輸入品や穀物から九州産石炭にも手を広げ，風袋重量の水増しなどの弊風から脱却し，また国内各産地との直接取引によって日韓貿易委託よりも延命したが，ホームリンガー系の瓜生商会，ジャーデンマセソン商会（当初は高瀬徳蔵宅が支店，砂糖粉類商及仲買），サミュル・サミュル商会（石炭砂糖麦粉直輸入仲買），エム・ラスペウントコンパニー（海陸物産各種仲買業）や鈴木商店系の商社・精糖会社の関門地域への進出もあって後退していく．

　以上のような旧来からの物品問屋にかわって，日露戦争前後ころより下関に来住し，新たな商品（和洋紙，洋反物，化粧品，生魚，牛肉缶詰，鯨肉，材木，土木建築）を取り扱うものが出現し（たとえば松尾寅三，園山半平，夏川宗吉，中部幾次郎，吉岡茂兵衛，西村宗四郎，秋田寅之輔，藤勝福松，間猛馬など），それらの中には，創業当初より朝鮮や「満洲」，台湾への進出を図るものもあったのである[47]．

1)　『郡区役所事務』明治二十年，上，下（山口県文書館所蔵）．同報告書については，木京睦夫「明治二十・二十一年の『郡区調査報告書』について」（山口県史編さん室編『山口県史研究』第 26 号，2018 年 3 月）を参照のこと．
2)　門司税関総務部編刊『門司税関 80 年のあゆみ』1989 年，1 頁．
3)　1876 年 10 月 14 日「朝鮮貿易の自由化に関する太政官布告」第 129 号．
4)　太政官布告第 40 号．またこの間の下関における税関の諸規程や活動については，山口県『山口県史　史料編近代 4』（2003 年），843-853 頁を参照のこと．
5)　『大日本帝国港湾統計』の資料的価値に関しては，解題がある．
6)　このほかに「七年対照表」「十五年対照表」がある．
7)　この資料を使った研究として，角山榮編著『日本領事報告の研究』（同文舘，1986 年）があり，日朝貿易に関連したものとしては，朴宗彬「李朝末期における日本人の米と土地の収奪」がある．

8)　「輸出重要品要覧」に関しては，同上書所収，角山幸洋「農商務省の海外貿易情報」を参照のこと.

9)　田中正敬『博士論文　近代朝鮮における塩需給と塩業政策』2000年. そこでは，1897年ころまでは釜山・元山地域において低価格（ただし低品質）であった日本塩が盛んに需要されたが，その後は日本商人による内容量のごまかし，朝鮮塩の生産回復，台湾塩・清国塩の流入，日本塩の価格高騰などによって衰退していくという.

10)　山口県『山口県治一斑』（1907年），221-237頁.

11)　『朝鮮総督府統計年報』（1911年），751-757頁.

12)　大阪商工会議所『大阪商工会議所史』（1941年），5-7頁.

13)　下関商工会議所『下関商工会議所五十年史』（1940年），10頁.

14)　同上書，8頁.

15)　ここで「旧来の物品問屋」と判断したのは，これらの人物が，西川久吉編刊『家昌フ赤間ノ販』（大阪光陽舘，1890年），白崎五郎七・敬之助編『日本全国商工人名録　全』（1892年），『下関物品問屋組合沿革総覧』（1919年）において「物品問屋」として記名されていたことによる.

16)　同上『日本全国商工人名録　全』（1892年），1186-1187頁.

17)　前掲『下関商工会議所五十年史』31-32頁.

18)　『下関市勢一斑』1903年，125頁，「農商務省令第16号」『官報』1902年6月27日付.

19)　下関築港問題については，浅川均の詳細な研究がある（「下関築港騒動―地方都市が直面した近代―」『山口県文書館紀要』2020年3月）. 営業種目や出身地（「生え抜き」か「よそもの」か）による立場の違い（それはもっぱら経費調達＝増税をめぐる対立）などがどう現れるか興味深いが，今後の課題としたい.

20)　このときに，阿南は四十物組合代表として築港反対派（延期派）に名前を連ねているが，徳永，市藤は関わっていない. 内閣総理大臣宛「設計変更陳情書」提出の先頭に名を連ねたのは，安井作次郎を頭取とする物品問屋組合であった（前掲『下関物品問屋組合沿革総覧』91-109頁）.

21)　「日韓貿易会社と昨年中の営業成績」『門司新報』（1900年1月20日付）.

22)　外務省外交史料館外務省記録『本邦人外国ニ於テ商店ヲ開キ営業スル者』1888～1896年，同『農工商漁業等ニ従事スル在外本邦人営業状態取調一件』1903年～. 以下この間の朝鮮におけるデータはこの資料による. 別府からの朝鮮進出者については，拙稿「明治期における朝鮮への人口移動」（東京農工大学『人間と社会』第9号，1998年）を参照.

23)　町田義介編『元山商工会議所六十年史』（1942年）.

24)　秋良貞臣著『明治二十年浦潮朝鮮遊誌』（防府市立防府図書館，1990年）. 同書によれば，秋良は梶山信（ママ・新）介とから朝鮮の景況を聞き出し，その後仁川において，「塩ノ事ニ力ヲ入レ居リハ，只梶山信（ママ）介一人ト云フモ可ナラ

ン」「是トテモ元山ニ居テ此地ヲ懸持ニスル位」(18 頁) とし，朝鮮への塩の売込みは，「朝鮮ノ製塩ヲ圧スル目的ナルヲ以テ，在留商及ヒ塩業者ハ最モ誠実ヲ主トシ，信用ヲ得ル事ヲ勉メサルヘカラス」(12 頁) として，朝鮮の製塩を潰して日本からの塩を受容するようにし，そのためには信用を得ることが必須であり，また塩業者による直売が望ましいとするのである．このころの瀬戸内塩業については，落合功「明治十年代後半期における塩業界」(山口県史編さん室『山口県史研究』第 31 号，2023 年 3 月) を参照のこと．梶山の退韓処分に関しては，『退韓命令ヲ受ケタルニ付陳情書』大隈外務大臣宛，1896 年 (国立国会図書館所蔵)．

25)　「在韓山口県人会設立」(『防長新聞』1905 年 3 月 1 日付)．

26)　「船舶売買副書」1909 年 4 月 1 日 (むかし下津井廻船問屋副館長中西林一氏所蔵)．

27)　前掲『日本全国商工人名録　全』(1892 年)，1186 頁．

28)　山本豊治郎ほか編『野間町史』(野間町，1955 年)，73 頁，及び『日本全国諸会社役員録』1896 年分参照．残りの 1 家の伊藤嘉吉家については末永国紀「明治期在来海運業の推移―尾張野間廻船の場合―」(同志社大学『経済学論叢』第 21 巻第 1・2 号，1973 年) があり，和船を使用しての同族組織による買積経営が隔地間の価格差による大きな利潤を生まなくなって以降，株式投資や西洋型帆船から汽船の採用による運賃積経営に移行することによって延命していたという．こうした転換は，北前船主のケースと同様で，福井県河野村の右近家も同様の転換を図ったことで知られている．

29)　以上は，前掲『元山商工会議所六十年史』1942 年，外務省記録『農工商漁業等ニ従事スル在外本邦人営業状態取調一件』1905 年，『日韓商工人名録』1908 年．

30)　角田直一『北前船と下津井港』(手帖舎，1992 年)．前掲の中西林蔵もそのような活動を行い，朝鮮海域で持船が難破する事故ニあっている．

31)　五百井長商店と迫間房太郎については，高嶋雅明「明治前期の貿易業者に関する資料―日朝貿易と五百井商店・住友」(『大阪の歴史』第 17 号，1986 年 1 月) を参照のこと．迫間はこのころ，釜山商業会議所議員，居留地会議員を歴任し，釜山水産株式会社取締役，釜山穀物輸出組合長などに就任し，さらに馬山方面の土地買収に従事していた (釜山府『迫間房太郎翁略伝』1942 年)．

32)　北九州市立図書館所蔵．同記事は「未完」とあるが，その後続記事は発見できていない．

33)　この時の下関の景気沈滞が，1898〜99 年上半期にかけての綿糸紡績業の過剰生産に端を発する日清戦後第二次恐慌によるものであるのか (長岡新吉『明治恐慌史序説』東京大学出版会，1971 年，122-123 頁) は明確ではない．しかしその後の景気回復過程で，綿糸紡績業による繰綿輸入の激増による輸入超過と正貨流出は，金融逼迫・金利騰貴を生み出し (143 頁)，そのことが下関の銀行による荷為替取組拒絶につながったと見ることもできよう．

34）　「昨年中の馬関諸会社銀行利益配当」『防長新聞』1900 年 3 月 10 日付.

35）　田谷廣吉・山野辺義智編『室田義文翁物語』（財団法人常陽明治記念会，1938 年），230-232 頁.

36）　1901 年以降，『日本全国諸会社役員録』には同社は掲載されていない.

37）　具体的には，徳永のほか，物品委託販売 1 人，砂糖商 3 人，醤油醸造 1 人などであり，営業税額は 40 円台以下であった（『日本全国商工人名録』1898 年第二版）.

38）　ホームリンガー商会についてはブライアン・バークガフニ著・大海バークガフニ訳『リンガー家秘録 1868-1940』（長崎文献社，2014 年）を参照. そこでは，輸出品は九州の炭坑で取れた石炭，輸入品は香港の太古製糖会社の砂糖がほとんどだったとある（同書，157 頁）.

39）　徳永安兵衛が朝鮮に全く関心がなかったというわけではなく，京釜鉄道株式会社の 1903 年時点の株式を 36 株所持していた. 商業会議所を通した勧誘がなされたことと，有利な株式投資という側面のあったことが要因として考えられる（拙稿「京釜鉄道株式会社の株主分析─岡山・広島・山口を中心として─」『姜徳相先生古希・退職記念　日朝関係史論集』新幹社，2003 年）.

40）　『門司新報』1899 年 1 月 24 日付，1900 年 1 月 17 日付，3 月 16 日付.

41）　畠中茂朗『明治日本のローカル・アントレプレナー』（九州大学出版会，2024 年），30 頁.

42）　眞田新蔵編「下関人物小観・徳永安兵衛」（『硯海集』硯海発行所，1906 年 88 頁），井関九郎撰『現代防長人物史　天』（発展社，1917 年），補 26 頁. そこでは，「物品問屋廃業後は時勢の推移に観る所あり，将来石炭業の有望なるに着眼して少からざる資金を筑豊の炭礦業者に投じ」とある.

43）　「徳永安兵衛 / 書簡」『柳田家資料』（北海道教育委員会）.

44）　東京商工社編『日本全国商工人名録』下巻，1908 年.

45）　関門地域の鈴木商店については，木村健二・佐藤裕哉・水谷利亮「関門地域の工業化と鈴木商店」（『関門地域研究』Vol.25，2016 年 3 月）を参照のこと.

46）　そのうち，市藤清太郎は下関四十物問屋・物品問屋の仲間とともに，1901 年 3 月に資本金 1 万 5 千円の馬関運輸株式会社を立ち上げており（社長は山村茂から 1903 年に大坪秀美へ，また市藤は 1907 年まで監査役），朝鮮─下関間の運輸事業に特化し，1908 年には通関業務も担当することで資本金を 10 万円に増資し，少なくとも 1912 年までは存続していた（『日本全国諸会社役員録』）.

47）　たとえば 1902 年に近江より下関に進出した夏川宗吉は，小間物商として東京や大阪から化粧品類を仕入れ，1907 年の大連を皮切りに，朝鮮（京城・釜山・大邱・平壌等），台湾などに支店網を開設していった（富田義弘『第三の謳歌　（株）夏川本店二世紀への道』1996 年）.

第 2 章

昔話の文化的接触

──『温突夜話』を通して──

尹　　惠　貞

は じ め に

　「現代絵本」[1] に焦点を当て，昔話絵本と創作絵本という二つの分類を設け研究を進める中で，日本語で書かれた朝鮮の昔話に出合った．それも，総督府など半島に職があり，そこに滞留しながら朝鮮の話を採集出版した高橋亨(1910) の『朝鮮物語集』[2] などのようなものではなく，朝鮮人による日本語で書かれた昔話類[3] である．例えば 1927 年に出版された鄭寅燮（チョン・インソプ）の『温突夜話』や，1930 年に出版された孫晋泰[4]（ソン・ジンテ）の『朝鮮民譚集』などである．

　1920 年代と言えば，イ・ヨンスク (1996 : 253-254) が述べるように，「『一視同仁』の名のもと，『内地人』と『朝鮮人』との区別を撤廃，『朝鮮人』を『国語を常用セサル者』と定義し，朝鮮人はもはや『朝鮮人』ではなく，ひたすら『同化』されるのを待つ，『国語を常用セサル者』でしかなくなった」という時代であった．しかし，鄭や孫の日本語による書籍からは，彼らが「ひ

図1　『温突夜話』表紙

　たすら『同化』されるのを待つ，『国語を常用セサル者』」ではなく，既に「同化」された「国語を常用スル者」であり，そのような者による書物であると考えることもできるであろう．

　本稿では特に，鄭寅燮の『温突夜話』に注目した．その理由は，朝鮮総督府学務局側委員の田島泰秀（三ツ井 2010：171）が，1923 年に同じ題名の『温突夜話』（図1)[5] を朝鮮で上梓しているからである．田島による『温突夜話』は，朝鮮人から「聞き取った」笑話，昔話類及び朝鮮語の綴字法の特徴に関わる話などを収録しているものである．

　昔話は親から子へ，祖父母から孫へと，口頭で語りかけるものとして伝承されてきたものであり，人間の基本的な文化的営みと言うことができる．外地人の基本的な文化的営みを，自然の営みの上で成り立つものとしての「国語」で伝えた田島と，反対に自国の基本的な文化的営みを，自然の営みの上に成り立つものではない「日本語」で伝えた鄭．それぞれの根底にある「真実」は，どういうものであったのか．彼らはどういう人物なのか，また彼らが残した『温突夜話』には何らかの関係があるのか．または単に，時代的・偶然的な産物に過ぎないのか．1922 年 5 月に朝鮮で「子どもの日」[6] が制定されて，すでに 100 年余りが過ぎている．本稿では，100 年前に刊行された書籍の意味を体系的に考察することに加え，これまで言及されたことがない

挿絵についても分析しつつ，日本人による「朝鮮の昔話」の発見利用の意味，及び朝鮮人による「朝鮮の昔話」の発見利用の意味を考察することを目的とする．

1.　田島泰秀の『温突夜話』

1.1　田島泰秀という人物

　前述のように，田島泰秀は朝鮮総督府学務局側委員であるが，この学務局という部署は，朝鮮語の教科書を編纂する部署である．総督府にとって「国語を常用セサル者」を同化することは，極めて重要な仕事であった．では，田島はどのような経歴でその部署に所属することになったのだろうか．この点については，先行研究の三ツ井（2010）及びイ・シジュン，キム・グァンシク（2014）が詳しい．

　上記先行研究によると，田島は1893年に鹿児島県薩摩郡川内町で生まれ，県立川内中学校を卒業し，1914年に朝鮮に渡った．そして京城高等普通学校付設臨時教員養成所に入学し，翌年からは咸鏡北道鏡城公立普通学校訓導，京畿道公立普通学校訓導を歴任，1921年より朝鮮総督府学務局所属となる．同年，朝鮮語奨励試験甲種に合格し，「朝鮮総督府官報」[7]にもその旨が掲載された．『温突夜話』が上梓された1923年の年から1929年まで総督府朝鮮美術審査委員会書記，また1926年から1934年まで学務局編集課編集と書記を兼務し，主に朝鮮語読本の編纂に当たるなど，朝鮮語の能力はかなり高かったと見うけられる．その後，1934年8月に平安北道宣川郡守，1935年11月から40年までは平安北道定州郡守を務めているが，これらの傍ら，朝鮮語奨励試験臨時委員なども担当している．

　田島の朝鮮語の能力，そして後述する『温突夜話』の序で小倉進平が「田島君は熱心なる朝鮮研究家である」（傍点筆者）としていることからも，彼が教科書編纂の重要な仕事を任された一因がうかがえる．

1.2　田島泰秀の『温突夜話』の構造など

　田島の『温突夜話』は，1923年10月に教育普成株式会社より出版された．同書には小倉進平による日本語の序文及び현헌（玄櫶，ヒョン・ホン）による朝鮮語による「머리말（まえがき）」，田島本人による自序が置かれており，160話の笑話などが収録され，最後に附言がつく，という構成となっている．「머리말（まえがき）」を書いた玄は，田島とともに第3回綴字法の基礎案の作成にたずさわった者であり，小倉はその第3回綴字法大委員会の審議委員を務めた京城帝国大学教授[8]である．

　160話の笑話などの内容を把握するためには，これら三つの序文を丁寧に読むことが必要である．また，雑誌『朝鮮』（朝鮮総督府編）大正11年3月号「教育制度改正記念号」に，田島が書いた「交響楽」という文章が掲載されているが，これは田島の考えを知ることができる良い資料なので，これも併せて読み解くこととした．さらに，同号には田島の『温突夜話』から3話（「韓石峯の母」，「三年坂」，「二人の婿」）が紹介されている．この点，『温突夜話』が出版される1年前から一部内容が雑誌に紹介されている，という時期のズレが気になるところであるが，この点に関しては田島の自序と玄の「머리말（まえがき）」で少なからず，答えが見いだせそうである[9]．

　(1) 小倉進平の序文

　小倉は2頁にわたり序文を書いており，「人間に笑といふものが無かつたら，此の世の中はどんなに淋しく又眞暗なものになつてしまふことだらう」と始めており，さらに，

　　(…) ある箇人又は民族が如何なる種類のウイットを喜ぶかを観察することによつて，吾人は其の箇人又は民族の心の傾向又は社會の相態等を推知することが出来る．

と述べている．

　本稿の「はじめに」でも述べたように，田島の『温突夜話』には朝鮮語の綴字法に関わる話も収録されており，例えば第9話には，よく知られた同音異義語を使ったとんち話「옷이오（発音はオシオ，意味は服です．以下同）→오시오（オシオ，いらっしゃい.），잣이오（チャシオ，松の実です.）→자시오（チャシオ，お食べなさい.），갓이오（カシオ，冠です.）→가시오（カシオ，お帰りなさい.）」といったやり取りで，ただで松の実をたらふく食べるといった話などが見られる．上述のように，小倉は言語学者として京城帝大で教鞭をとり，綴字法審議委員としての任を担う中で，シャレ・ダジャレ（ソシュールで言うところのシニフィエ（概念）とシニフィアン（音））に注目していたと考えられる．

　(2)　현헌（玄櫶，ヒョン・ホン）の「머리말（まえがき）」
　玄の「머리말（まえがき）」も2頁にわたっている．このまえがきが書かれたのは「대졍이술첫여름（大正壬戌夏の初め）」となっており，大正11年初夏であることがわかる．以下，興味深いところを引用し，筆者による和訳を付した．

　　(…) 이를국어로번역한것을보지못하얏드니，나의동료뎐도［田島］씨가，우리말을연구할졔，여러방면으로셥렵하야，지금은，그조예의깁흠의，가히경복할만한대，(…) (傍点筆者．なお傍点部は和訳では「」で示した)

　　(…) これを「国語」で翻訳したものを見たことがなかったが，私の同僚である田島氏が，「我々の言葉（以下，「ウリマル」とする）」を研究し，各種方面へ渉猟し，今は，その造詣の深さは敬服するに値し (…)

　このように玄は，朝鮮の笑話類が「国語」，つまり「日本語」で書かれたことがないなかで，田島氏は「我々の言葉」，つまり「朝鮮語」の研究をしている，と述べている．またここでは「国語」とされているが，そこには「自然の営みの上に成り立つ」感触はない．なぜなら，「国語」は「ウリマル」とい

う語彙と対照的に用いられているが，玄にとっては「ウリマル」が「自然の
営みの上に成り立っ」ているからである．

　玄は元島根県立商業学校韓国語教師であり，前述した第3回綴字法基礎案
のみならず，第2回綴字法大委員会の調査委員でもあった．この点から言え
ば，玄自身は，本稿の「はじめに」で述べた「『同化』されるのを待つ『国語
を常用セサル者』」ではなかったと言えるだろう．では，なぜ朝鮮語で「まえ
がき」を書いたのかという疑問が残るが，この点は以下（3）とともに考察する．

（3）田島の自序と附言及び，雑誌『朝鮮』の「交響楽」

（3）-1　田島の自序と附言

　田島も2頁にわたり自序を書いており，この自序が書かれたのは大正11年
3月となっている．雑誌『朝鮮』で既に『温突夜話』の中の3話が紹介され
ていたことは既に述べたが，この時点では『温突夜話』の内容はほぼ確定し
ており，小倉進平の序を待つ段階だったのだろうか．そうだとすれば，前述
したとおり『朝鮮』に『温突夜話』の3話が収録されたと判断できる．

　この田島の『温突夜話』は，「朝鮮人の心理の一斑を窺い知るを得べく」と
小倉が述べているように，日本人に向けての笑話集であると考えられている．
しかし，

　　　只懼るるは，拙文，郡守，生員の怒りを買わん事のみ．

と，田島は自序の最後に書いており，日本人以外が読むことも想定していた
ことが推測される．それはまさに，玄が朝鮮語の「まえがき」を付けたこと
にあらわれているということができるだろう．このことは，次節で述べる『朝
鮮』の「交響楽」からも読み取れる．

　田島の附言についても，ここで述べておこう．イ・シジュン，キム・グァ
ンシク（2014）は，この附言を韓国語に訳して分析しているが，以下では日
本語のまま引用する．

一，機智と諧謔の中に窺われる朝鮮民族の研究資料として蒐集編纂した
　　朝鮮の短い笑話集である．

一，요디경，開巻嬉嬉等の諺文又は漢文の書籍から譯出したもの及び朝
　　鮮の古老，友人の口から語られたものを集めて百六十篇をのせた．

一，大體に於いて其の百六十篇は，普通の笑話及言葉のもぢり所謂言語
　　上の遊戯に興味を置いた笑話の二種に分つことが出來る必要と思は
　　れるものには其の終りに註として説明を加えた．

この附言の内容のうち，『요디경』『開巻嬉嬉』については，前掲先行研究
が詳細に検討している．また「言語上の遊戯」については，（1）で小倉の序文
を引きながら例示した．「普通の笑話」については，（4）で述べる絵と関連す
る普通の笑話類である．「普通の笑話」のなかに筆者が「はじめに」で述べた
「昔話」類が含まれているが，この点田島は一括りにしたと考えられる．

(3)-2　雑誌『朝鮮』の「交響楽」(186-194 頁)

田島はこの「交響楽」の文章で，内鮮人の争いの種になるような花見での
出来事を提示しながら，そのために必要なものは芸術の真の理解であること
を強調している．

　（…）朝鮮の歌も吾々内地人に歌としての役目を果たす事がある．單に歌
　に限らず，あらゆる彼我の殘されたる，又は創められるべき藝術も，眞
　に理解し共に味ふ事によつてのみ同情となり慰安となり喜びとなつて，
　兩者の胸に和解と感謝をもたらす美しき役目を果すことが出來るのでは
　あるまいか．

と述べており，内鮮の相互理解という趣旨を強調しているように読める．し
かし，争いの原因を生んでいるのは朝鮮の過去の両班（ヤンバン）という階級
制が社会に蔓延り，多数の民衆を自暴自棄にさせたのが主な原因とも述べて

いる．火種は半島内にあるが，飛び火は日本人も受けており，だからこそ相
互理解が必要だ，という言わば学務局の身分を崩さない思考にも思われる．
他方，学務局の身分を有しながらも異なる観点からの，以下のような記述も
ある．

> 若し言葉の相違がお互いを離反させる原因であつたら死力を盡して相手
> の言葉を學ばうではないか，風俗習慣の相違がお互を離れさせるもので
> あつたら其の方面に更に熱心な眼を向け様ではないか．あらゆる點に研
> 究を積み了解を重ね，而して接觸に次ぐ接觸を以てした曉に於て，私達
> が自己の中に又相手の中に見出すものは一體何であらう，それは只同じ
> 人間のみである．さらば同じ人間と人間とが相共に交響樂を奏で得ない
> 理由が何處にあらう．

このように，「同化する／される」者を超え，ただ同じ人間として様々な要素
が混じりあうことの重要性を説く．このような思いから，田島は朝鮮語を身
につけていったのではないか．さらに，もう一文引用すると，

> （…）私共は獨り朝鮮の友とのみならず，世界の人と楽しみを分ち悲しみ
> を共にする事を今少し痛切に考へなければならぬ．楽しい交響楽が世界
> の人々の心と心に口と口とに奏でられゝ時は果して何時であらう．

　田島がどのような思いで「世界の人」という言葉を用いたかは，今では知
る由もない．しかし，田島のこの言葉は正に後に述べる鄭寅爕の「コスモポ
リタン」と相通ずるものであるように思われる．

⑷ 田島泰秀『温突夜話』の3枚の絵
　田島泰秀の『温突夜話』には絵が3枚入っている．全160話のうち，第2
話の「夫を放り投げる妻」，第83話「お目出度き원님（郡守）」，そして第134

話「責を負うて笞を受ける孫同知」であり，以下の通りである．

　挿絵の出典は不明であるが，注目したいのはその位置である．図2は「夫
を放り投げる妻」という話の挿絵として適当な場所に置かれていた．図3は
一つ前の話である「雄馬の生んだ馬の子」のところ，そして図4は二つ前の
話である「孫義夫と朱仁助」に置かれており，位置がずれている．この点，
話を読めばどの話の挿絵であるか見当がつくので，その限りにおいては絵と
言葉に相互作用があるように考えられる．絵は鮮やかな多色のものであり，
当時の印刷技術では文字の間に絵を差し込むことが困難であったということ
が原因であろうか．また，今の絵本論から言えば，「枠（frame）」[10]という手
法を使い，絵による物語の一層の強調と読者に対する理解の促進をうながし
ているということもできよう．

図2　「夫を放り投げ
　　　る妻」

図3　「お目出度き원님
　　　（郡守）」

図4　「責を負うて笞を
　　　受ける孫同知」

2. 鄭寅燮の『温突夜話』

2.1 鄭寅燮という人物

鄭寅燮は 1905 年 3 月に蔚山郡彦陽邑で生まれた. 1917 年彦陽普通学校を卒業し, 1921 年大邱高普を卒業後, 東京で郁文館中学 4 学年に編入, 1922 年第一早稲田高等学院に入学した. 1926 年に早稲田大学英文学科に入学し, 1929 年に帰国後は延禧専門学校 (現延世大学の前身) の教授となっている. また, 彼は児童文学者であり, 英文学者, 翻訳家であった. さらに, セクトンフェ (색동회 1924), ハングル学会 (한글학회 1930), 劇芸術研究会 (1931), 朝鮮民俗学会 (1932), 朝鮮音声学会 (1935) などで様々な活動をしていた. 本稿では, その中でも特に児童文学者であるという点に注目する. 何故なら, 鄭の『温突夜話』は後述する「マザー・グース」的特質を備えているからである. なお, 筆者が児童文学を研究する者であるという理由も述べておくべきであろう.

2.2 鄭寅燮の『温突夜話』の構造など

『温突夜話』は 1927 年に日本書院により発行された. 日夏耿之介[11]による日本語の序, そして Raymond Bantock による英語の手紙がこれに続く. それから, 鄭寅燮による序が 10 頁にわたって記載され, 『温突夜話』がどんな書物であるかを簡単に説明している.

鄭の分類によれば, ここに集められたものは「朝鮮の神話, 童話, 伝説, 奇談, 怪談, 古代小説, 其他」で, 計 43 話が収録されている. 43 話のうちどの話が上記のどの分類に属するかについては明記されていないものの, 第 1 話の檀君は「檀君神話」とも言われるので, これが神話に当たるのは明白である.

(1) 日夏耿之介の序

日夏は 4 頁に及ぶ序を書いており, 説話比較研究の高木敏雄などを例示し

つつ，高橋亨の採集探訪もさることながら，最も望まれるのは朝鮮人自らによる昔話の出版である，と述べている．以下，引用する．

　（…）今日の我等が一番待望しておるものは，身自ら半島に生を享けて春
　宵秋夕その慈母や祖父の膝下にあって稚きうつつ心に美しい楽園の消息
　とも聴いて来た異珍の古童話，口碑，伝説，民譚，怪崎談等の生のまま
　の形の忠実な復刻であり飜出である．（…）はやく云えば，元の「郷土研
　究」に集った地方採訪家の態度，今の「民族」寄書家の態度をとる者が
　朝鮮の人々の間にもっと出て欲しいということだ．

　ここでは鄭寅燮が朝鮮出身であり，親や祖父母から伝え聞いたものを集め
書籍にしていることの価値が述べられていると共に，「用語文章に内地人のわ
れ等の解釈や語感と一致しない個所も多いが，原稿一読の際わたくしはわざ
とそのままにして絶対に加筆しなかった．」とも書かれている．ここには「自
然の営みの上に成り立つ」はずの「ウリマル」を「国語」に訳出する不都合
性を，翻訳の仕事を生業の一つとしていた日夏が感じ取っていた．

　(2) Raymond Bantock の手紙
　Bantock の手紙は英文の序として 1 頁で書かれている．以下重要と思われ
る箇所を引用し筆者の和訳を付した．

　They will assuredly serve not only to show to the Japanese nation some-
　thing of the inner life of your own people, but also to provide valuable
　material to the student of folk-lore.

　これら（昔話）は日本国民にあなた（朝鮮）の民族の内面を示すのみなら
　ず，民俗学の研究者にとっても重要な資料となるに違いない．（カッコ内
　は筆者が補足）

　繰り返しになるが，昔話は親から子へ伝えられる文化的な営みであるので，
「国語」で出版されても，朝鮮民族の内面を示すものであり，民俗学研究の重
要な資料となるであろうことを Bantock は述べている．

　Bantock は早稲田大学英文学の教授であることが，以下の *FAIRY TALES of
MANY COUNTIRES*（図5）で分かる．この奥付により，同書は 1925 年[12] に
三省堂より出版されていることが分かるが，この表紙を開くと以下の絵（図6）
がカラーで載っており，キャプションは "HIS LIPS ARE SWEET AS HONEY"
と書かれている．この本には，物語のあいだに絵が 10 点収録され，それらの
絵の下方には「CR」とサインがあり，及び図6のキャプションを手掛かりに，
これらが Charles Robison の 1913 年の絵であることが分かった．Robinson は
イギリスのイラストレーターである．この絵を本稿に載せたのは，後で述べ
る鄭の『温突夜話』の絵と極めて似ているためである．

　Bantock はこの本の序文（FORWORD）で，Mr. Insup Chung に感謝してい
ると述べているが，これは鄭寅燮のことであり，この本の話を選ぶ際，鄭の
意見が重要な参考になったと述べている．

図5　*FARIY TALES of MANY
　　　COUNTIRES* 表紙

図6　*FARIY TALES of MANY COUNTIRES*
　　　見返し

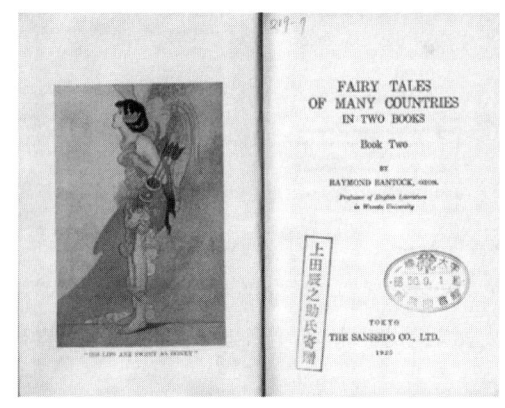

（3）鄭寅燮の序

　鄭は『温突夜話』の序をかなりの長文で書いており，本のタイトルを『温突夜話』にした理由や，自分が「コスモポリタン」であることなどが述べられている．以下，内容を引用しながら考察する．

　　（…）私が温突の中で母の胸に抱かれて，ザジャン歌（ねんねの歌）と共に聞かされたものであり（…）（下線部筆者，以下同）

　　私は，私が母の胸に對して感ずる愛着と同じ程度，或はそれ以上の廣さと深さとに於て，此等のものを愛して居ると同時に，そこには温突といふ藝術的特殊美が籠つて居るのであつて，その美に憧れる心持は，同時に又温突そのものの香をも忘れないのである．私にとつては，温突は，最も楽しいホームのホームであり，朝鮮文化の揺籃であるやうに思はれる．

　この記述からは，母の胸に抱かれ「ねんねの歌」を聞くように，温突という大きなホームに抱かれて，鄭が分類したような神話や童話を聞くというイメージで，この本が命名されたことが推測される．

　より興味深いこととして，鄭は『温突夜話』に絵を 3 枚載せたと述べている．表紙を開くと 1 枚の絵があり，そこに赤色で「母の胸に」という 4 文字が記されている．

　描れているのは赤色の妖精のようであるが，羽があり，矢を持ち，弓は足元にある．前述の図 6 とは似て非なるものである．Robinson の絵に触角のようなものはないが，この絵には触角がある．また，目の大きさなど，顔の表情も異なっている．これ

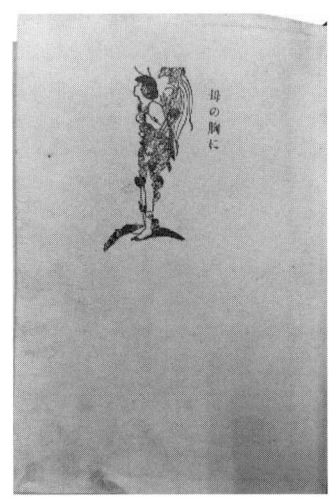

図 7[13)]　『温突夜話』見返し？
出典など不明

は恐らく，Robinson の絵を模倣して誰かが描いたものであろう．以下もう一
文引用する．

　　（…）英語國民がマザー・グースを愛誦する程度以上に，私はそれらのも
　　のを有意義に見てゐる．といつたつて私は，かなりのコスモポリタンで
　　あり，外国かぶれであり得るし，また外國に對して，より多くの親密さ
　　と理解とを有してゐるものの，一方同時にまたこれらのものを忘れたく
　　はない．

　ここで，鄭はマザー・グースを例にしながら，自らがコスモポリタンであ
ると述べている．しかし，マザー・グースについて，平野敬一（1972：5-6 頁）
が，「ことばの喚起性というものは，辞書に明示しうる性質のものではない．
それは多くの場合，学校での勉強や書斎における研究では捕捉し得ない生活
基盤そのもの，広義の「文化」から生まれてくるのである．ことばがどうい
う情緒を喚起し，どういう連想を伴うか，それを決めるのは，生活であり文
化であり，要するに過去のいっさいの経験の総和なのである．この過去の経
験のなかに，個人の場合でも，その個人の恣意や個人の生活体験をはるかに
超えた民族の集団的無意識といったものがはいってくることはいうまでもな
い．」とするように，そこには鄭がコスモポリタンであることとは真逆の性質
が垣間見られる．ただ，鄭寅燮の自序の「それら」「これら」は，上記引用文
の前に出ている「朝鮮の童謡，婦謡，俗謡，農謡その他の民謡」を指してい
るので，結局『温突夜話』も「民族の集団的無意識」と言っているのと変わ
りない．また，上記の妖精の絵に，「母の胸に」という言葉を記していること
からも，鄭の一貫した意識を見て取ることができる．

　さて，上述したように鄭は絵を 3 枚用いたとしているが，『温突夜話』をい
くら眺めても，絵は 2 枚しか収録されていない．そのもう 1 枚は，図 7 の見
返しをめくると登場する以下の朝鮮半島の地図（図8）である．しかし，実は

図8　書名の上の朝鮮半島
　　　　出典など不明

図9　『温突夜話』表紙（表・裏）

表紙（表・裏）に絵（図9）が2枚あり，それを入れると絵は4枚となってしまう．結局のところ鄭の序とは齟齬が生じる．鄭の序の該当箇所を引用してから考察したい．

　　絵も入れようと思つたが，本當にその氣持を出せさうもなく，また反つて直感の印象を，平俗化し弱める恐れがあるので，それらは抜きにして，その代わりに，古代美術畫を三枚利用することにした．これらは，假面の研究や原始的な劇的動作の研究にも，幾分か參考になると思ふが，本書の内容にも關聯したものである．（傍点引用者）

　まず図8の書名の上に掲載されている半島地図であるが，赤い枠線の中に緑色の濃淡で当時の朝鮮半島の行政区域を示し，現在の北朝鮮の上部には「満州」と記されている．そうすると，鄭の序で述べられている内容と枚数を除いても齟齬が生ずるところがある．注目すべきは傍点の部分であるが，図7及び図8はどちらも古代美術畫であるとは言い難い．図8の半島地図は先述したように「満州」と記されており，時代性から考えても古代美術畫であるはずがない．そうすると，図9が古代美術畫なのだろうか．さらに，表紙の絵は表・裏2枚になっているが，どう考えるべきだろうか．

図10　金俊根「쟝가가고」

　表紙の絵（表・裏）をよく観察したところ，以下の箕山 金俊根（キサン キ
ム・ジュングン）「쟝가가고」（図 10）（男性が結婚する，筆者意訳）を左右に分割
したものであることが分かった．新郎が花嫁の家に婚礼へ向かう行列を描い
ている．ただ，筆者はこの絵の現物を確認できていない．理由は，金俊根の
作品は主に外国に所蔵されており，この絵は 1894 年に刊行された *Korea and
the Sacred White Mountain: Being a Brief Account of a Journey in Korea in 1891*
に掲載されているものの 1 点である[14]．

　鄭は本来 1 枚であった絵を表と裏の表紙に分けて掲載したので，1 枚とし
て数えてよいであろう．その結果，鄭が序で述べている絵を 3 枚としている
枚数は合致することになる．再度，鄭の序に戻るが「古代美術畫を三枚利用
する」としているが，表紙の絵が刊行された書物は 1894 年で金俊根も同時代
の人であったので，なるほどこれをもって古代美術とすることはできないだ
ろう．もう一つ考察すべきことは，「これらは假面の研究や原始的劇的動作の
研究にも，幾分か参考になると思ふが，本書の内容に關聯したもの」という
文言である．この点，鄭寅燮は『温突夜話』のような昔話を書き残すという
仕事だけではなく，1923 年に方定煥によって創刊された子ども向けの雑誌
『オリニ』に多くの投稿をしており，特に「オリニ劇＝児童劇」を率先して紹
介していた，という先行研究[15]がある．ソン・ジュンサン（2016）によると，

『オリニ』誌にグリム童話から「白雪姫（백설 공주）」や「眠れる美女（잠자는
미인：鄭による朝鮮語の題目）」をオリニ劇として発表していること，及び1930
年半ばまで唯一のオリニ劇作家であったということが述べられていることに
鑑みると，「劇的動作の研究」をしていたと考えられる．

　もう一つ「假面の研究」についてであるが，鄭の『温突夜話』は1983年に
三弥井書店から再刊されており，再刊に際して鄭が「再刊の序（半世紀の弁）」
という文章を寄せている（1976年9月1日付）．そこに，以下のような一文が
ある．

　　宋錫夏[16]，孫晋泰と共に韓国民俗学会を創立し，京城帝大の秋葉隆教授
　　及び韓国民俗研究者今村鞆氏を客員として，民俗発掘に努力した．

　この鄭らにより創立された「韓国民俗学会」は，1933年に『朝鮮民俗』と
いう学会誌を創刊しているが，この創刊号において，宋錫夏は仮面劇である
「五廣大」について「五廣大小考」と題してその由来と意義，梗概と演出につ
いて述べている．また，鄭寅燮は「晋州五廣大脱놀음（仮面劇）」について寄
稿しており，「假面の研究」においても造詣が深かったようである．

　この点金廣植（2014：368-371）は，上記引用文によりつつ，民俗学会の創立
メンバーとして鄭が関わっていたが，『朝鮮民俗』創刊号にのみ寄稿している
ことに焦点を当て，その後の主要メンバーとして関わっていたかは疑問であ
るとしている．しかし，「民俗学会」の主要メンバーであることと，「假面の
研究」について取り組んでいたかどうかは別の問題であると言うべきであろ
う．実際，鄭は1928年10月号（6巻6号）の『オリニ』に「人形劇と假面劇」
について寄稿している．この年は世界児童芸術展覧会[17]が開催された年で
あり，その展覧会に上述した晋州五廣大仮面劇の出品があったことも述べら
れている．その一文を引用し，筆者の和訳を付する．

　　（…）조선에서는 옛날부터 五광대라는 탈노름이 유명하엿다．이번전람회

に진주방면에서 어든것을 出品하엿다.（分ち書きなど原文ママ，但し縦書き，以下同じ）

（…）朝鮮では昔から，五廣大という仮面劇が有名であった．今回の展覧会では晋州方面から得たものを出品した．

　このように見てくると，「本書の内容にも關聯したものである」という一文がもっとも疑問の残るところである．『温突夜話』は43話が収録されていることは前にも述べた．この43話のうち，末尾に近い第39話「黄娘物語」の最後の一文で以下のように述べられている．

　　僧のお面をかぶつた僧侶達の舞踊が行はれる．それは，僧侶の戒しむべき目的としたのであるといふ．

　この話は妓生の黄眞伊の話で，彼女の美しさと愛嬌に虜にならない男はなく，生仏ですらもその誘惑に負けてしまった，という物語の最後に，上記の言葉が付されているのである．ここにははっきりと「お面」と書かれていることを考えると，鄭が「劇的動作の研究」，「假面の研究」，「本書の内容に關聯したもの」とする意味が，実は表紙の分割されている絵に収斂されていくのではないだろうか．何故ならば，前述「人形劇と假面劇」において鄭は以下のようにも述べているからである（筆者の和訳を付する）．

　　가면은 사람과동물과의차이를업새고 몸짓이라든지 나희라든지 성질과인종지명을 업새게하며 얼골과몸짓의표정에도 전연다른것이 될수잇는것이다. 사람외에도 귀신요물가튼물건도 능히 흉내낼수잇다.

　　仮面は，人と動物の差異を失くし，動作だとか年齢だとか性質や人種属性を失わせ，顔や動作の表情においても全く異なるものになれるということだ．人以外にも鬼神妖物のようなモノもうまく真似することができる．

鄭は Bantock を通して外国書に掲載されている朝鮮の絵を目にすることで，自分が生きた時代より前の婚礼の儀，その他さまざまな朝鮮人の生活の端緒を，時空を超えて見ることで，人の動作や表情に思い馳せ，どんなモノもうまく真似することができる仮面，それをつけて演ずる劇へと専心していったのではないだろうか．そこには終始コスモポリタン的な思考と，民族的な集団的無意識的意識が渾然一体となって現れたのだ，と考えることができるだろう．これは，鄭寅燮が 1939 年から 1942 年までの業績によって，『親日人名辞典』に親日反民族行為者として規定されていることとは，また別の文脈を持っていると考えるべきであろう．

　なお，本稿では考察の対象としなかったが，鄭が 1983 年の再刊本で，「黄娘物語」は馬海松[18)] が 1923 年に紹介してくれたものだ，と述べているのも大変興味深いところである．

3.　両『温突夜話』の比較

　ここまで，田島の『温突夜話』と鄭の『温突夜話』の構成などを 1 と 2 で分析してきた．ここでは，これまでの分析を踏まえて両者を比較考察する．

　田島泰秀と鄭寅燮が直接出会った記録は，管見の限り見当たらない．また，田島が鄭より 12 年早く生まれており，田島が朝鮮に渡った 1914 年に鄭はまだ子どもであったし，朝鮮総督府学務局所属になった 1921 年は，鄭が渡日した年であり，重なりは見られない．しかし，両者は『温突夜話』という同じタイトルの書籍を「かすがい」として，そこに何かのつながりがあることを，100 年を越えて訴えているのではないだろうか．そう考えてみると，両者の構成などには近似性が見出される．

　まず，2 人による「序」が書かれ，それから著者が自序を書く，という構成は全く同じである．2 人による「序」のうちの 1 人は田島にとっては현헌（玄檣，ヒョン・ホン）であり，鄭にとっては Raymond Bantock であった．筆

者から見ると民族を異にする者であるところも同じである．また，田島の『温突夜話』は絵が３枚あり，鄭の『温突夜話』も表紙の分割されている絵を一つとして数えることで，絵を３枚使用したと言える．田島『温突夜話』の絵は，朝鮮民族を志向する民族服を着た人物の絵が中心であった．他方，鄭『温突夜話』の絵も，妖精の絵も含まれるが「母の胸に」という言葉，半島地図及び婚礼の儀の行列が描かれた朝鮮民族を志向する絵が中心となった．

　より重要なのは，田島の附言に「朝鮮民族」という言葉が用いられている点である．本稿「はじめに」に戻ると，1920年代には「朝鮮人」は朝鮮人ではなく，「『同化』されるのを待つだけの者」と考えられていた．それにも関わらず，田島は朝鮮に固有の「ネーション／ナショナル」を認める言葉を用いているのである．ここで，「交響楽」で田島が述べていたことを想起されたい．そこでは，同じ「人間」として，さらに一歩進んで楽しみを分ち悲しみを共にする「世界の人」ということが述べられていた．

　この点，鄭も自序においてマザー・グースを例示しながら，自分がコスモポリタンであることを述べつつ，「国語」で朝鮮の説話を訳出している．民族の集団的無意識を形として残すことに力点を置きこだわったのではないだろうか．少なくともこのことは絵において明確に表われている．要するに，どちらも朝鮮の「ネーション／ナショナル」を認めているのである．

　付け加えれば，両者はそれぞれの立場のゆえに，ある種の限界の上で「ネーション／ナショナル」に向き合っていた，というアイロニーという点でも共通するものがある．田島が所属していた総督府学務局は朝鮮語の教科書を編纂する部署であった．したがって，朝鮮の「ネーション／ナショナル」を認めると言っても，同化を推し進める指揮者として，ということになる．反対に，鄭は「国語」によってでも民族の集団的無意識を残そうという意図があったけれども，やはり限界があるとどこかで意識しており，帰国後は主に朝鮮語学会で朝鮮語査定委員会の委員に従事したのである．

　これらを踏まえて，本稿で最初に提起した問題を改めて考えてみよう．田島の『温突夜話』は日本人による「朝鮮人」同化のための発見利用の意味が

少なからずあるが，しかし書籍としてまとめる上で，朝鮮の「ネーション /
ナショナル」を認めるという一見矛盾する形となって立ち現れた．対して鄭
の『温突夜話』は同化された朝鮮人よる，民族の昔話の残存という発見利用
の意味があったが，しかし朝鮮人の基本的な営みではない「日本語」では
「ネーション / ナショナル」を伝えきれないという形となって具現化されたの
である．

<h1 style="text-align:center">お わ り に</h1>

　「世界の人」を志向するという理想を掲げつつ，同化推進者として「ネー
ション / ナショナル」を奪う田島泰秀と，コスモポリタンと称しつつ民族を
強く志向しながら，「ネーション / ナショナル」を奪われる鄭寅燮は，どちら
も『温突夜話』を残した．出発点を対極にしながら，昔話という人間の基本
的な文化的営みを形にしたこの 2 人の作品が同じ名前を持つことは，時代的
産物ではあるが，偶然的産物ではない．当時の朝鮮において，ネーション的
なものとコスモポリタン的なものが，対極から文化的に接触したその交点，
それこそが『温突夜話』であったのである．

1)　現代絵本とは，原則絵と言葉に相互作用がある本のことを言う．
2)　『朝鮮物語集』は日本人が出版した最初の朝鮮昔話であった．高木敏雄は『郷
　　土研究』で最初に日韓昔話研究を行っている（崔仁鶴 1976：11-12 頁）．
3)　昔話類としたのは，学者によって用語の定義が異なって用いているからであ
　　る．前掲註 3 の孫晋泰によると「民族説話」には「神話・伝説・古談・童話・寓
　　話・笑話，雑説などの総称」としている．なお，崔仁鶴（1976）は「動物昔話，
　　本格昔話，笑話，形式譚，神話的昔話，其の他」とし，今では多くの研究者がこ
　　の分類やこれに類似したものに従っている．
4)　孫晋泰は 1900 年に慶尚南道東莱郡生まれ．1927 年に早稲田大学を卒業し，東
　　洋文庫を経て 1934 年に帰国．普成専門学校（現高麗大学）に勤務．45 年以降は
　　ソウル大学教授．50 年に北朝鮮に渡る．『朝鮮民譚集』復刻版作者紹介引用．
5)　田島の『温突夜話』は，韓国の国立中央図書館と日本の滋賀県立大学にしか現

存しない．韓国国立中央図書館のデジタル資料のモノクロ版で表紙及び内容を見ていた．しかし，滋賀県立大学図書情報センターのご厚意で現物を閲覧することができ，資料がカラーであることが分かった（2023年1月30日）．本稿に掲載しているカラー版資料は，当大学図書情報センターの PDF カラー版ファイルから印刷したものである．この場を借りて謝意を述べたい．

6)　「子どもの日」と記したが，1922年5月1日は天道教少年会による最初の「子どもの日」の行事が行われ，翌年には少年会が拡大し「子どもの日」宣言文を宣言した．

7)　大正11年1月31年付「朝鮮総督府官報」に一等で合格した旨記載されている．

8)　三ツ井崇（2010）『朝鮮植民地支配と言語』東京：明石書店，172頁．

9)　小倉進平の序文も大正11年という年度は書かれているが，「何」月の部分は空白となっており「月」のみが書かれている形となっている．

10)　絵がページいっぱいより小さい場合，紙の白い余白を「枠」という．枠は，本体の絵と関連した模様をいれた装飾的な縁どりの場合もあり，さまざまな太さやスタイルの線を使う場合もある．ジェーン・ドゥーナン（2013）『絵本の絵を読む』正置友子他訳，玉川大学出版部，151頁．

11)　日夏は1890年に生まれ，詩人・文学者，翻訳者として活躍した．飯田市美術博物館の付属施設である日夏耿之介記念館 HP による（2024年3月18日最終検索）．(https://www.iida-museum.org/guidance/related-facility/hinatsu/) また，日夏は早稲田大学において鄭の師であった（キム・キョンヒ，2016：26-27頁）．

12)　Bantock は，1925年に文明書院という出版社から *POEMS INPROSE AND VERSE AND A PLAY* という本を出版しているのであるが，ここで彼が Oxford イギリス出身であることが分かった．

13)　図7及び以下掲げる図8は現物『温突夜話』を撮影した．東京経済大学図書館の「桜井文庫」に所蔵されているもので，図書館のご厚意で貴重な現物を閲覧できた．謝意を申し上げたい．

14)　Internet Archive: Digital Library of Free & Borrowable Books, Movies, Music & Wayback Machine で，1894年に出版されたことが176-177頁にカラーで掲載されていた．なお，図10として掲載しているものは，韓国国立民俗博物館で2020年5月20日から2021年3月31日まで「箕山風俗画から民俗を探す」という特別企画展示がされた．今はオンライン展示でその様子を観ることができるが，そこから論文用としてダウンロードしたものである（2024年3月20日最終閲覧）．(https://www.nfm.go.kr/user/planexhibition/home/20/selectPlanExhibitionLView.do?planExhibitionIdx=743&page=1).

15)　손증상（2016）「일제강점기 정인섭의 아동극 창작 전략과 그 의미」『한국극예술연구』54, 15-46頁．

16)　1922年釜山第二商業学校を卒業し，日本の東京商科大学（現一橋大学）に留

学. 1923 年の関東大震災により帰国. その後, 民俗学に目覚めフィールドワークを始める. (한국민족문화대백과사전韓国民族文化大百科事典 https://encykorea.aks.ac.kr/Article/E0030871　2024 年 3 月 13 日最終検索).

17)　1928 年に, 20 余りの国の出品によって開催された展覧会.「世界各国のたくさんの良い出品のご厚意に感謝し, 一人でも多くの方に参考と刺激を与え, 我が朝鮮の子どもの芸術を一層飛躍させるものになるよう切に願うだけである」と万定煥が挨拶の言葉を『オリニ』6 巻 6 号に掲載している (筆者訳).

18)　文藝春秋社から独立した「モダン日本社」の社長である. 1905 年に開城で生れ, 1921 年に日本に渡り, 日本大学の芸術科に入学し, 菊池寛と出会う.

参 考 文 献

(日本の文献)

イ・ヨンスク (1996)『「国語」という思想　近代日本の言語認識』東京：岩波書店

川村湊 (1988)「馬海松と『モダン日本』」『「大衆」の登場　文学史をよみかえる 2』120-130 頁

金廣植 (2011)「高橋亨の『朝鮮の物語集』における朝鮮人論に関する研究」『学校教育学研究論集』(24) 13-28 頁

金廣植 (2014)『植民地における日本語朝鮮説話集の研究―帝国日本の「学知」と朝鮮民俗学―』東京：勉誠出版

金廣植 (2020)『韓国・朝鮮説話学の形成と展開』東京：勉誠出版

フィルディナンデ・ド・ソシュール『一般言語学講義』小林秀雄訳, 東京：岩波書店, 95-101 頁

孫晋泰 (2009)『朝鮮民譚集』増尾伸一郎解説, 東京：勉誠出版

崔仁鶴 (1976)『韓国昔話の研究』東京：弘文堂

鄭寅燮 (1927)『温突夜話』東京：日本書院

鄭寅燮 (1983)『温突夜話』東京：三弥井書店

平野敬一 (1972)『マザー・グースの唄』東京：中央公論社

三ツ井崇 (2010)『朝鮮直植民地支配と言語』東京：明石書店

(韓国の文献)

김경희 (2016)「울산의 민속과 아동 문학 이야기 지도 - 송석하 , 정인섭 , 서덕출 , 오영수 , 천재동을 중심으로」『울산학연구제』11 호, 8-65.

김광식 (2018)「근대 일본의 조선 설화연구의 현황과 과제」『洌上古典硏究』제 66 집, 65-89.

다지마야스히데 (2014)『온돌야화』신혜숙 , 채숙향역 , 학고방.

박중훈 (2013)「일제강점기 정인섭의 친일활동과 성격」『역사와경계』89,177-215.

손증상 (2016)「일제강점기 정인섭의 아동극 창작 전략과 그 의미」『한국극예술경계』54, 15-46.

이시준・김광식 (2012)「1910 년대 조선총독부 학무국 편집과가 실시한 조선 민간전승 조사 고찰 1913 년 보고집 전설동화 조사사항을 중심으로」『일본문화연구』 44, 523-544.

이시준・김광식 (2014)「1920 년대 전후에 출판된 일본어 조선설화집에 관한 기초연구- 『신일본교육구전설화집』, 『조선의 기담과 전설』, 『온돌야화』 를중심으로」 『외국문화연구』, 53, 265-289.

（その他の文献）

Raymond Bantock（1925）*FAIRY TALES Of MANY COUNTIRES BOOK TWO,* THE SANSEIDO COMPANY, LTD

Raymond Bantock（1925）*POEMS IN PROSE AND VERSE AND A PLAY,* BUNMEI-SHOIN TOKYO

第3章

朝鮮の茶文化

——伝統の継承と日本植民地統治期を経た変容——

新 井 佑 一

は じ め に

　本稿では，朝鮮近代史研究の中でも，日本の植民地統治期を経て，朝鮮在来の茶文化がいかに継承され，また日本の植民地統治政府や日本人移民が持ち込んだ日本の茶文化がいかなる影響を与えたかを検証した．このことが，今日に通じる朝鮮社会の一端について理解を深める一助となればと考える．

1.　伽耶，百済，新羅の茶文化

　伽耶諸国は，1世紀以降に朝鮮南部の洛東江流域を中心に形成され，高度な鉄器文明により興隆し，5世紀には，当時の遺物から，中国の先進的な茶と関連する文化も受容していたと考えられている．

　百済は中国南朝に33回使臣を派遣し，南朝使節も百済，伽耶，倭との交易のため朝鮮半島沿岸の各港に寄港し，対馬を経由して倭に至る海上航路をとっ

ため，百済，伽耶地域の各交易港が発展した．百済地域の風納洞遺跡から
は，茶碓，青銅鐎斗，茶碗など数多くの茶器が発掘されている．また，『三国
遺事』には，384年に東晋の外交使節と共に渡来したインド僧の摩羅難陀が
百済に仏教と茶をもたらしたとする記録があるが，同時期に海上交流の拠点
となった百済，伽耶地域の沿岸部には野生茶群落地が数多く散在し，それら
はインドや中国南方地域の温暖な気候で育つ大葉種に近似した特徴を有して
いることから，中国と朝鮮の古王国との間で活発な茶文化交流があったと推
定されている[1]．

新羅は，562年迄に伽耶諸国を併合してその茶文化を吸収し，伽耶のあっ
た南方沿岸地域を掌握したため，唐との交易が活発になり，唐の茶文化流入
の契機となった．6〜9世紀には唐との文化交流によって仏教が隆盛し，燃
燈会，八関会など国家的な仏教行事や各種宮廷行事において献茶儀禮が広く
行われ，貴族や官僚の生活にも茶が大きな役割を果たした[2]．

2. 高麗の茶文化

(1) 王室の茶文化

高麗王朝は，新羅の文化をそのまま継承した．また，建国後に支持基盤を
強固とする過程で，地方豪族と仏教の力を借りざるを得ず，婚姻政策と寺刹
建設によって繋がりを強化した．王室だけでなく，貴族や庶民の間でも茶は
普遍化し，製茶法や飲茶法もより多様化し，洗練されたものとなる．

1) 茶禮 高麗は信仰思想を仏教の理念に求めたが，新たな王室の権威と安
寧を儒教に求めるようになり，多様な思想的潮流を儒教秩序である五禮に
帰一させた．そのため，高麗王朝で制定した五禮は，仏教的要素と伝統的
要素を併せ持つ特性を有する．五禮のうち，「吉禮」は最も重要な禮で王が
神に国家の安定と秩序を祈求する儀禮，「凶禮」は王族や大臣の喪事・葬時
の儀禮，「軍禮」は王室の国家統治に必要な軍の統率上必要な儀禮，「嘉禮」

は王室の婚礼を含め王子と公主の誕生，冠禮など通過儀禮，「賓禮は」外国使節団を迎接する儀禮であって，軍禮を除く全ての儀禮に献茶儀禮が含まれた．

2) **茶の下賜**　茶は王が臣下や功労者，高齢者，僧侶や庶民に下賜する貴重な贈答品であり，特に王朝の維持には新羅遺臣の助力が必要であったため，頻繁に茶を下賜した．

3) **外国使節との茶の取り交わし**　中国との交流で茶は禮物として取り交わされ，『高麗史』には，1038 年に契丹に国産団茶である腦原茶を，1130 年に金に茶を，1292 年に元に香茶を贈呈した等の記録が残されている．

4) **上元燃燈会儀**　燃燈会は仏の孝徳を讃え国家と王室の太平を祈る仏教儀式で，進茶儀禮が含まれる．新羅から行われてきたが，高麗の太祖王が遺訓「訓要十条」（943 年）を通して八関会とともに毎年必ず開催することを命じ，以降国家行事として盛大に執り行われ，朝鮮の太宗王のとき（1415 年）に中止されるまで続けられた．

5) **官製茶房制度**　宮廷では重要な行事の度に茶を使用したが，茶房は宮廷の各種儀禮の際に茶に関連する役務を担当し，茶，果物，薬などを準備した．また，当時茶は医薬であると考えられ，太醫監が茶房を所管し，所属員は医療補助も行ったりと幅広い役務に従事した．同制度は朝鮮王朝でも継承された．

6) **茶院**　院とは，国王や官吏，僧侶を含めた貴族が遠方に赴く途中に休息をとるため，要路や人家が少ない場所に置いた国営旅館であり，僧侶が居住して管理することもあった．その中で，特に茶を淹れるのに適当な泉水や東屋があったり，茶の有名な院を「茶院」と呼んだ[3]．

(2)　茶産地，茶村，茶所

高麗は 10 世紀頃には茶を国内生産できる基盤を整備し，「茶村」は，周辺に野生茶のある寺院中心に，僧侶の修行等に必要な茶を供給するための生産体系として形成されたようである．しかし，寺院の運営する茶村は，次第に

王室が運営する官営の「茶所」に置き換わり，茶の製造技術が移譲されたと考えられている[4]．「所」の住民は徭役に動員される期間以外は一般農民同様に土地耕作に従事し，特定物品の生産のために徭役の形態で動員されたのが一般的であり[5]，議論の余地はあるものの，所民の身分は良民より低い階層の工匠であったと考えられている[6]．高麗は建国以降，在地勢力の地方豪族を従えられず，統治組織がなかなか整備できなかったが，1018 年には行政区分と税貢額が定められ，道，界，京，都護府，牧などの地域に区分され，その下位に州，府，郡，縣，津などの多層的な郡縣制地域を構成した．また，これらと区別される郷，部曲，所，荘，處などの特殊行政組織が広範囲に編成され，部曲制度が構成された．「所」は，郡縣配下の一般村落と同質的な位置づけとされ，貢納物を生産するための自然的，社会的な諸条件が適当な場所が指定され，各郡縣が所の物品生産を直接管理し，所で生産した物品は各郡縣の支配体制を通して徴収された．しかし，高麗の記録では部曲制の機能や設置時期等に関する具体的な説明がなく，朝鮮時代に編纂された地理誌にごく一部の茶所が記載されているのみである[7]．朝鮮初頭の官撰地理誌『世宗実録地理誌』(1454) には全 16 か所（長興都護府に 13 か所，茂長縣に 2 か所，同福縣に 1 か所）の茶所が記録されている．しかし，所は 12 世紀後半以降衰退し，朝鮮中期（15 世紀後半）迄には管轄の郡縣に吸収される等して完全に消滅する[8]．

　貢納茶の生産体系や納付方法についても高麗時代の記録が見つかっていないが，現存する一般的な貢納の記録から，以下のとおり，当時の状況を一定程度推定できる．茶産地では，各官衙に賦課された貢案に収録されている茶を毎年常貢又は別貢するため，管内の茶所に，又は管内に茶所がない地域は管内の野生茶がある郷・部曲や面里に再度分定する．分定を受けた各村の郷里は早春，茶の芽が息吹き始めると，16 才から 60 才の郷民を一定の徭役動員規定と慣例に従って採茶の役に徴発し，製茶までの一連の作業に動員し，完成した製茶は管轄郡縣で収合する．官衙の首領は，完成した製茶を集め，包装し，中央に運搬する準備をする．そして，貢納物を運搬する郷吏を選抜

し，郷民の中からは運搬に動員する役夫を徴発する．準備ができると，茶を背負ったり，牛馬などの運送手段を動員して首都開京に向け出発する．途中，国家が運営する駅や館，院で宿泊や休憩をとる．開京に到着後，本郡縣から派遣され，開京に駐在している在京人の案内で貢案に明示された中央の各官庁と王室各司の納付処に茶を納付する，といった手続があったと推定される[9]．また，当時の貢納茶の採取，運搬等の様子は李奎報（1168-241，文人官僚）の詩に見ることができる．

> 「南部の人々は葛と山葡萄の蔓（つる）が絡み合い，猛獣の危険がある深山幽谷で茶を採摘し，数万の葉粒で造られた一個の餅のような茶の一かけらは千金でも購得が難しく，茶は玉色の箱に入れられ，紫色の山葡萄の蔓で括られる．（中略），官は老若男女を全て徴発し，茶を背負わせ首都まで運搬させた．（後略）」[10]

貢納茶を調達するため，採取した茶葉を集積する官衙周辺に茶樹を人為的に植栽する場合もあったが，徴発された郷民が山野にある野生茶を摘むのが一般的であった．また，「餅のような茶」とは団茶を指しており，高麗時代の貢納茶は団茶であった．なお，高麗の最高級の茶は「孺茶」と呼ばれ，早春に新芽を摘み取った一番茶で，貢納用の茶として団茶に精製された．

(3)　仏教寺院と庶民の茶文化

高麗では，新羅以上に抹茶が盛行した．ただし，抹茶と言っても現代のように葉茶を挽いて粉末にするのではなく，茶葉を煮て団茶を造って貯蔵しておき，必要な分だけ研茶磨という石製器具で挽いて粉末にし，湯を注いで飲んだ．寺院では「茗戦」という一種の品茶会が盛行した．茗戦では，烹主の眼目，つまり良質な茶と水の鑑別，湯法，撃拂の技術等によって優劣が決まり，寺院の規模と影響力を披露する場でもあった．同時代に宋で流行した「闘茶」と似ているが，「茗戦」は寺院主導であったことに特徴があった[11]．

また，市中には茶店があり，乾茶を販売し，農民であっても現物や金銭を支払えば茶を飲み，休憩することができ，庶民の日常生活にも茶文化が浸透

していたことが分かる[12].

(4)　官僚文人の茶文化

　官僚文人は，養生と心身を清潔に保つため茶を飲用した．彼らは，三教（仏教，道教，儒教）を通渉した読書人として，唐代の陸羽（733-804 年）の『茶経』を読み，茶の飲用法や栽培理論にも精通した階層であった．また，唐，宋の茶をたしなんだ人物の詩文を読み，僧侶との交流から古刹に継承される茶を入手したり，国王から下賜される中国や国産の高級茶を経験することで，優れた茶の鑑識眼を有した階層として台頭する[13]．高麗の茶文化の実態を把握するには官僚文人や僧侶の残した茶と関連する詩文（茶詩文）が手掛かりとなるが，これらが初めて出現したのは高麗中期であり，以降増加する．高麗に茶詩文が多い理由は，茶文化の発達に加えて，宋の茶文化の影響もあったようである．当時，宋では茶が日常生活に浸透し，貢茶制度が確立され，多様かつ高質な茶が生産された．高麗の官僚文人や僧侶は宋に留学し，宋の茶文化に接する機会も多く，彼らは帰国後も喫茶を日常生活に取り入れ，精神的な茶文化を享有したとされる[14]．宋の使臣として高麗を訪れた徐兢は，『高麗図経』（1124）に当時の様子を記録しているが，使節一同が高麗の官吏宅に招かれた際，主人が茶筅を使用して抹茶を淹れたことや，高麗滞在中には日に三度茶が出された，といった内容が記録されている[15]．

3.　朝鮮の茶文化

　高麗末になると仏教寺院の堕落と腐敗は深刻さを増し，国家の庇護下で寺院田を無制限に拡大し，寺院の奴婢は増大し，僧侶の世俗化が甚だしく，権門勢族と結託して非行を働く者も少なくなかった．このことが朝鮮王朝期全般にわたる抑仏政策につながったとされ，寺刹の新たな建立が禁止され，全国の寺刹が 36 寺に統合され，寺田が国家に帰属され，僧侶の数が制限され，

管の奴婢や軍籍に編入された．このような政治的土台の変化により，高麗の
茶文化は僧侶の影響力が大きかったが，朝鮮では官僚文人の影響力が相対的
に増大したように見える[16]．また，民間では，炒り煎茶が好まれ，特に穀雨
(4/20 頃) 前に摘んだ若芽は最高級のものとされ，雀の舌に似ていることから
「雀舌茶」とも呼ばれた．

(1)　王室の茶文化

　朝鮮王朝は高麗の統治体制を継承し，高麗の遺臣も大部分が登用されたた
め，初期の王室儀礼に大きな変化は見られなかった．ただし，次第に儒教理
念に関連する儀禮体系だけが唯一であると考えるようになり，前王朝で重要
な国家行事とされた燃燈会，八関会など仏教儀禮や道教，巫俗関連の儀禮は
執行されなくなり，儒教の祭祀儀禮と接賓儀禮等だけが残されることと
なった[17]．

(2)　茶貢制度（官備生産）

　大同法[18] の実施（1608-1708 年の間に地域毎に順次実施）の前後に関係なく，
茶は国家運営にあたって中央の各衙門での儀禮や祭祀，賜与・贈答物等とし
て使用される重要な物品であったため，朝鮮王朝の全期間にわたって茶は現
物で貢納され，大部分の茶産地では分掌された貢納茶の数量を充足するため
徭役を動員して，地方官衙で官備によって生産（官備生産）し，貢納すること
が慣例として施行された[19]．しかし，1894 年の甲午改革の際に現物貢納の一
種である外貢進上を全て撤廃し，度支衙門で収税し，宮内府に移送し，そこ
で官庁で必要とする土産品を購入して殿・宮・各司に納品することとなり，
この時になって，大同法の実施以降も相当規模で残っていた茶を含む土産品
の現物貢納が撤廃された．なお，朝鮮開国時に，高麗の慣例を参考に作成さ
れ，数次にわたり改訂を経て使用されてきた貢納物受取帳簿（貢案）は原本
が戦乱などで消失して今日に伝わっておらず，具体的な全国の貢納物の量を
提示することはできない[20]．

(3)　官僚文人と僧侶との茶をとおした交流

　朝鮮前期は文治が国家政策の一環となったため，官僚文人による茶詩文は一層発達し，多様化する．一方，王朝の抑仏政策により寺院は財政的にも厳しい時期を迎えるが，僧侶は茶を自家生産し，各寺院に伝承される製茶法を守った[21]．また，この時期には，官僚文人と僧侶との交流によって独自の茶文化が花開く．朝鮮後期の文人官僚，丁若鏞 (1762-1836) は，実学思想を集大成したとされる官僚学者で，茶人としても知られている．1789年に科挙の文科に合格し官僚となり，正祖王に登用され水原華城の建設技師として技量を発揮した．西学（西欧思想）にも通じ，カトリックを通した因習の打破を主張したが，改革派の正祖王が急死すると，朝鮮王朝はキリスト教厳禁に一転し，丁若鏞は1801年の辛酉教獄（キリスト教弾圧事件）を機に康津に配流となる[22]．ただ，このことが朝鮮後期の茶文化中興の契機となる．丁若鏞は，万徳山の麓にある草堂で経世実学の研究に没頭し，18年間の配流生活で500巻もの著書を執筆する．万徳山には昔から野生茶が広く分布しており，郷民は「茶山」と呼んでいたが，丁若鏞自身もこれを気に入り，自身の号を「茶山」に改めている．丁若鏞は，草堂での生活で，茶竈を手製し，茶泉を堀り，喫茶の生活を送ったが[23]，この場所に現地の僧侶や向学心のある若者らが丁若鏞を師と仰ぎ続々と集まってくるのである．丁若鏞が解配される直前，弟子との厚い情義を途切れさせまいと，丁若鏞は代表的な弟子18人を中心に「茶信契」を結んだが，その節目（規約）は100年間守られたという．「茶信契」の契員には，丁若鏞の息子の丁學淵 (1783-1859)，秋史金正喜 (1786-1856, 官僚，詩書画人)，海南大興寺僧侶の草衣意恂 (1786-1866年) らも含まれている[24]．まず，「茶信契節目」には「共に学んだ師匠（丁若鏞）と弟子らとの縁を途切れさせないために，それまで積み立ててきた金銭35両を元手に契物を結ぶこととし，『茶信契』と名付けた」旨の契を結ぶに至った経緯が記され，続く「茶信契約事」では契を運用するための手続が丁若鏞の指導の下で詳細に記述されている．

「茶信契約事」

1. 毎年，清明寒食（陽暦 4 月 5 日頃）に契員は茶山（丁若鏞の居した草堂）に集まり，契事を守り，韻を踏んで詩を詠み，連名で書を作り，酉山（丁若鏞の息子の丁學淵の号）に送ること，当日の魚値 1 両は契から出し，糧米 1 升は各人持参すること．

2. 穀雨（陽暦 4 月 20 日頃）に若芽を採取し，火で炒って 1 斤を造り，立夏（陽暦 5 月 5 日頃）に晩茶を採取し，団茶 2 斤を造り，この 2 種類の茶と共に詩札を同封すること．

3. 菊花（陽暦 10 月 15 日頃）に契員は茶山に集まり，契事を磨き，詩会を催すこと，この詩を酉山に送ることと，それ以外の手続と準備は清明の日と同様とする．

4. 霜降（陽暦 10 月 23 日頃）に新綿布 1 疋を購入するが，（糸の）太さはその年の収穫量によって購入することとし，白露（陽暦 9 月 7 日頃）にカヤの実 5 升を採取し，綿布と共に酉山に送ること．

5. 採茶の役は，各人が数量を分配し，準備することとし，自身で準備できない場合，銭 5 分を信東（丁若鏞に草堂を提供した尹奎魯の息子）に渡し，キュルドン村の子供に採茶させ，数量を充足すること．

6. 東庵（草堂の東側にある庵）の屋根に葺く草代の 1 両は，立冬に契から出し，キュルドン村の弟子に作業させ，これを監督し，冬至前に葺き上げ，冬至を越した場合，翌年春の茶役はこの 6 人が全て担当することとし，他の契員は手助けしないこと．

7. 全ての役の所要費用の支出後，仮に余金があれば，誠実な契員に貸してよいが，一人に 2 両以上貸さないこと．そして，15 両もしくは 20 両が貯まれば，田を購入して契に加えるが，その利殖の金銭は 20 両を超えてはならない．[25]

この「茶信契約事」に従い，弟子らは年に数回草堂に集まり，詩を詠み，各人が造った茶を持ち寄り，丁若鏞に送った．「茶信契約事」にある手続は丁若鏞の指導のもと作成されたが，茶の採取時期や製造方法について細かい注文が

あり，これらについて丁若鏞が深い造詣を持ち合わせていたことが分かる．

　また，丁若鏞とともに朝鮮後期の茶文化中興の祖とされる，海南大興寺僧侶の草衣意恂（1786-1866）も，丁若鏞の弟子のひとりであった．草衣意恂は，のちに43歳（1828）のとき『茶神伝』（清の毛煥文の編纂した『萬寶全書』のうち「茶經採要」（茶の採取・製造・保管等に関する書）の要約書），52才（1837）のとき『東茶頌』（朝鮮の茶について頌（詩）の形式で叙述した書）を発表した[26]．

(4)　官撰・私撰地理誌に記載された茶産地

　【表1】は，朝鮮時代の官・私撰地理誌のうち，茶産地の変遷を把握するのに適当と思われる地理誌を挙げたものである．これを見ると，朝鮮時代の茶産地は『輿地図書』の26か所を除き，35〜37か所の間に収まっている．

　『世宗実録地理誌』（1454）は，朝鮮王朝初の官撰地理誌として，政治経済社会の基盤を確立するため必要な統治資料とすることを念頭に編纂され，以降編纂される官製地理誌の模本となった．同地理誌では，貢納茶を生産する茶産地とそれ以外の茶産地を区別して記載している．

　『新増東国輿地勝覧』（1531）は，『世宗実録地理誌』の75年後に発刊された官撰地理誌で，両者を比較すると茶産地の総数は35か所で変わりないが，茶産地とされる地域が大幅に変わっている．朴（2015）は，『世宗実録地理誌』が編纂時に該当地域で貢納物が実際に生産されているかより，貢案に収録され，貢納されている物目かを重視したのに対し，『新増東国輿地勝覧』は実際に生産されている地域の特産品かに重点を置いて収録したために生じた差異でないか，と指摘している．

　『新増東国輿地勝覧』以降に新たな官撰地理誌が200余年編纂されなかったため，実情に即した統治資料の必要性から官撰の『輿地図書』（1765年）が編纂された．『輿地図書』も，『世宗実録地理誌』と同様に貢納茶を生産する茶産地とそれ以外の茶産地を区別して記載している．朴（2015）は，茶産地が『新増東国輿地勝覧』の35か所から『輿地図書』では26か所に大幅に減少している理由として，1708年の大同法体制への転換（本稿3.（2）を参照）によっ

て茶の不産地域，或いは生産に不向きな地域は，大同米を納めることによっ
て茶の現物貢納が免除になり，茶産地から除外された可能性があり，また，
『輿地図書』には原本自体に欠本が多く信頼性に欠ける，とも指摘している．

　『大東地誌』(1864) は，金正浩（1804-66推定）が情熱を捧げた私撰地理誌で
あり，膨大な国内外書籍や現地資料が参照され，当代に編纂された官・私撰
地理誌の中で最も優秀な地理誌とされている．100年前に編纂された『輿地

表1　官・私撰地理誌に記載されている茶産地の変遷[27]

道	地域	『世宗実録地理誌』	『新増東国輿地勝覧』	『輿地図書』	『大東地誌』
		1454 年	1531 年	1765 年	1864 年
慶尚南道	晋州, 固城	●	○	◎	○
	蔚山, 山清, 鎮海, 河東 (双磎寺)	●	○	○	○
	密陽	●	○	○	
	咸陽	●			
	泗川		○		○
	丹城, 梁山 (通度寺)		○		○
全羅北道	古阜, 茂長, 高敞	●			
	興徳	●			
	淳昌	○	○	◎	○
	郡山	○			
	扶安, 井巴	○			
	泰仁		○	○	○
	南原			●	○
全羅南道	南平	●	○	●	○
	康津 (白蓮寺), 羅州 (仏会寺), 務安, 咸平 (龍泉寺)	●		○	○
	霊光 (仏甲寺)	●	○		○
	霊岩, 長城 (百羊寺)	●			○
	求礼 (華厳寺, 泉陰寺)	●			
全羅南道	光州 (証心寺)	○	○	◎	○
	潭陽	○	○	●	○
	綾州			◎	○
	昌平			●	
	楽安, 同福	○	○		○
	高興, 宝城, 光陽, 順天 (仙岩寺)	○	○		○
	珍原	○	○	1600 年に長城に統合	
	長興 (宝林寺)	○			
	和順, 海南 (大興寺)		○	○	○
	谷城			○	
合計		35 か所 (うち貢納茶は21か所)	35 か所	26 か所 (うち貢納茶は 10か所)	37 か所

※1　「地域」の（ ）内は野生茶群落の確認されている主要な仏教寺院．
※2　『世宗実録地理誌』及び『輿地図書』では，●：貢納茶を生産する地域，○：それ以外の茶を
　　生産する地域，◎：貢納茶及びそれ以外の茶を生産する地域で表示した．また，『新増東国輿地
　　勝覧』及び『大東地誌』では，貢納茶とそれ以外の茶との区別がないので，全て○で表示した．

図1　朝鮮時代の地理誌に登場する茶産地の位置図

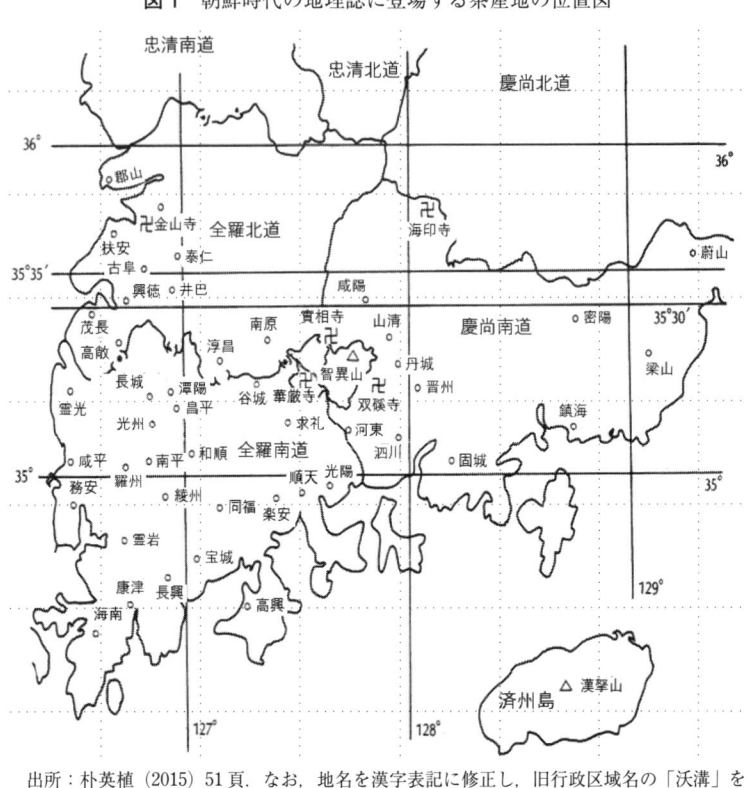

出所：朴英植（2015）51頁．なお，地名を漢字表記に修正し，旧行政区域名の「沃溝」を
「郡山」に，「咸陽」を「泗川」に修正した．

図書』と比較して，茶産地は26か所から37か所に増加し，当代の地理誌の
中でも最多の茶産地を記載している．同地誌の編纂時期が全南で丁若鏞や草
衣意恂らが活動し，民衆の茶に関する関心がにわかに高まった時期でもあり，
金正浩はこのことを意識してか，彼らの活動した全南の康津，海南，霊岩，
長興などが茶産地として記載されている[28]．

　なお，各地理誌に記載されている茶産地はその時の編纂者の意図によって
取捨選択された側面もあり，茶産地から除外された地域或いは追加された地
域があっても，その地域に野生茶群落が誕生したり，消滅したことを意味す
るわけではないことに留意が必要である．また，各地理誌を見ると古利周辺

が茶産地となっている場合が多いが，以前に治所や郷校，駅，院のあった場所の近距離，つまり周辺 2km 以内にも野生茶が散在している．古い歴史のある村落裏手の竹藪や林野に野生茶が混在するケースも多い[29]．

　また，図1 は，表1 にある茶産地を反映した地図である．茶樹が自然環境において生息できる「北方限界線」は北緯 42 度とされるが，朝鮮は冬の寒さが厳しく日較差が大きい大陸性気候であるため北緯 36°03’～35°43’ とされ，これより以南の全羅南北道，慶尚南道に野生茶が分布している[30]．

4.　日本植民地統治期における朝鮮の茶文化

(1)　日本の茶文化の流入

　1910 年の併合以降，朝鮮に渡る日本人移民は一貫して増加し，日本人の生活に欠かせないものが茶を飲む習慣であったことから，日本からの製茶移入量もそれに比例して増加する．日本人居留民の数は，1914 年から 1927 年にかけて約 1.6 倍（約 29.1 万人→約 45.5 万人）増加し，同期間に日本からの製茶移入量も約 2 倍増加（約 32.6 万斤→約 68 万斤）する[31]．また，1931～41 年の日本からの製茶移入量及び製茶移入価格（共に総数）を見ると，1931～9 年は製茶移入量・価格が一貫して増加しているが（1931 年：移入量 8.57 万斤，価格 38.8 万円，1939 年：移入量 260 万斤，価格 55.4 万円），1940 年以降は戦時インフラの影響で製茶移入量が減少する一方，価格が高騰する現象が起きている（1940 年：移入量 167.8 万斤，価格 112 万円，1941 年：移入量 174.4 万斤，価格 173 万円）[32]．

　日本から朝鮮に向けて製茶が移出された港は，大阪，神戸，名古屋，四日市，横浜，東京，敦賀，下関，門司，博多，長崎であった．1923～30 年にかけては，特に大阪，神戸からの移出量が多く，大阪からは同期間に年平均 11.3 万斤の製茶が移出されてさほど数量の変化は見られないが，神戸は 1923 年には 0.3 万斤に過ぎなかった移出量が 1930 年には 4.4 万斤にまで増加した．

また，同期間に，名古屋から年平均 1.2 万斤程，四日市から年平均 1 万斤程が移出され，朝鮮に近接する敦賀港（1923 年：1.14 万斤→ 1930 年：1.95 万斤），門司（1923 年：0.2 万斤→ 1930 年：0.7 万斤），博多（1923 年：0.01 万斤→ 1929 年：0.2 万斤），長崎（1923 年：0.02 万斤→ 1930 年：0.07 万斤）からの製茶移出量は増加している．ただし，朝鮮に近接する地域で，下関のみ減少している（1923 年：3.3 万斤→ 1930 年：1.1 万斤）．一方，東京の移出量は 1923 年以降一貫して減少しており（1923 年：0.45 万斤→ 1930 年：0.3 万斤），朝鮮への製茶移出の拠点が東京から朝鮮に近い関西，山陰，九州地域に移っていったことが分かる．

朝鮮側の製茶移入港は，釜山，仁川の移入量が突出している．釜山港からは慶尚道，全羅道に陸路を通じて茶が搬送され，仁川港からは陸路を通じて首都（京城）圏に搬送されたと考えられる．また，群山港，木浦港は，朝鮮半島西岸に面する全羅道の代表的港湾であり，同地域に多い日本人地主らの需要に応えるためのものだったと考えられる[33]．

大阪毎日新聞（1934 年 3 月 20 日付）は「番茶 − 朝鮮人間に好評を博す −」[34]と題して，朝鮮において日本の茶文化が浸透していく様子を記事にしている．

「内鮮人間の融和色が濃くなるにつれ朝鮮人大衆の生活様式も漸次内地化しつつある．従来殆ど見向きもされなかった内地のお茶がなんと昨今では朝鮮人間に非常な好評を博しわけて番茶類が素晴らしく受けている．昨年釜山から半島入りした緑茶は実に 703,300 斤，この金額 23,000 円余，仕出地は九州地方が多く，なかでも福岡，熊本，宮崎地方が断然目立ち，本場の宇治茶の進出は大したことはない．半島各都市における諸形態がぐんぐん内地化していく時それに正比例して朝鮮人大衆の内的生活様式が内地化してゆく現実は注目される．」

また，『統計年報』には京城で営業する「茶舗」の経営者と店舗名が記載されているが，全て日本人経営者である．茶舗と言ってもその性格は雑貨屋に近く，扱う商品は茶の他に茶器，海苔，鰹節，雑貨など日本人居留民の生活必需品をほぼ網羅していた．茶舗は 1935 〜 9 年迄は 2 〜 3 店舗の間で増減があったが，1940 年は 7 店舗に増えている[35]．

(2)　日本人居留民による茶園経営

　植民地期を通して，日本人居留民の茶需要を充足させるため日本からの製茶移入量が増大したものの，それでも不足する需要分は朝鮮内の日本人経営の茶園で賄われた．併合直後の1911年には，尾崎がいちはやく光州に無等茶園を開園し，以降続々と開園する．『朝鮮の茶と禅』(1940) には1920年以降に，日本から産業用に品種改良された茶苗が移入されたとする記録もある (1920年：羅州郡金川面院谷里 (静岡産) ／1927年：高興郡虎形里 (静岡産) 50株／1930年：済州島西烘洞 (日本産) 250株／1931年：羅州郡栄山面栄山里，三亭里，東水里 (京都産)，羅州郡南平面南平里 (熊本産) ／1937年：霊岩郡西湖里 (愛媛産))．ただし，開業が早い無等茶園，小川茶園など少数の茶園は朝鮮内の供給に加え，一部を日本にも輸出する程であったが，大部分の零細茶園は造園からそれ程日が経たずに解放を迎え，十分な成果を得られなかったようである．日本人の撤収に伴って大部分が無主廃園化し，井巴 (小川茶園) などは完全に撤去され，畑に転用された[36]．

1)　無等茶園

　1911年，鳥取県出身の尾崎市蔵 (当時76歳) が，光州の証心寺脇に野生茶群落を発見し，所有者の面長から15年契約で土地を借用する等し開園に着手した．その後，羅州の仏会寺，長興の宝林寺とも使用料の契約をしたが，どちらも無等茶園と距離があり，部落民の手入れも届かず利益が出なかったので，事業を中止した．1939年当時，茶園面積は7町歩，生葉12,000貫を摘み，製茶3,000貫を全南一帯に卸売している．地元の光州市内にはあまり出荷せず，仁川，郡山，京城の得意先60件程に出荷している．光州市内の得意先は宿屋が多い．朝鮮の野生茶樹を改良して使用し，生産量を上げるため山草や大豆粕等の肥料を与えている．除草は年4回行い，翌年の芽立ちを良くするため9月に刈り揃えを行う．通常年に4回茶摘みを行い (一番茶：5/15頃採取，生葉22,500kg／製茶5,625kg，二番茶：7/10頃，生葉11,250kg／製茶2,812.5kg，三番茶：8/2頃，生葉11,250kg，製茶2,812.5kg，四番茶：普通実行しない)，製茶の値段は採茶時期により異なる．無等山で採取した茶葉は光州の製茶場まで運

び，静岡式の製茶法を採用し，機械を使用している[37].

　なお，解放後，1946 年に南画家の許百錬 (1891-977) が，朝鮮伝統の茶禮を伝えたいと，放棄されていた同茶園と併設の製茶工場の経営を引き継ぎ，「三愛茶園」と称し，「春雪茶」という銘柄の朝鮮在来の炒り煎茶の生産を始め，少量を国内に供給した（現在は同人の孫が経営を引き継いでいるようである）. 許百錬は，朝鮮後期の茶文化中興の祖とされる草衣意恂と秋史金正喜の愛弟子であり，詩書画に卓越した文人官僚であった小癡・許維 (1803-1893) を高祖父に持つ. 自身も幼少期から漢文などの英才教育を受け，日本に 7 年間 (1912-8) 留学し，京都の立命館大学法学部法科に留学するが，在学中に画家を志すようになり，南画家の小室翠雲に入門する等，朝鮮と日本の文化を知る教養人であり，朝鮮伝統の茶文化を理解していた人物と言える[38].

2)　小川茶園

　1913 年以降，9 反歩（約 9km²）に茶樹を植栽し，「川原茶」という銘柄で販売を始めた. 7 年間は製茶法と栽培方法が不十分で採算が取れなかったが，研究改良の結果，1923 年頃から優良な茶葉を生産できるようになり，全鮮のみならず東京，大阪にまで販路を広げた. 小川茶園は川原製茶組合に属していたと考えられ，同組合は内地人組合員 5 人によって運営され，井邑金融組合の支援もあり，組合員の所有する茶園の総面積は 7 町 2 反歩に及び，1935 年当時，産額 1,500 貫（金額にして 10,000 円）を上げている. 川原製茶組合で製造する川原玉露は，1914 年に井深幸次郎が試作を始め，翌 1915 年には寺内総督から賞賛の書状があった. 部落民の副業の助長ともなり，各地の共進会などで賞を受賞するまでになったという[39].

3)　平野茶園

　1917 年，ある日本人が慶南・昌原の原野を開拓して 3 町歩（30km²）の茶園を開園したが，4 年後に破綻し，平野がこれを買い受けた. 1923 年頃から漸次収穫量も増加し，1929 年には生葉 12,000 斤（7,200kg），製茶 3,000 斤（1,800kg）を生産し，売上げは 2,500 円に上った. 堆肥や油粕類の肥料を与え，半月型又は饅頭傘型に整枝している. 収穫量は，開園から 4 年後の 1921 年に

は 93kg となり，以降徐々に増加している（1923 年：390kg，1925 年：1,050kg，1927 年：1,800kg）．また，収支は，開園から 4 年間は赤字（1918 年：△ 245 円，1919 年：△ 227 円，1920 年：△ 227 円，1921 年：△ 134 円）であったが，平野が茶園を買い取った 5 年目以降は黒字となり黒字額も徐々に増えている（1922 年：34 円，1923 年：165 円，1925 年：723 円，1927 年：1,473 円）[40]．

(3)　日本政府，朝鮮総督府による朝鮮における近代的茶産業育成計画

　1920 年代，朝鮮総督府宗教課の渡辺彰は，投稿論文『朝鮮の茶業に就いて』(1921) の中で茶業振興法案を提唱し，日本政府からの一般会計財源の支援に頼らない朝鮮総督府自らの財源確保のために茶産業振興の必要性を唱え，そのためには 1) 日本からの製茶輸入に頼る現況を脱し朝鮮内の茶需要の自給自足化を計ること，2) 仏前に茶を供用する茶禮を再興させること，が重要であるとし，そのための方策として，1) 茶樹栽培の適地を歴史地理学的に研究すること，2) 日本の製茶技術の移転，が課題と主張している[41]．

　1930 年代には，『朝鮮の茶と禅』の共同執筆者である全南山林課技師の家入が先陣を切り，「全南は気候風土その他の条件から茶に最適な地であり，やりようによっては静岡を遥かに凌駕する」，「内地でできない独特な高級品とともに，普通品も並行して行えば，内地の茶は輸出振興上重要産物の一つとなっているが，全南の茶園が完成する十年後には半島人も各家庭で茶を使用するようになるだろうから前途は洋々たるものだ」等と自信を滲ませている．また，「今後 10 カ年で，全南の茶園全体で三千町歩，百二十万円規模を実現し，全鮮消費量 50 万斤のうち三分の二を全南が供給する計画」等と意欲を見せている[42]．さらに，山野を開拓し茶園経営に着手した無等茶園の成功を例にとり，「経営法を改良し，茶産業を山村副業の一つとして奨励すべき」，「1930 年当時の日本茶の産額は 1,000 万貫，2,400 万円であり，そのうち外国へ 800 万貫位の緑茶を輸出しており，国内の重要産業の一つであるが，ロシア・コーカサスなど団茶を好む地方に輸出を増加すべき」等と提言している．これに対して，中央政府の商工大臣藤原は，『朝鮮の茶と禅』の序章に言葉を

寄せ，興亜という大事業の上で茶産業の振興が重要だとし，外貨獲得のために朝鮮茶の生産及び輸出の拡大が必須であることを強調し，シベリア，モンゴル地域への日本茶の販路開拓を奨励する，と家入の主張に呼応している[43]．

1) 宝城茶園

　1939年，尼崎関西ペイント株式会社は，朝鮮における茶の消費量増加に対応するため，宝城に30haにわたる茶畑を造成した．茶種は，日本から移入したヤブキタ種と在来種の混合であった[44]．朝鮮人が茶園の総管理を任され，煎茶だけでなく，団茶も製造された．10代の時に姉の夫が監督として働く宝城茶園を訪れたことのある金スングム（当時82歳，2008年聴取）の証言によると，茶摘みの繁盛期には多くの朝鮮人女性が雇用され，茶摘みをし，製造した団茶を物干し竿に吊り下げて乾燥させている光景を見かけたと言う．宝城茶園では，朝鮮総督府林業試験場長・鏑木徳二の提案に基づいて団茶が製造され，日本や海外にも輸出されたとされる．団茶の製造工程は，日本の葉茶製造用機械を改造して，朝鮮固有の竹枠を用いて銭型模様になるように圧力を加え，中央に穴を空ける機械を使用した[45]．小型で長期間保管できる団茶は，中国など水の悪い戦地に赴く日本の兵士が携帯する軍事用飲料として重宝されたとされる．なお，金（1983）は茶を生活必需品とするモンゴルに宝城茶園で製造された団茶5万個が輸出されたと述べるが，長田（2007）が実際に関西ペイントに照会したところ，団茶をモンゴルに発送した記録はないとの回答も得ており[46]，団茶が実際に海外に送られたかは不確実である．いずれにせよ，宝城茶園は，海外輸出や兵員の戦地携帯品として団茶生産の前哨基地の役割を期待されていたものの，開園時期が解放間際であって，十分な成果を上げることができなかったというのが実状のようである．なお，解放後に宝城茶園は暫く廃園状態であったが，1952年に大韓茶業が茶畑を引き受け，「大韓茶園」と名付け，茶業を始める．1977年には栽培面積も50haに拡大し，今日まで事業が続けられている[47]．

2) 教育課程における日本式茶道の導入等

　1930年代以降，朝鮮教育令には含まれていない茶道教育が実施される．高

等女学校に日本式茶道の課目が導入された背景について，法制局参事官であった原象一郎は『朝鮮の旅』で，「経済的及び社会的融合は植民地政策の基本であり，特に社会的融合は女子教育による『朝鮮婦人の感化』により成し遂げられる．感情的であり自己主張が男性に比べて少ない朝鮮人女性を感化することで，自然と朝鮮人男性もこれに従い感化されるだろう」と記述している[48]．また，1938年には内鮮一体の深化徹底を期する方策として，就学の機会に恵まれない子弟もしくは国語未解の家庭婦人に対する国語講習を主な目的とする大和塾が開設され，教養を施す趣旨の国語，数学など一般教養に加え，日本式茶道の科目も導入された．大和塾は，1940年には7支部83分会，三千三百余名の連盟員を要するに至り，講習会を終了した生徒数は二千人に及んだ[49]．一方，この時期には，各地域の教育機関，研究機関で茶樹の品種改良の研究も進められた．1937年に開校した康津公立農業高等学校（現・全南生命科学高等学校）では敷地内に約300坪（25mプール3個分）もの実習茶園を造成し，学生が研究実習の材料として茶樹を育てた[50]．

(4)　朝鮮人間で継承された朝鮮在来の製茶法

1)　朝鮮人郷民による茶の製造

　朝鮮の南部地域では茶は庶民の生活の間近にあり，付近に野生茶が自生する村落では大部分の郷民が製茶法を知っており，茶を日常的に飲用したが，それは植民地期にも変わりなかった．また，当時，南部地域には貨幣経済が未発達な村落共同体としての性格が依然強く残っており，郷民にとって茶は他者から購入するものではなく自ら製造するものであって，物々交換の対象や贈呈品としての側面も強かった．長興郡冠山巴傍村里の魏ソンタク（2008年当時82才）は，「団茶は全羅南道南西部では一般的に飲まれる茶であって，1980年代まで光陽，求礼，宝城，長興，海南などの在来市場でも購入できた」と証言している[51]．『朝鮮の茶と禅』には，1939年当時，朝鮮人郷民が野生茶を採取して，1）自家用に製茶している地域として8か所（求礼，宝城，海南，務安，羅州（量賢，馬山），霊光，珍島），2）製茶を販売している地域として

8か所（谷城，光陽，順天，和順，長興，康津，咸平，長城）が記載されている．興味深いことは，務安と珍島では，「日本人居留民が（野生茶を）自家用に供す」との記載があり，日本人居留民も周辺の野生茶を利用して製茶していたようである．また，同書には，付近に野生茶の自生する寺院として，慶南に2か所（通度寺（梁山），双磎寺（河東郡）），全南に15か所（仏岬寺（霊光），燕谷寺（求礼），泉隠寺（求礼），華厳寺（順天），松広寺（順天），仙岩寺（順天），松広寺（順天），仏会寺（羅州），多宝寺（羅州），竜泉寺（咸平），白羊寺（長城），天龍寺（全州），無為寺（康津），証心寺（光州），仏甲寺（霊光））が記載されており，このうち，野生茶を採取して製茶していると明確に記載のある寺院は8か所ある（仏岬寺（自家用として130斤を生産），華厳寺（竹露茶という茶ができる），松広寺（自家用に供する），仙岩寺（自家用に供する），仏会寺（創建当時から自家用に茶を栽培．生産量20斤．），多宝寺（生産量5斤），竜泉寺（茶を販売），証心寺（茶を製造），仏甲寺（自家用に130斤を製造））[52]．

　また，家入ら調査団は，長興郡有治面鳳徳里に住む李石俊（1938年当時67歳）から宝林寺付近の団茶の製造法について聴取し，『朝鮮の茶と禅』に詳細を記録している．李石俊によると，鳳徳里では団茶のことを単なる「茶」と言い，この部落には45世帯が暮らし，1919年頃まで中産階級の30世帯程の家で団茶を造っていたが，その後は煎茶を飲むようになり，団茶は造られなくなった．また，宝林寺付近の老人は頻繁に団茶を飲むが，児童は腹痛など

写真1　李石俊氏手製の団茶など

出所：諸岡，家入（1940）93頁．

写真2　宝林寺裏手の野生茶の様子

出所：2011年8月15日　筆者撮影．

の際に薬用として飲む．写真 1 の右下は 1938 年春に李石俊が製造した団茶（直径 1 寸 6 分（4.8cm），厚さ 5 〜 6 分（1.8cm），重量約 1 匁（3.75g）），左下の団茶は羅州の仏会寺にて 1938 年春に造られた団茶（直径 1 寸 4 分，厚さ 2 分 5 厘，重量 1 匁 7 分），中央には竹端の合せ目を削って糸で結んで作った竹枠と宝林寺で採取した茶の花，実および葉の標本，右下には団茶の中央に穴を開けるための竹串が置かれている．

　　また，李石俊からの聴取による，宝林寺付近の団茶の製造法は次のとおりである．①採取：4 月下旬〜 5 月上旬に若芽が 7 枚程出た頃茶葉を採取／②蒸し：茶葉が黄色く，柔らかくなるまで釜で蒸す／③粉砕：茶葉を臼で搗く／④整形：板の上に直径 6cm，高さ 0.48cm 程の竹枠を置く．竹枠の上に濡らした木綿布を被せ，その中に蒸した茶葉を入れ，親指で平たくなるよう押し固める．／⑤穴あけ，紐通し：団茶が少し硬くなったら竹枠から取り出し，竹篭の上に広げて日光で乾燥させる．半分ほど乾燥したら，中央に竹串で穴を開け，紐を通す／⑥乾燥：できる限り茶葉を採取した当日内に乾燥させる．完全に乾燥すれば翌日からも飲用が可能／⑦保管：団茶 50 個程を一束として紐（縄）を通し，温突部屋や納屋に吊るしたり，紙に包んで保管／⑧飲用：団茶を焙った後，煮出して飲む[53]．

2)　李漢英による炒り煎茶

　康津郡城田面月南里では，李漢永（当時 71 歳）が朝鮮伝統の製法で炒り煎茶を製造し，「白雲玉版茶」という商標をつけて販売していた．なお，家入は，現地調査中に人伝で朝鮮伝統の煎茶を販売する者がいることを聞き，これに関心をもって，1939 年 2 月 25 日に当初の予定にはなかった李漢英宅を訪ねたのである[54]．李漢英宅と丁若鏞が配流生活を送った草堂とは 25 キロの距離にあり，この一帯は朝鮮時代の各地理誌にも一貫して登場する茶産地として知られる．家入が李漢英から聴取した内容は概略次のとおりである．

　李漢英は，自宅周辺の他，5 キロ程離れた月出山南麓の白雲洞でも採茶している．「白雲玉版茶」は，「白雲洞」にある「玉版山」の茶という意味から命名し，穀雨（4/20 頃）から立夏（5/5 頃）迄に茶を摘み，製茶する．飲み方

は，薬罐で湯を沸かし，茶葉を入れて飲む．採茶時期と製造法によって，上中下があり，茶の区分は次のとおりである．

　①麦茶：芽の出かけた若葉を採ったもの．／②雀茶：麦茶を摘むと，芽の先端が２つに分岐して出てくるので，その葉を２，３枚くらいつけて採ったもの．／③矛茶：麦茶を摘んだ後，芽の先端が三つ以上に分岐したものを採ったもの．／④茶：葉が大きく広くなってから採葉したもの．

茶摘は早朝始めて，昼迄に終える．摘んだ茶葉はただちに家に持ち帰り，釜で焙る（又は蒸器にて蒸して揉むこともある）．茶が青みを失った頃に火を止め，手で少し揉み，紙を温突部屋の床に敷き，一時間くらい乾かし，朝鮮甕に入れて貯蔵する．包装は，ラベル入りの包装紙で包んだ松材の箱に16匁（60g）程の茶葉を入れる．包装方法は，まず松材の型（長方形の松材に縦７寸６分（23cm），横幅３寸５分（11cm），幅２寸（6cm），深さ７分（2cm）位の穴を開けたもの）の中に布の紐を置いて，その上に表装紙を敷き，折り曲げた竹（幅４分５厘，長さ１尺６寸）を台の穴（縦５寸，幅２寸）に入れ，底紙（縦１尺３寸，幅２尺）を敷く．その中に定量の茶16匁（約60g）を入れる．そして，敷紙を曲げ，節目に糊付をする．これを別に作った型付き紙で包み，２日ほど経ってから青みの強い緑色素粉を塗った型をもって包装の表に「白雲玉版茶」，裏に

写真３　李漢英（1939年２月25日）

出典：諸岡，家入（1940）133頁.

写真４　白雲玉版茶のラベル

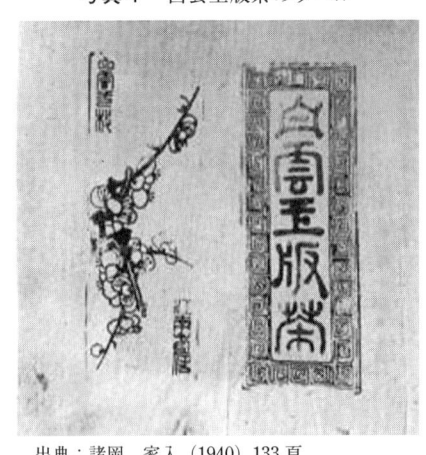

出典：諸岡，家入（1940）133頁.

茶花の図案化したもの（写真 4）を押捺する．完成品は，上等であれば 15 ～ 20 銭，下等なものは 10 銭で販売する．毎年 50 個から多いときは 200 個余り売れ，自家用には 10 個程残しておく．康津の他，10 里ほど離れた霊岩，羅州付近まで売りに行く[55]．

　また，이，유，조（2015）の論文で，李漢永の人物像等が明かされている．李漢英は 1868 年に次男として生まれ，1956 年に 88 才で亡くなる．李漢英の 8 代祖李聃老（1627~1701）は文人官僚として，当代の著名な文人らとも交流し，死後に左承旨（官位）を追贈されているが，李漢永はそのような格式ある家系に生まれた．また，李勉欽（1824-99）から李漢英は製茶法を教わったが，李勉欽の父である李時憲（1803-60）は，朝鮮後期の茶中興の祖として知られる丁若鏞の弟子であった．李時憲が 9 才の時，父の勧めで，康津で配流生活を送っていた丁若鏞の弟子となり，以降 6 年間にわたり茶山草堂に通って丁若鏞から直接指導を受け，その際に茶の製法も教わった．丁若鏞が解配されて以降も，「茶信契」に関与し，李時憲は丁若鏞に定期的に茶を送っていたことが両者の手紙のやりとりから判明している．李漢英の出生時に李勉欽は 45 歳で，李漢英が 31 才の時に李勉欽は亡くなるが，李勉欽は父の李時憲から受け継いだ茶脈を李漢英に継承したのである．李漢英は，生食を実践し，漢方薬の製造や風水地理にも卓越する村の地官であって，世の理を知る者として，村民から尊敬を集めていたという．家入らが李漢英を訪ねた時，彼は病の床にあったが，それにもかかわらず来客に真摯に対応し，「白雲玉版茶」の製茶法，包装法，価格や販売量に至るまで事細かに説明している．이，유，조（2015）は，このことを，李漢英自身が自信をもって製造する朝鮮伝統の煎茶を日本人に正確に記録に残してもらいたいという考えがあったからではないだろうか，と述べている[56]．家入は，『朝鮮の茶と禅』に，「病気の方が気遣われるので，記念のため，写真一枚（写真 3）をお願いしたところ正装をして庭に出て下さった．玉版茶の主人の姿は昔の茶人らしいところがあるではないか」とその時の様子を記述しているが，家入にとっても李漢英の気品には感銘を受けたようである[57]．また，李漢英の孫の李ヨンムクは次のよう

に証言している.

　「祖父は経済人だった. 生計を立て, 世の理を知る人だった. 自分は祖父
　が包装紙に『白雲玉版茶』の商標と花柄の印を押し, 包装する場面を直
　接見た. 祖父は自分の口に茶葉を入れ, 噛んでみろと言った. 製茶して
　包装した茶を背負い袋に詰めて, 官公庁に行って茶を販売した. 当時は
　植民地期で, 官公庁の職員は大部分が日本人であった. 日本人にも朝鮮
　伝統の炒り煎茶を販売したのである. 祖父の茶は彼らにとても人気があっ
　た」(2014 年聴取).

　李漢英は, 官公庁に直接出向き, 日本茶に慣れ親しんできた日本人に対し
て, 手製の朝鮮伝統の炒り煎茶を堂々と販売していたということに驚きを隠
せない. 李漢英の製造する茶は, 製茶機で大量生産される日本茶ではなく,
手作業で手間をかけて造られた朝鮮伝統の炒り煎茶であった. また, 採茶時
期も, 例えば当時の日本人経営の無等茶園では一番茶を5/15 頃採取している
が, 李漢英はそれよりも早い4/20 (穀雨) 頃から採取しているように, 日本
人経営の茶園と比較しても, 李漢英の製造する煎茶が品質の優れた茶と言え
るが, その価格は無等茶園と大差なかった. 李漢英は, 一番茶の「雀舌」(4/20
頃採葉) を一袋約60g で 15-20 銭 (10g で 3.3 銭) で販売したが, 無等茶園では
一番茶の「初葉」(5/15 頃採葉) を約 3.75kg で 11.25 銭 (10g で 3 銭) で販売し
た. このことからも, 李漢英はただ単に経済的動機からだけではなく, 朝鮮
人に限らず, 日本人にも朝鮮伝統の茶とその精神を知って欲しいとの想いか
ら, 多くの者の手の届く価格帯に設定したのではないか, とも考えられない
だろうか[58].

お わ り に

　朝鮮では4～5世紀には百済, 伽耶に中国から仏教と共に伝来した茶文化
が定着した. 高麗では国家行事として献茶儀禮を施行し, 茶を臣下への報償

や外国使節への禮物としても使用したことから，国家は膨大な茶の供給を得るため，茶所を運営し，15 世紀迄には茶の貢納制度を整備した．茶の現物貢納制度は朝鮮王朝が 1894 年の甲午改革により廃止するまで続けられたが，今日からたった 130 年前まで，朝鮮南部地域で相当数の郷民が徭役に徴発され，貢納茶の製造に関わっていた．また，高麗は，宋の茶文化の影響を受け，抹茶や団茶を含め，今日よりずっと多様な茶の製造法や飲用法があった．朝鮮では，王朝の抑仏政策の影響で仏教寺院は政治の表舞台から遠ざかったものの，僧侶は各寺院に受け継がれる茶の伝統を守り，修行の一環として茶の製造を続けた．また，歴代王朝の官僚文人も茶を愛飲し，僧侶とは茶を共通言語として交流を深め，ここから朝鮮独自の茶文化が発展した．日本植民地期を通しても，朝鮮代の茶人の精神は「白雲玉版茶」を製造した李漢英や，無等茶園を引き継いだ許百錬など教養ある朝鮮人に継承されてきたことが確認できた．また，村落では朝鮮伝統の団茶や炒り煎茶が，少量ではあるものの，自家消費用や販売用に生産されてきたことが把握できた．一方で，日本人居留民の増加に伴う日本茶移入量の増加，日本人経営の茶園や茶舗の登場，朝鮮総督府主導の茶産業育成計画や関連諸施策から，日本からの茶文化の流入が見られ，これらの事柄が朝鮮の社会に少なからぬ影響を及ぼしたことが伺える．

1)　정영식 (2015)「가야 백제의 차문화 형성에 관한 연구」圓光大学博士論文，Ⅱ，1，3，35，39，141-159 頁．

2)　尹道心 (2008)「한국 다사 (茶史) 의 一考察」『日本語文學』第 43 輯，ソウル：日本語文学会，661 頁．

3)　김미영 (2007)『고려시대의 茶儀禮 고찰』木浦大学修士論文，9-11，18-21，25，44，54-8，61 頁．

4)　朴東春 (2022)「고려시대 차 문화의 특징」，『아시아 도자문화 연구』第 5 号，韓国：国立光州博物館，40-1，46 頁．

5)　金在燮 (2008)『朝鮮時代 茶 生産과 消費에 관한 考察』成均館大学修士論文，27 頁．

6)　朴英植 (2015)『조선시대 茶産地와 貢納茶에 관한 연구』圓光大学博士論文，163 頁．

7)　朴英植（2017a）「고려시대 차산지와 공납차（貢納茶）생산에 관한 一考」『韓国茶学会誌』第 23 巻 1 号，ソウル：韓国茶学会，12-3 頁.

8)　金在蘷（2008）26 頁／朴英植（2015）163 頁.

9)　朴英植（2017a）19 頁.

10)　李智皓（1977）「韓国茶業에 関한 地理学的 研究」『地理学과 地理教育』Vol.7，ソウル大学地理教育科，6-7 頁.

11)　尹道心（2008）665 頁／朴春東（2022）41 頁.

12)　김미영（2007）62 頁.

13)　朴春東（2022）43-5 頁.

14)　조인숙（2011）「조선 전기 사대부의 茶詩로 고찰해본 茶文化성격」『茶文化産業学』第 19 輯，ソウル：国際茶文化学会，11-2 頁.

15)　尹道心（2008）665 頁.

16)　조인숙（2011）3, 5 頁／조인숙（2010）「조선시대 茶재배와 관련한 禪師들의 역할茶詩를 중심으로」『茶文化産業学』第 16 輯，ソウル：国際茶文化学会，7 頁.

17)　조인숙（2011）7 頁.

18)　大同法は，1 年間の貢物の代価を通算し，水田の数に割り当てた税額を米に換算し，全国の水田に賦課し，その収入をもって中央および地方の官衙で必要な物資を商人から購入し，使用するようにした制度.오기수（2015）「공법（貢法）과 대동법의 역사성과 한계성」『세무와회계 저널』第 16 巻第 3 号，韓国税務学会，192 頁.

19)　朴英植（2017b）「이규보와 김종직의 차 공납 관점에 대한 재해석」『茶文化産業学』第 38 輯，ソウル：国際茶文化学会，46 頁.

20)　朴英植（2015）9, 98, 106 頁.

21)　조인숙（2010）4 頁.

22)　世界史の窓 世界史用語解説 丁若鏞（アクセス 2024/6/20）https://www.y-history.net/appendix/wh1303-125.html

23)　김효정（2011）「조선후기의 차문화 연구‐다산 정약용, 추사 김정희의 교유관계를 중심으로」『茶文化産業学』第 18 輯，国際茶文化学会，10 頁／우리역사네（アクセス 2024/6/20）http://contents.history.go.kr/mobile/km/view.do?levelId=km_010_0070_0040_0010

24)　김상현（2007）「茶山 丁若鏞의 飲茶와 茶詩」『茶山思想 論叢Ⅱ‐다산 정약용이 주는 교훈‐』韓国：南楊州文化院，160 頁／조인숙（2011）10 頁.

25)　김효정（2011）11 頁／김상현（2007）160-2 頁.

26)　「茶神伝」한국민족문화대백과사전（アクセス 2024/6/20）　https://encykorea.aks.ac.kr/Article/E0013480 ／「東茶頌」한국민족문화대백과사전（アクセス 2024/6/20）https://encykorea.aks.ac.kr/Article/E0016334 ／김효정（2011）11, 16 頁.

27)　表 1 は，朴英植（2015）48-9 頁から作成.

28)　朴英植（2015）18, 26, 34-5, 37-9, 42-3 頁.

29)　金在爕（2008）25, 28 頁.

30)　如然（2006）『우리가 정말 알아야 할 우리차』ソウル：玄岩社, 32, 47-8 頁.

31)　製茶輸移入量は, 朝鮮総督府（各年）『朝鮮貿易年表』, 人口統計は『朝鮮総督府統計年報』（各年）を参照. 日本人居留民人口　1914：291,217 人, 1927：454,881 人, 日本茶移入量　1914：325,966 斤, 1927：679266 斤.

32)　製茶輸移入量は朝鮮総督府（各年）『朝鮮貿易年表』を参照.

33)　朝鮮総督府（各年）『朝鮮貿易年表』.

34)　『大阪毎日』（1934 年 3 月 20 日）「番茶―朝鮮人間に好評を博す―」.

35)　京城商工会議所（1930, 1934 ～ 6, 1938）「全鮮業別会社表」『統計年報』京城：京城商工会議所.

36)　諸岡存, 家入一雄（1940）『朝鮮の茶と禅』東京：日本の茶道社, 40-2 頁／李智皓（1977）12-3 頁.

37)　諸岡, 家入（1940）77-81 頁.

38)　「< 명차열전 > 무등산에서 나는 우리차 ‘ 춘설차 ’」brunchstory（アクセス 2024/6/20）https://brunch.co.kr/@kjbsem/258 ／「[김세리의 차 (茶) 인문다방] 광주 무등산에서 ‘ 허백련의 차정신 ’ 을 만나다」오피니언뉴스（アクセス 2024/6/20）.
https://www.opinionnews.co.kr/news/articleView.html?idxno=49802 ／「남종화의 대가 허백련」디지털광주문화대전 ウェブサイト（アクセス 2014/6/20）.
https://gimje.grandculture.net/gwangju/toc/GC60005049

39)　「有望な製茶事業 – 副業として最適 -」『東亜日報』（1925 年 11 月 13 日）／「朝鮮宇治の禮讃　茶摘み唄こそきかれねど清楚な白衣の天女に格別の風情はあり玉露の香漂ふほこり一つ」『京城日報』（1935 年 8 月 7 日）.

40)　一記者（1929）「茶園『平野園』の経営状況」『朝鮮農会報』第 3 巻第 7 号, 72-5 頁.

41)　渡辺彰（1921）「朝鮮の茶業について」『朝鮮』8 月号, 朝鮮総督府, 55-63 頁.

42)　「やりやう一つで寧ろ静岡以上―『お茶の全南』朗報―」『京城日日』（1939 年 6 月 22 日）.

43)　諸岡, 家入（1940）序, 82 頁.

44)　金在爕（2008）18 頁／金明培（1983）『韓国の茶道文化』ペリカン社, 24 頁.

45)　박용서（2008）『1000 년 신비의 전통차 – 돈차 청태전 -)』ソウル：中央生活社, 14, 24, 39, 57, 102 頁.

46)　金明培（1983）364 頁／長田幸子（2007）「조선말기 전라남도지방의 음다풍습에 관한　연구 : 백운옥판차와 돈차를 중심으로」, ソウル：誠心女子大学修士論文, 83-4 頁.

47)　李智皓（1977）14 頁.

48)　金明培（1983）319-20 頁／金明培（1984）『茶道学』ソウル：学文社, 364-7

頁.

49)　高原克己 (1941)「大和塾の設立とその活動」『朝鮮』1941 年 10 月号, 朝鮮総督府, 29-38 頁.

50)　李智皓 (1977) 13 頁.

51)　박용서 (2008) 12 頁.

52)　諸岡, 家入 (1940) 50-71 頁.

53)　諸岡, 家入 (1940) 91-6 頁.

54)　이현정, 유동훈, 조병환 (2015)「백운옥판차 (白雲玉版茶) 의 탄생배경　고찰」『韓国茶学会誌』第 21 巻第 2 号, ソウル：韓国茶学会, 14 頁.

55)　諸岡, 家入 (1940) 129-33 頁.

56)　이, 유, 조 (2015) 14-5 頁.

57)　諸岡, 家入 (1940) 132-3 頁／이, 유, 조 (2015) 15 頁.

58)　諸岡, 家入 (1940) 80 頁／이, 유, 조 (2015) 16 頁.

第4章

朝鮮王朝後期の紀年法について
―― 清の年号と"崇禎"年号――

文　　純實

は じ め に

　董仲舒が『春秋』の最初の一句である「元年春王正月」について解釈する
中で，

　　王者は必ず天命を受け，そののち王位につく．王者は（革命の際），かな
　らず正朔を改め，服色を易え，礼楽を制し，天下を統一する
　　（王者必受命而後王．王者必改正朔，易服色，制礼楽，一統於天下）[1]．

といったように，中国古代において天命を受けて「天下」を支配した王は，
時を改め，制度を改め，「天下」を支配した．「天下」において天子がいた中
央が「中国」であり，天子はこの地により「天下」を治めるのである．すべ
ての天下の一人一人が政治上の関係によって，君臣・君民といった具合に，
天下と繋がっており，さらに天子を介して天と繋がるとされた．こうした「天
下国家」の国号は，王朝名で理解された．また，天から受命されて王位に就

いた天子は「改正朔」し，その王位に就いた年を紀元として即位以来の在位年数を以って年をあらわした．こうした天子の紀年法を「天下」の人々が共有することで，天子は時間的にも「天下」を支配することになる．そこで，天子は暦法を定め頒布することが天からの職務となり，また君臣・君民は，この時間概念を共有することが義務付けられる．干支を用いて王の在位期間を表した紀年法は，すでに周代には確認されるが，いわゆる年号は一般的に前漢武帝からはじまりすぐに中国社会において定着したといわれている[2]．前近代の東アジア世界において，中国に冊封した国々は，中国の皇帝＝天子のもとで，「天下」に組み込まれ，中国の年号を使用することとなる．

　つまり，冊封体制下に組み込まれることにより，朝貢国が宗主国の年号を使用することは，冊封の礼の一環であり，いたって重要なことといえる．そこで，朝鮮半島でも，7世紀に新羅時代が唐の太宗に朝貢してから，唐の年号を使用しはじめた[3]．以後，高麗時代，朝鮮時代と中国の王朝と朝貢・冊封関係を結びながら，中国各王朝の年号を使用していった．

　ただし，紀年法は中国の年号だけでなく，他にも六十干支だけを用いる「干支紀年」，王の在位で数える「在位（即位）紀年」も一般的に多く使用されており，この他に開国より数える「開国紀年」，これに宗教的な「仏誕紀年」と「檀君紀年」，特殊な年号として朝鮮後期の「崇禎紀年」などがあったことが確認されている[4]．ここでいう「崇禎紀年」とは，明清交替後も明の最後の皇帝であった毅宗帝（在位1627-1644年）の年号である「崇禎」を20世紀まで使用し続けたもので，一般的に冊封体制下の年号使用の礼からするといたって特異な年号といえる．

　朝鮮半島の歴史からみると，新羅が唐の年号を使用しているが，他の高句麗，百済では中国の年号使用は確認されていない．そこでこれまでの年号の研究は，おもに高麗時代に集中しているといえる[5]．それは高麗時代が，中原において五代十国時代から元まで多くの王朝の興亡があった時代にあたり，その混乱した中原の影響を受けながら，高麗王朝が，数々の国と朝貢・冊封関係を結ぶ中で年号を選択して使用している状況が確認されることによるも

のと思われる[6].　朝鮮時代になると，建国当初より明に冊封し，その年号を使用しており，明清交替以降は清に冊封することで，基本的に宗主国となった清の年号を使用している.

　だが，先にもあげたとおり，明滅亡後も継続して明の最後の皇帝の「崇禎」という年号が使用されており，これに関しては一般的にその年号使用がみられるという言及にとどまるものがほとんである.　こと具体的に言及したものとしては，古くは今西龍が，「清の属国」となっても「朝鮮の上下は明を思慕して止まず」官府文書以外で清の年号を使用せず「崇禎紀元のみを用い」，これは「彼等が宋風儒教に教養せられ其形式虚型のみを会得し，深く所謂尊王攘夷の死せる形型に化石せしに因る」といって事大主義の一環として批判的に評価しているのがある[7].　年号を通史的に扱った藤田亮策は，「崇禎紀年」の表示例を具体的にあげ，事例研究からその大半は「墓碑・塔碑・記蹟碑・掛板・冊板等が多く，永く残される目的のものに好んで用いられ，而かも作文的に飾られた為に複雑な形式が生まれた」としている[8].　その他では特に年号の研究というわけではなく，明清交替後の朝鮮後期の思想史でおもに「再造之恩（壬辰倭乱の際に明が援軍を送ってくれたことで朝鮮が救われた恩）」の義理や「春秋大義」から明に替わった清を宗主国として素直に受け入れられずに，その抵抗として，さらに明に替わって「中華」の唯一の継承者という「朝鮮中華主義」の自負の表れの一つとして，「崇禎」という年号が使用されたと言及されることが多い.　つまり，これまで「崇禎」という年号に関する研究は，おもに朝鮮後期に「再造之恩」の「対明義理論」，「春秋大義」から明に替わった清を宗主国として素直に受け入れられずに，その抵抗として，さらに明に替わって「中華」の唯一の継承者という「朝鮮中華主義」の自負の表れの一つとして「崇禎」年号を使用したことが言及されるにとどまっている[9].

　そこで本稿では，以下特に「丙子之乱」以後の朝鮮で「崇禎」の年号が定着する 18 世紀中頃までを視野に，その使用実態，つまり当時の人々が清の年号と現宗主国の年号でない「崇禎」の二つの年号をいつどのように使用し，どのように認識していたのかについて考察することで，朝鮮後期における「崇

禎」という年号の意味について考えてみようと思う.

1.　朝鮮王朝時代明清交替期の年号

　1392年に親元勢力を抑えて,新しい王朝を開いた太祖李成桂と親明勢力は,建国当初より,国号を明の洪武帝に選定してもらうなど,明に対する事大の礼をつくし,年号も当然朝貢国である明の年号を使用した.政治,外交の場では明の年号が使用され,国内政治と一般社会生活の場では,これに加え,朝鮮王朝の君主の在位年数で数える在位紀年と干支だけを使用する干支紀年が用いられた.しかし17世紀初頭に朝貢国が明から清に替わることで,使用する年号に関する葛藤が生まれはじめる.

　朝鮮王朝において建国以来の朝貢体制に大きな変化をもたらしたのが,1627年と1636年に女真による二度にわたる侵略「丁卯之乱」と「丙子之乱」である[10].

　16世紀半ばから中国の北方交易などにより勢力を蓄え,1616年に建州女真を統一して台頭してきた「後金」は,第二代目のホンタイジ(在位1626-1643年)が即位すると,彼は翌年すぐに積極的な対外遠征の一つとして朝鮮に軍を進め,両国の関係を後金を「兄」,朝鮮を「弟」とする「兄弟の国」とすることを求めてきた.この「丁卯之乱」における講和交渉で結ばれた「江華盟約」で,はじめて年号の使用において問題が生じた.後金からもたらされた書簡に対する朝鮮側の回答として送られた国書に関して,

　…「(国書を)みると,文書内に不適切なところがあり,講和は難しい.さらに"天啓"の2文字もまた適切ではない."啓"の字を"聡"の字にかえてはいかがか.」(これに対して)臣[姜絪]が二百年(明に)臣下として事大してきた義について答えたところ,ひどくは立腹しなかった.

　(…看来,文書内,有不妥処,似難講和也.又天啓二字,亦不妥当,以聡字,易啓

字何如. 臣以二百年臣事之義, 答之則不甚発怒.¹¹⁾)

　　(＊丸括弧内は訳にあたり筆者の加筆, 角括弧内は前の単語の補足説明. また引用
　　史料はできるだけ常用漢字に変換したが, 人名だけは史料のママとした. 以下同)

と, 明の年号「天啓」を後金の年号「天聡」に替えなくては講和は難しいという後金の要求に対して, 朝鮮側が 200 年来の明との朝貢関係を述べ, それなりに理解されたということである. しかし, この理解も一時的なもので, 再度記載年号の変更を求められるも, 朝鮮側は難色をしめし, 結果としてこの時は「不書年号, 従掲帖式也」¹²⁾と掲帖の例により年号を使用しないことで落ち着いた.

　その後, 特に両国間の書簡往来などで, 年号使用に関して問題は確認されない. 後金とは「兄弟」の関係で, 朝鮮においては, 明に事大することに変化はなく, 明の年号をそのまま使用していた. しかし, 1636 年にホンタイジが皇帝に即位し, 国号を清と改めたことで, 事態が変わる. すでに 10 年ほど前より, 朝鮮との「兄弟」関係に不満を持っていたホンタイジは, 皇帝即位にあたりそれまでの関係を改めて, 「君臣」関係を築く目的で 1636 年末に兵を朝鮮に進め, 20 日余りで漢城に入った. 翌年の 1 月 2 日にホンタイジにより遼, 金, 元と同様に清に対して事大することをもとめる「崇徳二年正月二日」と日付がついた詔諭が伝えられた. これに答える仁祖の国書に, 「謹上書于大清寛温仁聖皇帝」とはじめて「大清」およびホンタイジに対して「皇帝」の称号を使用したが, 「崇徳」の年号使用は検討されるも臣下の反対により見送られた¹³⁾. 一般的に外交文書において「崇徳」年号をはじめて使用したのは, 次にホンタイジが出した勅書に対する仁祖の返信国書である. 正月 17 日にホンタイジが, 仁祖に対し投降して南漢山城からの出城を停戦の条件として提示した勅書に対する回答の国書で, はじめて「崇徳」年号が使用された¹⁴⁾. ただ, 「崇徳」年号を採用するにいたる議論など具体的な記録は残念ながら官撰史料などのなかでは探せない. 現存する朝鮮の官撰史料に「崇徳」年号が記されているのは, 20 日にホンタイジへ出した返信国書を紹介した

『朝鮮王朝実録』記事である[15]．『承政院日記』には返信国書の内容および使用する文言について議論した部分だけ掲載されていて，その内容はないが，注書であった李道長（1603-1644年）が残した『注書日記』には20日の国書の全文が掲載されており，そこには「崇徳二年」と記されている[16]．

　朝鮮王朝が正式に清朝の年号である「崇徳」を使用するにいたるには，講和に関するホンタイジの「詔諭」を受け入れてからといえる．1月28日に伝えられた「詔諭」で，

　　明朝が与えた詰命と冊書，璽印を献納して，その通好を絶ち，その年号を退け，ひととおり往来する文書はわが正朔を奉じること．

　　（則将明朝所与之詰命，冊印献納，絶其交好，去其年号，一応文移，奉我正朔[17]．）

と，清朝との冊封関係が結ばれることで，清朝の正朔である「崇徳」を奉じることが要求され，承諾している．そこで翌月の朝廷内で，清の年号使用に注意が払われるようになる．崔鳴吉（1586-1647年）が，年号の使用は大変重要であるが，大変難しいところで，どのように決めるか，早く結論を出したほうがよいでしょうと意見したことに対して，右議政の李聖求（1584-1644年）が，今後清に送る文書はすべて「崇徳」年号を使用することよいとして，仁祖もこれを認めている[18]．しかし，実際にはすぐに清の「崇徳」年号を使用するまでには至らなかった．それは，宗主国である明が存在しているにも関わらず，武力に屈して不本意にも清の冊封を受け入れざるを得なかった点，またこの時期南漢山城で籠城しながら最後まで斥和を主張した多くの人士が朝廷で要職を占めており，即座に清に事大の礼を尽くすことは君主である仁祖をはじめ多くの人々にとって抵抗があったからである．そこで，清の年号使用への抵抗およびこれまで使用し続けていた「崇禎」年号を使用し続ける状況が生まれた．それにより年号使用に関する問題が多々起きることになる．

　最初に問題となるのが，「詔諭」を受けてからちょうど1ヶ月後のことであった．仁祖がこの間の戦乱に関して哀痛する思いを書いた教書の年号に「崇

禎」を使用し，それが清の兵士に奪われるという事態が起こる．

　　備辺司の申し上げることに，「今，「哀痛教書」が清の兵士に奪われたと
聞きましたが，"崇禎"年号が書かれていたということで，騒動が起きる心
配があり，誠に極めて憂うべき次第です．今から今後，各種の文書で皆"崇
徳"年号を使用し，この意図を両西［平安道・黄海道］および咸鏡道の観
察使および兵馬観察使に下諭すべきでしょう」と．これに答えて，（王が）
「わかった」と言った．

　　（備局啓曰，即聞哀痛教書，被奪於清兵，而書以崇禎年号云．生事之患，誠極可
慮．自今以後，大小文書，皆用崇徳年号，以此意，下諭于両西及咸鏡監，兵使為当．
答曰，知道．[19]）

と，この事件を契機に咸鏡道，平安道，黄海道ではすべての文書で「崇徳」
年号を使用することが命じられる．しかし，特に清の兵士が往来する北方に
限る点に関して，

　　また申し上げるに，「年号に関することは，臣等が適切に議論し，その後
にあえて御前にて述べお伝えしましたが，王がこれを遅らせよと教示をさ
れました．臣等が本来の聖意が（清の年号使用を）少しでも遅らせたいとい
うことを知らないわけではありません．しかし今の情勢を省みると，終に
はそのようにせざるを得ません．また，両界［咸鏡道・平安道］と海西［黄
海道］ですでに観察使から下へ命令されており，京中と京畿・江原・三南
［忠清道・全羅道・慶尚道］などの道がどうして区別されるのでしょうか．
今からすべての官文書はみな"崇徳"を使用することを指示し施行するこ
とをはじめます．あえてこのことを申し上げます」と．「申し述べたことに
依れ」と，伝教された．

　　（又啓曰，年号一事，臣等商議停当，然後敢為陳達於榻前，而自上有遅難之教．臣
等固知聖意本来如此，而顧今事勢，終有不得不爾者，且両界・海西，既已行会，則

京中与京畿・江原・三南等道，何可区別於其間．自今為始，凡干官文書，皆用崇徳
事，分付施行之意，敢啓．伝曰，依啓．²⁰⁾）

と，全地域で清の年号を使用するという備辺司からのさらなる申し出に対し
て，仁祖は渋々受け入れている．ここから仁祖が清朝に事情が伝わりづらい
地域である南の地域であえて「崇徳」年号を急いで使用させていない姿勢が
窺える．それでも，関係各所で実直に備辺司の啓文の内容が行き届いていな
い状況が続く．同年十月の『仁祖実録』に，

　　　特進官の具宏が申し述べることに，「国家の事，朝廷よりすでに措置して
　　より，即地方においても承り遂行することに隙があってはならないところ，
　　今大年号［清の年号］を書いたり書かなかったりと，大変妥当さを欠いて
　　おります」と．王が「卿のいうことがもっともだ．両南［慶尚道・全羅道］
　　の監司だけがこれを書かないのは，いまだその意図がわからない．もしよ
　　く自強の策を尽くすのなら，"崇徳"年号を使用したとして，何の損があろ
　　うか」といった．
　　　（特進官具宏曰，国家之事，自朝廷既已停当，則外方所当奉行之不暇，而今者大年
　　号，或書或不書，殊甚未妥矣．上曰，卿言是矣．両南監司独不書之，未知其意也．若
　　能尽自強之策，則雖書崇徳年号，何損於事乎．²¹⁾）

と，慶尚道と全羅道の観察使の文書で，清の年号が使用されたり，されなかっ
たりしている状況が報告されている．他にも同年５月に礼曹から観象監の暦
書に「大明崇禎大統暦」と印刷されているが，妥当ではないので，「天朝の年
号」をはずして，ただ年だけ記載することが進言され，７月に結局のところ
「崇徳」と書いたほうがよいとの結論に達している²²⁾．
　　祭享や祝辞での年号は翌年の1638年にも明への儀礼とともに明の毅宗帝の
年号である「崇禎」年号を使用し続けている²³⁾．祭文や祝帖で清の年号が使
用されるようになるのは，これより５年の歳月を要した．1643（仁祖21）年

の『仁祖実録』に，

　　王が密かに承政院に命じるに，「祭文および祝帖に清国の年号を書かない
　のは，忍ざる心からといっても，天地の神を欺瞞するようなことなので，
　来年から偽りなく書くように」と．この時，我が国では大明を棄てさるこ
　とに忍びなく，おおよその祭文，祝文および家蔵の文書でみな"崇禎"年
　号を書いており，ここに至って王がこのような教示を下すことになった．
　　（上密教于政院日，祭文及祝帖，不書清国年号，雖出於不忍之心，似渉於欺瞞神
　祇，自明年，並令直書．是時，我国猶不忍背棄大明，凡祭祝之文及公家蔵置文書，
　皆書崇禎年号，至是上有是教．[24]）

と，すべての祭文や祝辞で清国の年号を書くことを命じている．つまりこの
時までに祭文や祝文のみならず家蔵の文書，つまり個人文書でもおもにみな
「崇禎」年号を使用していたということがわかる．こうした状況に対して，た
とえば祝辞で清の年号を使用しなかったことで罷免したり，上訴文を棄却し
たりするなど[25]，清の年号を使用させる努力はしているものの，清の年号使
用を避ける臣下が後を絶たなかったようである．仁祖は，承政院でわざわざ

　　上疏文で清朝の年号を書かないもの，あえて進達してくるものは，不備
　の過失を逃れることは難しいだろう
　　（疏章之不書大年号者，乃敢捧入，難免不察之失也[26]）

と，上疏文にきちんと清朝の年号を書き入れないことを叱責している．つま
り，8 年が過ぎてもいまだに清朝の年号を官府文書で使用しようとしない人
たちを仁祖は咎めている．はじめは清の年号使用を避けようとしていた仁祖
が率先して利用を促すようになったのは，乱後に冊封を受けた後も，清によ
る朝鮮に対する監視と圧力が続いたためであった[27]．このようにはじめは仕
方なしに，次第に積極的に清の年号使用を進めていった仁祖であったが，金

尙憲（1570-1652年）に限っては寛大であった．金尙憲は，仁祖が南漢山城に
籠城した際，領議政として斥和論を最後まで主張し，1640年に清に「不用年
号，不受官爵」した者として瀋陽に連行され，抑留された朝鮮人の1人であ
る．その金尙憲の上疏文だけはただ干支だけを用いても仁祖が不問にしたと
いう[28)]．仁祖が清朝の年号使用を心底妥当だと思ってはいなかったことが察
せられる．

　仁祖代に清朝の年号使用は国内だけの，清朝との関係だけの問題ではなかっ
た．国内で使用する年号が変われば，当然対外関係で，国際的に使用する年
号も変更せざるを得ない．そこで日本と交わす文書での年号使用においても
問題が起きた．

　今日1607年から1811年までの間に朝鮮国王から日本国王，つまり将軍に
送られた13件の国書が現存するが，それをみると，1643年までは明の年号
を使用しているが，それ以後は干支だけとなっている．また対馬島主に送ら
れた書契は，1614年から1644年12月まで明の年号が使用されているが，1645
年1月からはただ干支のみが使用されている[29)]．つまり日本に対して朝鮮は，
清への降伏の事実を日本に知られることを嫌い，1637年以降も「崇禎」年号
を使用してきた．しかし，1644年に清が北京に入城し，中原の事情，つまり
明清交替の事実が日本に伝わるのも時間の問題となった時，年号について問
いただされた場合を想定してその対応が議論された[30)]．少し長くなるが，そ
の点の事情を記した1645（仁宗23）年の『仁宗実録』記事をみると，

　日本の書契は，すなわち丁丑［1637年］以後も，まだ崇禎年号を書いて
きましたが，思うに"出城の挙事"［清に降伏したこと］を知られるのを忌
み嫌ったからです．崇禎帝が完全に亡んだことで，廟堂から書式の改変を
要請したところ，「このことは最後まで隠すことは難しいので，世子が戻っ
たのち，清国の年号を書くのがよい」と答えられました．今に至って礼曹
が啓文で申し上げるには，「今世子がすでに戻られたので，今後の書契の回
答で使用する年号は書式を改変すべきですが，どのようにいたしましょう．」

と，（これに）答えて（王が）「近頃島主に回答した書契の中に，ただ年月だけを書いても，日本の使者はすでに受け取っていった．その時にもし詰問することがあれば，必ず［東莱］府使の急な知らせがあるはずだが，いまだにそのようなことは聞いたことがないので，問題なかったようだ．」といった．備辺司から「今この年号に関することは，事を進めるに重要なので，詳細に審議し対処しないわけにはいきません．今東莱府より私的に本司［＝備辺司］に書き知らせてきた文書で聞いたところ，倭館の日本人がはじめ書契に年号がないのをみて，「なぜ弘光【南京の年号】［隅付き括弧内は双行小字］と書かないのか」と言ってきたので，訳官が答えて「中原がまだ正朔を頒布していないので，年号を書けませんでした」と言ったところ，「はい，はい」と言って去ったといいます．藤差［藤智縄＝有田杢兵衛］がきてもまた詰問することはありませんでした．彼らがこの間の実状を知らないわけではないのに，いまだ疑問の言葉はありません．よって，弘光年号を提議したことに深い意味は無かったといえます．今もし理由なく清国の年号を改めて書いたらおそらく一度は詰問を免れないでしょう．しばらく旧式で書契を送り，彼らが中原が（清により）平定されたことを聞いたのち事実を述べ，書契を清の年号で送ることが，時間をかけて特別な理由を述べることなく，弥縫策としてもまた都合がよいかと思います．」という上啓に対して，王がこれに従った．

（日本書契則丁丑之後，猶書崇禎年号，蓋諱出城之挙也．　及崇禎既亡，廟堂請改式，答曰，此事終難隠諱，世子回還後，書清国年号似可矣．至是礼曹啓曰，今則世子既已回還，前頭有回答書契，年号似当改式，何以処之．答曰，頃者島主処回答書契中，只書年月，而差倭既已受去．其時若有致詰之端，則必有府使馳啓，而時未聞知，似是無事矣．備局啓曰，今此年号，事機甚重，不可不詳審而処之．今聞東莱府私報本司之書，則館倭初見書契無号，乃言，何不書弘光【南京年号】耶．訳官答曰，中原未頒正朔，故不得書年号云．則唯唯而去．藤差之来，亦無致詰之端．彼非不知此間実状，而尚無疑問之言，又従而提起弘光年号，不無深意．今若無端改書清国年号，則恐不免一番詰

間，姑以旧式書送，待彼自聞中原大定，然後従実言之，書送清号，似為有漸而無拠，其

於弥縫之策，亦渉順便．上従之．³¹⁾）

　　と，1644 年に北京陥落まで朝鮮は，日本に送る書契で「崇禎」年号を使用
し続け，1645 年からはあえて年号を外した．明清交替を知った日本側がどう
して「弘光」の年号を使用しないのかと言われることがあっても年号を使用
しないことに対して，それほど問題にはならなかったことでやり過ごしてい
る．ただ，礼曹からすでに明清交替の情勢も固まり，朝鮮が清の冊封下に入っ
たことを日本も知るので，日本側から問われるまえにきちんと時期をみて日
本への外交文書での年号使用することに関する取り決めを求めている．備辺
司も仁祖もいずれ清の年号を使用することを認めているが，この後日本への
書契および国書で清の年号が使用されることはなかった．書契の書式で，特
に日本からの指摘がなかったことで，以後も干支と月日だけで干支紀年が使
用された．両国間でこれ以上年号に関する議論が起こらなかったのは，双方
の利害に一致したともいえる．この時期，1631 年に対馬島主による朝鮮と日
本の間に交わされた国書を改作していたことなど不正が発覚したいわゆる「柳
川一件」後，はじめて朝鮮から派遣された「丙子通信使」（1636 年）で国書の
形式に関する新たな取り決めが交わされた．特に年号に関してみると，改竄
された国書では，朝鮮からの要求によって日本の年号は消されていた．しか
し，朝鮮との外交に関して，京都から対馬に送られてくる高僧が輪番に受け
持つ「以酊庵輪番制」に変わったことで，日本の年号である「寛永」を記入
することが要求された．当初，朝鮮側の強い反発もあったが，明に冊封して
いない日本としては当然のこととする日本側の説得により受入れざるを得な
かった．しかし，日本側だけの要求というだけでなく，この時すでに年号に
関しては後金からの圧力があり，されに通信使帰国後の数ヶ月後には「丙子
之乱」が起きている．その後の朝鮮の朝廷内の議論をみると，特に日本側か
らの指摘がない限り不問とするのが良策であったともいえる．1643 年に仁祖
が送った国書までには「崇禎」の年号が使用されたが，その次の 1655 年に孝

宗（在位 1649-1659 年）が送った国書以降は，干支紀年が使用された．また，いわゆる天皇を中心とした「日本型華夷観」を形成していた日本にとっても干支紀年だけを使用する朝鮮の国書は，日本の天皇の年号を書き入れる日本側からの国書とくらべても好都合であったといえるのはないだろうか[32]．

　以上からすると，「丙子之乱」で結ばれた「[丁丑] 定約條年貢論 – 互筋論 – 」の「去其年号，一応文移，奉我正朔」を受け入れ，朝廷においてもそうした体制を作ろうと，一定の努力はみられる．たとえば，清の年号を使用するよう仁祖が教示を出したり，陳賀箋文に清の年号を使用しなかった光州牧使や全羅兵使を免職したり，年号を使用していない上疏を棄却したり[33] と，努力はしているものの，清の年号使用は順調に遂行されなかったといえる．特に崇禎帝が亡くなる以前の 1644 年までは，日本に送る国書において明の年号は使用され続け，その後は年号を書かず，ただ干支だけを使用する干支紀年に書式が変更されている．国内においても宗廟の祝辞，朝臣の任命書も 1637 年は特に干支だけを用いて，年号を記載していない．孝宗代（在位 1649-1659 年）になると，密かに玉冊，誌石，喪葬の祭祝文でもすべて清の年号を使用しないよう下教を求める上疏に対して，その議論の一部を孝宗が黙認している節もある[34]．朝鮮はそもそも伝統的な華夷観より，「胡（オランケ）」と蔑んでいた女真族から侵略を受け降伏し，その清朝への事大を素直に受け入れることができず，長らく政治的外面と精神的内面で乖離を引き起こすことになる．以後の朝鮮において，明に対する「国家再造之恩」による「対明義理論」が展開されるなか，「対清復讐論（＝北伐論）」と「崇明排清」意識[35] が維持されたことで，外交や公文書など表面的には朝貢国の清の年号を使用しても，内政および個人文書では引き続き干支紀年と「崇禎」年号を使用しようとする状況を生むことになる．

　しかし，冊封体制の礼からして，宗主国である清の年号を使用しないことも当然問題となり，議論された．そこで，以下では特に 17, 18 世紀を中心に仁祖代以後のこうした状況について，朝鮮後期社会における年号使用状況と合わせて朝廷および当代の知識人の議論についてそれぞれみていこうと思う．

2. 朝廷における年号の使用状況とその議論について

　粛宗（在位 1674-1720 年）初年度の『実録』の中で史官が「凡官文書外，雖
下賤，無書清国年号」と，17 世紀後半において一般的に官府文書以外で民間
では清の年号を使用していない状況を述べている[36]．

　現在史料として紀年が確認できる古文献としては，古文書と金石文がある．
古文書の分類方法はいくつか存在するが[37]，発給者と受給者とで分けると大
きく国王文書，王室文書，官府文書，私家文書となる[38]．ここで史官がいう
ところの清の年号を使用している「官文書」とは「官府文書」のことだろう．
朝貢国が宗主国の「朔を奉じる」ことは，冊封体制下において朝貢国の"天
下"に与することを示す欠かすことのできない"礼"である．だからこそ明
に替わって中原の支配を目論んだ清は「[丁丑] 定約條年貢論－互餉諭－」の
最初に明から授けられた誥命，冊，印とともに年号を捨てることを要求して
きた．そこで，「丙子之乱」を経て，清の冊封を受け入れざるを得なかった朝
鮮王朝では，1637 年以降，清への外交文書はもちろんのこと，抵抗はあった
にせよ国内の官府文書[39] でも清の年号を使用するようになる．

　しかし，私家文書はもちろんのこと国王文書と王室文書に関しても官府文
書以上に年号使用に関しては，抵抗が強く，仁祖代以後も議論が絶えない状
況にあった．

　仁祖の次に孝宗が即位するとすぐに，応教の趙贇（1587- ? 年）が，玉冊，誌
石，葬祭の祭祝にも年月日だけ記載し，年号を使用しないよう，これは先王
である仁祖の本意でもあるという疏をあげた．その疏文で趙贇は，清の年号
を使用すべきでない理由として，次のように述べている．

　　臣がひそかに思うところ，大行大王［仁祖］にあられましては平城の憂
　　［漢の高祖が匈奴により七日間包囲されたことで，ここでは丙子之乱で南漢
　　山城が清により包囲されたことを示す］をわが殿下に遺されましたゆえ，

（斉の桓公が）莒国にいらしたときのこと［＝瀋陽に抑留されたときのこと］を忘れずに，臥薪嘗胆しなければなりません．そうすればのちに大変辛く困難な責めを防ぐことができるでしょう．伏して願わくば殿下しかとお心留めください．臣が僭越ながら東宮の官僚でいた時，恭しく下問を承り，あえて大明の太祖皇帝が胡元を一掃し，一度の出征で平定し，燕幽一帯の数千里に至る地，戦乱により衰え滅びること三百有年，しかし堯封禹貢［堯が舜に封じた十二州および禹貢の九州，すなわち古の中国地域］を一朝にして，擅裘穹廬［皮の衣服とゲルで元の風俗を示す］をことごとく回復し，再び文明に帰し，その功績は禹帝に劣らない説を経筵で仰ぎ述べましたところ，殿下は深く憤然とされ，臣は殿下の志が大事を為すことをおできになることがわかりました．臣は，今日の殿下の立志が如何なるかはわかりません．……（中略）……ああ，雪辱復讐は実に先王の正しきお志でありました．しかし共に事を計画する者なく，終に展開することができませんでした．どうして今日まさに深く思わないことがありましょうか．

　（臣窃念，大行大王以平城之憂，遺我殿下，所宜毋忘在莒，臥薪嘗膽，然後覯大之責，有以仰塞，伏願殿下惕念焉．臣於年前，忝陪宮僚，恭承下問，敢以大明 太祖皇帝，掃清胡元，一戎大定，而至於幽燕一帯数千里地，淪没腥膻，三百有年，而堯封禹貢，一朝尽復，擅裘穹廬，再帰文明，其功不在禹下之説，仰陳筵上，殿下深加慨然，臣知殿下之志，可以大有為也，臣未知今日殿下立志如何也．……（中略）……嗚呼，雪恥復讐，実先王雅志，而無可与計事，終莫之展焉，豈非今日所当体念者哉．[40]）

　つまり，孝宗初年において清の侵略により仁祖および朝鮮王朝が受けた“恥辱”をいつか晴らさなくてはならないという「雪恥復讐」意識を継承し，いつか再び中原が“中華”を取り戻すその日を迎えるという信念から，特に王室文書と関連する玉冊，誌石，葬祭の祭祝で清の年号を使用しないよう孝宗に要求しているのである．趙䌹の疏には，清の年号を使用しないことは，清の冊封を精神的に受け入れないこと（「対明義理」）につながり，これが前国王

の意思＝「継志述事」の一つとなるという意を含んでいる．これに対して孝宗は，密教を下して大臣に年号の使用について議論させ，当時領敦寧府事の金尚憲が，「趙䌹の上疏文中，玉冊，誌石に年号を彫り入れないことが宜しいでしょう，というそのことばを今取り入れなければ，後に改めようとしても，それは困難なこととなるでしょう（趙䌹疏中玉冊，誌石，宜不刻年号，今不用其言，則後雖欲改，事将難及）．」といい，領議政の李景奭（1595-1671 年）もこれに賛同したことで，玉冊，誌石には清の年号を使用しないことに同意する[41]．しかし，葬祭の祭祝文に関しては，前章でみたように仁祖が清の年号を使用しないことは天を欺瞞することにあたり，さらに事大の礼からして妥当でないとした点[42]から，清の年号を使用しないことを認めていない．また臣下が奉じる陳賀箋文や上疏文で使用しないことも同じ理由から咎めており，その仁祖の意思を孝宗もそのまま受け継いでいるといえる．

　実際に今日韓国国立故宮博物館所蔵の玉冊 258 冊中，多くは干支紀年のみ使用しており，中国の年号は，明代の年号が 4 冊あるだけである．他に大韓帝国期の「光武」，「隆熙」の年号があるが，清の年号はない[43]．玉冊とは，王が王妃や王世子など王室の系譜を受け継ぐ人物を冊封する時に，教訓と戒めの文を書き留めて作成した任命書である教命文とともに作成されたものである．教命文に関しては，粛宗が 1702（粛宗 28）年に世子嬪を冊封しながら，「およそ国家の吉凶に関する文書には，丙子以前は必ず明の年号を書いたが，これには考えがあったからだ．しかし玉冊文にはただ年月だけ書き，教命文には年号を備えて書いた．玉冊，教命ともに違うこうはないのに書いたり書かなかったりするには，それに根拠があるのかわからない．」と指摘し，今後「教命文はただ年月日だけ書くのがよい」[44]と伝教した．さらに 1718（粛宗 44）年には，「庚午年（1690 年）の世子冊礼の時，教命に玉璽を捺印するときに年号を書き入れたが，これはよく調べなかったようで，今回は則ち年号を書き入れるな」と下教している[45]．韓国国立故宮博物館編纂の『朝鮮王朝の御冊――教命・竹冊・金冊』中には仁祖代以後の 32 冊の教命文が掲載されているが，その中で年号があるのは 4 冊だけである．また王世子冊封などで

下される竹冊に関しても年号があるのは41冊中1冊だけで，他は干支紀年で
記されている．基本的に朝鮮後期において，教命文，玉冊，竹冊には明代ま
での年号は使用されても，清代以後の年号は使用されずに干支紀年が使用さ
れていたことがわかる．

　誌石に関しても同様に清の年号が避けられている．ただ，玉冊との違いと
しては，干支紀年も使用されるが，「崇禎」という年号が引き続き使用される
ケースが出てくる．

　今日王陵に行くと，大きな墳墓の近くに碑閣と石碑が建てられている光景
を一般的にみることができるが，これは朝鮮前期にはなかったものである．
王の事績について16世紀までは神道碑のようなものがあったというが，それ
以後はなくなった．正式に王陵の説明として石碑が建てられるようになるの
は，孝宗の王陵を造営する時に，宋時烈（1607-1689年）が程子の言葉を引き
ながら，国家の興廃を明らかにするためにも王陵に事績を表す表石が必要と
いう建議にはじまる[46]．孝宗の王陵である寧陵は顕宗代に造成されたが，石
碑は紆余曲折を経て，粛宗代の1682年に完成した[47]．そして，これが朝鮮
王朝の王陵の石碑の基準となったと言われている．粛宗は在位46年の間に全
部で七つの王陵を造成したが，その中で石碑を建てたのは，顕宗（在位1659-
1674年）の崇陵と端宗（在位1441-1457年）の荘陵の2つだけであった[48]．寧
陵の表石文にはただ干支紀年だけが使用されているが，崇陵は誕生日に「崇
禎十四年辛巳」とあり，崩御年は干支だけが刻印されている[49]．さらに荘陵
には誕生日だけ「正統辛酉」と明の英宗（在位1436-1449年）の年号が記され
ているが，建立年に関しては，「粛宗大王二十四年戊寅」と在位紀年が使用さ
れている[50]．これら二つ以外の陵はすべて王后の陵で，粛宗代には特に石碑
は建てられなかったが，のちの景宗代（在位1720-1724年）と英祖代（在位1724-
1776年）にすべての王陵に石碑が建立された．英祖は，即位年に景宗の王陵
である懿陵をはじめとして在位期間中に全部で22王陵に石碑を建立している
が[51]，それら表石文をみると，干支紀年や朝鮮王の在位紀年の他に，中国の
年号は明の「崇禎」までの年号を使用し，崇禎17年以降を記すときは「崇禎

紀元後」幾年と記されている．懿陵を造成する際に，摠護使の李光佐（1674-1740年）が，表石陰記で「崇禎紀年」を書き入れる時，間字（表敬の意味で単語の前に一字あけること）をするとの報告で，英祖は「崇禎紀年」を使用するのは当然であるかのように「その言葉はよい，その通りにせよ．」[52] と間字に関してだけ言及している．さらに，その数年後孝章世子の永陵の表石文に関して，「崇禎紀元後」の「紀元後」の3文字は，崇禎帝の在位17年間と区別するために，18年以降は必ず省略してはならないことも確認されている．この場合の「崇禎紀元後」は崇禎元年の1628年より数え上げていく方式である[53]．この後建立される王陵は，概ね粛宗・英祖代に整備された方式を継承しているため，朝鮮時代の王陵に建てられている碑石の表石文に清の年号は一つとしてない．

　しかし，何のためらいもなく「崇禎紀年」が用いられているわけではなかった．『承政院日記』1694年（粛宗20）の記録には，開城にある穆清殿の碑石の裏面に「崇禎紀元後幾年」と書くべきだが，勅使の往路にあり，「崇禎」と書くのは不都合なので，ただ干支だけを記すことを上啓しながら，「事が重大なので，臣等が思いのままできることではない（而事係重大，臣等有難擅便）」と粛宗に裁可を仰いでいる[54]．同じように1720年（景宗元）にも，清の勅使が王陵に弔問する意思を伝えてきた時，「崇禎紀年」が刻まれた表石文の対策として，閔鎭遠（1664-1736）が「彼ら［清の勅使］が皇旨と称して，必ず山陵に往くとしたら，表石に書かれた"崇禎"の二字が特に都合がよろしくありません．板壁で遮り，質問があれば，王の衣料品などを所蔵しているところと答えるがよろしいでしょう．」と板で防いで隠すことを進言している[55]．国内で「崇禎紀年」を使用しながらも清朝側に直接知られないように気を配っている様子が窺える．このように清に気遣いながらも，後世に変更が困難な王室関連の碑石や玉冊文など刻印する文字には基本的に清朝の年号を使用せず，他に王室関連記録文書にも極力使用を避けたと思われる．たとえば，粛宗代に国初の『国朝五礼儀』の内容を補充し整理した『宗廟儀軌』（1697年）[56]には，崇禎17年までは大年号（事大国年号）の記載がみられるが，それ以後

はすべて朝鮮国王の在位紀年または干支紀年で記録されて，清の年号はまったく記載がない．

　王室関連の記録文書以外に清朝の年号を必ず使用しないようにしたのが，対明儀礼に関する祭文・祝文などである．明滅亡のちょうど甲周（60年目）に当たる 1704 年に粛宗は，明の最後の皇帝である毅宗崇禎帝への祭祀と，翌年に「壬辰之乱」の際に朝鮮に援軍を派遣した神宗万暦帝（在位 1572-1620 年）を合わせて祀る大報壇（皇壇）祭祀をはじめた[57]．粛宗はここで用いられる文書にも清の年号を使用しないように命じている[58]．また，同じく「丁酉之乱」の直後の 1598 年（宣祖 31）に明の軍門刑玠（1540-1612 年）を祀って漢城に建てられた生祠である宣武祠での祝文も大報壇同様に清の年号を書かないようにという進言に対して，許可している[59]．これらはその後も定例化し，『六典条例』にも「大報壇・宣武祠・皇朝官軍祠祭単子，不書大年号」と記載されて遵守されている[60]．

　その他，一般的に臣下に下す「告身」（任命書）や贈諡，贈職，「紅牌」「白牌」（科挙合格書）などの教書には，書式として年号を書き入れるものだが，「丙子之乱」の時に最後まで講和に反対し，清に処刑された洪翼漢（1586-1637年），尹集（1606-1637 年），呉達済（1609-1637 年）ら「三学士」の子孫や，「崇禎処士」や「明之遺士」と呼ばれるように明への忠義を貫いた者およびその子孫，明の遺民の子孫など対しては清の年号使用が避けられ，単に干支が記入された[61]．

　このように王室文書に関連して，国王が下す文書，または王室の継述に関連する文書，「丙子之乱」に関連した子孫に下す教書類，明に関連した祭祀文には基本的に清の年号使用は避けられ，朝鮮王の在位紀年や干支紀年が，または「崇禎紀年」が使用された．しかし，仁祖代から王室に関連した祭祀の祭文，祝文などには文字式にあるとおり，大年号（=清の年号）を使用することが，常にある反対意見[62]を退けながらも守られていた．粛宗代に朝廷で，宗廟の祝辞で清の年号を使用しないことが議論されたとき，

（金）鎭龜が「閔鎭厚がかつて太廟陵寝の祝辞に清の年号を使用しないよう
請願したことについて，礼曹で大臣と議論するよう命じられたので，臣が
諸大臣に問いたところ，尹趾善が，「孝宗朝に太学儒生が文廟の祝辞に清の
年号を使用しないよう請願をしたところ，孝宗は，大変厳しい口調で，こ
れを退けました．思うに，それ［清の年号を使用しないこと］は無益で，
却って有害であるからだ」と言いました．徐文重が云うには「朝廷事体，
私家とは異なります．六十年間遵用してきた後，今突然（清の年号を）使用
しないことは，実に重大なことにかかわり，かつ甚だ名分の無いことです」
と．李世白の意見もまた同じでした」と．王が「（閔）鎭厚の言うところは
誠に正しいが，大臣らの意見もあり，時勢をみてさらに議論するがよい」
と言った．

（鎭龜曰，閔鎭厚曽以太廟陵寝祝辞，勿用清年号為請，令礼官議大臣，故臣問于諸大
臣，尹趾善曰，孝宗朝，太学儒生，以文廟祝辞，勿用清年号為請，孝廟峻辞斥之．
蓋以其無益，反有害也．徐文重曰，朝家事体，異於私家，六十余年遵用之後，今猝
不用，実渉重大，且甚無名．李世白之意亦然矣．上曰，鎭厚之所言誠是，而大臣之
意，亦有所見，従当観勢更議．[63]）

と，清の年号を使用しない姿勢は正しいが，孝宗が清の年号を使用しないこ
とが「有害」と言っているように，意に反して使用せざるを得ないと多くの
大臣が認識していたことが窺える．孝宗の時代に比べて，朝鮮と清の両国の
関係[64]はかなり安定してきているとはいっても，朝貢の礼を尽くさないこ
とでいつまた清朝から攻めを追うかもしれないという点は完全に払拭され
ず[65]，また「名（分)」からしても宗主国の年号を使用すべきという認識もある．
　英祖に至っては，儒生が孔子廟祭祀の祝文に清の年号をしようしないこと
を請願する上疏[66]に対して，

　　小国として事大する屈辱はすでに甚だしい．わずか二字を書くか書かな
いかが何の益があるといえるのか．太廟も聖廟の重要なのは同じだ．太廟

［宗廟］で使用しているのをどうして聖廟［孔子廟］で使用しないでいられ
ようか．君臣上下，ただ尊周の大義を以て自ら努めれば，それでよいはず
である．

　　（以小事大之辱，既已甚矣．区区二字之書与不書，有何益乎．太廟聖廟，所重同

　　矣．豈可用之太廟，而不用於聖廟乎．君臣上下，只以尊周之大義，自勉可也．⁶⁷⁾）

と，清の年号二字を使用するかしないかとういうことは仔細なことで，君臣
みなが尊周の義に努めていれば，問題ないとし，むしろ「彼ら［清］に（清
の年号使用を拒否していることが）漏洩し，それで頑固で浅薄な言動が不和をも
たらすことをどうしてわからないのか（安知無煩泄於彼人，以致生梗之患乎）」⁶⁸⁾
と清に知れてそれが問題となることを心配している．英祖においても先代の
君主たちと同じく，儒生たちが度々聖廟の祭祀で清の年号を使用しないよう
上疏しても許可していない．この時の臣下とのやり取りで，左議政の洪致中
（1667-1732 年）が，

　　国体［冊封国］からいうと，年号は（宗主国の）正朔を奉じるものです．
　　わが国が彼らに事大する道に誠意がないといっても，その表面の節目にお
　　いて，どうして大明の時代と異なるといえるでしょうか．ただ，儒生が請
　　い願うところがこのような［清の年号使用の忌避を要求する］ところまで
　　極まっているので，もしお許しいただけるのでしたら，数個の文字を書か
　　ないことで，民を自ずと教化することができるでしょう．

　　（以国体言之，夫年号，所以奉正朔也．我国事彼之道，雖不以誠意，而其外面節目，

　　豈有異於大明之世乎．但儒生之所請，至於如此，若或允許，則数字之不書，亦足為

　　風動之化矣．⁶⁹⁾）

と，心から尽くさなくても宗主国の正朔を奉じて事大の礼を尽くすことは，
冊封体制のもと朝鮮として当然のことであり，それは明であれ清であれ，変
わるものではない．しかし，もしたった数個の清の年号を使用しないことを

認めてあげれば，教化に繋がるといっている．洪致中の発言の前に，閔鎭遠（1664-1736年）も近年の士大夫は多く大義を忘れているので，もし儒生の疏を聞き入れてあげたら「使人皆知有春秋之義，則実為好矣」と，人々に「春秋之義」を知らしめて実によいことだと同じような意見を述べている[70]．つまり，ここで議論されている年号は，実際の事大関係における礼として「正朔を奉じ」るものではなく，「慕明」，つまり漢民族中心の中華的世界を表す観念的なものといえる．洪致中にとって年号は，模範を示す，つまり精神的に清に事大しているのではなく，逆に清に受けた過去の屈辱を忘れず，「尊周［＝春秋］之義」を忘れさせない，教化に利用できるものとみている．事実この時期になるとすでに明を忘れ，清を受け入れている士大夫も少なくない状況である．英祖と臣下たちのこうしたやり取りの数日前にも，閔鎭遠から先人［ここでは宋時烈のことを示す］を嫉み憎むものたちが，万東祠［1703年に建立された明の神宗と毅宗の神位を奉安した祠］の創建もそしり，私家の文書に清の年号を書かないことを笑っているという報告がある[71]．また，英祖も清からの使節が往来するとき，士大夫たちがみな観光のため街に溢れ，その行列を見ようという様は，かつて明の使節がやってきたのと同じだと，嘆いている[72]．つい半世紀までは「凡官文書外，雖下賤，無書清国年号」といった状況も18世紀に入ると，康熙年間を通じて清との関係も安定化するなかで，明朝崩壊後の清朝による中原支配の状況を自然と朝鮮においても受け入れられてきている様子が窺える．

　18世紀以降，朝鮮の朝廷では，時々「三学士」の子孫に対する教命文に[73]，また儒生たちの上疏[74]などに清の年号を使用しないようにという請願がいくらかみえるものの，清の年号使用に対する，格別な議論は見受けられない．『朝鮮王朝実録』中の年号記載の体裁をみると『仁祖実録』は仁祖23（1645）年から，『顕宗実録』と『粛宗実録』は元年以降に年号の記載がないが[75]，『景宗実録』以降は，年号表記の体裁は統一され，以後『高宗実録』まで清の年号が毎年記載されている．先王の事績を書き留める王朝の官撰記録物である『実録』の記載においても，「丙子之乱」以後，『粛宗実録』を編纂した英

祖の初年度までは，清の年号が記載されない時期があるなど，その使用が避けられていたことが見て取れる.

　以上のように，「丙子之乱」後，清と「［丁丑］定約條年貢諭－互飭諭－」を結び，清に冊封することになった朝鮮は，冊封の礼として以後宗主国である清の「朝を奉じ」なければならないところだが，清への冊封が"恥辱"であったことで，明に代わった宗主国である清の年号は素直に使用されることはなかった. 孝宗の即位直後の趙翼の進言により，玉冊や竹冊，石碑に刻む誌文など，後世に変更が難しいものに関して清の年号使用を避けることとなった. はじめは清の年号を避けて，干支だけを用いる状況が続いたが，明が滅亡したあとも続けて「崇禎」の年号を使用し続けるという状況がこうした中で生まれる. そこで，「崇禎之」何年や「崇禎紀元後」何年といった「崇禎紀年」が干支紀年とともに朝鮮の中で用いられるようになる.

　朝廷において「崇禎紀年」は，特に粛宗・英祖代に，王室関連文書でその使用が定着していった.『六典条例』に「大報壇・宣武祠・皇朝官軍祠祭単子，不書大年号」とあるように「丙子之乱」の時に活躍した子孫や明の遺民などに対する文書も清の年号不使用が律として認められるようになる. 粛宗は，世子冊封嘉礼や王后冊封などの関連文書でも，さらに教命文でも清の年号を使用しないことを決め，また英祖は歴代王陵を整備して建立したほとんどの碑文に「崇禎紀元後」を使用した. 粛宗・英祖代は特に政治的対立が厳しく，その中で王権強化を図っていった時代と評価されている[76]. 粛宗は，明滅亡のちょうど一周甲にあたる1704年に崇禎帝と「壬辰之乱」で援軍を派遣してくれた万暦帝を祀る「大報壇祭祀」をはじめる. また，英祖は理想の君主像の創出の一つとして「継志述事」による歴代王の事績や王室儀礼，経典などの整備を進めた. その一つとして王陵の整備も位置付けられるであろう. そしてその王陵に建立した石碑の表石文には清の年号は一切使用せず，建立年の記載に「崇禎紀年」を積極的に使用した. こうした時代的な状況が，この頃編纂された官撰史料の『仁祖実録』，『顕宗実録』，『粛宗実録』の年号表記にも表れているといえる.

　反面，臣下が「崇禎」年号を使用することはことごとく，公式の席で反対
されている．臣下が上げる祝文，祭文や書院や郷校で行われる祭司における
祭文においては，仁祖代より天を欺くこととして明の年号を使用することを
王は許可していない．しかし，純祖代に郷校の釈奠の祝文で「崇禎紀元」を
用いなかった知県を告発する 727 人の上疏中[77] に，

　　我が東方は神宗皇帝［万暦帝］の再造の恩を格別に受け，皇朝の正朔を
　　今日まで保全し，滅び尽くしていないのは，ただ我が東だけです．昔英祖
　　朝の忠良科［遺明の子孫を対象とした科挙試験］の発表の時に，特別な教
　　示で恩牌［王が直接下す合格証］に“崇禎”（の年号）を書き，およそ士大
　　夫の墓道の文字と師弟間で詩文を唱和するときにも皆特に“崇禎紀元”を
　　書きます．これにより尊周の誠意を表し，また天下後世に（尊周を）語り伝
　　えることができるのです．

　　（我東方偏受神宗皇帝再造之恩，皇朝正朔，保有今日，而不至泯滅者，独我東為
　　然．昔在英廟朝，忠良科放榜時，因特教恩牌書以崇禎，而凡士夫家墓道文字，師友
　　間詩文唱和，皆特書崇禎紀元．以表其尊周之誠者，亦可以有辞於天下後世．）

と，実際には士大夫の私家の墓碑にも，また学問の場でも崇禎紀元が使用さ
れていたことが語られている．つまり，朝廷では特に王室に関連する記録だ
けに「崇禎紀元」の使用を認め，その他行政的には清の年号使用を進めてい
るが，士大夫たちも私的には多くの場合において崇禎紀元を使用し続けてい
た．洪致中が，崇禎紀元を使用することを認めることは，“教化”につながる
と言っているように，士大夫が私的に使用する崇禎紀元も，清を「中華」と
認められない，滅亡した明に「中華」を思い描き続けて使用する側の心象の
表れともいえる[78]．では，実際に士大夫の中でどのように議論があったのか
を次章で検討してみることにする．

3. 朝鮮後期知識人の間における年号使用に関する異見

「丙子之乱」で武力に屈して清の冊封を受けるようになった朝鮮王朝は，冊封体制の礼として清の朝に従い，行政文書では清の年号を使用していったが，1637 年の段階ではそれまでの宗主国であった明がまだ存続していることもあり，清の年号である「崇徳」をすぐには社会的に受け入れていない．つまり，清の冊封を受けた後も，「崇禎」年号がことあるごとに使用され続け，その後 1644 年に北京が陥落し，毅宗が亡くなったのちも朝鮮王朝通じて継続して使用され続けたのはこれまでみてきた通りである．こうした状況は，董仲舒が述べた『春秋』の礼からみると特異なことといえよう．では，こうしたある意味特異な状況に対して，当時の人々はどう考えていたのだろうか．

　前章でみたように，朝廷において特別に使用を許可されたのは，孝宗の即位年に趙纉があげた上疏により，後世変更が効かない碑石文など限ったものであった．しかし，孝宗と宋時烈との間で交わされたという密旨に，

　　孝宗が密旨で指示し，賎臣［私］に対しては彼の人［清人］の年号を用いないようにしました．数日前に承旨の趙持謙（1639-1685 年）が啓辞で明らかにこのことを述べています．しかし，承政院の官員が賎臣に下す文書に必ず偽号［＝清の年号］を書いてきます．その意図がいまだにわかりません．
　　（孝廟密旨分付．使於賎臣勿用彼人年号．日者趙承旨持謙啓辞明言之矣．然而時輩為政院官則所下賎臣文字，必書偽号．其意未可知也．[79]）

と，孝宗が宋時烈に下す文書には清の年号を使用していないことがわかる．今日みられる『実録』や『承政院日記』などの官撰史料は後日にその日その日の出来事を記録したものをまとめて編纂したもので，日付がついた文書がそのまま掲載されているものではない．ただ，この密旨からことさらに日常的に孝宗と宋時烈との間で交わされる文書には清の年号を使用しないという

了解があったことがわかる．孝宗と宋時烈という君臣間の個別の文書だけで
なく，承政院の官員が自分に対して清の年号を使用することに不満を述べて
いるところからしても行政的な文書でも宋時烈宛の文書には清の年号は使わ
ないという特例が適用されていたといえよう．こうした臣下は宋時烈だけで
なく，宋浚吉（1606-1672 年），金尚憲，朴世采（1631-1695 年）などにも同じよ
うな特例が粛宗代に認められている[80]のをみると多々あるように推察され
る．宋時烈は，孝宗が即位してすぐに清に対して斥和を主張する山林の士大
夫を集めて起用したうちの一人で，孝宗を輔弼して北伐論を推進した人物で
ある．彼は，朝鮮後期において華夷の弁別を厳格に唱える「尊周論」を中心
とした朝鮮性理学の中心的な思想家であり，17 世紀礼訟を主導して，老論派
の領袖となった[81]．『粛宗実録』に，

　　宋時烈は，常に大小の文字に必ず"崇禎年号"を記録して尊周の義を込
　めた．（金）壽弘は，祖父の文忠公尚容が丙子年（1636 年）の（清との）江華
　島での戦乱で殉節したのに，壽弘は，必ず康熙年月を書き入れ，（宋）時烈
　と相反する意を示したことを以て，人々はかれを嫌った．

　　（時烈常於大小文字，必紀崇禎年号以寓尊周之義．壽弘祖文忠公 尚容殉節於丙子
　江都之乱，而壽弘必書康熙年月，以示与時烈相反之意，人皆醜之.[82]）

とあり，宋時烈が「崇禎」年号を使用することを評価している．ここで逆に
疎まれている金壽弘（1601-1681 年）は，金尚憲の兄である金尚容（1561-1637
年）の直系子孫である．つまり清により犠牲となった祖父を持ちながら，清の
年号を使用していることを批判している．金壽弘のこうした行動に関して，当
時多くの関心と批判があった模様である．上記の記録は『粛宗実録』に記載
された，金壽弘の卒記であるが，他にも彼のこうした態度に対して宋時烈も，

　　北書［北史］の冒頭に某年某月日云々という．嗚呼，今出仕する者は，
　朝廷の文書で敢えて任意に（清の年号を）書かないではいられないが，これ

は実は痛みに耐え，不当に耐え，さしせまり仕方ない思いで（そうして）い
る者が多い．今この個人的な手紙にこうあるところからして，江都［江華
島］の酷く焼かれた戦禍を記憶しようとしていないようだ．これはひとえ
に祖先の仇である禽獣がわかっておらず，これについて何をさらに弁論す
ることがあろうか．すなわち（徐）載邇の支持者ではないのか，そもそも
根っからそうなのか．奇怪なことである．

（北書．其首曰某年号月日云云．噫．今之従仕者，於公家文字，則雖不敢任意不書，
然此実忍痛含冤，有迫不得已之意者多矣．今於此私書乃如此，独不念江都虐焔之禍
乎．是一不知祖之禽獣也．此何足与之弁哉．無乃載邇之枝葉乎．抑此為其根本耶．
可怪可怪． [83])

と，金壽弘を徐必遠（1614-1671年，字は載邇）と同じだと非難している．ここ
で一緒に非難されている徐必遠なる人物は，清の使節を迎える命を受けた金
萬均（1631-?）が，祖母が江華島の戦乱で殉節したことを理由に辞職を願い出
たことに対して，私的な問題よりも公義が優先されるべきと辞職を受け入れ
なかった[84]ことに対して，宋時烈が"私義"を強調して批判した相手であ
る．宋時烈は，他にも清の年号が教旨に記されていることを嫌って，科挙試
験を受けなかったり，陰官としても出仕しようとしない者がいるという話に
対して，「志がこのように高ければ，すなわちその志ある高潔な士といえよ
う．実によいではないか．（志尚如此．則可謂志士之浄潔者也．豈不善哉）」と，褒
め称えている[85]．明らかに宋時烈にあっては，冊封を受けたことで，公的に
清の年号を使用するよりも，理念的に年号を使用しないかまたは明の「崇禎」
年号を使用することを是としている．「夷狄」である清に屈した屈辱および戦
乱と混乱した社会体制の立て直しと執権層の勢力維持のためにも必要とされ
た思想的な支柱として，この時期に確立されたのが，「尊周論」に立脚した
「対明義理論」と名分としての「北伐論」であり，まさにその理論を牽引した
のが宋時烈であった．さらに明が滅亡した後，中華文化を継承するのは朝鮮
しかないという「朝鮮小中華」思想が定立していった[86]時期でもある．こ

うした思想的背景の中で，宋時烈が清の年号を退け，明の年号を使用することを美徳であるかのごとく評価するのは当然のことであったといえる．それは『宋子大全』にある彼が書いた多くの諡状などにも清の年号を使用しなかったことを高く評価する文言が多々載せられているところからも窺える．彼は「崇禎」年号を使用し続けることについて，弟子の崔慎が聞いたという会話の中で次のように語っている．

　　癸亥［1683年］年1月に慎が先生にお目にかかるため驪州邑内の寓居に行った時，話が大明の年号に及んだ．希文が「朴泰輔が，思うに大明が滅んで久しいのにその年号を用いるのはいい加減なことであるといった．」と語った．先生は「彼は必ずや『［資治通鑑］綱目』を見ていない．唐が滅亡したのではないと，李克用の輩が"天祐"の年号をとても長く使用していた．ゆえに朱子が『綱目』でそれを書くことを許したのである．」と言った．

　　（癸亥正朝．慎往拝先生于驪州邑内寓所．語及大明年号．希文曰．朴泰輔以為大明之亡已久，而用其年号為妄矣云矣．先生曰．彼必未見綱目矣．唐非不亡，而李克用輩猶用天祐年号甚久．故朱子於綱目，許而書之也．[87]）

　宋時烈は，唐が滅亡したのちも李克用（856-908年）が，唐の最後の皇帝である哀帝（在位：904-907）死後もその年号を使用し続けたことを朱熹が認めて『資治通鑑綱目』に「天祐五年」（908年）の記録を残したと，それを例として，年号がその皇帝死後も使用し続けることが正統から外れることがないと主張している[88]．ここで批判されている朴泰輔（1654-1689年）は，朴世堂（1629-1703年）の次男で，1689年の己巳換局で亡くなった人物である[89]．この頃，同じ一門である朴世堂と朴世采が中心となって潘南朴氏の族譜編纂をはじめとして祖先顕揚事業を進めていた[90]．そこで，朴世采が親しい宋時烈とこの件に関して相談していたところ，祖先の朴尙衷（1332-1375年）の評価をめぐり朴世堂と宋時烈の意見が合わず互いに対立した．また，朴世堂と朴世采も

朴尚衷褒贈紀事碑の年号に関連して意見を異にしていた[91]．朴世采は，先に
も記した通り，清の年号を使用しないことを粛宗から許された臣下の一人で
あった．彼は当然，碑文の年号に「崇禎紀元」を用いようとしたことに対し
て，朴世堂は「和叔［朴世采の字］が建立する碑石の年号を論じたところは，
大きく間違っている（和叔論立石年月，大段舛誤．）[92]」という指摘にはじまり，
その主張に対して悉く反論している．その中で，朴世采が自身の主張の査証
として『詩経』「洪範」編で周の武帝の時代にも箕子の記録で「年」に代わっ
て殷代に使用された「祀」が書かれていること，[93] また宋時烈と同様に『資
治通鑑綱目』に「天祐」が使用されていた例を述べたことに対して朴世堂は，

　　必ずその説のように，『綱目』で唐の年号があること義とするなら，どう
　　して「天祐」を大きく書かずに諸国の冒頭に（蜀漢の）「章武」［蜀の昭烈帝
　　の年号］の例のようにしなかったのか．すなわち甲子の下に「開平」［後梁
　　の太祖の年号］と「天祐」を分注［双行小字］し，高さを並べて尊すると
　　ころも等しく，少しも差別がないのだろうか．（中略）今その天祐を分注し
　　たことにより，これを列国の例とするなら，当然『綱目』ですでに途絶え
　　た統を未だ嘗て強引にこれに続けたのを見たことがない．（中略）唐が仮に
　　存続していたとしたら，いうまでもなく当然大書し，その統を明らかにし
　　たはずで，まさに夷は列国より下にすべきでないという，必ずその説による．
　　（必如其説，是為綱目存唐之義，則何不大書天祐，以冠諸国，如漢章武之例．乃於
　　甲子之下，分注開平天祐，並高等尊，少無差別也．…中略…今因其所分注天祐，
　　自是列国之例．則尤見綱目之於已絶統，未嘗強引而続之．…中略…唐苟可存，固
　　当大書，以明其統．不当下夷於列国，必如其説．[94]）

と，もし唐亡き後も，その統を継ぐものとして「天祐」が使用されたとすれ
ば，必ず『資治通鑑綱目』で1行の文字で書き込まれていたはずだが，実際
に「天祐五年」は，双行小字で書かれており，これは唐の王統を引き継いで
いるとはいえないと指摘している．さらに，「崇禎紀年」を使用していること

について，

　　今国で"崇禎"の年号を使用していないのに，世間で（唐の天祐年号を使用した）晋［李克用］や岐［李茂貞］のような者は誰だ．およそ袖をたくし上げて（崇禎紀年を使用することに）かこつけて名を高める者は，皆みずからを我が晋王で，我が岐王とでもいうのか．たとえそうであろうと，千秋万年の後に，或いは朱子を継いで『綱目』の筆を手にする者が，またまさに"崇禎"をもって後に繋げようとするであろうか．（崇禎を繋げたということで）褒られ，だいたい栄誉に預かれるのであろうか．

　　（今国家不用崇禎之号，世之為晋岐者誰歟．凡攘臂而託為名高者，皆可自謂吾晋吾岐乎．設如是也，千秋万世之後，其或継朱子而操綱目之筆者，又将書崇禎．以繋其人之下乎．受此褒者，殆有栄歟．[95]）

と，国としても使用していない「崇禎紀年」を使用している者を揶揄している．朴世堂は，祖先の朴尚衷褒贈紀事碑の碑文での日付について，息子の泰輔に手紙で，

　　碑文は追って改めることが，得になるのか失になるのか，未だにその所在はわからないが，碑を建てる年代を記載することにあっては，調べ極めることが必要だ．おおよそのことは必ず始めと終わりがある義を謹むべきである．人の父母に対する愛がこの上ないとしても，またその死を忌み，その寿命を伸ばすことはできない．まして国の滅亡に関してはなおさらである．殷や周といえでも免れることができない．どうしてすでに国はないのに，その年号だけ存在し，終わりある時を無くすことができようか．『資治通鑑綱目』で「天復」［唐の昭王の年号］を絶えずにいたのは，必ずやそれには義があったであろう．わたしがよく考究できていないが，必ず3，4紀を過ぎて，五代の終わりに至り，宋代に接するまで（「天復」の使用は）至らなかったであろう．

　　（碑文追改者，得失未知所在．而至於立碑紀歳，須有講討．凡事必当謹終始之義．

人之於父母，愛之至矣，而亦不能諱其死而引其寿．況国之有廃滅．雖殷周不免．豈可於已亡之国，存其年号，無有窮極之時乎．綱目之不絶天復，亦必有其義．吾雖未及考求，必不至閲歴三四紀，以竟五代而接之於宋也．[96])

と，唐が滅亡したのちも唐の末期の「天復」年号が『資治通鑑綱目』にみられるが，そうかといって，「天復」が次の宋代にまでずっと使用され続けたものではない．よって，碑文に「崇禎」を長らく使用し続けることに反対している．とはいえ，朴世堂が清の年号を使用することを主張しているわけではない．彼は，人々がすでに「崇禎」の年号を使用することに慣れており，年号のない歳月を考えられないでいる．そこで，清の年号を使用したくないばかりに「崇禎」の年号を使用し続けているとして，

　　しかしまた秦漢以前にもともと年号がないことをわかっていない．またそれでも年月を記して金石に刻んでいる従来の説のようにするだけである．
（然又不知秦漢以前，本無年号．又須紀年紀月，刻之金石，如来説耳．[97])

と，年号を使用せずに秦漢時代のように碑石の日付に関しては，在位紀年法を勧めている．実際に1681年に建立した朴尚衷褒贈紀事碑には年号がなく，「今　聖上七季春」と粛宗の在位紀年となっている[98]．

『実録』の記事にもあるように，17世紀の朝鮮においては宋時烈のように「崇禎紀年」使用を主張する者が多かったのに対して，これまで見てきたように金壽弘や朴世堂はそれに対して異なった意見を述べている．金壽弘に対して，宋時烈が清の年号を使用したとして「康熙公」[99]などと揶揄しているが，彼は明の復讐ための政策を含んだ提言を粛宗初年に行っており[100]，また明代までの歴史地図である「天下古今大総便覧図」（1667年製作）なども作成していて，当時の多くの士大夫と同様に「崇明思想」を持っていたと推察される[101]．もう一人の朴世堂は，17世紀の混乱した社会に対して，朱子学だけでなく広く儒学，老荘思想などを考究し，粛宗代の蕩平政治を推進した一人

である．朱子の義理論および認識論に傾倒していた宋時烈と理論的に激しく
対立し，のちに老少分党で袖を分けることになる[102]．彼は 1688 年に冬至使
の書状官として北京を往来した時に『西渓燕録』と『使燕録』という二つの
燕行録を残している[103]．彼も金壽弘同様に中華の遺構に思いを馳せ，燕行
で見聞した清の社会を"華夷混俗"と批判している．ただ，「復讐雪辱」論に
は最後まで反対の立場にあり，内修を主張したといわれている．宋時烈と二
人の相違点は，年号に対する認識の違いと思われる．「崇明排清」や「対明義
理」論から使用される「崇禎」年号は多分に観念的な年号で，それに対して
清の年号使用は，実際に冊封を受けている側として即ち「事大之礼」として
現実社会で使用すべき宗主国の年号である．そこで朴世堂は金壽弘と違って
清の年号を紀年として使おうというのではなく，後世において混乱のないよ
う，すでに滅亡した王朝の年号ではない紀年として在位紀年法を推奨してい
る．

　「朔を奉じる」ことを冊封の礼の規範として捉えて，それを主張したのが鄭
斉斗（1649-1736 年）である．彼は朝鮮後期の陽明学者として有名であるが，
最近の研究では陽明学を積極的に受容しながら「霞谷学」という新しい学問
に発展させ，「江華学派」の基礎をつくった人と評価されている[104]．彼は，
朴世采の門人で，粛宗・景宗・英祖時代の朋党間の熾烈な争いが繰り広げら
れる中，16，17 世紀初頭に起きた両乱（日本と女真からの侵略）後の新しい政
治秩序・国家構想において朱子学だけでなく陽明学を取り入れて，困難な状
況を克服することを提唱した人物であった[105]．彼が残した文書の『霞谷集』
の中に，閔以升（1649-1698 年）との間で"奉行正朔"と跪拝について論争し
た書簡が残されている．閔以升との論争の中で，ひとつふたつの小節で完全
なる意見の一致が見られないのが，それは"年号"に関して深く議論できて
いないことによるとしながら[106]，

　　…それ正朔は天王が（行う）事です．すでにその正朔を奉れば，これは正
　　朔を下したものが天王と成り，そして自ずと陪臣とされるものです．陪臣が

陪臣と称して，拝跪を行うことは，誠にまた怪しむべきものはありません.

　（夫正朔者，天王之事. 既奉其正朔則是成之為天王. 而自居於陪臣也. 陪臣之称陪臣行拝跪. 誠亦無足怪者. [107]）

　これは，閔以升が，おそらく年号を受け入れることは仕方がないとしても跪拝することと，諸侯の臣下が天子に相対するときに自らを「陪臣」というように，朝鮮の王が清の王に対して，「陪臣」というのはできないと言っているのに対する答えといえる. 閔以升は，「皆拝跪はすなわち華夷（の別）を主として屈せず，年号はすなわち君臣（の義）を主として奉行する」と，つまり「華夷之別」からして跪拝できず，「君臣之義」から年号を奉じなければならないといっているのに対して[108]，鄭斉斗は，

　　拝跪をして陪臣と称するのは，みな年号を駆使するためです. すなわち年号と拝跪は本来二つのことではありません. その年号を承った後にこの（拝跪）節目があります. どうして免れることができるでしょうか. もし年号がなければ，縦に行い得ることを欲することができるでしょうか. 故に拝跪が恥辱ならその礼も却って些細な事となり，年号は虚構となります. 名義はすなわち大事なことで，従って古より正朔を重んじてきたのは，このためです. しかしすなわち拝跪を恥じるのなら，年号もまた恥じるべきです. もし年号は朝廷から受け取り用いるもので，自身が受け取らないからというのなら，陪臣を称するのも拝跪するのも国命を奉り行わせないことはないので，どうしてこれとそれとを分けることでできるのでしょうか.

　（…拝跪称陪，皆年号之所駆使. 則年号与拝跪，本非二事. 承其年号之後，此等節目，烏得以免. 若無年号，縦欲行之得乎. 故拝跪辱也，其礼反小，年号虚也. 名義則重. 従古以正朔為重，良為是爾. 然則以拝跪為恥者，年号亦当恥也. 若曰年号在朝廷承用，非我所手受，則称陪拝跪，罔非奉国命而役使者. 寧有彼此之可択哉. [109]）

と，拝跪することと，正朔を奉じて年号を使用することは同じことで，これ

を分けて考えている閔以升を非難している．どうも閔以升は清に拝跪するの
が嫌で出仕しないでいるらしい[110]．鄭斉斗はさらに続けて「拝跪が恥ずか
しいのなら，年号をうけるべきではない[111]」とまで言っている．何回かの
書簡の往復により，鄭斉斗が閔以升の年号と称臣と拝跪について，「年号と臣
下と称して礼拝することを虚構と現実とに分けて見ているようです．年号が
もし虚構なら，臣下と称して礼拝することも虚構であり，臣下と称して礼拝
するが現実なら年号もまた現実のことです．[112]」と閔以升の矛盾をついて
いる．つまり，正朔を奉じて，年号を使用するならば，それは冊封の礼を行
うことなので，年号を使用しながらも清に対する冊封の礼を忌避することを
非難している．ただ，面白いことに，こうした閔以升の考えに対して，

　　兄さんは毎回年号をと礼拝とを同じものでないといいますが，もしかし
　　て年号を今民間で使用しているものと同じように考えているのではないで
　　しょうか．かりにも民間で使用しているようなものをいうのであれば，兄
　　さんが言うこともよいでしょう．しかし出仕して朝廷に仕える人はそうあっ
　　てはなりません．その年号を受けた日，とりもなおさずその陪臣の名を受
　　けることで，民間で広く使用されているのとは全く同じではありません．
　　　（兄毎以年号与礼拝為不同者，豈非以年号如今民間行用者而然耶．苟如民間行用者，
　　　雖若兄言可也．立朝行仕之人則不然．受其年号之日，便受其陪臣之名，与行用於
　　　民間者絶不同．[113]）

と，ここで閔以升と鄭斉斗が語っている年号が違う可能性がみえてくる．こ
こでいう民間で広く使用されている年号とは，もちろん「崇禎」を指すもの
といえる．つまり，閔以升の念頭には「崇禎」年号があり，鄭斉斗の念頭に
は“跪拝”との関連で「崇禎」年号はまったくない．鄭斉斗は，私的に「崇
禎紀年」を使用することは自由だが，出仕する人は，そうあってはならない
と主張している．つまり，彼の認識では，当時の朝鮮の中で「崇禎」年号は
“虚”であり，清の年号は“実”となり，その使用は公私で分けるべきもので

あった.

　18 世紀に入ると, 雍正・乾隆年間の清朝に対する朝鮮人の対清観も, その前と比べて大きく変わっていたともいえる[114]. こうした中で, 「崇禎紀年」に対する認識も徐々に変化がみられる.

　たとえば, 早くから清の文物に関心をもち, 実際に使節に随行して熱河に使行した北学派の朴趾源 (1737-1805 年) が, その使行について書いた『熱河日記』冒頭の「渡江録」には, 「崇禎紀年」を使用する当時の心情をよく表現している句がある.

　　なぜ三庚子と記したか. 行程・晴雲を記載するとき, 年を掲げて月日の下にまとめたのである. なぜ, 後といったのか. 崇禎紀元の後だからである. なぜ三庚子と書いたのか. 崇禎紀元後 3 回目に巡って来た庚子の年だからである. なぜ崇禎と言わなかったのか. 渡江に際してことさら諱んだのである. なぜ, 諱んだのか. 鴨緑江の彼方は, 清朝の人々がいたからである. 天下はみな清朝の定めた暦を遵守している. だから崇禎という年号を避けて使用しなかったのである. なぜ, 崇禎を暗示させたのか. 皇明こそ中華だからである.

　　(曷為後三庚子. 記行程陰晴. 将年以係月日也. 曷称後. 崇禎紀元後也. 曷三庚子. 崇禎紀元後三周庚子也. 曷不称崇禎. 将渡江故諱之也. 曷諱之. 江以外清人也. 天下皆奉清正朔. 故不敢称崇禎也. 曷私称崇禎. 皇明中華也. [115])

　18 世紀になっても国内では, 未だに「崇禎紀年」は使用され続け, それでも中国に渡るときはその年号使用を隠している. 使行の最初に上記のように書いた朴趾源だが, 帰国後のちに, 『熱河日記』に対する批判を受けたことに対して, この本はただの紀行雑録に過ぎず, はじめから春秋大義などを説いたものではないと反論している[116]. そこで, 年号について,

　　清の年号がはじめて使行されたとき, 我が国の先代が, 告身に書かないで

くれと請い願いでたり，士大夫の家の墓碑には刻印したところに"崇禎紀元後"を追加で彫り入れたところもある．公私文書や帳簿に至っては，（清の年号を）避けることができない場合がある．それはどうしよもない場合である．田や家を後世に伝えることを望まない人はいないのに，その家屋の売買分記に当代の年号が書かれてなければ，売買が成立しないなどである．わたしはこの世で"春秋大義"に厳粛なものは，その家屋に清の年号がついているといって住まず，清の年号のついている田地といってそこから収穫される穀物も食さないというほどの人を知らない．

（年号之始行于天下也，我東之先正，請毋書告身之上則有之矣．士大夫墓道之刻，追識以 崇禎紀元之後則有之矣．至於公私文簿之間，有不能避焉．蓋不得已也．故田宅人莫不欲其世也，其立券也，非具書当世之年号，則売買不成．吾未知世之独厳於春秋者，其将謂虜号之室而不居也，亦将謂虜号之田而不食也歟．[117]）

と，清の年号を使用している世の中で，年号を使用しないと不便なことがあり，年を明らかにすることが必要な中で，清の年号を忌避して生きることは難しく，清の年号を使用しないで生きている人はいないだろうと批判している．実際に人々の日常生活では，訴状などをみると基本的に甲子紀年が使用されており，売買分記や訴状の一部には清の年号が使用される例もあっても，「崇禎紀年」が使用される例は管見の限り未見である．先の鄭斉斗と同様に，18世紀において「崇禎紀年」は実用的な年号ではなかったのである．こうした観念的ともいえる「崇禎紀年」が残されたいった理由は，ひとえに「朝鮮中華主義」的な思考によるものといえる．「崇禎紀年」が，明亡き後，明の中華としての伝統を朝鮮が引き継いでいるという自負の表現の一つになっていたからである．こうした状況を李圭景（1788～？年）が，

　…皇明の統が絶えても，大報壇と万東廟があり，路地裏のごろつきでもすでに滅んだ明を尊崇し，おおよそ年号を記載することがあれば，必ず"崇禎紀元後"第幾年と書く．すなわち『二十三史』史書にも，未だかつてこれほ

どの忠義を尽くしているのをみたことがない．ああ，これが所謂「草上の風
［風が草を靡かせるように，君子はその徳によって人を靡かせ教化する（論
語)]」か．

（皇明統絶．有大報之壇万東之廟．以委巷編氓言之．尊崇已亡之明．凡有年号之

記．必書以崇禎紀元後第幾年．則二十三代史策．未見若是之忠懇也．烏呼．是所

謂草上之風者乎．[118])

と，先にみた洪致中同様に教化／効果としての「崇禎紀年」を指摘している．
　以上，見て来たように，明滅亡後，その中華の伝統を引き継いでいるとい
う自負から朝鮮の士大夫の中で，多くの場合私的な文書に「崇禎紀年」使用
されていた．しかし，亡国の年号を使用することには批判もあった．朴世堂
や鄭斉斗の批判を見ると，彼らが語る年号は董仲舒以来中国の冊封体制の中
で使用されてきた実際に年を数え示し記録する記号であり，宋時烈や朴趾源
が「渡江録」の冒頭で記した，また李圭景が指摘している「崇禎」は，「中華
＝明」を記憶するための記号であったといえる．

おわりに

　古代より地理的な与件により，朝鮮半島は，三国時代から19世紀の大韓帝
国に至るまで継続して中国大陸に勃興した王朝の冊封を受け続けてきた．高
麗時代までは，中原の事情により，時々は正朔を受けれずに以前の年号を継
続して数年使用するケースも確認されるが，元代以降は暦書の頒布もはじま
り，朝鮮半島において中国の朔を奉じることは習慣化していたといえる．し
かし，「丙子之乱」を経て，清への冊封を余儀なくされたことから，宗主国の
「朔を奉じる」ことに異変が起きたのである．それまで"夷狄"として蔑んで
いた後金（のちに清）による武力侵攻とそれへの降伏は，以後朝鮮王朝の人々
に深い傷跡を残した．心傷だけでなく，社会経済的な混乱ももたらし，仁祖

代以降の朝鮮ではその収拾に追われるようになる．こうした中で，清の冊封はすんなりと受け入れられず，それに反対するものが多くいた．「丙子之乱」当時はまだ明が存続していたこともあって，明の最後の皇帝の年号である「崇禎」がしばらく使用されるが，以後も長らく使用されたのは，清を明に替わる宗主国として認められなかった当時の人々の心象の一つといえる．こうした「崇禎紀元」の使用は，20世紀初頭にも確認される[119]．

　このような「崇禎」という年号は，朝廷においては特に17世紀～18世紀にかけて朝鮮の社会内で定着していく．王室に関連しては，『六典条例』に「大報壇・宣武祠・皇朝官軍祠祭単子，不書大年号」とあるように「丙子之乱」の時に活躍したした子孫や明の遺民などに対する文書も清の年号不使用が律として認められるようになる．粛宗は，世子冊封嘉礼や王后冊封などの関連文書でも，さらに教命文でも清の年号を使用しないことを決め，また英祖は歴代王陵を整備して建立したほとんどの碑文に「崇禎紀元後」を使用した．粛宗・英祖代は特に政治的対立が厳しく，その中で王権を強化を図っていった時代と評価されている[120]．粛宗は，明滅亡のちょうど一周甲にあたる1704年に崇禎帝と「壬辰之乱」で援軍を派遣してくれた万暦帝を祀る大報壇祭祀をはじめる．また，英祖は理想の君主像の創出の一つとして「継志述事」による歴代王の事績や王室儀礼，経典などの整備を進めた．その一つとして王陵の整備も位置付けられるであろう．そして大報壇祭祀の儀礼で，また王陵に建立した石碑の表石文には清の年号は一切使用せず，「崇禎紀年」を積極的に使用した．また，この頃編纂された官撰史料の『仁祖実録』，『顕宗実録』，『粛宗実録』の年号表記にも時代的な影響が見られる．『仁祖実録』は明が滅亡した1645（仁祖23）年以後，また『顕宗実録』と『粛宗実録』は元年以外に清の年号は記載されていない．

　こうした反面，臣下が「崇禎」年号を使用することはことごとく，公式の席で反対されている．このような朝廷の「崇禎」年号に対する姿勢は，王室文書や大報壇祭祀など明に関連するものに限るなど，その利用には君主のパフォーマンスが大きく関わっていたといえる．公式な行政文書での使用はほ

ぼなく，朝廷における王室関連または王が直接下すものだけに限ることで，王権の表出に利用されたとも指摘できる．

　逆に，民間での使用状況をみると，私家の祭祀や個人文集，特に墓碑や神道碑などに「崇禎紀年」が多く利用された．こうした利用に対して，それを美徳して推奨する人，および実のないことだと批判する人など，その意見はさまざまであった．ただ両者の大きな違いは，同じ「崇禎」年号を以て論じていてもその年号に対する理解が異なっていた点にあった．例えば宋時烈がいうところの「崇禎紀年」は，「雪恥復讐」，「排清崇明」，「北伐論」などの理論から当然使用されるべき年号であり，その場合の年号は冊封体制下における「奉行正朔」ではなく，つまり"夷狄"である清への事大を拒否し，明を記憶しつづけ，「中華」を継承していることを示すためのものであったといえる．そこで「崇禎紀年」を使用し続けることが教化としても有効であるという見方も引き出される．その逆に，「崇禎紀年」の使用を批判する朴世堂，鄭斉斗などの議論をみると，両者は全く同じではないが，「崇禎紀年」は冊封の礼からしても間違っており，また年号は永劫不滅なものではないので，実態のない使用は後世混乱をきたす危惧があることを，その反対理由としてあげている．同様に 18 世紀の清朝は，乾隆帝のもとで最盛期を迎えているが，朝鮮の人々にとって「丙子之乱」のトラウマはそう簡単に解消されず，いつまた戦乱になるかわからないと君主と一部の士大夫たちは緊張を緩めてはいない．実学の祖といわれる李瀷（1681-1736 年）もその一人であったといえる．彼も「崇禎」を使用することには慎重であった．彼が李同揆（1623-1677 年）の墓誌を頼まれた際，「今の人たちは深く考えずに"崇禎紀元後"という 5 字が郊外すみずみに行きわたっているが，これは家の憂いのみならず，必ずや国難にまで及ぶものです（今人不能遠思，崇禎紀元後五字．遍於郊原．此不但為家憂．必将迨及国患）」[121] といって，墓誌に広く「崇禎紀元後」が使用されていることが後世困難な事態を引き起こさないとも限らないと心配し，甲子紀年を使った．

　しかし，『承政院日記』に，洪致中の言葉として，「我が国が皇朝［明朝］

を奉り，なおその年号を称していることは，彼人［清人］はすでに知ってい
ます」といい，これまでそれで詰問されたことはないと話している[122]．ま
た，朝鮮は「［丁丑］定約條年貢論－互餉論－」を結んで以来，冊封の礼を守
り，実際に忠実に清に対する外交上の義務を果たして来た．そのことは康熙
帝も認めるところである[123]．清代の冊封体制が明代の礼によるそれとは冊
封という儀礼的な面は同じでも，その内実は大きく異なるものだったという
のが今日の研究で指摘されているところである[124]．つまり，明朝は，周辺
の朝貢国を儒教の礼による宗法秩序を取り入れて，「華夷一家」のもと「朝貢
一元体制」を作り上げた．しかし清朝は朝貢国が減少することで，明代の宗
法秩序を維持する必要性がなくなり，代わって盛んとなった経済的な外交関
係を背景として，取り込むのに、礼秩序よりも互市国の規定といった経済的
な外交秩序を取り入れた「互市体制」といった国際秩序を作り上げた[124]．そ
こで，18 世紀になると冊封体制下で外交上の責務を果たしていれば，また表
立って清に対して反旗を翻さない限りは，精神面での拘束力はなかったと推
察される．よって，朝鮮において観念的に使用された「崇禎紀年」が黙認さ
れたと推察される．

　では，朝鮮で長らく観念的に使用された「崇禎紀年」をどう捉えることが
できるだろうか．明の年号であってもそれはもうすでに朝鮮独自の年号とい
えないこともない．18 世紀以降，朝鮮において「崇禎紀年」の時空間[125]は，
中華的世界の天子の時空間から抜け出ることはないが，少なくとも「崇禎紀
年」の時空間の天子は清朝皇帝ではなかったといえる．

1)　『春秋繁露』「三代改制質文篇」（川原秀城（1996），105-6 頁参照）.
2)　中国における年号に関しては，ここでは特に以下の研究を参照した.
　　甘懐真（2019），水上雅晴（2019），薮内清（1977），藤堂明保（1977）.
3)　『三国史記』新羅本記第五，真徳王 2（648）年 3 月の条.
4)　これまで朝鮮半島の年号に関する通史的研究としては，藤田亮策（1955）と王
　　光錫（1991）を参照.
5)　高麗時代の年号研究に関しては，今西龍（1911），韓政珠（2010），（2017），
　　（2019），ソ・ウンヘ（서은혜）（2017），ソ・グムソク（서금석）（2017）など参

照.

6)　高麗時代に使用された年号の種類に関しては，藤田亮策（1955）に詳しい.

7)　今西龍（1974），176-177 頁参照，初出は（1910）.

8)　藤田亮策（1955），下，84-89 頁参照.

9)　禹景燮は，「1644 年以降，朝鮮の知識人たちは清の年号使用を拒否し，代わって明の最後の皇帝崇禎年号を使用することで，中華主義的世界観を表してきた.そしてそこには崇禎帝の死以後中華文明の嫡統が朝鮮に継承されるという朝鮮中華主義の観念が内包されている.」（禹景燮（2013），146 頁）と中華主義の正統性の表れとし，許泰玖は，「朝鮮の官・公文書で清の太祖の崇徳年号を使用するということはやはり明を否定して清を認めるという強力な象徴的意味を持つ行為であった. よって清の監視が限界を持つしかない朝鮮境内では清の年号の使用を移行せず明の年号を使用することが少なくなかった.」（許泰玖（2019），236 頁）と指摘している.

10)「丁卯之乱」と「丙子之乱」に関しては，昨今多くの研究成果が蓄積されており，主な書籍を挙げると全海宗（1970），柳在城（1986），韓明基（2009），丘凡眞（2019），許泰玖（2019）などがあり，本稿ではこの間の朝鮮と清朝（後金）に関する経緯に関して，おもに鈴木開（2021）を参照した.

11)　『仁祖実録』巻 15，仁祖 5（1627）年 2 月丙午（9 日）の条. 国書は，ホンタイジにもらたされる前に平山の宝山坪に駐屯していた女真軍のもとで事前に内容が検討されており，その時の指摘になる. 詳しい経緯は，鈴木開（2021）1461-151 頁参照.

12)　『仁祖実録』巻 15，仁祖 5（1627）年 2 月庚申（23 日）の条.

13)　崔鳴吉が清の年号を使用することを検討しようとしたが，三司が反対して止めたとある（崔鳴吉所撰也. 有欲用清国年号之議，為三司所争而止.『仁祖実録』巻 34，仁祖 15（1637）年正月癸卯（3 日）の条参照）.

14)　鈴木開（2021），398 頁，433 頁参照.
　　石之珩『南漢日記』（Berkeley Library, 原文イメージ https://archive.org/details/namhanilgi04sokc/page/n59/mode/2up?view=theater）には 17 日付けの国書には「崇徳二年正月十七日」と日付が書かれている.『承政院日記』にも 17 日付けの同様の国書が掲載されており，年号に関しては「崇徳二年」とすべきところを「崇禎二年」と記されている. 奎章閣本，参照（http://kyudb.snu.ac.kr/pf01/rendererImg.do）. 現存する『承政院日記』は，宣祖代，仁祖代，英祖代に焼失した『承政院日記』を英祖代に再編纂した『改修日記謄録』で，外交文書では当時明らかに「崇徳」の年号を使用したかもしれないが，改修過程で「崇禎」と記載されている. 単純な記載違いとも考えられないこともないが，実際にはこの 1637 年は「崇禎十年」となり「二年」ではないので，当時読む人には自明のことで，明以外の年号を“記録”することの抵抗の表れであるとも考えられる.『改修日記謄録』に関しては，李垠浩（2004），呉恒寧（2006）参照.

15)　『仁祖実録』巻 34，仁祖 15（1637）年正月辛酉（21 日）の条.

16)　『李道長の承政院日記』（2010）333 頁参照.

17)　『仁祖実録』巻 34，仁祖 15（1637）年正月戊辰（28 日）の条. 『同文彙考』に
　　　「［丁丑］定約條年貢諭－互飭諭－」として掲載されている原文には，「則将明朝
　　　所与之誥命冊印，献納請罪，絶其交往，去其年号，一応文移，奉我正朔」と一部
　　　文が違っているが，内容的はほど同様である.（韓国史データーベース）
　　　https://db.history.go.kr/item/level.do?sort=levelId&dir=ASC&start=1&lim-
　　　it=20&page=1&pre_page=1&setId=-1&totalCount=0&prevPage=0&prevLim-
　　　it=&itemId=sa&types=&synonym=off&chinessChar=on&brokerPagingInfo=&lev-
　　　elId=sa_050_0270_0010_0010&position=-1
　　　鈴木開（2010），406-8，437 頁参照.

18)　『承政院日記』崇禎 10（1637）年丁丑（仁祖 15 年）2 月 16 日の条.

19)　『仁祖実録』巻 34，仁祖 15 年 2 月戊戌（28 日）の条.

20)　『承政院日記』崇禎 10（1637）年丁丑（仁祖 15 年）3 月初 1 日の条.

21)　『仁祖実録』巻 35，仁祖 15（1637）年 10 月丙午（12 日）の条.

22)　暦書の年号表記に関しては，『仁祖実録』巻 35，仁祖 15（1637）年 5 月壬辰
　　　（25 日），7 月丁亥（21 日），癸巳（27 日），『承政院日記』崇禎 10 年丁丑（仁祖
　　　15 年）8 月初 9 日甲辰の条参照. 8 月の段階では，日本との関係で，清の年号が
　　　記載されたものとは別に下四道（京畿・忠清・全羅・慶尚）への頒布には年号表
　　　記がないものと新旧二種類の暦書が印刷されている.

23)　桑野栄治（2016），178 頁参照.

24)　『仁祖実録』巻 44，仁祖 21（1643）年 12 月戊寅（18 日の）条.

25)　『仁祖実録』巻 42，仁祖 19（1641）年 11 月己卯（7 日の）条. 巻 43，仁祖 20
　　　（1642）年 10 月己亥（2 日）の条.

26)　『仁祖実録』巻 46，仁祖 23（1645）年閏 6 月辛巳（1 日）の条.

27)　金容欽（2006），365-367 頁参照.

28)　是時公府文書，皆用順治年号. 其不書者，政院却之不受，独尚憲於疏箚・呈
　　　辞，只書幹枝. 政院以其大臣章疏，而不敢却，上亦不之問也（『仁祖実録』巻 47，
　　　仁祖 24 年（1646）4 月戊寅（2 日）の条）.

29)　孫承喆（1997），134 頁参照.

30)　この間の議論に関しては，『承政院日記』順治 2（1645）年乙酉（仁祖 23 年）
　　　正月初 5 日，初 10 日，3 月初 3 日，11 日，順治 4（1647）年丁亥（仁祖 25 年）
　　　4 月初 3 日，初 5 日，初 6 日の条および『典客司日記』第 3，仁祖 23（1645）年
　　　乙酉正月初 5 日，正月〈未詳〉，18 日，3 月〈未詳〉，3 月初 10 日，16 日の条参
　　　照.

31)　『仁祖実録』巻 46，仁祖 23（1645）年 3 月壬辰（9 日）の条

32)　「柳川一件」に関しては，田代和生（1983），「丙子通信使」の年号交渉に関し
　　　ては，三宅英利（1986）264-265 頁，孫承喆（鈴木信昭監訳）（1998）227-262 頁，

日本型華夷観に関しては，荒野泰典（2003）など参照.

33)　註 25 参照.

34)　『孝宗実録』巻 1，孝宗即位（1649）年 8 月庚戌（23 日）の条. 詳しくは次節
　　参照.

35)　17 世紀「丙子之乱」以後，朝鮮において形成されたこうした対清認識
　　は以後の朝鮮後期鮮社会を通じて様々な議論を通じて展開された. 清朝が安定す
　　るなかで十八世紀になると，「北伐論」が非現実味を帯びながら，次第に"中華"
　　の後継者は朝鮮だけとする「朝鮮中華主義」思想が現れてくるというのが，一般
　　的な見解である. このような朝鮮後期の思想展開は，この時代の知性史，政治史
　　を考えるうえでの重要な要諦であり，多数の研究成果が出されている. なお本稿
　　ではおもに「丙子之乱」後の朝鮮における「北伐論」，「対明義理論」さらに「春
　　秋大義論」，「朝鮮中華主義」に関連しては，鄭玉子（1998），劉奉学（1995），金
　　容欽（2006），韓明基（2007），許太榕（2009），丘凡眞（2011），禹景燮（2013），
　　許泰玖（2019）など参照した. 仁祖から粛宗代までの宮中儀礼から「対明義理
　　論」や「朝鮮（小）中華主義」を考察したものとして，桑野榮治（2001），（2006），
　　（2016）など参照した.

36)　『粛宗実録』巻 3，粛宗元（1675）年 4 月丁酉（9 日）の条.

37)　高旻廷「第五章　韓国古文書の分類対系」参照（朴成鎬, 文淑子, 他四名（2020）
　　参照.

38)　金鉉榮（2006）参照.

39)　朝鮮王朝時代の公文書の書式に関しは，『経国大典』（1484 年施行）の「用文
　　字式」と『典律通補』「別編」（1786 年）の「本朝文字式」に詳しい. 年号表記
　　に関してみると，『経国大典』は，特に年号の指定はなく，「年月日」とだけある
　　のに対して，『典律通補』「別編」には，中行に年号を入れ，続けて「幾年某月某
　　日」とし，年号と年の間に印を捺すように示している.『典律通補』「別編」「本
　　朝文字式」（双行小字で）「凡言年号，左旁書者，皆低一字」.
　　(http://kyudb.snu.ac.kr/pf01/rendererImg.do?item_cd=JRD&book_cd=GK01377_
　　00&vol_no=0004&page_no=0080)

40)　『孝宗実録』巻 1，孝宗即位（1649）年 8 月庚戌（23 日）の条

41)　応教趙贇上疏曰，…（中略）…臣窃聞，丁丑以来，宗廟祝辞，朝臣告身，只書
　　歳月，不用年号，此乃大行大王所定之制也. 其後当事之臣，訹於恐喝，彼無嘖
　　言，我乃自慚，祝辞，告身，並用年号，此豈大行大王之本心也.…（中略）…特
　　命有司，並勿書年号，凡喪葬祭祝，亦只用歳月，以伸先王当日之心，則殿下継述
　　之孝，可以格天感神，而永有辞於後世矣.…（中略）…領敦寧府事金尚憲献議
　　曰，趙贇疏中玉冊，誌石，宜不刻年号，今不用其言，則後雖欲改，事将難及. 領
　　議政李景奭等議亦如之，遂従之（同，前掲註）.

42)　註 24 参照および「下教於政院曰，既為臣事，不用年号，事未妥当」（『承政院
　　日記』159 冊，順治 16 己亥（顕宗即位）10 月初 6 日の条）参照.

43)　韓国国立故宮博物館（2017）参照.

44)　上下教日，凡国家吉凶文書，丙子以前，必書大明年号，有意存焉，而玉冊文則只書年月，教命文則具書年号. 玉冊，教命，似無異同，而或書或不書，未知有何所拠. 令都監稟処. 都監啓日，取考謄録，則辛卯年冊妃時，竹冊文書入，則以頭辞未妥，察処為教，故自都監覆啓，以維歳次辛卯書之之意定奪，而教命文，年号具書与否，無稟定之事. 以此観之，則冊文之不書年号，始自辛卯，而與教命文所書，有所不同，似由於此. 此外更無可考之文矣. 伝日，教命文，只書年月日可也（『粛宗実録』巻 37，粛宗 28（1702）年 9 月癸亥（15 日）の条）.

45)　仍下教日，庚午年世子冊礼時，教命安宝時，書年号，似是不察. 今番則勿書年號.（『粛宗実録』巻 62，粛宗 44（1728）年閏 8 月丁未（2 日）の条.

46)　時烈日，臣見前代帝王陵墓，既無表石，其跡不明. 方今国運方亨，興廃之事，非臣子所敢議. 而程子日，人生無終極，国家必有興廃之理. 諱興廃之事，而不盡其道可乎. 新陵表石，不可不立. 上日，然則諸陵皆可立也. 時烈日，聖教至当. 而事有緩急，先立新陵可也. 上従之.（『顕宗実録』巻 21，顕宗 14（1673）年 8 月乙卯（18 日））

　　　宋時烈に関しては，また『実録』史官による記録として，「国家自丁丑後，亡而僅不滅，時烈倡義，奮不顧身，不書清国年号，終始以除讎為己任.」と，1637年以来，朝鮮王朝が国家として滅亡の危機を逃れたのは，宋時烈の影響力が大きかったと評価している（『粛宗実録』巻 4，粛宗元（1675）年閏 5 月戊申（21 日）の条）.

47)　寧陵の石碑は，前註のように宋時烈により建議され，反対もあったが最終的に建立が決定するが，顕宗の死去により実現できず，粛宗代になって完成する. 1674年に最初に建立されるが，表石文を書いた李禎（1614-1680）が反逆罪で賜死したことで立て直した. 『朝鮮王陵総合調査報告書』（2013）136-237 頁参照.

48)　荘陵は，世祖（1455-1468）により廃位されたままになっていた端宗（1441-1457）の陵で，粛宗が 1698 年に復位し，廟号を追贈した（『粛宗実録』巻 24，粛宗 24（1698）年 11 月丁丑（6 日）の条参照）.

49)　『朝鮮王陵総合調査報告書』5（2013）.

50)　『朝鮮王陵総合調査報告書』2（2011）.

51)　『朝鮮王陵総合調査報告書』1（2011），438 頁参照. また，粛宗・英祖代の王陵整備については，李喜中（2001）参照.

52)　光佐日，表石陰記，書崇禎元，而在前則不為間字書之，殊非尊天朝之意，今番則間一字書之，何如. 下空三四字，雖間一字書之，排字似無差誤之慮矣. 上日，其言好矣. 依爲之.（『承政院日記』雍正 2（英祖即位，1724）年甲辰 10 月 11 日）

53)　・・・光佐日，昨日因礼葬都監堂上金東弼稟定，有墓表後面，崇禎下紀元後三字刪去之命矣. 大抵天下事，不出於実之一字，崇禎紀元，於戊辰終於甲申，乃十七年，今去紀元後三字，直以崇禎九十二年書之者非其実，恐為未安. 士大夫雖或

有如是書之者，前輩有論其失者矣．紀元後三字，置之勿刪，何如．上日，依為之
（『承政院日記』雍正7（英祖5，1729）年己酉1月15日，17日の条参照．）．崇
禎92年は崇禎元年（1年）の1728年より数えて1720年で景宗の即位年となる．
ただし，「崇禎紀元後」の数え方としては，ここにあるように崇禎元年から数え
るのが一般的だが，崇禎最後の年である1644年以降からの数え方もある．今西
龍（1910），藤田亮策（1955）参照．

54)　『承政院日記』康熙33（粛宗20，1694）年甲戌1月15日の条．

55)　……健命日，彼若請拝陵，則似難違拒矣．鎭遠言，彼人若称皇旨，必往山陵，
則表石所書崇禎二字，殊渉不便．障以板壁，而彼設有問，答以服御物所蔵処為宜
矣．上並従之．（『景宗実録』巻2，景宗即位（1720）年11月癸未（20日））

56)　『宗廟儀軌』（奎14220）4冊，奎章閣原文イメージ参照．https://kyudb.snu.
ac.kr/book/view.do

57)　大報壇祭祀については，中村栄孝（1972），桑野栄治（2001），鄭玉子（1998），
李旭（2006），韓明基（2007），丘凡眞（2011）イ・ヨンノ（2022）など参照．

58)　引見大臣，備局諸臣，命壇所文書，勿書清国年号．従戸曹判書趙泰采之言也．
『粛宗実録』巻40，粛宗30（1704）年11月辛酉（25五日）の条．

59)　鎭厚又言，宣武祠祝文，書彼国年号云．両経理，皆是皇朝欽差．若依大報壇
例，勿書彼国年号．外方有天将廟処，亦為勿書，恐為得宜．上可之（『粛宗実録』
巻60，粛宗43（1717）年，8月丙戌（5日）の条）．宣武祠に関しては，中村栄
孝（1972），桑野栄治（2006）参照．

60)　『六典条例』巻1吏典，吏曹，考勲司，享官の条参照．法令順守の例としては，
誤って皇壇の享官単子に清の年号を記載した吏曹参議が削職させられている（『純
祖実録』巻28，純祖26（1826）年2月庚辰（28日）の条）．

61)　「三学士」の子孫に清の年号を使用しないことに関しては，『正祖実録』巻27，
正祖13（1789）年閏5月乙未（10日）の条，「崇禎処士」「明之遺士」の子孫に
関しては，『英祖実録』巻40，英祖11（1735）年3月丁酉（27日）の条，『英祖
実録』巻120，英祖49（1773）年閏3月丙子（17日）の条，『正祖実録』巻54，
正祖24（1800）年4月壬辰（10日）の条，『純祖実録』巻23，純祖21（1821）
年3月壬子（2日）の条など参照．

62)　『粛宗実録』巻37，粛宗28（1702）年10月丁未（30日）の条，『英祖実録』巻
9，英祖2（1726）年2月己巳（6日）の条，巻36，英祖9（1733）年10月甲子
（16日）の条，巻63，英祖22（1746）年閏3月丙辰（20日）の条など参照．

63)　『粛宗実録』巻38，粛宗29（1703）年1月丙申（10日）の条．

64)　朝鮮と清朝との関係に関して，清の入関前までは「丙子之乱」以後の両国緊張
関係が続いたが，明が滅亡し，清が入関してからは徐々にそうした緊張関係が緩
和されてきたとする見解が多く見られる．こうした見解は主に全海宗（1970,1971）
が，歳幣および方物の量など経済史の側面から朝清関係を1637-1644年までを清
による威圧的態度，それが1645-1735年には漸次的に緩和され，1736以降は惰

性化するとする研究によるところが多い．また崔韶子（2005）も朝貢などの儀礼および両国間の交渉事項（交易，犯越，漂流民刷還，定界の問題など）の分析を通じて，康熙年間を清・朝関係の確立期，雍正年間を安定期，乾隆年間を完成期と捉えた．孝宗代から顕宗，粛宗代にかけて両国関係は一見安定化に向かっているようにみえるが，実はその内実は，入関後も清の周辺の抵抗勢力と衝突していた清にとって，朝鮮との朝貢が順調であることは一種の清による中原支配の安定化のパフォーマンスに利用されていたとする指摘も出されている（イ・ドンジン（이동진）（2024）242-243 頁）．この時代の朝清関係に関する研究動向に関しては，桑野栄治（2023）2-3 頁参照．

65)　粛宗代は国内的には礼訟に代表される党争が激化する中で王権強化に努めるとともに，国外的には，三藩の乱や清とモンゴル・ロシアとの戦いなどの情勢を受け，さらに清の「寧古塔回帰説」などにより朝鮮の北方情勢は見据えて，都城の防禦体制の再整備を進めていった．そこで朝鮮は清に対して常に警戒感を持ち続けていたことが指摘されている（金雨鎮（2022）33-82 頁参照）．

66)　『承政院日記』雍正 4（英祖 2，1726）年 2 月初 6 日己巳の条．

67)　『承政院日記』雍正 4（英祖 2，1726）年丙午 7 月 16 日丙午の条．

68)　同，前掲註．

69)　同，前掲註

70)　同，前掲註．

71)　『承政院日記』雍正 4（英祖 2，1726）年 7 月初 5 日乙未の条．

72)　註 67 参照．

73)　註 61 参照．

74)　純祖代に館学儒生が，忠清道懐徳にある郷校の釈奠の祝文で「崇禎紀元」を用いなかった知県を告発する事件があった（『純祖実録』巻 5，純祖 3（1803）年 12 月壬申（11 日）の条参照）．

75)　『実録』は，王が亡くなるとすぐに実録庁が設置され，担当官員が選抜され，編纂に必要な資料が収集され，最終的に大提学が検討して原稿を完成して編纂された．『仁祖実録』，『顕宗実録』，『粛宗実録』の初期の惣裁官と大提学をみると，『仁祖実録』は李敬輿（1583-1657 年）と趙錫胤（1606-1655 年），『顕宗実録』は金錫冑（1634-1684 年）と閔點（1614-1680 年），『粛宗実録』は金昌集（1648-1722 年）と李観命（1661-1733 年）と，編纂に携わったものがすべて「丙子之乱」の際に斥和派を代表する人物またはその縁故者である．（『実録』の編纂に関しては，金鉉榮（2008），姜文植（2015）を参照．それぞれの時代の担当官員については，奎章閣所蔵の『実録編纂庁儀軌』類を参照した．）ただし，『粛宗実録』は1720 年に編纂がはじまり 28 年に完成し『景宗実録』は 1727 年に編纂がはじまり，編纂の時期は重なるが年号の表記など体裁が一部違う．担当官員により体裁が決められ，書式が必ずしも統一的ではないことが伺える．

76)　金雨鎮（2022），鄭玉子（1998），鄭在勲（2015）など参照．

77)　註 74 参照.

78)　朝鮮後期の「中華」に関する研究は, 許太榕 (2009), 丘凡真 (2011), 禹景燮 (2013), 許泰玖 (2019), 裵祐晟 (2014), (2024) など参照.

79)　『宋子大全』巻 131, 雑書「燕居雑録」.

80)　『粛宗実録』巻 14, 粛宗 9 (1683) 年 2 月乙亥 (3 日) の条.

81)　宋時烈に関する研究は多数あるが, ここでは李迎春 (1985), 池斗煥 (2001), 趙誠山 (2004) など参照. 他, 研究史整理として禹景燮 (2008) 参照.

82)　『粛宗実録』巻 12, 粛宗 7 (1681) 年 8 月癸卯 (23 日) の条.

83)　『宋子大全』巻 64, 書「答李幼能」.

84)　『顕宗実録』巻 7, 顕宗 4 年 11 月庚午 (6 日) の条参照.

85)　『宋子大全附録』巻 18, 語録「崔愼録 [下]」.

86)　"朝鮮中華主義"に関しては, 鄭玉子 (1998), 許太榕 (2009), 禹景燮 (2012), (2013) など参照.

87)　同, 前掲注.

88)　同じように崇禎紀年を使用し続けることに査証として, 李德懋 (1741-1793 年) が顧炎武の文を引いて, 中国人もそう書く人がいると紹介している (『青荘館全書』巻 61, 盎葉記, 「崇禎紀元後幾年」の条).

89)　1688 年に昭儀張氏が男子を産むと粛宗がその翌年にその子を元子とし, 昭儀張氏を嬉嬪に冊封し, 仁顕王后閔氏 (1667-1701 年) を廃位しようとした. このことに宋時烈をはじめとした西人が反対したことに対して, 粛宗が反対派を排除し, 南人派が政権を握った事件. この時朴泰輔は, 仁顕王后閔氏廃位に反対して上疏した一人として重罪人として捕えられ拷問されたことで死亡した. 詳しくは, 韓相権 (2023) 参照.

90)　潘南朴氏の祖先顕揚事業については, 金鉉榮 (2023) 参照.

91)　『西渓先生集』巻 22, 附録「年譜」壬戌　今　上八 (1682) 年先生五十四歳の条に「弁潘南先生碑紀年異同之議. 是時議立潘南先生墓碑. 叙事之後, 当係年月, 玄石 [朴世采] 以為当称崇禎紀年後某年」とある.
　　朴尚衷褒贈紀事碑をめぐる議論に関しては, 韓相権「朴世堂・朴泰輔父子の年号認識—朴尚衷褒贈紀事碑紀年表記を中心に—」(2023 年 11 月 7 日の古文献研究会第 2 回月例発表会) を参考とした.

92)　『西渓先生集』巻 7, 弁論「弁和叔論紀年示児姪」.

93)　『書経』の「泰誓」上には「惟十有三年春, 大会于孟津」とあるのに対して, 「洪範」には「惟十有三年祀, 王訪于箕子」とある. 『爾雅』釈天によると, 年を殷代は「祀」といい, 周代は「年」といった. 箕子は殷の人なので, そのもとを忘れなかったと伝えられている (尾崎雄二郎他, 訳(1969)350 頁).

94)　同, 註 92.

95)　同, 前掲註.

96)　『西渓先生集』巻 17, 簡牘「寄子泰輔」.

97)　同，前掲註.

98)　『南渓先生朴文純公文正集』巻第72「碑」およびデジタル蔵書閣で確認できる潘南先生褒贈紀事碑参照.
https://archive.aks.ac.kr/insp/item.do#view.do?itemId=insp&gubun=holder&upPath=01％ 5E0141％ 5E014133％ 5EG002％ 2BAKS ％ 2BKSM-WH.1682.0000-20101008.B070a_A01_00368_YYY&dataId=G002%2BAKS%2BKSM-WH.1682.0000-20101008.B070a_A01_00368_YYY

99)　『宋子大全』巻94，書「答李同甫丙辰九月三日」.

100)　「大明復讐」や「請通庶孽」など8条を陳達したとあるが，記録にはこうした陳達をおこなったのは「以其奉清国年号，一世嗤笑，故強論復讐事以自解」と弁明のようなのもで，その内実はないように批判されている．(『粛宗実録』巻4，粛宗1（1675）年6月壬申（15日）の条.）

101)　金壽弘の世界観に関しては，裵祐晟（2014）68-86頁，イ・ホ（2024）142-144頁など参照.

102)　朴世堂の思想，学問に関しては，金容欽（2018），キム・ヒョンチャン（2020）など参照.

103)　燕行録を通じた対清対明観に関しては，金鍾秀（2011）を参照.

104)　金世貞（2022）84頁．本論文では，韓国における鄭斉斗研究成果を整理している.

105)　チョン・ドゥヨン（2010）154-155頁.

106)　而一二小節之間，尚不能脗然同帰者．豈非爾来所講於年号一節．有未透過而然与．(『霞谷集』巻2，書類3，「答閔彦暉書」)

107)　『霞谷集』巻2，書類3，「答閔彦暉書」.

108)　皆以拝跪則主華夷而不屈．年号則主君臣而奉行（『霞谷集』巻2，書類3，「答閔彦暉書」).

109)　同，前掲註.

110)　苟無年号之可拘．而只接待一事則兄之或仕或避．人孰不楽為．(同，前掲註)

111)　某故曰恥於拝跪則当自年号而不受．(同，前掲註)

112)　以年号与称陪礼拝，為分虚実，然以某観之．年号若虚則称陪礼拝亦虚矣．称陪礼拝若実則年号亦実矣．(同，前掲註)

113)　同，前掲註.

114)　18世紀朝鮮知識人たちの対外認識の変化については，劉奉学（1995），崔韶子（2005），金文植（2009），許太榕（2009）など参照．他にもこの時期の燕行録研究や実学研究において多くの論考がある.

115)　朴趾源著（今村与志雄訳）(2003).

116)　彼所云虜号之藁．不識何所指也．謂其年号耶．地名耶．此不過紀行雑録也．其有無得失．本非有関於世．初何嘗比数於春秋之義也哉（『燕巌集』巻二，答李仲存書).

117)　『燕巖集』巻二，答李仲存書.

118)　『五洲衍文長箋散稿』経史 5，論史類 1，論史「元末明初明末清初弁證説」.

119)　例えば　宣祖代に左右議政を歴任し，文人としても有名な鄭澈（1538-1593 年）の孫である鄭瀁（1600-1668 年）の文集『抱翁集』をその 10 代目の孫である鄭雲瀷（1892-1930 年）が 1914 年刊行した際，彼が書いた後書きの日付に「崇禎紀元後五癸丑仲冬下瀚. 十代孫雲瀷識. 」とある. 崇禎紀元後の 5 回目の癸丑年は，1931 年に当たる（『抱翁先生文集』「抱翁先生文集識」参照）. こうした例は，特に文集に多々確認される.

120)　金雨鎮（2022），鄭玉子（1998），鄭在勲（2015）など参照.

121)　『星湖全集』28，書，答李汝久（甲子）.

122)　『承政院日記』雍正 8（英祖 6，1730）年庚戌 5 月 30 日丁酉の条.

123)　洪性鳩（2017），169 頁.

124)　明代に儀礼を重んじた冊封体制に関しては，檀上寛（2013），岩井を参照.

125)　朝鮮後期の対明意識として，特定の国家としての明と普遍的な中華文明を象徴する明という二つの明に対する認識が存在したとする指摘が今日韓国の研究では多く見られる（註 78 参照）.

[参考史料]

官撰史料に関して特に出版情報がない場合は，国史編纂委員会「韓国史データーベース」https://db.history.go.kr 使用

個人文集に関して特に出版情報がない場合は，「韓国古典総合 DB」https://db.itkc.or.kr 使用

『三国史記』（1988）東洋文庫 372，東京：平凡社

『李道長の承政院日記』（2010）韓国学資料叢書 43，韓国：韓国学中央研究院

朴趾源著（今村与志雄訳）（1987）『熱河日記 1—朝鮮知識人の中国紀行』東洋文庫 325，東京：平凡社

[日本語参考文献]（韓国人名，中国人名は日本語音読み順）

○書籍

今西龍（1974）『高麗及李朝史研究』東京：国書刊行会

岩井茂樹（2020）『朝貢・海禁・互市』名古屋：名古屋大学出版会

尾崎雄二郎他訳（1969）『詩経国風』（世界古典文学全集 2）東京：筑摩書房

川原秀城（1996）『中国の科学思想—両漢天学考』東京：創文社刊

鈴木開（2021）『明清交替と朝鮮外交』東京：刀水書房

鈴木武樹編（1977）『元号を考える』東京：現代評論社

孫承喆（鈴木信昭監訳）（1998）『近世の朝鮮と日本—交隣関係の虚と実—』東京：明石書店

田代和生（1983）『書き替えられた国書—徳川・朝鮮外交の舞台裏—』中公新書 694，

東京：中央公論社

檀上寛（2013）『明代海禁＝朝貢システムと華夷秩序』京都：京都大学学術出版会

水上雅晴編，高田宗平編集協力（2019年）『年号と東アジア―改元の思想と文化―』東京：八木書店

○論文

荒野泰典（2003）「江戸幕府と東アジア」（荒野泰典編『江戸幕府と東アジア』（日本の時代史14）東京：吉川弘文館）

池内宏（1917）「高麗恭愍王の元に対する反抗の運動」『東洋学報』7巻1号

池内宏（1918）「高麗恭愍王の東寧府征伐に就ての考」『東洋学報』8巻2号

今西龍（1910）「朝鮮半島国の年号　附事大主義一班」『東洋時報』第143号

今西龍（1911）「正豊峻豊等の年号」『東洋学報』第1巻第1号

今西龍（1912）「朝鮮に於ける国王在位の称元法」『東洋学報』第2巻第3号

　　　＊（1974）前3論文所収

甘懐真（2019）「東アジアにおける四～六世紀の「治天下大王」と年号」（水上雅晴編，高田宗平編集協力『年号と東アジア―改元の思想と文化―』東京：八木書店）

桑野栄治（2001）「朝鮮小中華意識の形成と展開―大報壇祭祀の整備課程を中心に―」（朴忠錫・渡辺浩編『国家理念と対外認識17～19世紀（日韓共同研究叢書3）』東京：慶應義塾大学出版会）

桑野栄治（2006）「朝鮮後期における国家祭祀儀礼の変動―壬辰倭乱直後の朝鮮と明―」『久留米大学文学部紀要―国際文化学科編』第23号

桑野栄治（2016）「朝鮮仁祖代における対明遥拝儀礼の変容―明清交替期の朝鮮―」『比較日本学教育センター研究年報』第12号，お茶の水女子大学比較日本学教育センター

桑野栄治（2023）「朝鮮粛宗代の宮中儀礼にみる朝清関係（上）」『久留米大学文学部紀要―国際文化学科編』第39号

月脚達彦（2019）「近現代朝鮮のナショナリズムと年号」（水上雅晴編，高田宗平編集協力『年号と東アジア―改元の思想と文化―』東京：八木書店）

藤堂明保（1977）「中国の元号」（鈴木武樹編『元号を考える』東京：現代評論社）

藤田亮策（1955）「朝鮮の年号と紀年」上，下，『東洋学報』第41巻第2号，第3号，東洋文庫内東洋学術協会

水上雅晴（2019）「東アジアの王権と年号―中世を中心に―」『歴史論評』836

薮内清（1977）「紀元制の歴史」（鈴木武樹編『元号を考える』東京：現代評論社）

［韓国語参考文献］（著者名は，便宜上日本語音読み順，）

○書籍

禹景燮（2013）『朝鮮中華主義の成立と東アジア』ソウル：ユニストーリー

韓明基（2009）『丁卯・丙子胡乱と東アジア』ソウル：プルンヨッサ

キム・ヒョンチャン（김형찬）他（2020）『朴世堂思辨録研究』坡州：テハクサ

金雨鎭（2022）『粛宗の対清認識と首都圏防禦政策』ソウル：民俗苑

金文植（2009）『朝鮮後期知識人の対外認識』ソウル：セムンサ

金容欽（2006）『朝鮮後期政治史研究Ⅰ―仁祖代政治論の分化と変通論』ソウル：ヘアン

許泰玖（2019）『丙子胡乱と礼，そして中華』ソウル：ソミョン出版

許太榕（2009）『朝鮮後期中華論と歴史認識』ソウル：アカネット

丘凡眞（2011）『停止した時間―朝鮮の大報壇と近代の敷居』ソウル：西江大学校出版部

丘凡眞（2019）『丙子胡乱，ホンタイジの戦争』カチ

国立故宮博物館（2017）『朝鮮王朝御冊―教命・竹冊・金冊』ソウル：（韓国）国立故
　宮博物館［HPで公開］

国立文化財研究所編（2009-2015）『朝鮮王陵総合調査報告書』1〜9，大田：（韓国）国
　立文化財研究所［国家遺産知識イウム（이음）https://portal.nrich.go.kr/kor/index.
　do より閲覧化］

崔韶子（2005）『清と朝鮮―近世東アジアの相互認識―』ソウル：ヘアン

全海宗（1970）『韓中関係史研究』ソウル：一潮閣

鄭玉子（1998）『朝鮮後期朝鮮中華思想研究』ソウル：一知社

裵祐晟（2014）『朝鮮と中国―朝鮮が夢見て想像した世界と文明―』坡州：トルベゲ

裵祐晟（2024）『中華，失われた文明の基準』ソウル：プルンヨッサ

朴成鎬，文淑子，他四名（2020）『古文書入門1』果川：国史編纂委員会
　　　（→「韓国史データーベース」にて公開）

柳在城（1986）『丙子胡乱史』ソウル：国防部戦史編纂委員会

劉奉学（1995）『燕厳一派の北学思想研究』ソウル：一知社

○論文

イ・ドンジン（이동진）（2024）「17‐18世紀朝清関係の展開過程―歳幣の利害関係を
　中心として―」『朝鮮史研究』第33輯

イ・ナムオク（이남옥）（2019）「霞谷鄭斉斗の現実認識」『韓国史学史学報』40

イ・ホ（이호）（2024）「金壽弘『天下古今大総便覧図』に表れた天下像と天下観につ
　いての再検討」『蔵書閣』52

イ・ヨンノ（이연노）（2022）「朝鮮後期昌徳宮大報壇の造成と変遷に関する研究」『文
　化財』第55巻第4号，韓国国立文化財研究院

尹榮寅（2007）「10〜13世紀東北アジアの多元的国際秩序における冊封と盟約」『東洋
　史学研究』101

禹景燮（2006）「尤庵宋時烈研究の現況と課題」『中原文化研究叢書』10

禹景燮（2012）「朝鮮中華主義に対する学術史的検討」『韓国史研究』159

延甲洙（2010）「英祖代対清使行の運営と対清関係に対する認識」『韓国文化』51

王光錫（1991）「韓国の年号」『東国歴史教育』第3輯

韓相権（2023）「『推案及鞫案』資料の信憑性―1689年（粛宗15）朴泰輔親鞫記録を中
　心に―」『韓国文化』102

韓政珠（2010）「高麗初の国際関係と年号紀年に対する再検討」『歴史学報』208

韓政珠 (2017)「10～12世紀初の国際秩序と高麗の年号紀年」『韓国中世史研究』49

韓政珠 (2019)「高麗末の年号紀年とその意味」『歴史と現実』69

韓明基 (2007)「"再造之恩"と朝鮮後期の政治史—壬辰倭乱～正祖代の時期を中心に」『大東文化研究』第59輯

姜文植 (2016)「『朝鮮王朝実録』研究の通説の再検討—実録編纂段階および'摩尼山史庫説'を中心に—」『奎章閣』49

許泰玖 (2020)「正祖代の対清外交と大明義理の共存，その脈絡と意味」『地域と歴史』47

金慶洙 (1998)「『仁祖実録』の編纂過程と編纂官」『忠北史学』第10輯

金鉉榮 (2006)「官府文書研究の現況と課題」『嶺南学』第10号

金鉉榮 (2008)「朝鮮時代の文書と記録の位相：史草，時政記に対する再検討」『古文書研究』第32号）

金鉉榮 (2023)「朝鮮後期潘南朴氏の先祖顕揚事業と戚族の結束」『古文書研究』第62号

金駿錫 (1998)「両乱期の国家再造問題」『韓国史研究』101（のち『韓国中世儒教政治思想史論』Ⅱ，知識産業社，2005年所収）

金鍾秀 (2011)「西渓朴世堂の使行書信と赴燕詩」『民族文化』第37輯

金世貞 (2022)「霞谷鄭斉斗研究の現況と課題」『陽明学』65

金文植 (2001)「朝鮮後期の知識人の自我意識と他者意識—対清交渉を中心に—」『大東文化研究』39

キム・ユンジョン（김윤정）(2017)「高麗・元関係初期の元使臣の来往と外交関係の変化」『人文研究』第35号，慶熙大学校人文学研究院

金容欽 (2018)「西渓朴世堂の『大学思辨録』にみる'経世'志向の学問観」『韓国史研究』182（キム・ヒョンチャン他，(2020) 所収）

呉恒寧 (2006)「朝鮮後期《承政院日記》改修研究」『泰東古典研究』22

洪性鳩 (2017)「清秩序の成立と朝清関係の安定化：1944～1700」『東洋史学研究』第140輯

黄渭周 (2008)「朝鮮時代古文書の漢文文体的特徴」『大東漢文学』第28輯

全海宗 (1971)「清代韓・中関係の一考察—朝貢関係を通じてみた清の態度の変遷について—」『東洋学』1，檀国大学校東洋学研究所

ソ・ウンヘ（서은혜）(2017)「高麗・朝鮮の国際関係で暦書が持つ意味とその変化」『歴史批評』121）

ソ・グムソク（서금석）(2017)「高麗仁宗代'年号'制定をめぐる葛藤」『韓国史学報』68，高麗史学会

孫承喆 (1997)「明・清交替期の対日外交文書の年号と干支」『大東文化研究』第32輯

池斗煥 (2000)「尤庵宋時烈の政治思想—孝宗代を中心として—」『韓国学論叢』23，国民大学校韓国学研究所

チェ・ユンジョン（최윤정）(2018)「1356年恭愍王の'反元改革'再論」『大丘史学』第130輯

チェ・ヨンシク（최연식）（2003）「粛宗初《顕宗大王実録》の編纂と《顕宗大王実録纂修庁儀軌》」『韓国学報』29巻2号

趙誠山（2004）「宋時烈の性理学理解と現実観」『韓国史学報』17，高麗史学会

チョン・ドゥヨン（정두영）（2010）「鄭斉斗，朱子学の時代に陽明学の畑を耕す」『明日を開く歴史』41

朴竣鎬（2020）「四，韓国古文書の様式」『古文書入門1』国史編纂委員会

李旭（2006）「朝鮮後期戦争の記憶と大報壇祭享」『宗教研究』第42輯，韓国宗教学会

李喜中（2001）「17，8世紀ソウル周辺の王陵の築造，管理および遷陵の論理」『ソウル学研究』17号，ソウル市立大学校ソウル学研究所

李根浩（2004）「英祖代〈承政院日記〉改修過程の検討」『朝鮮時代史学報』31

李迎春（1985）「尤庵宋時烈の尊周思想」『清渓史学』2

李賢珍（2006）「朝鮮時代宗廟の神主・位版題式の変化—明・清の交替を起点として—」『震檀学報』101

李貞信（1996）「高麗の対外関係と妙清の乱」『史叢』45，高麗大学校歴史研究所

［附記］本論文は，2017年10月22日国立歴史民俗博物館で開催された年号国際シンポジウム『年号と東アジアの思想と文化』での発表を下に，その後2023年の特別研究推進期間を延世大学校国学研究院にて客員研究員としてお世話になりながら，韓国の古文献研究会および政策文化総合研究所の「朝鮮史研究と日本史研究の接点—朝鮮半島と日本の共生をめざして—」研究会チームの発表会でのコメントを参考にまとめたものである．これまで多々有益なご助言・ご批判などコメントいただいた諸先生方に御礼申し上げます．

第5章

済州島「停漁¹⁾」問題と日本人潜水器漁業
—— （1879 年〜1893 年）——

神 谷 丹 路

は じ め に

　朝鮮植民地下，日本は朝鮮半島沿海の好漁場を掌握し，無尽蔵といわれた海の幸をほしいままにしたが，日本漁民の朝鮮漁場浸透は，植民地漁業秩序が形成されるはるか以前から始まっていた．とりわけ早かったのは，フカ漁業者とアワビを目的とする潜水器漁業者である．フカヒレ，アワビは清国向け輸出品として需要が高かった．

　日本漁民の朝鮮出漁が条約上許可されるのは，1883 年 7 月（本稿では陽暦を用いる）「朝鮮國ニ於テ日本人民貿易ノ規則」（以下，日朝通商章程とする）第 41款の締結による．以後，全羅，慶尚，江原，咸鏡道の沿海への出漁が可能となった．当初，漁税の取り決めがなかったので，日本漁民にとっては，合法的な，無税獲り放題の漁業が可能となった．

　ただちに問題化したのは済州島だった．日本船が堂々と海浜で操業し，島の高価な資源であるアワビを根こそぎさらっていく．日本漁民が，潜水器漁業という資本型漁業で，大量に済州島の至宝アワビ採捕を始めたことで，島

の暮らしには激震が走り，済州島民を震撼させた．アワビは王室献上品であり，アワビ採捕は島の重要な生業であった．

　日本漁民の済州島出漁については，いくつかの先行研究がある．侵奪過程に焦点をあてた主な研究に，韓㳓劤（1971）「開港後日本漁民의浸透（1860-1894）」，姜萬生（1986）「韓末日本의済州漁業侵奪과島民의対応」などがあり[2]，また済州通漁問題をめぐる朝鮮外交の展開に焦点をあてた研究には酒井裕美（2020）「日朝両国通漁規則（1889 年）締結交渉の再検討」がある．

　本稿は，こうした侵奪過程や条約交渉の研究を踏まえつつ，これまで断片的にしかわからなかった侵略した側の実像，すなわち日本潜水器漁民の操業実態，および潜水器漁業の侵略性を明らかにすることを目指している．具体的には，潜水器漁業の特性，曖昧だった停漁期間の解明，停漁期限をめぐる漁民と島民の軋轢，停漁中の日本漁民の操業実態，潜水器漁民の出漁地域と朝鮮棲み分け，日本政府の強引な済州島問題の幕引きなどを検証することである．日本潜水器漁業は，もっとも早く朝鮮漁場を掌握した漁業だった．

　結論を先取りすれば，島民，朝鮮政府の抗議により，1884 年から約 7 年間（途中 6 カ月間の部分解禁あり），日本政府は済州島に日本漁民停漁の措置をとらざるをえなかった．だが実態は，一部日本潜水器漁業者は，済州島でアワビ採捕を続けたのである．停漁は 2 度延長されているが，期限が迫るたび，本島上陸を強行する日本漁民は，島民殺傷事件を繰り返した．そして，3 度めの延長を日本政府は行わなかった．潜水器漁業者はいずれも長崎県の漁業者で，主に 3 地域から出漁し，それぞれ済州島の利権争奪にしのぎを削ったが，やがて済州島，朝鮮南岸，朝鮮東岸へと棲み分けていく．日本政府は，済州島停漁問題の決着に砲艦外交を積極的に用い，最終決着の強引なやり方については巧妙に秘匿した．

　以上を検討するため，主に日本外務省外交史料館に残されている簿冊「済州島漁業関係雑纂（第一巻〜第三巻）」（以下，「済州島綴」とする）[3] を中心に用いた．引用の場合，『日本外交文書』[4] に収録されている場合は文書番号を記し，収録されていない場合はオンライン公開ファイルの頁数を示した．「済州

島綴」は，当時の日本政府が済州島漁業問題をきわめて重要視していたことがわかる重要文書で，マイクロフィルムで総計 555 頁に及ぶ．停漁関係をまとめた第1巻 (271頁)，日本漁民の島民殺傷事件をまとめた第2巻 (166頁)，他の雑件をまとめた第3巻 (118頁) で構成されている．

　以下，済州島沿海のアワビ資源を枯渇させ，島の伝統的な漁労活動を潰滅に追い込んだ日本漁民の潜水器漁業実態を順に跡づけていく．

1.　漁業に導入された潜水器

(1)　日本で最初の潜水器

　「潜水器」は，大型船舶の建造・修理，沈船物品引揚，岩礁破砕，築港架橋の水底工事などのため，ヨーロッパで発明され実用化された．人がゴム服とヘルメットを身に着けて水中に沈み，船上からポンプで空気をホース伝いに送る装置一式 (図1) のことである．船上のポンプ装置と潜水夫が着用するゴ

図1　東京の加藤工場の製品「潜水器」(『潜水業 全』斎藤 1905：口絵)

ム服・ヘルメット・鉄靴など 1 セットで，明治中期の金額で 200 円から 500
円ほどする高価なものだった．西欧艦船が来航していた長崎や横浜では，す
でに幕末慶応年間に使用されており，これを目にする日本人もいた．

　千葉県安房郡根本村の森精吉郎もまた，長崎で潜水器を目にしたひとりで，
潜水器を郷土の採鮑に利用できないか，という野望をもった（吉原 1972 : 47）．
ほぼ同じ頃，横浜で潜水器の技術を習得し，日本人初の潜水夫となって英国
軍艦の修理をしたのが，増田万吉である．近江の人だった．1872 年東京芝赤
羽旧海軍工作分局では，増田万吉の依頼により初の日本製の潜水器が製造さ
れた[5]．増田万吉はこれを着用して潜水作業請負業を始めるが，まだ日本に
大型艦船はなかったので，たいした仕事はなく，潜水作業の合間に採藻をし
たりなどの副業をしたという．大阪商人が土佐の珊瑚採りのために潜水器を
輸入した（1874 年）という記録はあるが（吉原 1972 : 29），潜水器が，いつどこ
で漁業に導入されるようになったかについては諸説あり，はっきりとしたこ
とはわからない．

(2)　潜水器漁業の大流行と資源枯渇問題

　漁業への潜水器の導入で日付がはっきりしているのは，森精吉郎の郷里で
ある千葉県安房郡根本村である．1878 年 4 月 29 日から約 3 カ月間，潜水器
を用いて採鮑し莫大な漁獲高をあげた．日本において潜水器が漁業に導入さ
れた嚆矢とされる．長崎で潜水器を見て採鮑への野望を抱いた森精吉郎と横
浜の潜水夫増田万吉が，仲介人の紹介で面会し，潜水器の採鮑への導入が実
現したのである（大場 1993, 2015, 吉原 1972）．

　この時に使用した潜水器は，1 台は増田万吉から借用した国産機，1 台は森
が横浜のハドソン商社から購入した英国製（650 円），計 2 台だった．1878 年
には民間にまだわずかしかなかった潜水器だが，直後から評判を呼び，全国
各地に潜水器の大ブームが巻き起こった．赤羽工部省工作局には注文が殺到
し，「目下同局にては夥しく一時断る位なり」（石井 1997 : 543, 吉原 1972 : 33）
とある．2 年後の 1880 年には潜水器 160 台，潜夫 280 余名に急増，潜夫の 99

パーセントが根本村および周辺出身者で占められた．潜水夫の養成は，当初は増田万吉が講師となり，希望者 10 余名は謝金（受講料）として 120 円を支払い，約 3 カ月で技術を習得した（吉原 1972：47）．

　仮に 3 カ月で 10 名とすると初年度は 1 年で 40 名，2 年目は 2 倍の 80 名，3 年目はその倍の 160 名となり，3 年で計 280 名を養成することができるので，まんざら不可能な数字でもないのだろう．潜水器の生産は，工部局工作局のほか，民間でも土木工事用に 1872 年より生産が始まっており[6]，ブームに乗って増産がかけられたと思われる．また横浜では英国などの外国商社が日本で人気の高い潜水器輸入を盛んに取り扱っていたので，兵庫や長崎でも輸入された可能性が考えられる（大場 2015：41-44）．

　当時，どれほど潜水器漁業が流行したかを示す漫画がある．明治期の政治風刺雑誌『團團珍聞』に掲載された「江湖の水潜器械の図」[7]（図2）である．あちこち潜り抜けられるのは「いい器械のお陰」だが，いったん綻びが生じれば「ブクブクブク」つまり政治生命は終わるという政治風刺だ．こうした風刺漫画に描かれるほど，当時潜水器が全国的に大流行した様子がうかがえる[8]．

　千葉から始まったアワビの採捕を目的とする潜水器漁業は，北の茨城，福

図2　「江湖の水潜り」（『團團珍聞』1881 年 12 月 31 日）

島，岩手や西の神奈川，静岡へと急速に広まったが，たちまち沿岸漁民の漁業を圧迫し，資源荒廃，高額な潜水器購入と過当競争による採算割れなどが問題化した．1881年に北海道函館で出された潜水器許可願いは「福島茨城沿海で種鮑まで取り尽くし，もとの如く繁殖するには十余年後」とされ不許可となった（大場2015：48）．潜水器漁業は，三重，和歌山，長崎（五島，対馬），島根（隠岐）へも広まった（磯本2008：38）．

　本稿でこれから扱う長崎県では，潜水器漁業のはじまりを1879年としている（長崎県1896：113）．千葉で森精吉郎と増田万吉が成功させた翌年であるが，当時の爆発的な広がり方を見れば大いにうなずけよう．

(3)　潜水器漁業をいち早く制限した長崎県

　1882年3月22日，日本政府農商務省は，急速に広まった潜水器使用について，沿海府県の取締状況について調査した[9]．

　とりわけアワビを目的とする過度な乱獲が常態化し，各地でアワビの漁場が荒廃しつつあった．漁場の荒廃に加えて，潜水器の使用は，「捕獲夥多なる為めに随って其価格を減ずればなり其証拠には数年前潜水器を用いざりし頃と現今とは其価格に非常の高低を現したり故に捕獲多くして価格廉ならんより寧ろ捕獲寡くして価の貴からんを希望す」（「鰒の件」1882：37）と，捕獲量の増大によってかえって価格が値崩れしている現状が水産専門家によって指摘された．

　こうした事態に，すばやく対応したのは長崎県[10]である．政府とのやりとりを経て1882年10月14日，5か条の潜水器規則を発し，翌1883年1月1日より規制を敷いた[11]．潜水器業者は郡役所の許可を得ること，潜水器は海面20尋（約36m）以上の海底で沿岸漁民の支障ないところで行うこと，アワビは生育が遅いので25年〜30年を経た重さ約100匁（375g）未満は捕獲禁止などだった．これは初の潜水器使用の制限だった．この年，長崎県で無軌道に稼働していた約20台の潜水器漁業者に初めて制限が掛けられたのである．近隣の福岡県でも1884年12月12日，「潜水器械取締規則」が布達され，

以降続々と沿海府県で潜水器が事実以上禁止されていくが，長崎県の規制はもっとも早かった．

(4)　潜水器の価格，潜水器漁業の人員，賃料・賃金

　潜水器漁業は，従来，素潜りで行ってきた潜水漁の対象となる貝類，海藻類などを，器械潜水で捕獲する資本型の新漁業である．一定の資金，技術，人材が必要で，零細漁民が手を出せるものではない．ここで，潜水器一式の人員構成，および一組の賃料賃金について触れておく．

　以下は，日本初の民間潜水器製造会社加藤工場の発行した斎藤高保（1905）『潜水業　全』による．

　まず価格だが，日本製だと空気ポンプ一台及び潜水服その他一式で 250 円〜 400 円，高級品になると 500 円〜 1000 円，外国製になると精巧だがさらに高額である．内訳は，通常のもので空気ポンプ一式 160 円，ゴム服 75 円，ホース 35 円，生綱 2 円，靴 7 円，上衣 3 円，毛製下着（襦袢股引靴下各 2 着）30 円，合計 312 円となっている．ポンプを高級品にするとポンプ代が 400 円程度となるが，ゴム服以下は同じなので合計 550 円となる（斎藤 1905：15-16）．

　潜水衣には絶えず船上から空気が送られるので，浮力を防ぐため潜水衣にはかなりのおもりが付いている．鉄靴（4 貫 300 目），肩金（2 貫 50 目），鉛垂（8 貫 640 目），兜（1 貫 900 目）など総重量は 21 貫 172 目，約 80 キロである．80 キロを装着して初めて浮沈が自由になるというのだから，水中とはいえこれだけの重装備での海底作業が，いかに重労働であるかが想像されよう．

　つぎに，潜水夫 1 組の一日の賃料賃金である．潜水器一式 1 台 1 円〜 2 円，潜水夫 1 人 1 円 20 銭〜 2 円，綱夫 1 人 60 銭〜 80 銭，ポンプ押し 2 人で 80 銭〜 1 円 20 銭，船夫 1 人 50 銭〜 70 銭，作業船 1 艘 30 銭〜 50 銭，ただし水深 20 尺（6m）以上の場合はポンプ押しを増員しなければならない．これらを合計すると，1 隻に最低でも 5 人以上，1 日の経費は 4 円〜 5 円以上，技術により加給される．そして，水中の作業時間についても，次のように記されている．一日の労働時間は 6 時間から 8 時間，午前 30 分，正午 1 時間，午後

30分の休憩をとらなければならない．水深40尺（12m）にいたる時は2時間を限度とすること．それ以上長いと，潜水夫は疲労し，綱夫[12]は注意を欠き，ポンプ押しは疲労し運転が遅くなるので，結果潜水夫の呼吸は困難になるため危険である．また寒冷期は1時間を限度とする．ただしこれは「加藤工場」製造の日本製としては最高級ポンプ一式を使用する場合で，基本は港湾工事と考えられるが，漁業の場合も同じである．それにしても，潜水夫の給料のほうが器械の賃料より高いのは驚くが，いかに重労働かつ危険と隣り合わせの作業であったかを示している．（斎藤1905：39-42）

『長崎県漁業誌 全』によれば，漁業に使用する潜水器船の構成は次のようである．

「水潜器械ハ一艘ニ六人乗組ミ漁場ニ出テ一人ノ漁夫潜リ漁装ヲ為シ海底ニ潜メバ船中ヨリ二人ニテ空気ヲ送リ一人ハ潜夫ノ胴ニ結ビ付ケタル伝綱ヲ持テ潜夫海底ヨリ空気送入ノ多少等ヲ報ズルニ便ナラシム」（長崎県1896：115）

1隻6人乗りで，内訳は潜水夫1人，ポンプ押し2人，綱持ち1人，他は船夫1人，予備1人であろう（図3）．

以上のように，潜水器漁業は，従来の素潜り漁とはまったく異質な新技術を用いた近代資本型漁業であった．

図3　潜水器船と乗組員たち　『朝鮮潜水器漁業沿革史』（天野1937：口絵）

2.　済州島への日本人出漁の初期

(1)　近世後期対馬藩の漁業政策

　ところで，幕末期，日本から朝鮮への出漁はどのようだったのだろうか．

　江戸時代，朝鮮への唯一の窓口で，貿易を独占的に行っていたのは対馬藩
である．朝鮮への渡航は基本的に対馬藩の者に限定され，藩は密貿易の取締
も行っていた．一方，対馬は食糧自給率が低いため，周囲に豊かな漁場を有
しているにもかかわらず，島民は藩により穀物生産への従事を強制されてい
た．そのため対馬藩は，他藩漁船を積極的に入漁させることで，漁業振興を
図った．近世中後期には九州北部や中国地方から漁民が大挙対馬に来島し，
対馬漁業の担い手となった．1830 年頃には「数百艘」という規模になり，藩
の漁税収入の増加という好影響をもたらした反面，他藩船の違法行為も頻発
する．漁獲物の隠匿（抜荷・逃船）や朝鮮海密漁（対馬以西での操業）などであ
る．対馬を経由した朝鮮への密漁が，19 世紀前半頃から始まっていたという
伝承が，長門国阿武郡玉江浦，同郡鶴江浦（山口県），豊後国北海郡佐賀関（大

図 4　九州北部と朝鮮南部の潜水器漁業関連地

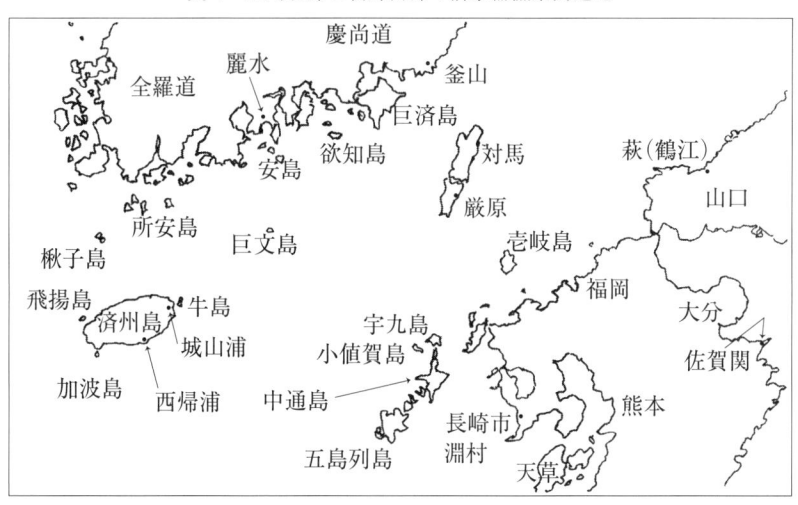

分県),安芸国仁保島(広島県)などに残されており,ある程度の状況証拠も
あり密漁行為を裏付けているという(木部 2003).

　山口県萩玉江浦,鶴江浦,大分県佐賀関は,いずれもフカ延縄漁業が盛ん
なことで有名な漁村であることは興味深い(清水 1998).フカは,フカヒレに
製して清国向けの俵物として江戸時代幕府の統制下にあり,遠洋出漁しても
高額買取が約束された利幅のいい商売だった.これらを総合すると,フカ漁
業者は,近世後期より朝鮮海密漁を行っていたことがうかがえよう(図4).

(2) 明治初期の朝鮮密漁

　明治新政府は 1875 年,朝鮮政府と「日朝修好条規」を締結したが,この条
約にはまだ漁業に関する条項はなかった.

　長崎県で潜水器漁業が制限されるのは 1883 年1月1日以降であるが,まる
で時宜を図ったかのように7月に締結された日朝通商章程の最後に,前年ま
での草案には入っていなかった「第 41 款」(漁業に関する条項)が突如追加さ
れた.「清韓貿易章程」に合わせたともいわれているが,日本側は議論もなし
に漁業に関する条文を付け加えることに成功した(木部 2016:51,酒井 2020:
13).

　朝鮮4道(全羅・慶尚・江原・咸鏡道)沿海三里以内での漁業(「往来捕魚を許
す」),現地での魚類売買の許可(物品売買は禁止)が定められたが,漁税の取
り決めは保留扱い(2年後に協議)となり,実質,無税での漁業が許可された.
さらに 12 月には日本漁民の治外法権を認めさせる「日本漁民取扱規則」[13] が
締結された.こうして日本漁業者は朝鮮4道沿海において合法的にただで漁
業ができるようになり,密漁状態が解消されたことを意味した.一方で朝鮮
人は日本人の操業や違反行為を制限したり取締ることができなくなった.日
本漁民がいくら不法行為を働いても,朝鮮側は犯人を自らの手で捕らえた上
で,日本領事館に引き渡さなければならなくなったのである.以後,朝鮮側
はこの条約により,日本漁民の乱暴狼藉行為への対処が困難となり苦しめら
れることになる.

　さて，長崎の潜水器漁業者は1883年1月の県の制限を契機に，朝鮮へ活路を求めて出漁を開始する．だが長崎県で漁業に潜水器使用が始まったといわれる1879年に，早くも済州島方面へ出漁した者がいた．山口県萩鶴江のフカ漁業者吉村與三郎である．吉村與三郎は朝鮮全羅南道沖の所安島や楸子島に，フカ漁業のため明治初年頃より対馬から出漁していたが，フカヒレ取引のためたびたび長崎を往来するなかで潜水器漁業の有望さに接するや，長崎の取引問屋肥前屋より資金を調達し，潜水器一式を導入，済州島へ出漁したという．

　「茲に於て同地にて関東潜水夫（潜水夫の本場は関東であるから関東より来た潜水夫を云ふ）檜喜三郎，塚田清次郎の二名を雇い入れ，明治十二年〔1879年〕四月，一台の潜水器を持ち巨済島附近のカゴメ島（此島不詳）[14]沿岸で初めて本業を試み，後済州島の北東〔北西の誤り〕旧右面挟才里の前面約一浬の処にある飛揚島に来漁した．」（〔　〕内は筆者．以下同）（天野1937：7）

　吉村は楸子島からさらに南の済州島へ向かったものの，島民の拒絶にあい済州島には上陸できず，済州島西北に付属する小島飛揚島で潜水器漁業を開始した．

　「然るに島の朝鮮人は初めて異国の人を見て恐れ，上陸を拒み，島に近寄れば石を投じてどうしても上陸を許さぬ．ここに於て吉村組（団体漁業なるを以て何々組と云ふ）の一行は飲料水の得られぬに困り，夜に紛れて不案内なる地点に上陸して漸く少しの飲料水を得ねばならぬ困窮に陥った．かかる支障のため已むを得ず根拠地は対馬に置き，二三年の間は対馬より通漁するより外に方法はなかった．」（天野1937：8）

　そうしたなか「関東潜水夫」は危険な朝鮮行きを拒否し対馬から動こうとしなくなったので，吉村は仕方なく同郷の者をにわかに潜水夫に仕立て，1882年，今度は済州島西南約3浬の加波島に上陸した．人家120戸の同島でも拒絶にあったが，「彼らの好むマッチ，蝋燭を与へ，或時は砂糖を贈りて彼等の歓心を買った」（天野1937：8，12）という．

　日朝通商章程締結の前であり，吉村與三郎の漁業はあきらかに密漁であったが，吉村組は上陸を強行し，第41款「ただし貨物を以てきて貿易は許さ

ず」にも抵触する行為をおこなった.

　以上をまとめると，1879年〜1882年頃，すなわち日朝通商章程第41款締結以前，吉村組は所安島→楸子島→飛揚島→加波島というルートをたどり，最終的には加波島に拠点を定め，済州島沿岸でアワビを目的とした潜水器漁業を堂々と開始した.

　以後，吉村與三郎の「吉村組」は潜水器を徐々に増やし，1890年頃には潜水器13〜14台，運送船5隻，長崎市波ノ平には造船所，加工場を持ち，「朝鮮政府より特権を得て他者の侵入を許さず」「自ら巡邏船を仕立てて監視」「済州の覇王」と言われるまでになる. 吉村與三郎は1909年62歳で死去するが，その後，吉村組は加波島，西帰浦などを根拠に一族が継いだ[15].

(3)　済州島「停漁」の約7年間

　冒頭で述べたように，4道沿海出漁が許可された翌年，唯一済州島だけは停漁にせざるをえなかった. 済州島民の反発が激しかったためである. 本稿で停漁問題を扱うにあたり，済州島の停漁と延長が，どのように繰り返されたのか，まずは期日の問題を確認しておかなければならない. 停漁と停漁延長，停漁停止の期日は，従来曖昧な部分があったからだ.「済州島綴」第1巻に綴じられた行政文書によれば，済州島出漁は，1883年にいったん許可されたものの，1884年から約7年間に，停漁→部分許可→停漁→停漁延長（1回め）→停漁延長（2回め）→停漁停止（？）という，きわめて複雑な経過をたどった（表1）. 以下に，その経緯をざっとみておく.

　繰り返しになるが，1883年7月25日に日朝通商章程が締結され，11月2日より施行され，4道沿海漁業が解禁となる. 翌年5月，後述するように対馬の漁業家古屋利渉が済州島で潜水器漁業を大々的に試みるものの拒絶され，日朝間の外交問題へ発展する（古屋事件）. 反対運動の激しさに，日本政府は9月14日，条約を変更することはできないが済州島だけは「當分之間済州島通漁ハ成丈差控」[16]ることとし，10月朝鮮出漁各県に通達を出した. 済州島は事実上の禁漁となった. その後古屋は日本領事館を通して朝鮮政府統理交

表1　済州島停漁と殺傷事件年表

			済州島へ軍艦回航	済州島漁業	
1883	11	日朝通商章程により4道許可		許可	
1884	5	古屋利渉上陸・拒絶			
	9	「当分の間なるだけ差控」		停漁	
1885					
1886					
1887	3	古屋漁船14台のみ6カ月（3〜8月まで）許可	6月天城艦	部分許可	停漁
	7	摹瑟浦・李晩松殺害事件			
	9	特例許可終了			
1888				停漁	
1889					
1890	1	日朝通漁規則施行　3月日本政府，停漁期限は5月末までと通告			
	7	盃令里・梁宗信殺害事件			
	9	済州島停漁期限，5月末に遡り，そこから1年延期と決定.		停漁延長	
1891	4	済州島民蜂起			
1891	5〜6	北岸，たて続く上陸，島民殺傷事件		停漁延長	
	6	済州島停漁期限，6カ月再延期決定. (11月末まで)			
	8	リゼンドル，李鉉相，条約改訂交渉のため東京へ.	9月鳥海艦		
	12	日本政府は停漁終了と主張，朝鮮政府は条約改訂の交渉中と主張.			
1892	3〜7	城山浦，北岸，東岸，西岸，たて続く上陸，島民殺傷事件	7月千代田艦，八重山艦	?	
	11	関沢明清へ漁業調査命令 (12月〜1893年3月)			
	11	この頃，リゼンドル帰国の意志を固める			
1893	2	関沢明清，第3回調査，李鉉相とともに鳥海艦で済州島へ.	3月鳥海艦		

渉通商事務衙門（以下，外衙門とする）に損害賠償の訴えを起こし，その賠償の一つとして，1887年に6カ月間（3月〜8月）古屋漁船14隻のみ漁業許可の特例措置を勝ち取った．日本政府は日朝通商章程で2年後としていた漁税の取り決めを意図的に延ばし[17]，日本人漁業を無税で押し通してきたが，日朝通漁規則の施行（漁税納付）と引き換えに済州島問題の解決（停漁の停止）を

図ろうとしていた．ただし，島民の反発は依然として激しく，日朝通漁規則施行（1890年1月）後に通告した「差控」（停漁）の停止期限は2度にわたり延期を余儀なくされた．1回めに通告した停漁期限は1890年5月末日だったが，反対が激しく1年延期せざるをえなかった．2回めの停漁期限は1891年5月末日だったが，やはり状況は変わらず，さらに6カ月延長した．3回めの停漁期限は11月末日までだったが，日本政府は3回めの延長を行わなかったので，日本政府の主張上，済州島は12月1日に全面解禁になったことになる．ただしそれに先立ち朝鮮政府は，済州島を永久禁漁にすべく外交官を東京に派遣し，条約改正交渉を重ねていた．だが日本政府は外交官を冷遇し，たて続けに軍艦を回航するなどして済州島の反対運動を抑え込み，問題の決着を図ったのである．

　この間，日本漁民と済州島民とのトラブルは常態化し，島民殺傷事件に至るケースが相次いだ．次項では，島を揺るがす事態に至る殺傷事件を，4つの停漁期限（1887年，1890年，1891年，1892年）をめぐる葛藤の視点から分析してみることにする．

3.　済州島停漁期限と日本漁民の済州島民殺傷事件

(1)　古屋事件（1884年）と摹瑟浦（モ ス ル ポ）侵入・殺害事件（1887年)[18]

①　古屋事件（1884年）

　当時，日本漁民は潜水器で沿岸のアワビをさらうように獲っては島民感情を逆なでし，略奪，暴力，殺傷を繰り返し，「半漁半賊」と恐れられた．「済州島綴」に記録されている日本漁民による島民殺傷事件を（表2）に整理した．

　1884年5月，対馬厳原（いずはら）の士族古谷平太左衛門（その後の記録より古屋利渉と同一人物と推定．以下，古屋利渉とする）が潜水器会社を結い，済州島南岸西帰浦（ソ グィ ポ）に潜水器2台，漁船3隻，漁民10人で出漁し，上陸しようとしたが，地元の地方官によって拒絶された．古屋は6月仁川領事館に訴え，8月4294円の

表2　日本漁民による済州島殺傷事件

年	月	場所	里	犠牲者職業	犠牲者	加害者	原因と主な被害
1887	7月6日	南西部・加波島対岸	事悉浦	農民	李晩松	古屋潜水器会社	日本船6隻連日上陸. 大静邑5カ村(武陵里, 永楽里, 日果里, 事悉里, 加波島). 36軒への侵入, 抜刀, 死者1名, 負傷3名, 鶏162羽. 犬3匹, 豚1頭.
1890	7月3日	西北部・飛揚島対岸	盃令里	浦役人	梁宗信	長崎県南松浦郡螺浦村フカ漁民荒木坂四郎, 浦松次郎	上陸, 村内侵入, 抜刀, 死者1名
1891	6月21日	北岸	健入浦	—	任順伯	朝長二郎に属する漁夫と推測	数日間, 数十隻の日本船免状なし. 沖合漁猟. 尋問しようとすると逃走するが, また戻ってきて漁猟. 銃剣にて16人殺傷. うち1人死亡.
	7月18日	北岸	朝天鎮4カ里(朝天里, 北浦里, 咸徳里, 東福里)	—	—	日本船	東福里:7月18日日本船7隻が上陸し村内を徘徊. 婦女老幼驚愕避難. 朝天里:21日夜日本船6隻が上陸し村内を徘徊. 婦女数十人は驚愕し避難. 北浦里:7月初旬日本船3隻が沖の小島で禁制樹木の伐採. 制止するも暴行. 咸徳里:18日頃日本船6隻が上陸し人家に突入. 略奪物合計:鶏66羽, 銭3両, 焼酎3樽, 魚類(魚価にして)15両, 片脚など.
	7月21日	北岸	金寧里(金寧里)	老人	李達兼	沿海よりくる日本船	日本船5,6隻が連日侵入, 銃剣を携え村内に突入. 人民の財産強奪. 止めようとした李達兼が刺撃され9日後に死に至った. 島民は日本漁民の上陸を阻止するため沿岸を守衛している.
1892	3月8日	東岸	城山浦	—	呉東杓	対馬, 長崎漁民	3月8日対馬漁民ら13隻110人上陸. 3月15日長崎漁民ら34人5隻上陸. 仮小屋建設. 4月21日村内侵入し発砲. 1名死亡.
	5月9日	北岸	禾北里	—	高達徳, 高永生	日本漁船9隻	一斉上陸. 略奪. 発砲. 被弾により負傷2名.
	6月25日	西岸	頭毛里		—	日本漁船4隻	上陸, 婦女強奸, 民財略奪, 刺殺2名.

出典:『日本外交文書』(132)(付属書2)(四)健入浦 (五)朝天鎮 (六)金寧里. (付記).

損害賠償を請求した. いわゆる「古屋事件」である.

朝鮮政府は済州島ではアワビ採りは女性の専業であること,「同地方之人民其業ヲ失ヒ飢餓ニ逼リ候勢ニ至リ候付人民数十名續々來京哀訴候」と, 済州島民が多数上京して窮状を訴えていることを日本政府に伝え, 済州島での日本人漁業の停止を要求した. このときの朝鮮側窓口は外衙門協辨〔次官〕の金玉均だった[19]. 日本側は, 日朝通商章程の4道解禁を盾に, 条約上は全く譲歩しなかったが,「韓地内外困難ノ情態ヲ酌意シ一歩ヲ與ヘ」[20], 井上馨外務大臣は9月14日「當分之間我漁民該島ヘ通漁之義ハ成丈差控ヘ候様其筋ヘ諭達可及候」〔下線筆者〕と島村久朝鮮臨時代理公使に回答した[21]. 当分の間済州島通漁はなるだけ差し控えよという内容である.

一方, 古屋が得た外衙門からの回答は「済州漁業ハ貿易規則ニ遵ヒ施行スル義ナレバ無差支」だった. 日本政府は「差控」よといい, 朝鮮政府は差し支えなしという, 異なる回答を得た古屋は, 10月今度は潜水器12台をもって済州島へ出漁した. しかし再度, 地元地方官に拒絶されたため, 翌1885年5月損害賠償額を増額し, 2万3984円の補償を要求した[22]. 姜萬生によれば, この古屋の再出漁は日本政府が以後の交渉を有利に進めるために, 古屋を故意に利用したとしている (姜1986:109).

日本側(古屋)と朝鮮政府との交渉は難航したが, 1886年12月6日に合意に至る. 内容は, 1.日本人潜水器会社社長古屋利渉は朝鮮政府「雇」名義にて1887年3月から6か月間, 14隻に限り済州島で漁業ができる. 2.漁税施行後, 5年間, 古屋漁船14隻は免税とする. 3.賠償額は6600円とし, うち3000円は来年3月に払い, 残りは再来年より3年の割賦で支払う. などで, 朝鮮政府は古屋に帰国旅費として300円を支払った[23]. 朝鮮側には不本意な合意であった.

② 部分許可と天城艦回航 (1887年)

1887年3月「古屋漁船14隻のみ6カ月間」という限定にもかかわらず, 済州島漁業解禁の報に多くの日本漁民は勢いづき, 済州島本島への上陸, 家屋侵入, 家畜略奪などを大々的に始めた. 島内は騒然となり,「島民等死ヲ以テ

之ヲ拒カン」²⁴⁾と騒動は広がり，死傷事件の風説まで飛び交った．

　5月，済州島からは島の有力者15名が中央政府へ直訴しに上京した．外衙門からの照会によれば，日本漁船が覚華島〔加波島〕に1884年以後毎年やってきて村内突入，人家に侵入，犬鶏を打殺して抜剣するので，人々は恐怖し三百余戸が家を捨て島は空島化したという²⁵⁾．勝手に漁採するので，島民の生業の道が閉ざされたなどと訴えた²⁶⁾．

　こうした事態を受け，外務省参事官杉村濬は，済州島は朝鮮内地と異なり人民がなかなか政府の意に服しない，とりあえず3年程禁漁期間を延長し，通漁規則の締約とともに解決するのが得策ではないか²⁷⁾，高平小五郎臨時代理公使も5年程停漁期間を延長してはどうかと具申²⁸⁾した．日本側は，通漁規則（漁税納付）と引き換えに，済州島停漁措置を終わらせる腹づもりであった．

　一方でこの「紛擾」に対し朝鮮政府より日本漁民の「民心鎮定ノ處分」の請求があったことを口実に，6月高平は井上馨外務大臣に軍艦天城艦の回航（表4上段）を要請した．済州島には24時間ほどの寄泊が認められたもようである²⁹⁾．

　③摹瑟浦・李晩松殺害事件（1887年）

　軍艦の回航は，日本漁民をさらに助長させる結果をもたらした．

　済州島西南部，加波島の対岸の摹瑟浦（モスルポ）で，日本漁民による朝鮮農民李晩松殺害事件（1887年7月）が起きたのである．「親株」は吉村與三郎であったという．

　潜水器会社社長古屋利渉は「始末書」³⁰⁾で，事件の顛末を，以下のように弁明している．

　　　7月7日摹瑟浦沿岸で潜水器5隻が漁採中，暴風が起きて加波島に帰れなくなりやむを得ず摹瑟浦に上陸したが拒絶された．飲料水をえるため6名が上陸したところ棒をもった数百名の島民に襲われ船人7名が負傷，かろうじて加波島北岸に帰島した．翌8日社員等摹瑟浦に至ると，洞民先を争って前日の無礼を詫び，穏便に納めてほしいというので，洞

民より別紙の「誤証」を書いてもらった．その後，汲水のため同浦へ至
も至極安穏である．漁業拒絶の陰謀である．

　後の長崎始審裁判所検事の取調べでは，１名が船に戻り「短刀」をもって
振りまわし暴民を排除し，ようやく追い払ったがその際に負傷させたかもし
れないとも述べ，翌８日潜水器会社社員浦崎荒二，姫野勘十，吉村與三郎の
３名が前日の事情を知る水夫を引き連れ総員20名余で摹瑟浦に行ったところ，
島民が前日の無礼を謝すので後日のために「誤り証」を申し受けたという[31]．

　一方，朝鮮側の被害届の概要は以下のようである．

　　加波島を根拠に採鮑の日本船６隻は連日，本浦にやってきて勝手に上
　陸，人家に侵入，鶏や家畜を奪っていく．７月６日摹瑟浦で日本漁民が
　ニワトリ３羽を奪おうとしたので，農民李晩松がこれに抗議した．する
　と日本船６隻は翌日再度やってきて上陸，短刀を抜き李晩松の後頭部を
　切りつけ即死させた．日本船６隻は直ちに出帆し逃げてしまった．日本
　人は翌日40数名でふたたび押し寄せ，地方官に詫び状を書けと迫った．
　拒否すると，自ら草稿を書き認めよと脅迫する．前日のこともありやむ
　なく認めた．結局，犯罪者の姓名を隠して言わなかった．水上において
　はアワビを，陸上においては鶏犬を奪取し，民情はきわめて動揺してい
　る．被害は，大静邑５カ村（武陵里，永楽里，日果里，摹瑟里，加波島）36
　軒への侵入，死者１名，負傷３名，鶏162羽，犬３匹，豚１頭，計166
　匹に及ぶと訴えた[32]．

　被害地域は，加波島に面する済州島大静邑の広範に及んだ．

　朝鮮側は，犯罪人の処分を求めたが，日本側は「日本漁民取扱規則」によっ
て処理する，すなわち朝鮮官吏が犯罪人を取り押さえた上で，領事館に引き
渡し処分を要求せよと突っぱねた．実際のところ，犯罪人は刀剣で武装し船
で逃走するので朝鮮官吏が取り押さえることは困難で，泣き寝入りであった．
今回の件では古屋利渉はいち早く対馬へ帰国してしまったため，領事裁判の
職権外となり，訴えは長崎地方裁判所に移管され，最終的に長崎裁判所の下
した「我漁民ノ所為ハ即チ行兇者ニ對スル正當ノ防衛」で不起訴，この結果

が外務省を経由して領事館へ伝えられた[33]．

　1887年摹瑟浦李晚松殺害事件は，8月末の部分許可終了期限を目前にして起こされた．なし崩し的に全面許可へ押し切ろうとする日本漁民と，暗に後押しする日本政府によって起こされたと言っても過言ではないだろう．

(2)　1回めの停漁期限と盃令里侵入・殺害事件（1890年7月3日）[34]

　1889年11月，日朝通漁規則[35]が締結，1890年1月より施行となった．日本漁民はそれまで無税で，朝鮮沿海で莫大な漁利を得ていたが，以後日本漁船に1隻当り定額の漁税[36]が課せられることになった．また漁業免状の申請と携行が必須となった．莫大な漁獲高にもかかわらず，定額制だったので日本漁船にきわめて有利であった[37]．他国沿岸での獲り放題同然の漁業が，わずかな漁税納付と引き換えに合法化されたのである．とはいえ，その後も免状を取得せずに出漁＝密漁する者は，かなりの数，横行した（関沢・竹中1893：107-108）．

　済州島漁業「往漁差控」について日本政府内部では，済州島に代わる他の道(どう)の漁業権を要求するか，他の道に「乾曝場」の自由な設置を要求するかなど，協議が重ねられていたが[38]，対外的には，目下「談判中」なので「達アルマデハ差控」という公文が青木周蔵外務大臣から釜山，元山，仁川の各領事あてに出された[39]．

　3月，日本政府は「往漁差控」の期限は本年5月末まで，と一方的に朝鮮政府に通告[40]した．停漁停止の初の通告である．これに対する朝鮮側の回答はなく，日本側も，このまま解禁すると紛擾を覚悟すべき[41]として，じりじりと回答を待った．ようやく期日の翌日になり，朝鮮側より「拒絶」の回答[42]があり，さらに7月1日なって朝鮮側から1年延長の要請が出された[43]．

　日本政府が応じるか否か態度がはっきりとしない中，7月3日，ことを急(せ)く日本漁民による島民殺傷事件がふたたび起きた[44]．済州西北部の飛揚島の対岸・盃令里で，浦役人梁宗信が「両手脚部胸膛ヲ斬ラレ即死」[45]したのである．「日本漁船ヨリ上陸スル者アリ」村内への乱入を止めたところ「怒テ刀

ヲ揮ヒ浦役人梁宗信ヲ殺害シ其儘出帆」した. 島の地方官の取調べに対し,
加波島に滞泊する日本漁船吉村與三郎は,「飛揚島の橋本權太郎に聞いたとこ
ろ, 犯人は長崎県南松浦郡五島可志ノ浦荒木阪四郎及浦松次郎」だと証言し
たという[46]. 橋本權太郎は, 大分佐賀関のフカ漁船である.

　8月, 後述するようにこの事件の関係で日本公使館に出向いた日本漁民の
1人は, 吉村與三郎は「奸計ヲ廻ラス者」で,「韓官ノ訊問ニ對シテモ其姓名
ヲ妄リニ申告シタルハ專ラ自利ヲ謀ルノ底意ナルヘシ」と述べている[47]. 結
局犯人特定はされなかった.

　同月, 済州島民百名以上が大挙上京し, 朝鮮政府に日本人禁漁を訴えた[48].
不穏な空気が広まるなか, 近藤代理公使は11日, 翌年5月末まで1年延期が
得策であると建議し, 9月1日山縣有朋総理大臣の裁可がおりた[49]. こうし
て3カ月を遡り, 6月1日から1年間の停漁延長となったのである. 3カ月間
は曖昧な状態だったわけだが, それをいいことに日本漁民は居丈高であった.
漁税納付と引き換えに, 済州島漁業解禁を強行しようとした日本政府のもく
ろみははずれた. 島民, 朝鮮政府の抵抗を過小評価していたのである.

　12月, 梁宗信の遺族と李晩松の遺族が済州地方官に伴われて釜山領事館に
「償命」を求めてやってきた. 立田革釜山領事は梁宗信の遺族からは聞き取り
をしたが,「李晩松ノ案件ハ已ニ結了」として無視した. 地方官は「同地方ニ
アル日本漁夫ハ皆刀剣ヲ携帯シ居レリ」[50]と訴え, また朝鮮監理釜山港通商事
務金永悳は立田領事に賠償を求めたが, 立田は「申立實ニ漠乎タルモノニテ何
等ノ証憑ヲモ得不申候」[51], よって証拠不十分として長崎地方裁判所に送り,
うやむやに終わらせた.

(3) 2回めの停漁期限と北岸3地域侵入・殺傷事件 (1891年)

① 2回めの停漁期限と6カ月の延長

　前年の協議で, 済州島停漁の期限は1891年5月31日までとなった.

　停漁期限を目前にした4月29日, 日本漁船操業禁止を求める大規模な済州
島民の蜂起が起こった. 朝鮮政府は済州島民を「曉諭」(説諭) するため巡審

官李璵を島に派遣したが，島民は日本漁民の済州島侵略に抗議，永久禁漁を
求めて，島に到着した李璵を殴打し，追い返してしまった．島民は，島民を
保護しない朝鮮政府と，日本漁民から賄賂を受け取る腐敗地方官らに不満を
爆発させ，日本漁民とも衝突，死傷者が多数でた（姜1986：124，『韓国誌』1985：
30）．

　しかしこの事件を，日本政府は黙殺した．

　島民の抗議の声に押され，朝鮮政府は，摹瑟浦の李晩松殺害，盃令里の梁
宗信殺害，両事件の賠償もまだであるうえ，このまま済州島解禁は困難であ
るとして，5月中旬，さらに6カ月の延長を申し入れた[52]．日本政府（総理大
臣松方正義）は5月24日，これを了承した[53]．停漁期限の一週間前である．
こうして済州島停漁は，1891年11月末まで再度延長された．島民の激しい
反発をそれなりに知る梶山鼎介弁理公使は「僅時延期位ノ事ニテ当政府ノ感
情ヲ害スルモ面白カラズ」[54]と延長やむなしの見解を述べたが，日本政府は
度重なる延長に苛立ちを露わにしており，「通漁差控」は「特別ノ好意」であ
り「本年十一月三十日迄」とくぎを刺した[55]．

　②日本漁民の北岸3ヵ所侵入・島民殺傷と外衙門の抗議

　済州島停漁のさらなる延長に不満をもつ多数の日本漁民は，6月から7月
にかけて，済州島北岸の済州牧官衙に近い健入浦から北東岸へかけて波状的
に上陸しては「殺傷並びに攘奪事件」を相次いで起こした．停漁を無視して
操業を強行しようとする日本漁民と，これに抗議する済州島民との争闘であ
る．前年までに比し，はるかに広範囲かつ大規模だった[56]．

　外衙門督辨〔長官〕閔種黙より梶山鼎介弁理公使へ，8月25日抗議の照
会[57]がなされた．照会の要旨は次のとおりである〔照会中の陰暦は陽暦に
換算〕．

　　　我が済州島民数十万の生活は主に漁採によるが，1886年より日本船が
　　　沿海に充満し漁業を恣にし，たびたび殺人事件をおこすも未だに審理さ
　　　れず一同憤懣である．日本船は毎年春から秋にかけて各浦の沖合に現れ
　　　漁夫の魚を奪い，拒むと縛り打ちして水中に投ずる．海賊と異ならず．

　6月21日，数十隻の日本船が免状もなく健入浦沖合で漁猟する．役人が向かうと遠く沖合へ逃走し，こちらが舳先を返すとまた戻る．数日その繰り返しだったが，この日は近傍島民が小舟を繰り出し日本人に漁業禁断を求めたところ，彼等は銃剣で16名を傷害し，任順伯はその場で即死した．他の者も負傷し生死不明である．人々は驚愕し，幾百年の生業を一朝にして日本人のために失い生活の道なく，毎年のように人命が害されているのに復讐もかなわず，このままでは全島離散の趨勢である．日本人の漁猟を禁断にして，島民を救済してほしいと地方庁へ訴えてきた．〔健入浦事件〕

　朝天鎮の朝天里，北浦里，咸徳里，東福里の各洞長の訴えによれば，7月18日数十艘の日本船が来泊し長剣鳥銃を携え一斉に上陸，人家に突入，婦女を劫奸，糧米衣服鶏猪を略奪して暴行至らざるところなく，「民情大ニ驚惶」した．〔朝天鎮事件〕

　金纓里洞長の訴えによれば，7月21日，日本船5，6隻が沿海各地より連日入港していたが，その翌日「彼等各銃剣ヲ持シ本里ニ突入シ民産を劫奪」した．村人は一斉に山へ逃げたが，止めに入った老人李達兼が日本人によって刺撃され死した．〔金纓（寧）里事件〕

　済州島漁猟禁断の儀いまだ確定せず，李晩松，梁宗信の償命もまだである．さらに任順伯，李達兼2名が殺害され，貨物を攘奪，鶏猪を屠殺された．速やかに償命を期し攘奪貨物鶏猪を還給すべし．

日本漁民の乱暴狼藉が生々しく報告されている．

③　林権助仁川領事の鳥海艦回航

　外衙門の照会を受け，梶山鼎介弁理公使は，8月27日榎本武揚外務大臣あてに電信[58]を発した．軍艦鳥海艦（表4上段）を回航して公使館員または釜山領事館員による派遣調査の伺いである．翌日，榎本からの回答[59]は，仁川領事を鳥海艦に搭乗させて調査するように，また可能なら朝鮮官吏を同行させよ，というものであった．

　9月12日鳥海艦は仁川を出航した．搭乗者は，林権助仁川領事，高尾書記，

公使館付武富海軍大尉，ほかに武官等 3 名と兵員半小隊である．林領事と高尾書記以外は軍人で固めた．朝鮮政府は官吏派遣を渋っていたが，副護軍〔軍人〕の朴用元を外衙門参議に任命し，日本語通訳玄映運とともに同乗させた．さらに「長崎縣民朝長二郎ナルモノ其管下ニ属スル漁民ノ闘争ニ関係シタルヲ慮リ随伴ノ儀願出候ニ付即チ艦長ニ請ヒ同人ヲ随伴致候」とあり民間人の朝長二郎という人物を搭乗させた[60]．士族とはいえ，軍艦に民間人を乗せるのは異例である．

　14 日所安島，17 日済州島健入浦に入ったが，済州島北岸には鳥海艦の停泊地がないため鳥海艦はいったん所安島に戻った．林権助らは済州島に上陸して 18 日，19 日と島民からの聞取り，20 日に牛島対岸の吾照里で鳥海艦を待ち，22 日牛島を出航した．その後巨済島，釜山，木浦を巡り，10 月 9 日仁川に戻った[61]．約 1 カ月の航行だったが，済州島の島民聞取りは，関係の洞長を済州官衙へ呼び寄せ，参議朴用元が取調べ，林領事はかたわらで聞くという形式で，わずか二日で終わった．ただし随行した警護の軍人，半小隊の兵員も当然，林領事とともにいたはずであるから，威圧的で物々しい雰囲気であったに違いない．

　朴用元の聞取りによる島民の被害の概要は（表 2）のとおりである．

　林権助仁川領事は，加害者の日本漁民について，健入浦事件は，「推測ニヨレバ当事者ハ朝長二郎ニ属スル漁夫ナリ，朝長ハ済州沿海ニ於テ漁採スルノ権利ヲ有スルモノト認ム．故ニ理ナクシテ禁断ヲ行フ亦其当ヲ得ザルモノト判定シ得ベシ」とした．すなわち朝長は事件に関係しているようだが，「朝鮮政府ノ允許」を持っているので，済州島往漁の権利があり，禁断を犯していることにはならないとした．朝長の随行を許可している以上，朝長に不利な調査結果が出るはずはなかった．また朝天鎮事件は，「如何ナル漁民ガ関係シタル乎未ダ其端緒ヲモ推測スルコト能ハザル」，金寧里事件は，「朝天鎮管下ノモノト同一ナルモノト推測」すると報告した．要するに，健入浦事件は朝長の配下の者が関係しているが，あと 2 件は日本漁民の聞取りもしてみないことには，島民の話だけでは真相はわからないと報告した[62]．

調査の結果,「両国官吏立合ノ取調ニテ事稍明白」となり,「本件ハ彼我ノ人民間ニ於ケル段打殺傷ノ事件」すなわち個人同士のトラブルであるゆえ,領事裁判に属する問題であるから,済州島停漁問題とは無関係であると結論づけた[63].

この一連の騒動は,「済州島事件」として日本の水産雑誌『大日本水産会報告』114 号に記事が掲載された. 事件を「差したる事件にあらさりし」と過小評価しつつも,韓民の死者 2, 3 名,軽傷者数名,邦人傷者 1, 2 名で,争闘を事実と認定した. 直接の原因は日本人漁業者来漁の禁止にあるが,遠因は済州島は鮑を多産するのに,日本漁民が潜水器を使用して捕獲するので,島民が「生計の道を失ひ大に怨嗟」していることにあるとして,日本漁民は一小島にこだわらず他の好漁場を探求せよと朝鮮出稼ぎ出漁の一層の奮起と拡大を促した (大日本水産会報告 1891:48-49).

(4)　済州永久禁漁交渉と東岸北岸西岸侵入・殺傷事件 (1892 年)

①　3 回めの停漁期限と日本漁民の侵入・殺傷事件

再延期された停漁期限は 1891 年 11 月 30 日までだった. しかし期限をめぐって,またしても延長か否か,両国政府が互いの出方を探りあうなか,翌 92 年,増長した日本漁民が島の各所に侵入し,島は騒然となった (表2).

結果的に前年 11 月末までの済州停漁はそれ以上延長されなかったのだが,実際に確定的になるのは 1892 年末または 1893 年初である. その間,日本政府は解禁と主張し,朝鮮政府は条約改正の協議中なので「未定」[64]と主張し,いったいどういう状況なのか,誰にもわからない曖昧な状態が続いた. 朝鮮出漁のフカ漁民を多く抱える大分県では,県知事が外務大臣あてに 4 月 8 日,停漁中か否かの「伺」[65]を出している.

日本漁民の侵入・上陸は,前年は北岸だけだったが,92 年は 3, 4 月には東岸の城山浦,5 月には北岸の禾北里,6 月には西岸の頭毛里へ,多数の武装した日本漁民が上陸,小屋掛けを強行したので,島民の反発もさらに激しく,大きな衝突事件となった. 島民の有力者 26 名が上京し,中央政府へ訴えた.

外衙門督辨閔種默による抗議の照会[66]の概要は，以下のとおりである．〔照会中の陰暦は陽暦に換算〕

　済州牧使の訴えによると，3月8日対馬島小柳重吉ら110人が13隻に分乗して城山浦に上陸，小屋掛けをして広く漁採をした．また3月15日には長崎県山口住太郎ら34名が5隻の船で城山浦に上陸，小屋掛けし，先にいた日本人と一緒に各浦々に遍満，広く漁採をした．そのため島民は生業を失ってしまった．4月21日小屋掛けの日本人が鉄砲を帯び，村内横行，婦女を逼逐，搶攫を恣にし，洞民驚駭して逃走の際，不幸にして呉東杓が銃殺されてしまった．犯人を追ったが，日本人は犯人を隠匿し，帆を上げて逃走した．〔城山浦事件〕

　5月9日日本漁船9隻が禾北里に現れ一斉に上陸，搶攫を恣にし洞民驚愕，逃げるさい，日本人の放銃により，洞民の金斗九と子供の高童伊が弾に当たり被傷した．〔禾北里事件〕

　6月25日日本船4隻が夕暮れに上陸，鎗釰を持し，村内突入，婦女を強奸，民財を搶奪，洞民驚惶して逃走するさい，高達煥，高永生の2名が釰に刺され死境にある．犯船は逃走した．〔頭毛里事件〕

　かつて貴国漁民古屋利渉が我が摹瑟浦民李晩松を殺害，長崎漁民荒木阪四郎が梁宗信を刺殺，昨年は任順伯，李達兼を続けて被殺傷したことに対し，前任近藤代理公使にはすでに遺憾の意を伝えたが，これらに対して何ら償命も賠償もない中，さらに重大案件が生じた．両国友誼のためにも，貴政府による迅速な捜査と償命，賠金を望むところである．

② 　千代田艦と八重山艦の済州回航

こうした抗議に対し，日本政府は，軍艦回航（表4上段）で威圧的に応じた．

　「軍艦ヲ済州ニ特派シ，目下実地ニ就キ事ノ実否調査為致居候條充分事実取調ノ上朝鮮國政府ト談判ヲ必要スル事項有之候ニ於テハ必スヤ本邦ニ駐在スル朝鮮國公使ニ談判スルノ外無之候」[67]

　7月18日中川恒次郎釜山総領事代理〔副領事〕は，軍艦千代田艦に搭乗し，

釜山を出発した．19日午前中に済州島，午後に所安島，20日巨文島をめぐり，21日に釜山に帰着した．済州島での滞在は，城山浦近くの吾照里にわずか半日，島民への聞取りはせず，その間出会った日本漁民からの聞き取りを実施した．中川副領事の調査の中心は，「仮小屋ヲ撤去」させられた「我ガ漁民ハ難ヲ所安島ニ避ケ居ル様子」[68]という点であった．

　千代田艦による巡航に引き続き，一週間後の25日，26日，梶山弁理公使による八重山艦による済州島，所安島，巨文島巡航が行われた．ただし梶山本人は搭乗せず，八重山艦艦長以下，海軍大尉，海軍少尉ら軍人が代わりに「巡視」した．八重山艦もまた，済州島の牛島と城山浦の間に半日停泊しただけで，島民調査はせず，近くにいた日本漁民への聞取りを行った．

　千代田艦，八重山艦，立て続けに2隻の軍艦による済州島回航は，朝鮮政府，済州島地方官，島民への威嚇行為そのものであった．

　ただし千代田艦，八重山艦が実施した日本漁民の聞取りは，図らずも当時の日本漁民の操業実態を浮かび上がらせるものであった．

　③　リゼンドルの対日交渉

　実は，2回めの停漁期限を前にした1891年9月，朝鮮政府は済州島停漁問題の根本的な解決を図るため，内務協辨李善（仙）得（アメリカ人，LeGendre, Charles W. リゼンドル）[69]を「朝鮮大君主陛下ノ全権委員」[70]に任命し，外衙門主事李鉉相とともに東京へ派遣していた．日本漁船の済州島禁漁と日朝通商章程の改訂交渉のためである．第41款を改訂し，済州島の停漁を一時的なものではなく永久禁漁にする目的があった．リゼンドルは冷淡な対応に終始する日本政府によって，当初から難境に立たされたが，それでも翌年4月ごろより，何度か条件のやりとりが行われた．しかし日本政府は，済州島禁漁の交換条件として，釜山居留地の拡張，南海諸島や全羅道での乾燥場など，日本漁民の浸透に神経をとがらせる朝鮮政府には受け入れがたい要求を次々突きつけた．リゼンドルは，粘り強く交渉を重ねたが，11月頃，最後の妥協案を本国へ打診するも，ついに回答はなく，約1年半の東京滞在の末，12月「無為帰国」するほかなかった．（韓 1971：276-283）

　1892 年の済州島への日本漁民の度重なる侵入と殺傷事件は，リゼンドルの東京での漁業交渉に対する揺さぶりであり，永久禁漁断固反対の実力行使でもあった．

4. 実効性の乏しかった済州島停漁と日本潜水器漁業者

　ここまで見てきたように，日本人の済州島出漁は約 7 年間停漁だったにもかかわらず途切れなく続いており，島民を恐怖に陥れた島の様相は「済州島綴」からある程度読み取ることができた．本項では，一部重複する部分もあるが，同時期の日本漁民側の内的動機に即して，通漁規則施行の前と直後の様相，後発の朝長・淵村組と古株の吉村組の暗闘など，「済州島綴」以外の史料も用いながら日本漁民の漁撈実態をさらに明らかにしてみたい．

(1)　通漁規則前に「無政府界ノ光景」となった全羅慶尚沿岸 (1883-1889)

　①　所安島・楸子島，加波島に集合した日本漁民
　済州島停漁中，済州島狙いの日本漁船は，済州島北方の楸子島・所安島及び西南の加波島に集合した．
　1884 年 5 月と 10 月，古屋利渉は 2 度済州島上陸を試みて拒絶されたが，実は同年 8 月，潜水器漁船 10 隻，乗組員 130 人で朝鮮へ出漁して採鮑活動をし，乾鮑 6000 斤，1800 円という巨額の利益をあげることに成功した漁民たちがいた．長崎県西彼杵郡浦上淵村瀬の脇の潜水器漁民である．9 月 14 日に日本政府の済州島漁業「差控」の決定，10 月 30 日に関係各県へ通達というかなり微妙な時期であった[71]．採鮑場所は記録されていないが，淵村の彼らは翌 85 年は済州島の「島民ノ拒絶ニヨリ空シク歸國セリ」(吉田 1954：161-162) とあるので，前年も済州島だっただろう．
　天野 (1937：13) によれば，長崎市飽之浦，瀬之脇〔ともに淵村〕の竹内熊吉，竹内宅造の 2 人は 1885 年に楸子島で潜水器業を開始したという．とすれ

ば，済州島で拒絶された淵村の竹内熊吉，竹内宅造らはその年，淵村には帰らず，経由地である済州島北約50キロにある楸子島に留り，潜水器漁業を始めたのではないか．楸子島は大分県佐賀関のフカ漁民の通漁地であり，古くから日本漁民が頻繁に出入りする馴染みの島だった．楸子島は当時は全羅道莞島郡に属しており，済州郡に編入されるのは1914年以後である．

　1885年と1886年，「済州島綴」には日本漁民の漁撈報告がないが，代わりに所安島に集合している日本漁民について，米国人真珠採獲船（潜水夫10余名）船長の証言が以下のようにある．

「本邦漁民朝鮮島嶼ニ上陸家屋構築ノ件」[72)]

　　　　所安三島において日本漁船数十隻が停泊しもっぱら漁業に従事しているが，中には「水潜器ヲ備ヘ鮑ヲ採獲候者モ有之候　而漁民数百余名ニモ相及ヒ其内数名之〔日本〕婦人モ有之候　而沿岸ニ家屋ヲ構造シ起臥致シ居候」．これに対して，「該所ノ土民等放火シテ之ヲ焼燃シタル事モ有之由」．また日本人民中「漁船ヲ以テ朝鮮各所ニ小貨ヲ密商致シ候者往々有之トノ風説」を聞いた．

　日本漁民数百名が所安島3島で漁業し，潜水器を用いて採鮑したり，家屋を建てたりしている．島民が〔追い払うため〕家屋に火を放ったりしている．日本人の中には密商している者もいるようだと述べた．これに対し，宮本釜山副領事は井上馨外務大臣あてに，家屋の建設は条約外であるし，密貿易の漁民は早晩取締の方策を考えないとそのうち弊害が起こる恐れがあると報告した[73)]．

　そうしたなか，古屋事件の賠償として1887年に6カ月間の特例措置，すなわち古屋漁船14隻の許可期間がめぐってきた．この機に乗じ，済州島とは目と鼻の先の所安島，楸子島あたりで毎年漁撈していた日本船もいっせいに済州島へ押しかけた．

　島民は決死的「抗拒」の態勢をとり，日本公使は軍艦（天城艦）の済州島回航を要請，その結果摹瑟浦（李晩松殺害）事件が起こされ，古屋潜水器会社社員として吉村與三郎の名が出てきたことはすでに触れた．

　島民の陳述によれば，加波島の吉村與三郎は，最初は2隻だったが，1884年頃から3-4隻，1887年の現在は7-8隻をもっており，1884年以来毎年来て採鮑をしているという[74]．吉村は停漁中も，済州島の付属島の加波島を根拠に済州島で採鮑を続けていた．

　竹内熊吉と竹内宅造は1889年，楸子島から北東へ35キロの所安島孟仙里に移住する．そこで潜水器を各7台使用し，製造所も設け，明鮑，海参の製造も本格化させた[75]．所安島もまた莞島郡に属し，やはり日本のフカ漁民の通漁地で，日本漁夫相手の商売や徴税[76]をした形跡がある．莞島郡の楸子島，所安島は，済州島（済州郡）ではなかったので，漁撈が可能だった．

　所安島，楸子島を根拠にする淵村漁業者と，加波島を根拠とする吉村らの棲み分けの実態がおぼろげに見えてくる．

② 1888年あるフカ漁業者の陳述書と吉村與三郎

　この時期，所安島，楸子島近傍の日本漁民の漁撈実態を，山口県と島根県のフカ漁業者2人が陳述している．両名とも漢文の素養のある長門石見地方の有力漁業者で，当時一般的だった粗暴野卑な漁夫とは異なり陳述内容が詳細，具体的である．朝鮮西南岸で操業する日本漁民の実態を証言するもっとも早い報告書の一つとして貴重である．

　陳述者の1人は山口県長門国阿武郡江崎村の宮内俊亮で，父祖の代よりの魚問屋で漁船を8隻所有し，もう1人は島根県石見国美濃□郡美濃地村の石橋與三郎で美濃地村の庄屋であった[77]．

　両名ともフカ漁業者のためフカ漁に関する内容が多いが，吉村與三郎も，もとは長門萩鶴江のフカ漁業者だった．当時のフカ漁業の出漁の様子が詳細に語られ興味深いが，最後に吉村與三郎について一項をたてて述べており，済州島における吉村の特異な存在がよくあらわれている．やや長いが，活字に起こされたものがまだないので，以下に現代文にして掲載する．（聞取日は1888年10月15日）[78]

　　朝鮮近海は魚類が多いことを聞き，〔長門石見〕沿岸10余村，漁船50

隻で出漁を計画中だが，本年は試漁のため宮内と石橋2名が漁船15隻，乗員75人（1隻5人），他に運送船1隻10人，総計85人で出漁した．安島（釜山より順風なら1日）で薪水を採り，全羅道三島を経て鍬子島に着き，7月から9月まで，鍬子島，所安島，珍島，黒山島の海上を往来，漁撈した．なかでも「我漁民ノ最モ多ク集合スルハ鍬子所安ノ二島」である．

日本漁民が獲る魚類は，タイ，イワシ，サバ，イカ，アワビ，フグ，フカの7種である．我々はフカ漁だが，今期，宮内石橋組は15艘で計2000余尾，3875斤，60日間で1800余円の巨額となった．山口県鶴江玉江の二村，大分県佐賀関，熊本県天草の漁船は造りが非常に堅牢である．また漁民は一種の冒険家で，フカの漁期が終わればタイをとり，タイの漁期が終わればフカをとり，一年中南海諸島に出没して3〜5年郷里に帰ってない者もいる．

今年夏，鍬子島，所安島，珍島あたりでフカ漁に従事する日本漁船は250隻，約1500人（山口，大分，長崎の島原の船は乗員10人以上の船もあるがその他は5-6人）で，山口県鶴江，玉江，吉母，江崎が4割，大分県佐賀関，臼杵，鶴崎が3割，残りの3割は広島，熊本天草，福岡，愛媛，長崎である．ほかに長崎区の商人で潜水器2隻，乗員20余人でもっぱら鮑をとる者がいる〔吉村與三郎のこと〕．今年はフカの不漁でわずかに250隻だが，盛時は500-600隻に達するという．

日本漁民の評判は非常に悪く，「當國南海諸島邊民ノ我漁民ヲ嫌忌スルコト蛇蝎」のごとくである．原因はわが漁民が無辜の島民に対し，「粗暴残虐ノ所為」をなすためで，その「残暴」さは「山口県鶴江村，熊本県天草，大分県佐賀関ノモノ暴戻最甚シト云ヒ　所安島民ノ如キハ天草庶民ノタメ窘メラルル事，頗ル久シク」評判がことによくない．また鍬子島では鶴江，佐賀関の漁民が最も不評である．

漁民らは刀鎗銃器をたびたび使用している．「其島嶼ニ出入スル毎ニ發砲シ海上當國船ニ遭フトキモ又砲ヲ發シ，又薪水等賄入ノ為メ上陸スルトキ一人水桶ヲ擔ヒ一二人ハ刀鎗ヲ携ヘ之ヲ衛ル其海岸ニ上ルヤ真ニ鞘

ヲ脱シ刃ヲ露ハシ徒ニ里民ヲ威迫シ時ニ或ハ銃ヲ發シテ之ヲ追フコトア
リト」．このように凶器を弄することはなはだしく，抜刀発砲するので島
民たちは恐怖している．ただし．鍬子島の別将李某は，従来我が漁船と
取引しており，文字を解するので，宮内石橋の2人も，薪水などの供給
を頼っている．互いに筆活〔筆談〕をするが，我らのような者は稀だと
いわれた．

　安島は，南海島の東南40里にあり，日本漁船が南海諸島に往来すると
きは必ず停泊する島である．十数隻停泊中で，同島南岸に日本人風の家
屋で貨物を販売するものが4，5軒，砂糖，漁醤油，餅等を売る．1戸に
2，3人，みな男子で　長崎，山口等の商人体の者だが，姓名を詳らかに
せず．半年以上，同島に居住している．

　鍬子島には，家屋を設けたるものはないが，海岸にある當國人の家を
賃借し，日需の物件を販売するものありていずれも漁民なれども，その
何県の者なるやは詳らかならず．魚類を乾燥するため一時上陸するとき
はかならず仮小屋を設けるので該島にもフカ漁季節中は仮小屋が多い時
は数十に及ぶ．魚類を乾燥し終われば直ちに撤去する．

　所安島は，昨年山田荒治[79]が魚税所を設立したが，今はいない．そ
の代わり，山田が建築した税所は今もあって，對州人中村藤吉なるもの
が住居し，朝鮮人3-4人，日本人4-5人を使役して，彼我當民の間で売
買の周旋をなしている．米，酒，醤油，味噌，石炭，油，その他西洋反
物など扱い，勝手に売買する者がいると，その品を没収している．非常
に安く買って高く売りつけるので，島民から恨みを買い，本年旧7月20
日の夜島民ら　5，60人各棍棒等を帯び突然中村藤吉らの家を襲撃した
ところ中村ら数人これに応じ互いに段闘の後，島民らは打破られ，傷を
被り散乱せる．同夜更に島民200余人再挙して中村に逼ると中村衆寡敵
せず，凡そ2，3日間は島内樹林中に潜伏し居りたり．島民は家屋を焼毀
した．然るに中村はこれに懲りることなく再び同家に於いて営業を始め
た．中村の云うに山田荒治は曩に山口縣裁判所で無罪放免となっている．

又中村は本年中に鍬子島にも出張所を設けんとすると云えり.

　所安島には旧収税所に沿って我が漁民の家屋を設けるもの十二三戸あり.簡素な造りで,多くは大分県佐賀関,熊本県天草の者で,四五年來居住するものあり.魚類漁具等を貯蔵したり寝食の処としている.

　済州島へは,宮内石橋組漁船は訓示を遵奉し行っていないので詳しくはわからないが,島民から聞いたところによれば,旧暦七八月,我が漁船が水薪の為上陸のとき抜刀殴打し,互に石を投じ,彼我共に多少負傷せし事が数度あった.わが漁民は島民が我を嫌忌するので,「海岸ニ迫ルトキハ必ラス抜刀発砲」するため,ますます歓心を失っている.「又昨年中對州厳原潜水会社ノ漁船民数十人上陸一婦女ヲ強姦シタルヨリ終ニ一大騒擾ヲ生起シ該婦人モ後頭部ニ重傷ヲ被リテ今全癒セズ我漁民ノ其地ニ至ンモノアル毎ニ愁訴スト云フ」[80]

　吉村與三郎という者がいる.長崎区荒物屋傳兵衛の手代で,鶴江村商人と傳兵衛の共同経営の潜水器船2艘乗員20余人を率いて済州島近海で採鮑をしている.数年來済州島北岸に小屋掛けして陸住しながら採鮑をしていたが,今年〔1888年〕より鍬子島に移って日本家屋を建て永住するような様子である.この一党は漁民の中でももっとも暴戻残虐である.吉村はいつも黒色の洋服を着て赤い提灯を下げ(日本の役人を偽装するものか)左右の手に根杖と短銃を携えている.朝鮮に出漁する日本漁民はみな吉村を頼りとし,もし吉村の命令に従わない場合はさまざまな手段で漁業を妨害したり,虐待したりするという.宮内と石橋は,はじめあえて吉村の指揮に従わなかった.すると,鍬子島停泊中にやってきて喧嘩をふっかけてきたが,取り合わないでいると,何もせずに引き上げていった[81].

吉村は済州島北岸→楸子島を根拠にしているとあり,加波島だけにいたわけではないようだ.黒い洋服に赤い提灯,左右の手に根杖と短銃という吉村の風体の描写は,当時の雰囲気をよく伝えており,通漁規則施行前にすでに日本漁民が盛んに朝鮮西南岸で操業している様子がうかがえる貴重な証言だ.

この陳述書について，11月外務省通商局長杉村濬は以下のように付言[82]した.

　　朝鮮漁業の利益は莫大で，密商も横行，日本漁民は銃砲刀剣を帯びて暴戻残虐であるとのことだ．小官も目撃したが，九州山口地方から通漁する漁民は頑愚，冒険なる者たちで普通の人間ではない．放置しておけば海賊同然となる．現に吉村與三郎のように「徒黨ヲ率ヒ自ラ隊長ノ装ヲ為シ市洞中ヲ横行シテ各漁民ヲ自己ノ配下ニ統轄」する者，中村藤吉のように独占商売をする者がいたりして「無政府界ノ光景ナリ」.

「徒党を率い隊長の装いをなして市中横行」とは，まさに海賊の体であり，通商局長でさえ「無政府界ノ光景」と認めざるをえないほどのまがまがしい状況であった．全羅慶尚南岸では，日本漁民の小屋掛け，密商，海賊まがいの行為など，日朝通商章程第41款違反が横行していたことがわかる.

　なお古屋利渉の潜水器会社は，済州島で拒絶された後，鬱陵島へと転じたようだ．1888年古屋の社員4隻，潜水器2台で鬱陵島沿岸で捕獲したアワビ1250斤が地方官に没収されて問題となっている[83].

(2)　漁業免状の出願状況と長崎県の潜水器漁業者（1890年）

　1890年1月日朝通漁規則の施行とともに，日本漁船の漁業免状の出願が始まった．以後，出漁船の統計が始まる.

　「朝鮮国釜山帝国領事館ニ於テ取扱タル漁業免状調書」[84]によれば，1890年初年度の出願総数は715隻，乗員3616人だった．また県別（関沢1893：105-106）では，山口県209隻，長崎県131隻，広島県118隻，大分県76隻，岡山県57隻，香川県55隻，熊本県42隻，愛媛県14隻などで，納税総額は2747円だった.

　このうち1月から7月までに限っては，出願者の住所，氏名の記された一覧が残っている（489隻，納税総額1990円）[85]．当時，潜水器漁業の盛んだった長崎県[86]の出願者105人（隻）を抜き出し，住所別に整理したのが（表3）である.

表3 長崎県朝鮮出漁漁業免状出願者 (1890年) 1～7月

明治23年1-7月長崎県朝鮮出漁漁業免状出願村一覧

市郡	町村	住所	出願者	乗員数	備考
長崎市		長崎市外浦町50	宮下伊八	8	
長崎市		長崎市榎津町36	峰 久吉	8	
長崎市		長崎市榎津町36	岩下忠吉	8	
長崎市		長崎市榎津町36	黒崎兼吉	8	
長崎市		長崎市榎津町36	古賀浅次郎	3	
長崎市		長崎市八坂町33	森 和重	3	
淵村	西彼杵郡	西彼杵郡淵村546	鶴岡熊吉	8	
淵村	西彼杵郡	西彼杵郡淵村546	宮脇武八	3	
淵村	西彼杵郡	西彼杵郡淵村	大成丈吉	3	
淵村	西彼杵郡	西彼杵郡淵村347	福山惣平	3	
淵村	西彼杵郡	西彼杵郡淵村571	竹内熊吉	3	★「潜水器漁業組合」
淵村	西彼杵郡	西彼杵郡淵村572	竹内宅造	8	★「潜水器漁業組合」
淵村	西彼杵郡	西彼杵郡淵村573	林 音松	8	
淵村	西彼杵郡	西彼杵郡淵村554	木谷青八	8	
淵村	西彼杵郡	西彼杵郡淵村594	小西熊吉	3	
淵村	西彼杵郡	西彼杵郡淵町西泊957	小西徳太郎	8	
淵村	西彼杵郡	西彼杵郡淵村561	山口要吉	8	
淵村	西彼杵郡	西彼杵郡淵村594	金子幸三郎	3	
淵村	西彼杵郡	西彼杵郡淵村594	渡邊倉太郎	8	
淵村	西彼杵郡	西彼杵郡淵村347	築山浅吉	8	
淵村	西彼杵郡	西彼杵郡淵村347	松本寅松	8	
淵村	西彼杵郡	西彼杵郡淵村347	久保兼吉	8	
淵村	西彼杵郡	西彼杵郡淵村576	竹内光次郎	3	★「潜水器漁業組合」
淵村	西彼杵郡	西彼杵郡淵村瀬ノ脇浦575	大野市太郎	8	
淵村	西彼杵郡	西彼杵郡淵村瀬ノ脇浦575	酒井佐七	8	
淵村	西彼杵郡	西彼杵郡淵村604	山口伝八	8	
淵村	西彼杵郡	西彼杵郡淵町989	戸山末吉	7	
淵村	西彼杵郡	西彼杵郡淵村546	杉本利八	8	
淵村	西彼杵郡	西彼杵郡淵村347	岡山興四郎	8	
浪ノ平	西彼杵郡	西彼杵郡波(浪)ノ平町78	高木正三郎	8	
浪ノ平	西彼杵郡	西彼杵郡波(浪)ノ平町80	野原力蔵	8	
		(1) 長崎市および周辺部	31隻	202	人
北松浦郡	平村	北松浦郡平村76	福井惣兵衛	3	五島・宇九島
北松浦郡	平村	北松浦郡平村76	西 澄平	3	五島・宇九島
北松浦郡	平村	北松浦郡平村76	力石梅吉	8	五島・宇九島
北松浦郡	平村	北松浦郡平村150	小西愛蔵	3	五島・宇九島(裸潜)
北松浦郡	笛吹村	北松浦郡笛吹村446	山田源吉	5	五島・小値賀島
北松浦郡	笛吹村	北松浦郡笛吹村330	住福八太郎	4	五島・小値賀島
北松浦郡	笛吹村	北松浦郡笛吹村255	濱田作市	8	五島・小値賀島
北松浦郡	笛吹村	北松浦郡笛吹村487	松屋市太郎	4	五島・小値賀島
北松浦郡	笛吹村	北松浦郡笛吹村375	大田次三郎	4	五島・小値賀島
北松浦郡	笛吹村	北松浦郡笛吹村514	山﨑長次郎	4	五島・小値賀島
北松浦郡	前方村	北松浦郡前方村105	久保傳太郎	8	五島・小値賀島
北松浦郡	前方村	北松浦郡前方村384	岩坪政吉	8	五島・小値賀島
北松浦郡	柳村	北松浦郡柳村37	西 由五郎	8	五島・小値賀島
北松浦郡	柳村	北松浦郡柳村71	松本留三郎	8	五島・小値賀島

南松浦郡	有川村	南松浦郡有川村 88	若山八次	3	五島・中通島
南松浦郡	有川村	南松浦郡有川村 580	津田利八	3	五島・中通島
南松浦郡	有川村	南松浦郡有川村 712	田中貞吉	3	五島・中通島
南松浦郡	有川村	南松浦郡有川村 736	北坂菊太郎	3	五島・中通島
南松浦郡	有川村	南松浦郡有川村 118	大崎仁左衛門	3	五島・中通島
南松浦郡	有川村	南松浦郡有川村 30	松井勘治	4	五島・中通島
南松浦郡	青方村	南松浦郡青方村 367	山中豊助	2	五島・中通島
南松浦郡	青方村	南松浦郡青方村 456	平井惣市	3	五島・中通島
南松浦郡	富江村	南松浦郡富江村 1384	川中甚太	8	五島・福江島
南松浦郡	富江村	南松浦郡富江村 519	川崎嘉作	8	五島・福江島
南松浦郡	富江村	南松浦郡富江村 605	大川惣治	4	五島・福江島
南松浦郡	富江村	南松浦郡富江村 1506	川中庄次	8	五島・福江島
(2) 五島列島			26 隻	130	人
下県郡	国分町	下県郡国分町	幸原惣平	3	対馬・厳原
下県郡	国分町	下県郡国分町 95	竹内太市	8	対馬・厳原
下県郡	国分町	下県郡国分町 149	浦崎荒治	3	対馬・厳原
下県郡	国分町	下県郡国分町 149	竹内福造	3	対馬・厳原
下県郡	国分町	下県郡国分町 149	柴原又市	8	対馬・厳原
下県郡	国分町	下県郡国分町 149	吉田鳥之助	8	対馬・厳原
下県郡	国分町	下県郡国分町 149	江沢平蔵	8	対馬・厳原
下県郡	国分町	下県郡国分町 149	指方百太郎	8	対馬・厳原
下県郡	国分町	下県郡国分町 149	小柳萬造	8	対馬・厳原
下県郡	今屋敷町	下県郡今屋敷町 94	佐々木瀧次郎	8	対馬・厳原
下県郡	今屋敷町	下県郡今屋敷町	渡邊源次郎	8	対馬・厳原
下県郡	大手橋町	下県郡大手橋町 40	本多安次郎	3	対馬・厳原
下県郡	大手橋町	下県郡大手橋町	松岡三蔵	8	対馬・厳原
下県郡	大手橋町	下県郡大手橋町	河野源之助	8	対馬・厳原
下県郡	久田道町	下県郡久田道町 76	小沢元吉	3	対馬・厳原
下県郡	久田道町	下県郡久田道町 40	船越政右衛門	3	対馬・厳原
下県郡	根緒村	下県郡根緒村 23	西尾小兵衛	3	対馬市美津島町根緒
下県郡	根緒村	下県郡根緒村 22	浜崎嘉吉	3	
下県郡	鶏知村	下県郡鶏知村 99	岡村小次郎	3	「士族」
下県郡	日吉町	下県郡日吉町 34	丸山芳之助	8	
下県郡	桟原町	下県郡桟原町 46	吉村幸次郎	3	厳原
下県郡	厳原村可須	下県郡厳原村可須 34	山根吉之介	3	
下県郡	今里村	下県郡今里村	山本金平	3	
(3) 対馬			23 隻	124	人
西彼杵郡	時津村	西彼杵郡時津村 186	浜口太蔵	8	
西彼杵郡	崎戸村	西彼杵郡崎戸村 190	松尾音治	8	崎戸島
西彼杵郡	崎戸村	西彼杵郡崎戸村 190	松尾小十郎	2	崎戸島
西彼杵郡	福田村	西彼杵郡福田村 288	濱浦利吉	3	西彼杵半島角力灘
西彼杵郡	福田村	西彼杵郡福田村 260	松本幸太郎	3	西彼杵半島角力灘
西彼杵郡	福田村	西彼杵郡福田村 231	村川文右衛門	3	西彼杵半島角力灘
西彼杵郡	福田村	西彼杵郡福田村 306	早川弥十郎	4	西彼杵半島角力灘
西彼杵半島 (長崎, 淵, 波平, 橘湾を除く)			7 人	31	人
西彼杵郡	為石村	西彼杵郡為石村 50	三ツ石為吉	3	野母半島橘湾
西彼杵郡	為石村	西彼杵郡為石村 407	野母利三	3	野母半島橘湾
西彼杵郡	為石村	西彼杵郡為石村 801	峰 亀吉	3	野母半島橘湾
西彼杵郡	為石村	西彼杵郡為石村 340	瀬崎福市	3	野母半島橘湾
西彼杵郡	為石村	西彼杵郡為石村 500	野松乙次郎	2	野母半島橘湾

西彼杵郡	為石村	西彼杵郡為石村 150	汐碇武八	3	野母半島橘湾
西彼杵郡	為石村	西彼杵郡為石村 80	汐碇由太郎	3	野母半島橘湾
西彼杵郡	為石村	西彼杵郡為石村 240	赤松才太郎	2	野母半島橘湾
西彼杵郡	上ノ島村	西彼杵郡上ノ島村 8	池本卯助	3	橘湾
西彼杵郡	上ノ島村	西彼杵郡上ノ島村 120	中ノ瀬喜蔵	3	橘湾
西彼杵郡	上ノ島村	西彼杵郡上ノ島村 133	中ノ瀬八蔵	3	橘湾
西彼杵郡	上ノ島村	西彼杵郡上ノ島村 6	池本金三郎	3	橘湾
西彼杵郡	上ノ島村	西彼杵郡上ノ島村 66	中ノ瀬政右衛門	3	橘湾
北高来郡	有喜村	北高来郡有喜村 128	金崎良七	7	橘湾
北高来郡	有喜村	北高来郡有喜村 104	浦　八次郎	2	橘湾
北高来郡	有喜村	北高来郡有喜村 119	斉藤為吉	8	橘湾
北高来郡	有喜村	北高来郡有喜村 153	中村国三郎	8	橘湾
(4)　橘湾（千々石湾）			17 隻	62	人
石田郡		石田郡沼津村 169	八藤嘉八	3	壱岐島
(5)　壱岐			1 隻	3	人
長崎県　総計（1890 年 1-7 月）			105 隻	552	人

　表3を見ると，長崎県からの朝鮮出漁は大きく4つの地域からであることがわかる．1) 長崎市と周辺（長崎市・淵村），2) 五島列島（宇九島，小値賀島，中通島，福江島），3) 対馬（厳原周辺），4) 西彼杵半島・橘湾の4地域である．以下，地域ごとの特徴を（表3）をもとにみてみよう．表の8人乗りはほぼ潜水器船で，他に散見される 3-5 人乗りは潜水器船の付属船または素潜り船と推定される．

　①　長崎市と淵村

　「長崎市」は言わずと知れた清国との貿易都市で，清国向け重要輸出品フカヒレ，アワビ流通の拠点であり，有力な海鮮問屋が集まっていた．「淵村」は行政上は西彼杵郡に属したが当時から長崎港内西岸の一部で，現在は三菱重工業長崎造船所のあるあたりである．江戸時代べざい船（帆前船）の寄港地で，海産物の集散地だった（井口1893）．前述のように1884年潜水器船10隻130人で済州島へ出漁し巨利をあげるなど，早くから潜水器漁業の中心地のひとつだった．同番地から複数の出願があるのは，有力問屋が複数の出願をしたものと思われる．

　②　五島列島（宇九島，小値賀島，中通島，福江島）[87]

　五島列島の7つの大きな島のうち，北から宇九島，小値賀島，中通島で，もっとも南が福江島である．宇九島の平村は江戸時代に五島列島全域（小値

賀島を除く）の採鮑権を許可されていた特殊な島で，古来，裸潜による採鮑の盛んな地である．小値賀島笛吹村もまた伝統的に裸潜による採鮑の盛んな島だった．中通島の有川村，青方村は，江戸時代中後期，古式捕鯨（西海捕鯨）の基地として栄えたところで漁業資本の蓄積がうかがえる．資本型漁業の経験は潜水器漁業という新型漁業へのインセンティブとして作用したのではないか．資金調達面でも有利だっただろう．五島の漁業者をまとめていたのは吉村與三郎である．吉村は潜水器業者の中では珍しく山口県出身だったが，長崎市の海鮮問屋（貿易商）に寄留し，五島でブリ漁などをしていた縁で密接な関係を築いた．吉村の墓は郷里ではなく，長崎県南松浦郡〔五島〕若松村にある（天野 1937：10）ことからもそれがうかがえる．

③　対馬

厳原周辺が中心である．国分町 149 番戸からの 7 件の出願が注目される．その中の 1 人「浦崎荒治」の名は，1887 年摹瑟浦事件のさいに古屋潜水器会社社員 3 人の 1 人として記録されている「浦崎荒二」と同一人物と思われる．149 番戸は古屋潜水器会社の住所地だろうか．土地柄，対馬は朝鮮出漁の先進地，経由地であり，また曲，豆酘という伝統的な素潜り漁の浦（長崎県教育委員会 1979）があり，潜水器漁業の有望性にはいち早く気づいていただろう．

④　西彼杵半島および橘湾沿岸の村々

以上の 3 地域は，いずれもほとんどが潜水器漁業（一部裸潜船あり）で出漁した可能性が高いが，西彼杵半島，橘湾沿岸の村は，タイ延縄漁など，潜水器以外の漁業での出漁だったと考えられる．その理由は，伝統的漁業にアワビ漁との接点がなく，乗組員 8 人の船が少ないことである．

(3)　吉村組と採鮑権を争った朝長・淵村組

日朝通漁規則施行後，1890 年から 3 年連続して日本漁民の島民殺傷事件が起きた．事件の被害についてはすでに述べたが，これらの事件を調査した領事館や公使館の報告書をつぶさに見ていくと，済州島における日本漁民同士の採鮑権争いが浮かび上がってくる．

　先行して採鮑業を開始していた吉村與三郎らの吉村組と，あとから参入した竹内熊吉ら淵村組の争いである．

　対馬組はときによって，吉村組と組んだり，淵村組と組んだりしている．

　①　朝鮮政府の允許「海産会社」朝長二郎[88]（1890 年）

　淵村組が，朝長二郎の「海産会社」の傘下に入るのは 1890 年である．「海産会社」とは「朝鮮政府ノ允許ヲ得，朝鮮人ヨリ組織」[89]された朝鮮の会社だった．

　「朝鮮海産会社」（北水協会 1890：79-80）及び「朝鮮の漁業」（大日本水産会 1890：58-59）によれば，「海産会社」の設立経緯と朝長の関係は以下のようである．当時，漁業が莫大な利益を生むことを認識していた朝鮮政府は，「通漁規則」締結後，新たに海務沿海巡検監務使という官職を設けて趙存斗を任命し，朝鮮八道の漁業全般を統括させることにした．そして「海産会社」（釜山）を設立，趙存斗を社長にすえ，他に両班数名を役員にした．しかし同社には漁業熟練者がいなかったことから，長崎県大村の士族朝長二郎と契約した．

　朝長が最初に手掛けた漁業は，咸鏡道北青地方での明太魚（スケトウタラ）漁であった．朝長は一切の資本を自ら出し，長崎で漁夫 14 人を雇い入れ，漁船 4 隻，建網数統を購入，さっそく 1 月初旬から着手したところ大漁であった．江原道ではイワシ漁もしたようだが，詳細は不明である．さらに仁川に支店を置き，潜水器 17 台で採鮑にも乗り出した．淵村組の合流である．

　林権助仁川領事は「海産会社」について，朝長とは「純利分半ノ約ニテ漁業営業ノ契約ヲ取結ヒ済州島沿岸ノ漁利多キヲ以テ重ニ同濱海ヲ目的」[90]としていると報告した．「通漁規則」の微々たる漁税[91]に比べれば，利益折半は朝鮮側にかなり有利な契約だったといえる[92]．

　7 月，朝長らは全羅道一円〔実際の目的地は済州島〕で採鮑をする予定で潜水器 20 台，漁船 20 隻で飛揚島に向かったところ，二日前に盃令里（梁宗信殺害）事件〔7 月 3 日〕が起きた直後で，島内はきわめて不穏であった．かつ済州島牧使〔知事〕に「海産会社」の「関文」〔許可証〕を見せても認められず，朝長ら「他国漁船」はすべて退去を命じられた．

　一方でこの盃令里事件の犯人捜査のため，判官〔副知事〕ら地方官は朝長らに通訳を頼んでいる．日語を解するものがいないからと懇願され，朝長と配下の市川石動〔萩の人〕[93] は，飛揚島から南下しながら数日間日本漁船取調べの通訳をしてやっている．7 月 11 日摹瑟浦にいたると，「カッパ島ニ結幕シ居ル吉村某ヲ取調候　吉村ニハ通語ノ韓人附添居候ニ付キ是ヨリ私共ハ飛揚島ニ歸ル」とある．さらに翌日，おそらく捜査の最終日，事件現場の盃令里で吉村，朝長，地方官らは「會合」しており，朝長と吉村は顔を合わせたようだ．

　こうして捜査に協力したにもかかわらず，朝長らだけ，退去が命じられた．

　朝長らは，「カッパ島ノ去就ヲ取調べ彼去ラバ我モ共ニ去ルト斷言」して抵抗したが，判官は明後日までに退去せよといって頑として応じなかった．このとき朝長らは「一ヲ厭ヒ一ヲ庇フノ語氣相見申候」と，地方官がどうやら吉村をかばっているように感じたようだ．

　憤懣のおさまらない朝長らは，7 月 21 日飛揚島を出たあと，28 日釜山領事館に出頭し，以上の内容を記した「事実書」[94] を提出した．「事実書」に記された朝長の寄留地は，釜山入江町 1 番地大池忠助方であった．大池忠助は対馬の有力な貿易商（回漕業）で，釜山開港とともに釜山に渡り，後に釜山の三巨頭と称された実力者である．大池は釜山渡航当初に海産物貿易に携わり，全羅南道でフノリを買い付けて日本へ輸出したという（石川 2021：95）．朝長と「海産会社」との契約には，おそらく大池の仲介があったと思われる．

　今回の事件によって吉村組のみが済州島に残り，朝長ら「海産会社」の日本人は漁ができなくなった．

　そこで 8 月，「釜山海産会社雇橋本清，朝長次郎，竹内源吉，市川石動他一名の諸氏は京城にいたり外務衙門に迫り，我らに漁業解禁の公文を下付ありたりしと目下頼りに請願し居るよしなるが万一外務衙門に於て願意を空（むなし）うするの処置あるに於ては釜山海産会社を相手取りて損害要償の談判に及ぶ決意なり」と漢城の朝鮮政府へ押しかけた[95]．

　その足で彼らは日本公使館（近藤真鋤代理公使）にも出頭し，淵村の竹内源

吉は，吉村與三郎は「奸計ヲ廻ラス者」で，李晩松事件を強引に決着させた

あとは，「土着ノ府吏ニ多少ノ賄賂ヲ行ヒ府吏ト馴合ヒ日本漁船ノ汲水ハ吉村

ノ口入ヲナサザレバ許サルル事ナシ　右吉村ハ汲水ノ周旋ヲナス為ニ其報酬

トシテ他ノ漁船ノ漁獲シタル鱶鰭或ハ鮑貝ヲ廉價ニテ占買スルノ約束」[96] を

結ばせている．要するに，吉村は日本漁民の済州島での汲水権を牛耳ってい

るけしからん奴であると訴えたのである．

　済州島沿岸の採鮑権をめぐる淵村組と吉村組の隠然たる対立のようすがう

かがえうよう．

　こうしたなか前述のように島民百名以上が上京，11 日に近藤代理公使が停

漁 1 年延長を建議すると，8 月 14 日林権助仁川領事は岡部長職外務次官あて

に「朝鮮沿海漁利ノ概況及ビ右ニ関スル意見」[97] を具申した．1) 済州島で

は実質上すでに一部日本人には漁業権を与えている．停漁を放棄したも同然

なので「速ニ漁業実行ヲ宣言」すればよい．2) 海浜の陸地使用を明白にする

こと．3) 時々帝国軍艦で沿海を巡視（殊に済州島）することの 3 点である．林

仁川領事は，一部日本人が停漁下に漁業をしていることを明確に認識してい

た．あわせて帝国軍艦の済州島回航も要請した．こうして 9 月 1 日，1891 年

5 月末まで停漁が延長となった．

　またこの事件の調査過程で，莞島郡青山島[98] では島の節度使が日本漁民

に漁業特権が欲しければ生鰒 3000 個の上納を要求，従わない者は漁獲物を没

収し足枷を入れて捕らえているという伝聞ももたらされた[99]．近隣諸島では，

盛んに採鮑が行われていたことがうかがわれる．

　②　鳥海艦に搭乗した朝長二郎（1891 年）

　翌 91 年，済州島北岸 3 地域で大規模に起こされた殺傷事件の調査に，鳥海

艦で林権助仁川領事が派遣されたが，調査の目的に 1 つ注目すべき項目が加

えられている．それは，公使館としても実態を掴みかねていた「朝長古屋等

特准漁業ノ実況並ニ同人等ト土民及漁民牧使トノ関係」である．とはいえ，

鳥海艦には朝長が搭乗している．

「朝永次郎〔原文ママ〕古屋利渉ト称スルモノハ或ハ外務督辨ノ特許ヲ
得，或ハ朝鮮人被雇ノ名義ヲ以テ一般ノ通漁停止ニモ拘ラズ該島ニ漁業
スルモノナリ　其他或ハ又停漁ヲ幸ニ巧ニ牧使ト結托シテ彼我ノ間ニ不
当ノ利益ヲ占ムルモノアルヤノ風聞モアレバ今回ノ事件モ或ハ此等ノ輩
ト関係ナシトモ不斗候ニ付旁特ニ此等ノ実況ヲ取調ブルコト必要ニ有之
候」[100]〔下線筆者〕

　梶山弁理公使もまた，朝長二郎や古屋利渉が，外務督辨の特許とか朝鮮人
被雇の名義で停漁中の済州島において実質上漁業をしていることを認識して
いた．すなわち「停漁」は，一部日本漁民の特権を保護し，その他の日本漁
民を排除する措置として機能していたのである．

　古屋利渉の名が出てくるが，古屋自身はすでに済州島にはいない．厳原潜
水器会社の配下で活動する漁業者が誰なのか，加波島にいる吉村與三郎らを
指すのか，古屋事件の際，配下として2回目に済州島へ向かった対馬厳原の
竹内吉重ら[101]を指すのか，あるいは両者を含んでいるのか，はっきりしな
い．吉村與三郎と実弟の須子亀松は，のち2人で合資会社を設立[102]し，い
ずれかの時点で古屋の会社から離れている．

　ところで，鳥海艦は9月17日済州島へ行く前に，朝長・淵村組の根拠地で
ある所安島に3〜4日たっぷりと寄っている．鳥海艦が着いたとき，日本漁
船は10隻内外，納屋は7戸だった．済州島北岸3地域侵入事件後，朝長に属
する漁船21隻は〔追及を恐れて〕過半が帰国してしまい，8隻だけ残ってい
る状態だった[103]．所安島は，忠清道沖へフカ漁に行く日本漁民の寄港地と
して季節ごとに賑わう島だったが，潜水器業者は，ここを根拠に済州島近海
で漁採[104]をしていたのである．所安島周辺のアワビは小型だったため，所
安島根拠の潜水器業者にとっては，済州島解禁を待ち望んでいた矢先の2回
めの停漁延長であった．

　そもそも朝長は自分たちの正当性を主張する目的で鳥海艦への搭乗を願い
出たはずである．日本漁民の背後には，まさに軍艦と日本政府があった．

③　千代田・八重山艦回航と城山浦，所安島，加波島（1892年）

1892年になると，朝鮮政府は陸上施設の建設禁止を強く前面に押し立てて日本漁民を排除しようとした．潜水器漁民にとって，捕獲したアワビを釜で煮る作業は船上でもできたが，天日で乾す作業は広い陸上の土地が必要であった．そのため，いつも潜水器漁民と島民の間にはトラブルが起こっていたが，この時期は，リゼンドルが条約改正を東京で交渉している最中で，朝鮮政府も島民も，条約上明確である陸上施設の建設禁止を断固としてゆずらず，双方の対立は激化した．

千代田艦中川釜山副領事による調査報告の概要は，次の通りである．

　　城山浦では，竹内吉重〔対馬組〕の採鮑船11台のうち器械船3台は今も済州島にある．朝長二郎の分も幾分か残っていた．禾北里，頭毛里には行かず，翌日所安島「字日本漁村」へ行き，納屋にいる日本漁民に挙動を慎むよう説諭した（納屋は6軒で，うち4軒は五島の採鮑者，1軒は肥前大村の採鮑者，もう1軒は米酒の提供，魚貝の干し方をする婦女子3名の納屋）．納屋は，通常は食糧などを貯蔵し，前後の空地を魚貝の干場とし，冬季には畳んで資材を島民に預けて漁民らは帰国する．これまで所安島には60軒ほどの納屋があったが，昨年12月以降，済州島の往漁が解禁となったので，それまで仕方なく所安島の小型アワビで満足していた者たちが一斉に済州島へ行くようになったため，今年は納屋数が10分の1に激減した．秋になれば忠清道沖にフカ漁に出ている者たちが所安島に戻ってくるので，また賑やかになる[105]．

そして，城山浦の事件は，前年に続き朝長配下の者の仕業と推察すると報告[106]した上で，今後の「両国交和」のためには，「右朝長若シクハ同県下対州厳原ノ平民竹内吉重ノ如キ多クノ採鮑船ヲ取扱フ者ヲ始メ，近来漸ク往漁ニ傾ケル五島ノ漁民等ノ船主ニ十分配下ノ者ヲ監督」するよう，当該地方官への訓示を希望した[107]．

中川副領事の報告からも，朝長の淵村組，対馬組，そして新興の五島組の3勢力がいたことが読み取れる．

　一週間後の八重山艦の取調べは公使館館員ではなく軍人が執り行ったが，千代田艦中川副領事の報告に比べ，聞取りは具体的かつ詳細で，当時の日本漁民の状況を知る上で参考になる点が多いのは興味深い．官僚に比し，海軍軍人のほうが漁村や漁業事情に通じていたのだろうか．八重山艦は，7月25日やはり所安島に投錨し，7人の漁民から聞取りをした．

　1名が対馬の船で潜水器船を多数所有し，5名は五島，蠣ノ浦島の船で素潜り船が多く，山口県吉母村のフカ漁船1隻以外はみな対馬，五島，西彼杵郡のアワビ漁業者だった．聞取り調査の概要は以下の通りである．

　7人はそれぞれ独立営業しており，長崎県対馬厳原国府〔分〕町の竹内吉二郎（潜水器11台所有，ただし現状は2台のみ，残りは日本），長崎県北松浦郡平村〔五島宇久島〕の長松染次（素潜り船6隻），同村の泊久馬（潜水器1台，素潜り船5隻），同村の小西愛蔵（素潜り船1隻），南松浦郡青方村〔五島中通島〕の平山忠二郎（潜水器2台），西彼杵郡蠣ノ浦村の北島萬次郎（素潜り船6隻），山口県長門国豊浦郡吉母村の安成忠吉（フカ漁船1隻）である．

　所安島のアワビは海水が濁っているので，小さくて味がよくない．そのためみな済州島にて採獲し所安島では製造のみしている．小屋掛けは6軒，釜は6個，製造所には約50人がいる．運搬の際に，場合によっては3，4日も漂流することがあり，そういうときは腐敗して利潤が減る．昨年までは季節の最後に島の官吏朱禮極に韓銭1貫文または500文を納めたが，今年からは高額なことを言ってきた．仕方なく，小屋掛け3軒でアワビ800個と韓銭3貫500文を納付した．薪炭については，島民から直接買ったり村内に入ったりすることは禁制だが，島の官吏に請求すれば自由に売り渡してくれる．5月26日に済州島において小屋掛け厳禁のお触れが出たため，城山浦の小屋掛けはことごとく引き上げた．城山浦は平穏に引き上げたほうで，ほかに西帰浦，「ピーアンド」〔飛揚島〕，白濱〔表善〕，牛島では，みないったんは引き上げるが，韓吏が去ればまた小屋掛けしているという．（ただし「ピーアンド」は目下撤去中）．小屋掛

けの禁を一日も早く解除してくれることを望んでいる.

　竹内吉二郎の持ち船には, 今は帰国中の「浦崎荒次」がいるということから, 竹内吉二郎は古屋の厳原潜水器会社の流れをくむ対馬・竹内組とみなしてよさそうである. 所安島と済州島の関係がよくわかる証言である. 所安島を根拠にしていたのは, 朝長の淵村・竹内組, 古屋の対馬・竹内組, そして五島宇久島平の素潜り船が中心だったようだ.

　翌26日, 八重山艦は済州島城山浦沖に半日停泊しただけで, そのまま巨文島へ向かった. そして巨文島で出会った5人の漁民から聞き取りをした. 5人は, 山口県萩の吉村萬蔵, 長崎県崎戸町 (崎戸島) の杉山千次, 長崎県南松浦郡玉ノ浦村 (五島福江島) の藤浦清太郎, 吉川幸二郎, 山口県阿武郡鶴江村の佐伯與左エ門で, 鶴江の船1隻がフカ漁業で, 他は潜水器船のアワビ漁業である.

　　自分たちは7月23日まで「カッパドー〔加波島〕」で漁業をしていて, 昨日, 当地へ着いたばかりである. カッパドーで6, 7カ月間漁業をしたが, 夏の休暇のため日本へ帰る途次である. 西風のときは長崎まで3, 4日で達する. 佐伯はフカヒレの採獲だが, 他はアワビの採獲である. 5月頃に, 小屋掛け禁止の話を聞いたが, 7月中には引き払うと言ったところ, 承知してくれた. 吉川幸二郎は過日まで西帰浦にいた. 官吏から小屋掛け撤去の口達があったものの, 厳達ではなく, いまも残存している者がいる. フカ漁業は, ヒレを切り取り塩漬けにし, あとで船中にて乾製にするので, 陸上に小屋の必要はない. アワビ・ナマコは自分たちが最初に来たときに比べたら大いに減少したが, フカは特に減っていない. フカ釣り船は5人乗りである. 潜水器船は9人乗り, 賃金は1カ月潜水者20円, 水夫4円, 食事は雇い主の負担, 器械船1隻の1カ月の経費は約150円は必要である, などと述べた[108].

　加波島にいたということから, この5人は吉村組の系列とみてよいだろう. 5月に城山浦などでは, 厳しい撤去命令が出ていたにもかかわらず, 加波島は「別段の事なし」[109]と言っている. 5人は, 吉村與三郎の出身地の萩鶴江,

五島，そして西彼杵半島崎戸島の漁民である．

　1892 年前半に次々に起きた事件が，南岸では起きていないことも考えあわせると，吉村は加波島を根拠に深く地元官吏との関係を築き，足場をかためていたと見ていいのではないか．

　以上から，1891 年（北岸），92 年（東岸北岸西岸）と続いた済州島での日本漁民の漁採，上陸，小屋掛けをめぐる衝突は，所安島に根拠していた潜水器漁業者が，かねてより漁採していた済州島北岸や東岸などの根拠地占拠をめざして起こしたものと考えられる．

　④　初の「潜水器漁業組合」（1892 年）

　7 月 22 日，今後採鮑船を十分監督するよう当該地方官へ訓示するべしとの中川釜山副領事の報告が，釜山総領事室田義文を経由して榎本武揚外務大臣へ伝えられた結果，8 月 2 日に長崎県知事中野健明に内訓があり，管下の郡長，警察署長に朝鮮国沿岸で漁業する者は銃砲その他凶器を携帯しないよう厳重訓戒するよう内達があった[110]．それをうけ 9 月 27 日，長崎県出島水上分署長警部江口峰吉によって「潜水器漁業組合規約」[111] がまとめられた．県警察に組合を作らせ，これに加入させ，規制をかけようという意図である．日本政府による朝鮮出漁日本漁民取締のための初の公的組織である．

　加盟した潜水器漁業者（潜水器を 1 〜 7，8 台所有し，漁夫 10 〜 70，80 名を使用）は，長崎市 3 名，淵村 9 名の計 12 名である．

　　　長崎市築町 29 番戸　的野市郎，榎津町 36 番戸　田中磯吉，西浜町大
　　　鶴方山口県平民　吉村與三郎．西彼杵郡淵村字船津　幸田熊八，同　字
　　　瀬ノ脇　竹内源吉，竹内福蔵，小柳福松，小西繁太郎，竹内宅蔵，竹内
　　　熊吉，山口榮三郎，竹内密次郎．

　江口警部によれば，「朝鮮近海ニ於テ潜水器漁業ヲ営ム者ハ我ガ長崎県民ノミ」であった．この「潜水器漁業組合」は明らかに長崎港の漁業者（長崎市と淵村）でまとめられている．規約書は，吉村與三郎以外はすでに署名したが，厳原 1 名，西彼杵郡崎戸村 4 名，北松浦郡宇九島村 1 名へは組合への加盟を求めて規約書を送付したがまだ回答がない．そのほかに南松浦郡青方村 1 名，

同郡友江村〔富江村か？〕に1名いるが，兼ねて反対の漁業者につきその2名は除いているという．これらを総合してみると，この時点における長崎県が把握している潜水器漁業者はおよそ20名ということになるだろうか．回答のない厳原の1名は，古屋の厳原潜水器会社の対馬組で，また崎戸村，宇九島は，八重山艦の調査を参考にすると，吉村與三郎の加波島組である可能性が高い．吉村は加盟者に名前はあげられているが，まだ署名をしていないという．同じ長崎の潜水器漁業者といえども，淵村組，対馬組，加波島の吉村組（五島），それぞれに対抗意識，規制に対する温度差，当局との距離感に差異があったことがうかがえる．

　また組合規約を設けるにあたり，潜水器漁業者の取締だけでなく，他県の釣り漁業者にも銃砲凶器の携帯を厳禁するよう申し出があったという．

　銃砲凶器の携帯がいかに日常的であったかを裏付けている．

(4)　加波島を根拠に停漁中も採鮑した吉村與三郎

　淵村組の攻勢にもかかわらず，吉村組は済州島の採鮑利権を手放すことはなかった．朝鮮潜水器漁業の創始者と称された吉村與三郎の人となりと，吉村組のその後について触れておく．

　①　「漁将軍」吉村與三郎

　1879年飛揚島でいち早く潜水器漁業を開始した吉村與三郎は，1887年慕瑟浦の李晩松殺害事件のときは古屋利渉の潜水器会社に属し，日本漁民が暴行したにもかかわらず，逆に島民を脅して詫状を書かせた豪腕の持主であった．左右の手に根杖と短銃を携え，来漁する日本漁民の汲水権を一手に握り，命令に従わない者を妨害するなど，「漁民の中でももっとも暴戻残虐」[112]「奸計を廻らす者」[113] と日本漁民にも評判が悪かった．

　一方で別の評価もある．「吉村與三郎氏ハ従来長崎港西濱町大鶴利三郎氏に交情密なる人にして済州島に於る釣漁實業に取りては韓國千萬の漁人挙って之に當るも決して勝つ能はざる處の『怜悧者』にして済州島民も亦吉村を仰ぎて日本の漁将軍と呼び做せり．且牧使，判官及び京城派出の理事官も吉村

を信用し，若し同島漁業上に付き利益に関するある毎に吉村氏の干渉せざる
處なし．其斯く人望ある所以のものは平素衣食を島民に給しまた漁獲の魚介
百尾に付き十八尾即ち一割八分を地方官に収るが為めなり」．さらに吉村は実
弟の須古〔須子亀松〕を，密漁船視察のための「官船」に乗せ，島の沿海を
巡航し，もし日本漁船を発見すれば直ちに漕ぎ寄せて衣装器具を差し押さえ
るなど秩序維持に寄与しているという．盃令里事件（1890）後は，済州島に
は「吉村須古兄弟を除くの外日本人の済州島に在るものひとりも無きに至る」
状態となった[114]．

　吉村の側からすれば，摹瑟浦事件のあと，加波島を根拠に，済州島の潜水
器採鮑権の独占体制を作り上げたといえる．そのやり方は，漁獲物の1割8
分を済州島の地方官に収めることで地方官の認知を受け，官船と結託して吉
村組以外の日本漁業者の参入を妨害した．

　そのようなおり，吉村のもとへ五島の宇久島 神浦の三宅道次郎がやってく
る．

　三宅道次郎は1889年，90年頃「春，意を決して渡鮮し，済州島で萩出身
吉村某の潜水器水産に働いた．当時はアワビ時期だけ彼地へいって帰り，秋
冬は又泉屋に加勢していた」（宇久町郷土誌編纂委員会1967：187）という．「萩
出身吉村某」は，吉村與三郎のことである．三宅道次郎は1889年12月6日
に初めて飛揚島に行ったとの記録もある（天野1937：13）．最初は季節的な手
伝いだったが，1891年になると，郷里神浦の廻船業泉屋の融資で潜水器を調
達[115]，済州島へ渡った．泉屋は道次郎の実母の実家である（河原2007a：232）．

　宇九島は五島列島最北端の島で，神浦と平[116]という二つの集落がある．
神浦は，江戸時代から博多・阪神方面を結ぶ帆前船を数隻有し[117]，瀬戸内
海のタイ漁船の通漁地でもあった．問屋が4軒あり，明治に入ると萩の鶴江
の船もくるようになったという（宮本2015：52-53）．1877年萩鶴江の吉村與三
郎が延縄20隻を率いて「奇利を納めた」[118]という記録もある（このときはブ
リ漁）．吉村は，早くから対馬，長崎，五島，所安島，楸子島などを自在に往
来するなかで，最終的に済州島の加波島に根拠を定めた．三宅道次郎[119]が

吉村のもとで修業するに至ったのには，そうした縁があったことと関係している．

　先に触れたように吉村與三郎は，済州島の北岸，東岸（城山浦），西岸などで日本漁民と島民の衝突が繰り返されていた 1891 年，92 年，静寂を保っている．すでに利権の確立していた吉村は加波島でじっとしていたとみえる．少なくとも日本側の記録に，摹瑟浦，西帰浦などでの衝突は報告されておらず，吉村は南岸を中心に採鮑を続けていたと思われる．

　②　済州島解禁後の 3 グループ

　翌 1893 年の関沢明清の漁業調査では，朝鮮の潜水器漁業は約 120 台，うち済州島が 70-80 台（吉村與三郎 21 台，長崎〔淵村〕の竹内源吉 17 台，対州〔対馬〕の竹内吉重 14 台，他は 1 台から 3 台〜5 台）であった[120]．

　すでにこの頃，済州島近海のアワビは著しく減少しており，アワビだけでなくアワビよりは安いナマコも採取するようになっていた[121]．また，済州島だけに固執していては採算があわなくなる恐れがあり，まだ潜水器漁業の未開地である済州島以外の漁場を求めて広範囲に移動していった．

　以後，吉村組は済州島の利権を一手に掌握し，引き続き根拠とした．

　淵村組は 1893 年所安島へ移住し，潜水器漁業（明鮑，ナマコ製造）を展開した．淵村組は，済州島への上陸はかなわなかったが，むしろ全羅道慶尚道南岸の一大勢力となり，のち麗水を拠点として水産製造業へと大きく展開した．植民地期に入ると麗水は水産業，水産加工業の「南鮮の中心地」となる．

　対馬組は，早くからウラジオストクや鬱陵島で操業した経験から，寒冷地方の咸鏡道江原道沿岸へと移っていった．元山領事の報告によれば，咸鏡道江原道のナマコ採取は，1892 年対馬の中原文真の潜水器 1 台（乗組員 12 人）を嚆矢とするが，翌年から急増し，94 年には 8 業者，46 隻，潜水器 32 台，338 人を数えている．8 業者の 1 人に吉村與三郎（潜水器 4 台，40 人）も名を連ねたが，吉村の場合は済州島から夏季限定の出漁だった[122]．江原道（鵝也津，漢津，注文津など）はその後さらに増加し，1897 年の潜水器漁業は，漁夫総数日本人 820 人，韓人 19 人，納屋数は 25〔2 業者が組合して 1 納屋の場合

図 5　吉村與三郎（後列左端）．吉村の右は順に，大鶴利三郎，岡十郎，
　　　須子亀松．前列は，山口県捕鯨合資会社が雇ったノルウェー人砲
　　　手ペダーセン（Pedersen）（左から 4 人め）とその家族．1898 年 4
　　　月 8 日，長崎にて．（萩博物館所蔵）

もある〕である．かつて済州島城山浦沖で淵村組とともに採鮑していた対馬
組の竹内吉重は，江原道鵝也津を根拠に江原道の中でも最大規模の納屋（納
屋取締 4 人，漁夫 60 人，韓人 3 人）を構えて操業した[123]．

③　吉村與三郎の晩年

　吉村與三郎の晩年の写真がある（図 5）．日本近代捕鯨の創設者といわれた
水産界の大物，岡十郎とともに，羽織姿の正装で写っている．吉村與三郎の
人生の中でももっとも栄えある時だったのではないか．棍杖と短銃を提げ無
頼漢まがいのいでたちで済州島を跋扈していた頃の気配は微塵も感じられな
い．なぜこの写真が撮られたのだろうか．

　写真のキーパーソンは大鶴利三郎である．大鶴は長崎の貿易商（荒物屋）の
養子で慶応義塾に学び，上海など清国各地を視察，開明的な人物であった．
ロシア捕鯨船が持ち込む鯨肉が長崎で飛ぶように売れるのを実見した大鶴は，
早くから近代捕鯨の必要性を説き，やがて山口の岡十郎らが本格的に動き出
し，ノルウェー人砲手の雇用，捕鯨会社の設立に尽力する．ノルウェー人砲

手の雇用交渉には長崎の大鶴が直接あたった[124]．この写真は，その契約時のものである．破格の条件での外国人熟練砲手の雇用には莫大な経費が必要で，そこには大鶴の資金提供があったに違いない．大鶴利三郎方には吉村與三郎が寄留していた[125]．大鶴の資金源の一部には，吉村，須子亀松兄弟が持ち込む莫大な済州島のアワビ収益があったことを，写真は物語っているのではないか．朝鮮潜水器漁業と近代捕鯨の接点を示す重要な写真である．

5．関沢明清の漁業調査と済州問題の「決着」

　本稿の最後に，「済州島綴」第3巻[126]の締めとして，「四，関沢明清の出張の案件」が綴られている点に注目してみたい．

　なぜ関沢の出張の案件が「済州島綴」の最後に綴じられているのだろうか．関沢の出張報告書は，帰国した1893年の秋に『朝鮮通漁事情』[127]として民間から刊行されており，初の朝鮮沿海の漁業調査書として知られている．ところが，関沢の出張命令書，報告の受領などが「済州島綴」全3巻の締めとして綴じられているところをみると，どうやら日本政府は済州島問題決着の切り札として関沢出張を企図したと考えざるをえない．

　実は『朝鮮通漁事情』（以下『通漁事情』とする）には3つのバージョンがある．よく知られた『通漁事情』のほかに，もとになった関沢自身が現地から外務省へ送った調査報告『朝鮮近海漁業視察概況』[128]（第1回〜第8回，以下『視察概況』とする）がある．これは関沢の帰国の翌年（1894年）外務省通商局第二課から公刊された．『通漁事情』が朝鮮漁業関係の各種資料まで盛り込んだ朝鮮漁業案内の要素が強いのに対し，『視察概況』は日本漁民の動きなど関沢の直接の見聞が記され，『通漁事情』では省かれたりまとめられたりしてしまっているくだりが精密に記されていて，当時の実態を知る一次史料としては，『視察概況』のほうが臨場感があり，示唆に富んでいる．さらにもう1つ，公刊された『視察概況』のもとになった関沢が外務省に送った報告の手

書き原本[129]（以下「報告原本」とする）が存在する. 「報告原本」には「次官
閲」と添え書きがあり, おそらく当時の外務次官林 董 による校閲で, 各所に
「削ル」の書き込みがみられるのである.

　「報告原本」は全体で約 110 頁（1 頁 26 行の罫紙を使用. マイクロフィルムでは
130-253 頁. ただし重複あり）あるが, そのうち約 30 か所に「削ル」の書き込
みがある. たとえば潜水器のくだりで「濫獲シ」[130] を「削ル」とした数文字
の字句に対する指示から, 視察の軍艦鳥海艦について「…艦体ノ割合ニハ重
量多キ大砲ヲ載スル…」[131] に対して「削ル」といった数行, あるいは数頁に
及ぶ指示までさまざまである. 以下, 削除箇所をざっと挙げてみると, 通漁
区域外の日本漁民の操業（忠清道, 仁川湾）[132], 日本漁民が乾燥場, 製造場と
して必要な具体的な場所[133], 潜水器による濫獲や枯渇の現況[134], 捕鯨の特
許問題, 調査船が軍艦であること[135], 魚市場開場の必要性（統営, 仁川）[136],
ウラジオストックから咸鏡道への密貿易[137], 沿岸三里の解釈問題[138], 政府
による朝鮮海漁業の保護奨励の必要性[139] などである. こうして列挙してみ
ると日朝間でまさに懸案となっているセンシティブな問題が何であったかが
浮かび上がってくる. 総じて, 朝鮮政府をいたずらに刺激しかねない箇所を
削除させているとみられる. 中でももっとも目を引くのは, 「済州島」の報告
部分（約 10 頁）のうち 2 か所, 計 6 頁に及ぶ大幅な削除指示と, もう 1 つ見
逃してならないことは, この「報告原本」には『視察概況』にはない「第九
回」（約 16 頁と朝鮮政府より入手の済州島地図 1 枚）が存在していることである.
「第九回」には, 「秘　此報告ハ全部見合之事」の添え書きがあり, これも林
董の筆跡と思われる.

　3 つのバージョンをもう一度整理すると, 「報告原本」は第 1 回から第 9 回
まであった. しかし, これには林董外務次官の削除指示が約 30 か所つき, 1
年後に『視察概況』（第 1 回〜第 8 回）として外務省から公刊された. 関沢は,
この削除指示と, 喫緊の重要問題にもかかわらずすぐに公刊しようとしない
政府におそらく不満をもったはずである. 関沢は, 出張後すでに民間人に戻っ
ており, 済州島問題は触れないという条件で再編纂し, 帰国した年の秋に民

表4　済州島への軍艦回航及び関沢明清の「漁業視察」の動き（「外務省外交文書」「朝鮮近海漁業視察概況」「済州島報」「報告原本」より作成）

	目的	出港	帰港	日数	経路	主調査者	その他の搭乗者	軍艦（太字）/民間船
1887年6月	済州島住民ト本邦漁民トノ紛擾処置（一般船トハ退去、古尾船ヘ説諭）	—	—	—	済州島（24時間程度寄泊か）	仁川領事館谷生か記	—	**天城艦**
1891年9月	済州島殺人事件取調両国官吏派遣	9月12日	10月5日	—	9/14安島、9/17所安島→済州島健入浦、9/22済州島至照里、9/23直長路、9/28巨済島、9/29釜山、10/5仁川	仁川領事林権助	朴用元交渉通商事務参議（副護軍職が臨時に任命）、通訳玄映運、朝貢二郎	**鳥海艦**
1892年7月	釜山中川副領事済州巡航	7月18日	7月21日	5日間	7/18釜山、7/19済州島至照里→所安島、7/20所安島→巨文島、7/21釜山	釜山副領事中川恒次郎	朝貢通弁1名	**千代田艦**
1892年7月	済州島他2島「彼我漁民混和ノ情態視察」	—	—	—	7/25所安島日本漁民村、7/26済州島牛島城月浦→巨文島	駐韓弁理公使梶山鼎介は搭乗せず、八重山艦長が代理。	海軍大尉依田光二、海軍少尉土田二郎、丸橋彦三郎ヵ軍人	**八重山艦**
1892年12月	第1回：朝鮮出稼ぎ漁業者の実況取調べ	1892年月日不明	12月13日	—	広島、山口	関沢明清（嘱託）	—	
1892年12月	第1回：釜山日本人居留地、釜山近傍	12月17日	—	—	ゲンポー、馬山浦、洛東江口	関沢明清（嘱託）	—	日本漁船
1892年12月	第2回：仁川港近傍	12月21日	12月30日	—	12/21釜山→仁川港、12/25仁川→京城、12/30仁川	関沢明清（嘱託）	—	日本郵船汽船尾張丸
1893年1月	第3回：済州島、最客り各島巡視	1月3日	1月20日	17日間	1/3仁川→1/4所安島上陸、1/6所安島、1/8所安島→済州島（牛島）、1/11古今島、1/17済州島蛇梁島、1/18巨文島、1/19巨文島→釜山、1/20蛇梁島→釜山	関沢明清（嘱託）	外商門主事鉉相、通弁朴龍赫	**鳥海艦**
1893年1月	第4回：釜山以北咸鏡道江原道方面（元山）	1月31日	2月6日	6日間	1/31釜山→2/2元山、2/4元山→2/6釜山	関沢明清（嘱託）	—	定期郵便船伊勢丸
1893年2月	第5回：釜山以西南、全羅道南岸東部（大陸に近接する名々等）	2月14日	2月27日	13日間	2/14釜山→加徳島→2/15巨済島、馬山浦、2/16統営→2/17蛇梁島、子里近傍、2/19順天、金蘂島、2/20雁場、2/21欲知島、熊川、2/22洛東江口→釜山。	関沢明清（嘱託）	桐子3名	釜山水産会社帆船亀祥丸（25ｔ）

関沢の、第6回「鯨族に関する報告」、第7回「朝鮮漁業収益概算」、第8回「朝鮮国水産物輸入概況」、第9回「朝鮮海漁業上ニ係ル意見」は3月に釜山、大阪等で提出。

間より『通漁事情』として刊行したのではないだろうか[140].「第九回」のうち，済州島以外の内容は『通漁事情』に部分的に含まれている.

　以下,「報告原本」に削除指示のついている済州島の項約 6 頁と,「第九回」報告の内容について，検討を加えてみたい.

　リゼンドルが対日交渉を諦め，本国への帰国の意思を固めた頃（1892 年末），日本政府は，水産官僚を辞して捕鯨業[141]に取り掛かろうとしていた民間人の関沢明清を嘱託として臨時雇用し，漁業調査を命令した[142]. 目的は,「一，朝鮮国慶尚道全羅道忠清道京畿道ニ於テ本邦漁民漁業全体ノ状況　一，慶尚道全羅道付近ノ島嶼及ビ済州島ニ於テ本邦漁民ノ最モ収穫多キ場所並ニ其収穫物ノ種類　一，本邦漁民ノ寄港シ又ハ一時住居スル場所並ニ其情況及ビ右等ノ地方ニ於テ朝鮮島民トノ折合」〔下線筆者〕の 3 つであった.

　関沢の視察と報告書の概要をまとめたのが（表 4 下段）である. 関沢の調査は，第 3 回済州島調査のみ軍艦鳥海艦を使用し，韓吏高官を搭乗させている点で，他の回とは明らかに異質であることがわかる.

　済州島問題決着の最終段階とみた日本政府は，もと水産官僚で現在は民間人の関沢に白羽の矢を立て,「漁業調査」の名目で，済州島へ赴かせることを企てたのではないだろうか. そのカギは削除指示箇所にあるはずである.

(1)　第 3 回「済州島」の項：削除その 1

　第 3 回報告「済州島」の項のうち，3 頁分削除指示. 削除内容（要約）は次のとおりである[143].

　　済州島に赴くと，長崎の竹内次郎吉，対馬の竹内吉重の代理というものが艦艇にやってきた. 1892 年初冬から吾照浦〔城山浦の近く〕で小屋掛けしていたところ，12 月 3 日に朝鮮の官吏が「内衙門ヨリ漁採禁断ノ令アリト言フ」といって書面をもってきた. 自分たちは釜山で税金を払っているし，日本政府からは何の告示もない. 小屋掛け〔の撤去〕は「明許」がないので仕方ないとしても，退去せよとの催促が再三で困惑している. 総勢 20 隻余り，約 200 人ほどいる. 親船がようやく昨日来たとこ

ろで今日にも退去を迫られていると訴えてきた．幸い艦には朝鮮国王の命を受けた李鉉相が乗っていたので，一緒に上陸して李が島民に「命旨」を伝えれば自然に解決すると思い小艇で一緒に上陸しようとしたところ波が高く李は小艇に乗り移ることができなかった．そこで自分だけ「上陸シ其情況ヲ視察シ遂ニ村ノ先達ト称スルモノ四名ヲ拉へ本艦ニ返リテ李ニ紹介セシニ李ハ王命ヲ傳フルコト所安島古今島ニ於ケルガ如クシ又別ニ済州ノ牧使ニ向ケ外衙門ヨリ下ス所ノ文書ヲ交付シ其傳致ヲ命ゼリ．察スルニ之ガ為メ一時事無キコトヲ得タルナラン」[144]〔下線筆者〕．

　関沢らが島の先達をとらえて艦に連れてきて，外衙門主事李鉉相から直接「王命」を伝えさせ，済州牧使にも外衙門の文書を伝致させたくだりである．所安島，古今島と同じく，済州島も通漁区域であると，朝鮮政府高官から直接島民に伝えさせた．李鉉相が上陸を拒んだので，関沢が無理やり地方官をつれてきて，李鉉相に面会させている．済州島問題の幕引きを強引にはかる場面が，生々しく描写されており，漁業調査を逸脱した脅迫的外交行為であった．日本政府としてはどうしても伏せておきたかったくだりである．

　なお李鉉相は，リゼンドルに随行して東京で条約改訂交渉にあたった外衙門主事（総務）である．この第3回済州島回航直後の1月23日，外衙門を辞職した[145]．失意の底の，あるいは抗議の辞職だったのではないか．

(2) 第3回「済州島」の項：削除その2

　第3回報告「済州島」の項のうち，後半の約2頁半の削除指示，削除内容（要約）は次のとおりである[146]．

　　かつて千葉県小浜で潜水器を用いてアワビを捕獲したところ3年未満でアワビを獲り尽くした例があるように，いくら済州島が大きな島といえども，制限なしに70台から120台もの潜水器が操業すれば，小浜の轍を踏むことは明らかである．アワビは島民の「生計ノ資」であり，これを獲り尽くせば，島民に嫌悪されてもやむをえない．現在，小屋掛けは吾照浦と加波島の二か所のみで，飛揚島はかつてはあったが，島民との

折り合いが悪く，撤去した．西帰浦は，汲水のみで小屋掛けはできない．他は，飲み水さえも汲ませないという．ほかにも嫌忌の原因には，日本漁民が「赤裸体」で徘徊するため，海浜で採藻の婦女子が周章狼狽し遁走するなどがある．一昨年には日本漁民と島民との闘争で 3 名の死者もでた．「嫌忌ノ念コヤ結ンデ解ケザルノ如シ．故ニ尋常ノ手段ニ由テハ島民ノ本邦漁民トノ間平和ヲ永遠ニ保タンコトハ到底望ムベカラザルモノナラン」[147]

　アワビを獲り尽くす日本漁民への嫌忌の念は根深く，両国の友好的未来はないという赤裸々な現状分析である．済州島禁漁を主張する朝鮮側に利用されかねず，よって削除指示が付されたと推察する．

(3)　「第九回報告」：全削除

　第 9 回報告は，1893 年 3 月 18 日付で帰国後日本で書かれたものである．漁業視察を終えた関沢による 7 つの提言がまとめられており，関沢としても，もっとも重きを置いたはずだが，これが全削除となっている．7 つの提言のうち，1，2，3 は常設製造場の必要性，4，5 は出漁者の取締と救護，6 は済州島問題，7 は通漁区域以外の忠清道と仁川港の件である．最後に朝鮮政府より入手したという済州島地図が付されている．6 以外の内容は『通漁事情』に再編されてあらわれているが，6 だけは慎重に秘匿された．

　「六，済州島ノ事」の項（246 ～ 250，3 頁半）で触れられている内容（要約）は，次のとおりである．

　　「朝鮮海ノ漁業ニ就キ目下ノ緊急ノ課題ハ済州島事件ナリトス」．朝鮮政府は済州島全域を漁場区域から外そうと請求している．報告第 3 回で触れたように，済州島沿海で操業している日本漁民は，現今，主にフカ漁と潜水器漁業の 2 種類である．アワビ，ナマコは品質が大変よく，潜水器 1 台で 4800 円，済州総額では 33 万 1000 円の巨額に上る．しかし，「酷捕」により減少著しく，このまま放置すれば 1，2 年で採算割れになるであろう．なので，潜水器を禁じればよいのであって，済州島を漁業

区域から外せという主張はいただけない．済州の民情は「剽悍固陋」で
あり，アワビは今日ほとんど「滅尽ニ近キ景況」なので，5年ほど潜水
器を停漁にし，繁殖保護をして，猶予を設けてはどうか．その間，もよ
りの所安島に「本邦漁人ノ常ニ足ヲ駐ムベキ場所」を設けて厳しく取締
れば，5年後に「一新」するのではないか．島周辺には，ほかにも魚類
が豊富であるので，済州島を漁場区域外にするのは反対である．5年潜
水器停漁の見返りに，忠清道の漁場開放を求めてはどうか．

　関沢の提言を読むと，この時期（1893年3月）まで，済州島の停漁問題がま
だ決着しておらず，問題が引きずられているかのようでもある．しかし，こ
の提言は削除された．日本政府としては，「停漁」は1892年11月末までの立
場をあくまで貫く姿勢であり，関沢の妥協案の提言は「秘…全部見合之事」と
して削除された．だが，この時期に関沢が妥協案を提示したということは，ま
だ済州島問題が決着していなかったことの証しとも受け取れる．

　以上，済州島問題の最終決着を「済州島綴」及び「報告原本」の削除部分
から読み解いてみた．関沢自身は帝国水産人の視点から朝鮮漁場調査にかなり
積極的で，第1回の釜山近傍調査をもっとやりたかったようだが，日本政府に
京城〔漢城〕に早く行くことを急かされている．京城〔仁川〕で鳥海艦に李鉉
相を乗せて済州島に向かい，「王命」を伝達させる役回りを図らずも担ったわ
けである．こうしてみると，関沢出張の案件が，「済州島綴」の最後に綴じら
れている理由がよくわかる．関沢の出張は，済州島問題の決着のために企図さ
れた言っていいだろう．漁業調査はカモフラージュで，あくまでおまけだった．
「報告原本」3か所の大幅削除の中でも，もっとも重要なのは「(1) 第3回「済
州島」の項：削除その1」で，李鉉相の口から直接島民に「王命」を伝えさせ，
牧使にも伝致させた部分である．こうして無理やり済州島問題の幕引きを図っ
たということ自体が巧妙に秘匿されたのである．

　実はこれを裏付ける史料がある．『秘書類纂23朝鮮交渉資料下』である．『秘
書類纂』は，伊藤博文のもとに山積していた国家機密にかかわる重要文書（主
に1890〜1900年．伊藤が生前に分類整理）を後の人が校訂し，1933-36年に出版

したものだが，ここに関沢の「朝鮮近海漁業視察報告」（伊藤 1970：18-39）が収められている．関沢の報告日と場所「明治二十六年〔1893〕一月二十四日」「釜山」（表4）からわかるように，これは「報告原本」の「第三回済州島」にあたり，突き合わせてみると，削除のない全文であることがわかった．李鉉相から島民に王命を伝達したくだりもはっきりと書かれている．「報告原本」は第9回まであるのに，第3回だけが『秘書類纂』に収録されている理由は，伊藤が「第三回済州島」を重要視し，済州島停漁の強引な幕引きを国家機密扱いにしたことの証左なのである．

お わ り に

　19世紀後半，済州島の豊かなアワビ漁場へ，日本の潜水器漁業者は大挙して押しかけ，島民殺傷事件を繰り返しながら漁場占有を進めていった．その過程を，済州島停漁問題や日本潜水器漁民の出漁実態に着目して検討した．最後に，これらの日本潜水器漁業の出漁の動機，島民との衝突，勢力争い，棲み分けなどを総合的に整理することで，本稿の結びとしたい．

　アワビの宝庫である済州島沿海は，幕末より大分，山口などのフカ漁民が出漁しており，済州島北方の所安島などは，フカ漁民の根拠地として知られていた．日本の関東地方で大流行した資本型漁業の潜水器漁業はただちに長崎にも伝えられ，山口のフカ漁業者の中から潜水器漁業へと転換を図るものが現れ，1879年済州島へ出漁した．続いて長崎県の潜水器漁民が，日本国内の潜水器漁業禁止令を受け，国外である朝鮮へ出漁を開始した．

　済州島では，本島への上陸は拒絶されたので，はじめは付属島である飛揚島，加波島を根拠に，潜水器での採鮑を開始した．密漁である．1883年「日朝通商章程」によって，朝鮮沿岸4道の漁業が解禁されるが，済州島民の反発は激しく，済州島に限り，翌1884年9月から最終的には1891年11月末まで，約7年2ヵ月にわたり，日本人の漁業は停漁となった．約7年間の途中，

特定の漁業者（古屋組）に限り1887年に6カ月間だけ部分解禁があった．他にも一部漁業者（淵村組）は，済州島に比較的近い全羅南道所安島を根拠に済州島近海で採鮑を続けており，また別の漁業者（吉村組）は加波島を根拠に，地元の地方官と私的契約を結んで，採鮑を継続していた．つまり日本の潜水器漁業者は，済州島停漁中，むしろ他の日本の潜水器漁業者の参入を排除する形で独占的に潜水器漁業を続けたのであった．

　済州島の停漁期限は2度延長されている．はじめ1890年5月末までだったが1年延長され1891年5月末までとなり，さらに6カ月延長され，1891年11月末までとされた．ただしこの間，朝鮮政府は，条約を改正して済州島を永久禁漁にしようと外交交渉を試みていたが，実現することはできなかった．停漁期限が迫ると日本漁民は上陸を強行し，既成事実化をねらうが，そのたびに殺傷事件を起こした．日本政府は，殺傷事件の調査と称し，頻繁に軍艦を回航させた．さらに済州島永久禁漁の条約改正交渉が行き詰り，朝鮮外交団が帰国の意志を固めた頃，漁業調査の名目で民間人関沢明清を臨時に外務省嘱託に任命，出張を命じた．関沢は1893年1月済州島へ軍艦を回航させ，朝鮮高官から島の地方官へ済州島解禁の「王命」を伝達させる役割を担ったが，この事実は日本政府によって注意深く秘匿された．朝鮮政府側にとっては，済州島解禁阻止の道を絶たれたことを意味した．

　すでにこの頃，済州島沿海のアワビは乱獲により著しく減少し，日本の潜水器漁業者にとっても，採算割れが憂慮されていた．日本の潜水器漁業者たちは，済州島にだけ固執せず，他の海域でアワビ，ナマコを採取することで日本漁業者同士の競合を避け，朝鮮漁場の棲み分けを図るようになる．日本漁民の朝鮮漁場占有の拡大である．まだ植民地化以前であるが，漁場は半植民地状態となっていた．対馬組は主に元山を拠点として咸鏡道，江原道沿海へ向かい，淵村組は全羅道南岸一円に広がり，のち麗水を拠点とした．吉村組は，周年，加波島を拠点として済州島の採鮑権益を以後も独占し，のち吉村組で経験を積んだ五島宇久島の三宅道次郎が済州島本島（西帰浦→城山浦）に上陸して営業するようになった．

　日本の朝鮮出漁は 1883 年「日朝通商章程」を機に急拡大していくが,「冒険的」すなわち半海賊的な日本漁民が引き起こすトラブルに対し, 日本政府は「正当防衛」「証拠不充分」「私闘」などの理由づけで徹底して日本漁民を保護し, 軍艦回航で島民を威嚇した. 大部の「済州島綴」からは, 日本漁民を放任しているように見せながらも, あくまでもその動向に逐一目を光らせ, 要所要所で巧妙に対策を講じた日本政府の姿勢がよく読みとれるのである.

1)　日本政府は, 朝鮮政府による禁漁ではなく, あくまでも日本側の好意による「成丈往漁差控」であると主張した. 本稿では一時的差止という意味で「停漁」の語を用いる.

2)　他に李元淳 (1967)「韓末済州島通漁問題一攷」, 金炫希 (1987)「韓末済州島의 通漁問題에대하여」などがある.

3)　外務省外交史料館「戦前期外務省記録 3 門 (通商) 5 類 (産業) 8 項 (漁猟, 水産物)」,「済州島漁業関係雑纂」(全 3 巻)

　　第 1 巻「済州島於テ我漁民ノ往漁当分差控一件」(271 頁) 戦前期外務省記録 3.5.8.14_001, JACAR (アジア歴史資料センター, 以下略) : B11091815000. 戦前期外務省記録の引用については, 必要に応じてオンライン公開ファイルの頁番号を示す. コマは頁とした.

　　第 2 巻「済州島漁業及殺傷ニ関スル件」(166 頁), ①「我漁民ガ土民一名ヲ斬殺シタル件」, ②「明治二十四年我漁民島民ヲ殺傷シタル件 (林領事出張ノ件)」, ③「小柳重吉, 山口住太郎等仮小屋ヲ儲ケ漁業並本邦漁民ト島民ト争闘ノ件 (中川副領事済州島巡視日記, 八重山艦長済州島巨文島所安島視察報告)」戦前期外務省記録 3.5.8.14_002, JACAR : B11091815500.

　　第 3 巻 (無題, 118 頁) ①「済州島漁業禁止ノ報酬トシテ要求スベキ事項取調ノ件」, ②「朝鮮近海往漁者取調ノ件」, ③「朝鮮近海往漁者中魚介乾製ノ為上陸場所取調の件」, ④「朝鮮國漁業取調ノ為關沢明清出張ノ件」戦前期外務省記録 3.5.8.14_003, JACAR : B11091816200.

4)　外務省編纂日本外交文書デジタルコレクション. 外交史料館. https://www.mofa.go.jp/mofaj/annai/honsho/shiryo/archives/index.html

5)「慶応年間横浜港ニ碇泊セル弾薬倉庫船ノ船底ヲ修理スルニ当リ英国軍艦 (ハロシャ) 号付属ノ潜水器械ヲ使用スルニ際会セリ　萬吉乃チ之ガ指揮者トナリ遂ニ其効ヲ奏セリ　ソノ後間モナク蘭国人ニ就イテ初メテ潜水術ヲ伝得シ遂ニ此業ヲ成就セリ　是我国ニ於ケル器械潜水業者ノ嚆矢トス　後東京芝赤羽旧工作分局ニ依頼シ萬吉之ヲ指揮シテ潜水器模造器械ノ製造ヲ終ルヤ自ラ其器械ヲ着用シテ潜水シ以テ衆人ノ喝采ヲ博シタリ　是即チ日本製潜水器制作ノ元祖ナリトス」(斎

藤 1905：5-6）．

6)　東京市京橋区の加藤工場が民間の嚆矢．海軍工廠や築港工事などに納入していたが，明治 11 年以後もっぱら水産物採集に使用するようになった．（斎藤 1905:巻末）．

7)　『團團珍聞』1881 年 12 月 31 日．

8)　当時，潜水器のことをしばしば「水潜器」とも記した．また「潜る（もぐる）」を「潜る（くぐる）」ともいった．『團團珍聞』（1897 年 10 月 9 日）では，「河童又助と潜水器」が「沈み競べ」をするという小噺を絵入りで掲載している．

9)　「潜水器ヲ用テ鮑等捕獲スル者使用過度ナルトキハ介種蕃殖上妨害アルニヨリ取締ノ方法ヲ調査シ稟候セシム」「近来沿海ニ於イテ鮑等捕獲ノ為メ潜水器械ヲ使用スル者有之趣相聞候処右ハ使用適度ヲ過ルトキハ介種蕃殖上ニ妨害ヲ来スベキモノニ付篤ク注意ヲ加ヘ適宜取締ノ方法取調当省ヘ可伺出此旨相達候事　十五年三月二十二日」国立公文書館　公文類聚第 6 編明治 15 年第 64 巻民業 3 農事 2 件名 16　https://www.digital.archives.go.jp/item/2498686

10)　この時期の長崎県は，現在の佐賀県域を含む地域．

11)　県「甲第 154 号」は次の通り．

「潜水器械漁業取締規則別紙ノ通相明治十六年一月一日ヨリ施行候条此旨布達候事　但従来許可者ト雖モ本則ニ依リ更ニ出願スベシ

（別紙）

　第一条　潜水器械ヲ以テ漁業ヲ営マント欲スルモノハ漁場所轄ノ郡役所ニ願出許可ヲ受ク可シ

　第二条　該器械ヲ以テ漁業ヲナスベキ場所ハ海面ヨリ二十尋以上ノ海底ニシテ其地方漁民ニ於テ故障ナキ所ニ限ル可シ

　第三条　該器械ヲ以テ漁業ヲ営ムモノハ専ラ水産繁殖ノ妨害ヲ不来様注意スベシ若シ妨害ト認定スル時ハ禁止スルコトアルベシ　但鮑真珠貝ノ如キハ生育最モ遅緩ナルモノナレバ其ノ生ヲ遂ゲシメザル内濫リニ捕獲スルヲ許サズ」（第四条，第五条は省略 — 筆者）（長崎県警察部 1896）

12)　潜水夫は綱を引く回数で船上と信号をやり取りした．1 引きから 8 引きまでで，ヨシ，上下東西南北を示し，無数引きは「危険」を示した．（斎藤 1905：41-42）

13)　『日本外交文書』第 16 巻（120）（（　）内は文書番号，以下同）親展第 171 号．JACAR：A01100247600．

14)　「カゴメ島（此島不詳）」は，全羅南道南端の居金島または古今島ではないか．ただし巨済島附近ではない．いずれも所安島，楸子島ヘフカ漁業で出漁する経由地にあたり，吉村には馴染みがあったと思われる．

15)　同郷の監督中村又左衛門とその子鶴松 1 台，吉村庄三郎 1 台，吉村一族の尾上恵一 1 台，朝鮮人趙城奎 1 台，計 4 台を操業した．吉村與三郎の墓は南松浦郡若松村にある．（天野 1937：10-11）

16)　『日本外交文書』第 17 巻（134）機密第 43 号．

17)　酒井（2020）によれば，日本政府の思惑に朝鮮政府の意図も絡み，実はかなり複雑な経緯をたどった．

18)　『日本外交文書』第 20 巻（128）〜（148）.

19)　『日本外交文書』第 17 巻（133）機密第 70 号.

20)　『日本外交文書』第 17 巻（132）機密第 60 号，欄外注記.

21)　『日本外交文書』第 17 巻（134）機密第 43 号.

22)　『日本外交文書』第 20 巻（128）（付記 1）.

23)　『日本外交文書』第 20 巻（128）（付記 2）.

24)　『日本外交文書』第 20 巻（129）機密第 57 号.

25)　『日本外交文書』第 20 巻（130）機密第 63 号（付属書 1）.

26)　『日本外交文書』第 20 巻（130）（付属書 5）.

27)　「済州ハ朝鮮内地ト風俗違ヒ人民頑強ニシテ朝令ニ服セス且ツ通信不便政府ノ命令ハ三四カ月モ立タサレバ達セサル（中略）三ケ年程禁漁ノ期ヲ緩メラレ而シテ通漁規則ヲバ速ニ訂約相成リ候ハバ，一方ニハ朝鮮政府ノ歓心ヲ得一方ニハ我漁民ノ取締ヲ立ツルヲ得ベシト考フ　杉村」『日本外交文書』第 20 巻（129）機密第 57 号「下ケ札」.

28)　『日本外交文書』第 20 巻（130）

29)　『日本外交文書』第 20 巻（130）

30)　『日本外交文書』第 20 巻（137）（付属書 1）．「土民等数百名樫棒ヲ持來リ石ヲ投ケ寄附キ難ク非常ノ勢ニ及ヒタレバ各船ヨリ右六名ヲ救出ノ為各々有合ノ獲物ヲ携ヘ右ノ人数ヲ一先ツ逐拂ニ夫レヲ相圖ニ救出シ辛フシテ船ニ歸リタル」『日本外交文書』第 20 巻（132）機密第 112 号「済州人我漁民ノ為致命ノ事」.

31)　『日本外交文書』第 20 巻（143）（付記 1 付属書 3）.

32)　『日本外交文書』第 20 巻（139）（付属書 2）（付属書 2 和訳文）（付属書 3）（付属書 3 和訳文）

33)　『日本外交文書』第 20 巻（143）（付記 2）.

34)　1890 年，91 年，92 年と続いた日本漁民による済州島民殺害事件，本章（2），(3)，(4) は，「済州島綴」第 2 巻にまとめられている.

35)　『日本外交文書』第 22 巻（158）（付属書 1）

36)　1 年 1 隻あたり，乗組員 10 人以上 10 円，5〜9 人 5 円，4 人以下 3 円.

37)　たとえばフカ延縄船の場合 1 隻平均 5 人乗り，1 年の収穫高は 300 円〜1000 円（関沢・竹中 1893：107）だが，漁税は 1 年 1 隻 5 円である.

38)　『日本外交文書』第 22 巻（178）機密第 81 号.

39)　『日本外交文書』第 22 巻（179）.

40)　『日本外交文書』第 22 巻（108）機密第 28 号.

41)　『日本外交文書』第 22 巻（110）機密第 49 号.

42)　『日本外交文書』第 22 巻（111）機密第 54 号.

43)　『日本外交文書』第 22 巻（113）機密第 73 号.

44) 『日本外交文書』第 23 巻（120）機密第 95 号（付属書 1）.

45) 『日本外交文書』第 23 巻（132）（付属書 3）.

46) 『日本外交文書』第 23 巻（120）（付属書 1）閔督辨より近藤代理公使への照会.
「可志ノ浦」は五島福江島樫浦のこと.

47) 『日本外交文書』第 23 巻（121）機密第 96 号.

48) 　島民は以下の抗議をした. 済州島の鮑は従来王室献上品である. 採鮑は女人の
専業で, 日本人の営業妨害によって女人は生活を失っている. 済州島では裸潜で
獲っているが, 日本人は器械で一時に数百千の鮑貝を獲得するので鮑の種まで取
り尽くし島民の利源を失わせている. 『日本外交文書』第 23 巻（122）

49) 『日本外交文書』第 23 巻（123）,（127）（付記）.

50) 『日本外交文書』第 23 巻（132）（付属書 3）.

51) 『日本外交文書』第 23 巻（132）.

52) 「分割 2」JACAR：B11091815200_275 〜 296, 済州島漁業関係雑纂第一巻（3.5.8.14_
001）. 朝鮮政府はこの時, 大同江開港を, 済州島停漁再延期の交換条件として提
案したが, 日本政府は済州島の漁業権と大同江では釣り合わないとして却下
した.

53) 「分割 3」JACAR：B11091815300_297, 済州島漁業関係雑纂第一巻（3.5.8.14_001）.

54) JACAR：B11091815200_286.

55) JACAR：B11091815200_293. 「外務大臣青木周蔵上奏文」1891 年 5 月 20 日.

56) 『日本外交文書』第 24 巻（128）〜（133）.

57) 『日本外交文書』第 24 巻（129）「済州殺人一件」（付属書）閔督辨照会,（右訳
文）,（132）（付記）照会の要旨.

58) 『日本外交文書』第 24 巻（128）電受第 480 号, 原文は英文.

59) 『日本外交文書』第 24 巻（131）電送第 374 号, 原文は英文.

60) 『日本外交文書』第 24 巻（132）機密第 20 号.

61) 『日本外交文書』第 24 巻（132）機密第 20 号.

62) 『日本外交文書』第 24 巻（132）（付属書 1）.

63) 『日本外交文書』第 24 巻（133）機密第 93 号.

64) 『日本外交文書』第 25 巻（161）（付属書 1）（付属書 2）

65) JACAR：B11091815200_270「官進第 29 号　朝鮮国済州島ニ於テ漁業御差止ノ
義ニ付伺」

66) 『日本外交文書』第 25 巻（161）（付属書 1）（付属書 2）.

67) 『日本外交文書』第 25 巻（163）

68) 『日本外交文書』第 25 巻（159）

69) 　フランス生まれのアメリカの軍人, 外交官. 1872 年から 1875 年まで明治政府
の外交顧問, 1890 年から 1899 年まで朝鮮王高宗の顧問を務めた.

70) JACAR：B 11091815900_199　「済州島綴」第 2 巻第 3 分冊「分割 1」199 頁.

71) 『日本外交文書』第 17 巻（134）（135）.

72)　『日本外交文書』第 19 巻（87）．1886 年 9 月 14 日．

73)　『日本外交文書』第 19 巻（87）．

74)　『日本外交文書』第 20 巻（130）（付属書 5）．

75)　［天野寿之助，1937］13 頁．

76)　所安島の収税所事件については，酒井（2023, 2024）に詳しい．

77)　宮内の郷里の江崎村は，江戸時代より北前船で栄えた天然の良港で，長門国の
　　玄関口にあたる．また石橋の郷里の美濃地村は内陸の村だが，庄屋石橋家は廻船
　　を所有し岬一つ越した長門の江崎港を母港としていた．（木部 2023，児島 2010）

78)　「朝鮮国慶尚全羅両道ニ於ケル我往漁者ノ情状報告一件附朝鮮近海往漁者取締
　　護衛艦及官吏派遣ノ件」JACAR：B11091820300_ 487-497．

79)　山田荒治事件については，酒井（2023, 2024）による詳細な論考がある．

80)　「厳原潜水器会社」とあるので李晩松事件と思われるが，外務省記録では，婦
　　人が強姦された事実は隠されていたのか，詳細は不明．

81)　「吉村與三郎ノ状
　　　山口県下鶴江村ノ者ニテ吉村與三郎ナル者アリ　長崎区荒物屋傳兵衛ノ手代ト
　　称シ鶴江村商人○○〔某某？〕ト傳兵衛ノ連合営業ニ係ル潜水器船二艘乗員二十
　　余人ヲ以テ済州島近海ニ出没シ採鮑業ニ従事スルモノアリ　此ノ業数年来済州島
　　北岸ニ小屋掛ケヲナシ陸住セシカ本年ヨリ鍬子島ニ移リ日本風ノ小屋ヲ作リ永住
　　ノ計ヲナシ恰モ當國ヲ以テ其家トナスモノノ如 シ 此一党ハ漁民中最モ暴戻残酷
　　ヲ極ムト　吉村ハ常ニ黒色ノ洋服ヲ着シ赤色ノ提灯（我官吏ニ擬スルモノカ）
　　ヲ提ケ左右ノ手ニ根杖短銃ヲ携ヘ市洞中ヲ横行シ凡テ當國ニ出漁スルモノハ皆其
　　指揮ヲ便リニ至リ若シ其命ニ應セサルモノアル中ハ種々ノ手段ヲ以テ其漁業ヲ妨
　　害スト　又時トシテハ我漁民ヲモ虐待スト云フ」宮内石橋ノ始メ當國ニ来ルヤ敢
　　テ吉村ノ指揮スル處ニ従ハサリシカ為ナルベシ　鍬子島ニ停泊中一日石橋ハ微恙
　　〔軽病〕アリテ船底ニ伏臥シ宮内独リ船首ニアッテ読書中突然吉村来リ　喧争ヲ
　　促スモノノ如クナリシガ當人共之レニ應セサルヨリ幸ニシテ何事モナクシテ立去
　　リタリト」（1888 年 10 月 15 日）JACAR：B11091820300.496 頁．

82)　「此報告ハ日本漁民ノ朝鮮南海諸島ニ漁業スル情況ヲ詳細ニ認タモノナリ　其
　　要ヲ摘メバ一ハ漁業非常ニ利益アル事．二ハ日本人諸島内ニ家屋ヲ構ヘ商売ヲ為
　　ス事．三ハ日本人ノ暴励残虐ナル事．四ハ日本人ハ銃砲刀剣ヲ帯ヒテ島民ヲ威嚇
　　スル等ノ事ヲ列挙セリ
　　　右南海諸島ハ大陸ヲ距ル事二三十里ヨリ遠キハ五六十里のモノモアリテ素ヨリ
　　朝鮮政府の政令及ブ□〔様？〕ニアラズ　島吏権力ナリ　人口希少迚モ我暴励ナ
　　ル漁民ヲ防御スル能ハサルベシ　而シテ九州及山口□島地方ノ漁民ハ（小官
　　モ 屡 目撃セシガ）其頑愚ニシテ冒険ナル事ハ普通人類ヲ以テ視ル可カラズ　故
　　ニ此儘放任シ置ク時ハ彼等ノ所業漸次海賊ニ近似シ南海無辜ノ韓民ヲシテ益々困
　　難ニ陥ラシムルニ至ル可シ　現ニ山口県人吉村與三郎ナル者ハ徒黨ヲ率ヒ自ラ隊
　　長ノ装ヲ為シ市洞中ヲ横行シテ各漁民ヲ自己ノ配下ニ統轄セントスルガ如キ　對

　州人中村藤吉ガ両民間ノ賣買ヲ一手ニ壟断セントスル如キ真ニ無政府界ノ光景ナ
　リ」JACAR：B11091820300.498-499 頁.

83)　韓（1971：263）. 鬱陵島の漁業権も済州島と同じく日朝間の懸案だった. また
　　この時期, 大日本水産会（1888：29）の質疑応答欄で, 会員古屋利渉が「海鼠腸
　　（このわた）製造法」を質問している. コノワタはナマコの腸の塩辛である. 鬱
　　陵島含め江原道以北はナマコが大量に獲れたので, この質問は古屋が大量のナマ
　　コ漁に着手していたことを裏付けていよう. なお古屋の住所は長崎県対馬国下県
　　郡久田道町となっている.

84)　JACAR：B11091827600.B 11091827700. B11091827800.

85)　JACAR：B11091827700.「朝鮮国釜山帝国領事館ニ於テ取扱タル漁業免状調書」
　　「分割1」（1890）. 9 頁〜20 頁が 1-4 月, 21 頁〜29 頁が 5-7 月だが, 乗組員記載
　　がないという理由で, 30〜51 頁に 1-7 月として再掲している. ただし 33 頁の下
　　げ札の 1-4 月 268 件は, 5-7 月 489 件の中にダブっている. したがって「1-7 月」
　　の出願は 489 件である.

86)　1892 年長崎県出島水上分署長によれば, 朝鮮近海で潜水器漁業を営む者は「長
　　崎県民のみ」である. JACAR：B11091816500_66.「朝鮮近海往漁者取締ノ件」

87)　宇九島, 小値賀島の海士（海女）の調査に長崎県教育委員会（1979）がある.
　　ほかに宇九島平の海士は, 香月（2009）, 小値賀の海士は片岡（2011）の研究に
　　詳しい. 西海捕鯨の研究は膨大な蓄積があるが, 末田（2004）, 古賀（2016）, 中
　　園（2019）などを参考にした. また立石（1992）は, 潜水漁と古式捕鯨の接点に
　　ついて言及していて興味深い.

88)　本人自筆の署名捺印と思われる史料（JACAR：B11091815700_044, _055）に
　　は「朝長二良」とあるが, 本稿ではもっとも史料に頻出する「朝長二郎」の表記
　　に統一した. 他に「朝永」「治郎」などの表記も散見されるが同一人物である.

89)　『日本外交文書』第 23 巻（124）

90)　『日本外交文書』第 23 巻（124）

91)　一隻当たりの定額制, 1 年ごとに, 1〜4 人乗りが 3 円, 5〜9 人乗りが 5 円,
　　10 人乗り以上は 10 円.

92)　この時期, 朝鮮政府は日本漁民からの収税のために各種機関を作っている. 海
　　産会社は, まもなく解散した.

93)　石川は, 山口県長門国阿武郡萩町字川島村 188 番地, 京城鑄第 33 号地寄留.
　　『日本外交文書』第 23 巻（133）付属書.

94)　『日本外交文書』第 23 巻（131）（付属書 5）「済州島民殺害ニ関スル件」

95)　「済州島殺傷事件の詳報」『兵事新報』（15）1890-8, 28-30 頁.

96)　『日本外交文書』第 23 巻（121）

97)　『日本外交文書』第 23 巻（124）（機密第 17 号）

98)　所安島の東 20 キロの島.

99)　『日本外交文書』第 23 巻（133）. 朝長二郎, 橋本清が述べた話とある.

100)　『日本外交文書』第 24 巻（131）機密第 85 号.

101)　酒井裕美（2020：17）. 関沢（1894：29）にも対馬組として竹内重吉の名があり〔1893 年時点〕，1892 年城山浦事件にも対馬組は関わっている.

102)　「潜水器用護謨服」『第二回水産博覧會要録』1899 年，411 頁.

103)　『日本外交文書』第 24 巻（132）付属書 1.

104)　『日本外交文書』第 25 巻（168）付属書.

105)　『日本外交文書』第 25 巻（168）付属書「中川副領事済州巡航日記」.

106)　「当国近海ヘ来漁スル我ガ漁民中採鮑者（器械船ナリ）ニハ往々無頼之者モ有之此輩常ニ土人ト紛糾ヲ起スノ憂鯵カラズ候. 殊ニ長崎県下大村ノ士族朝長二郎ナル者ハ當國高貴ノ官人ト聯合シテ採鮑ニ従事セルガ故ニ其配下ノ者モ勢ヲ負シテ挙動ヲ慎マズ. 既ニ昨年ノ如キ紛紜ヲ起シタル次第ニ付, 今回城山浦ニ於ケル不都合モ亦朝長二郎ノ配下ノ者ニ出シト推察セラル」『日本外交文書』第 25 巻（168）機密第 9 号.

107)　『日本外交文書』第 25 巻（168）機密第 9 号.

108)　『日本外交文書』第 25 巻（169）付属書 1「済州島巡視報告」, 付属書 2「巨文島巡視報告」, 付属書 3「所安島巡視報告」.

109)　『日本外交文書』第 25 巻（169）付属書 2「巨文島巡視報告」.

110)　JACAR：B11091816500_63-64.「甲第 35 号朝鮮沿海漁業者ノ件内申」.

111)　規約は 12 ケ条で, 第 1 条：済州島民の財物の強盗, 窃盗の厳禁, 違約金は 20 円. 第 2 条：済州島民婦女子の脅迫, 猥褻な所業の厳禁. 違約金は 20 年. 第 3 条：済州島民と争闘, 殴打, 創傷させた場合は日本領事館へ告発. 違約金 15 円などであった.「2. 朝鮮近海往漁者取締ノ件」JACAR：B11091816500_61-71, 済州島漁業関係雑纂　第三巻（B-3-5-8-14_003）.

112)　「朝鮮国慶尚全羅両道ニ於ケル我往漁者ノ情状報告一件附朝鮮近海往漁者取締護衛艦及官吏派遣ノ件」JACAR：B11091820300_487-497.（石橋・宮内の陳述）

113)　『日本外交文書』（121）（竹内源吉の言葉）1890 年

114)　「済州島殺傷事件の詳報」『兵事新報』（15）1890 年 8 月. 29-30 頁.

115)　（天野 1937：漁業者略歴 17）によれば, 潜水器船 2 隻で朝鮮に渡ったとある.

116)　宇久島平の集落は, 古来, 素潜り漁の盛んな島で, 五島列島（小値賀島を除く）のアワビ獲りの権益を独占していた. すぐ南の島小値賀島の笛吹もまた海士の集落で, 笛吹の海士は壱岐や対馬にも入漁権を持っていた.

117)　神浦は大型帆前船が 6 隻, 平はやや小型の帆前船が 3 隻, 記録にあるという.（宇久町郷土誌編纂委員会 1967：252-253）.

118)　『北松浦郡神浦郷土誌』（1918）は確認できなかった.（河原 2007a:233）からの引用.

119)　1904 年 10 月に宇久島から済州島に向けて航行中, 吉村の所有船が転覆した難破船を発見したとの文書がある. 吉村と宇久島の三宅のつながりをうかがわせるエピソードだ. JACAR：B1208171400

　　三宅道次郎は，1910年「韓国併合」に際し，「蔭の力として軍と密接な連絡を
とり多大の貢献をした．その功績により朝鮮総督から潜水器漁業八隻の許可を下
付され」表善里→杏源里→城山浦へと済州島本土へ拠点を移し，「済州島開拓の
第一人者」とまで言われた．『宇久町郷土誌』（1967：188）．城山浦での以後の活
動については河原（2007b）に詳しい．

　　1935年（昭10）に，三宅道次郎の潜水器は4台で，先の吉村組が4台，計8
台が許可されているが，三宅道次郎が済州島での足場を築けたのは吉村の縁故の
おかげだったとすると，済州島の8台は吉村・三宅組で独占されていたというこ
とができる．

120)　『朝鮮近海漁業視察概況報告』28-29頁．

121)　アワビ・ナマコを併せて一年に30万円，莫大な漁利，「初メテ潜水器械ヲ使用
セシ頃ハ鮑ノ如ハ一日ニ生貝四百貫乃至五百貫ヲモ採リ得タレトモ目今ニ至リレ
ハ大ニ減少シ，百五拾貫ニ上ルコト稀ナリ．海鼠ハ未ダ著シキ減少ヲ見ザレトモ
年々幾分ヅツヲ減少スルノ傾キアリト云ヘリ」関沢明清『朝鮮近海漁業視察概況
報告』29頁．

122)　「咸鏡道江原道に於ける本邦漁業者の景況」『大日本水産會報告』（144）64頁，
1894年．『官報』1894年7月4日．

123)　JACAR：B16080701500_437-462「明治三十年六月現在江原道沿岸日本人漁夫
人名」

124)　大鶴利三郎は1870年生まれ，1935年没．大鶴については以下による．（石田
1978：49）．岡庸一「日韓貿易事情」『最新韓国事情』（1903：234-235）．『日本現
今人名辞典』（1903：480コマ）．『慶應義塾塾員履歴集』（1894：34-35）．下啓介
（1932：139）．（岡本1965：141）．

125)　「潜水器漁業組合規約」に記載の住所「長崎市西浜町大鶴方山口県平民　吉村
與三郎」による．

126)　「済州島綴」第三巻（1892年9月～1893年3月9日）Ref:B11091816200.の締
めくくりは「四，朝鮮國漁業取調ノ為關沢明清出張ノ件」Ref:B11091816700.で
ある．ちなみに，「一」はリゼンドルとの交渉に際しての公使館，外務省等のや
りとりで，内容は「済州島漁業禁止ノ報酬トシテ要求スベキ事項取調ノ件」
Ref:B11091816400.，「二」は長崎の潜水器業者の取り締まり強化の案件で「朝鮮
近海往漁者取調ノ件」Ref:B11091816500.，「三」は日本漁業者の切実な要求であ
る小屋掛け，製造場の確保問題で「朝鮮近海往漁者中魚介乾製の為上陸場所取調
の件」Ref:B11091816600.となっている．

127)　『朝鮮通漁事情』1893年，著作兼発行者関沢明清，著作者竹中邦香，團々社書
店．

128)　『朝鮮近海漁業視察概況』1894年，外務省通商局第2課．『朝鮮近海漁業視察
概況報告』第1回，外務省通商局，明27.2．国立国会図書館デジタルコレクショ
ン https://dl.ndl.go.jp/pid/901090〔表紙に「第1回」とあるが，「第1回」から

「第 8 回」を含む〕
129)　外務省外交史料館戦前期外務省記録 6.1.6.14_001.JACAR：B16080718300. 内地官民海外視察報告書第 1 巻.
130)　JACAR：B16080718300_151, 152
131)　JACAR：B16080718300_148
132)　144 頁, 149 頁.「仁川湾は 15 隻限定なのに 60 隻以上操業している」141 頁.
133)　JACAR：B16080718300_150, 151.
134)　JACAR：B16080718300_151, 152, 169
135)　JACAR：B16080718300_148
136)　JACAR：B16080718300_147, 192
137)　JACAR：B16080718300_ 183
138)　JACAR：B16080718300_198
139)　JACAR：B16080718300_235
140)　関沢は 1893 年 4 月 21 日に『通漁事情』の前書きを書き, 同年 10 月 1 日に「吾輩此編ヲ草シ印行セントスルニ際シ些ノ事故アリテ数月ヲ遷延セリ」と付記して刊行している. この「遷延」の事情についてはさらに研究の余地がある.
141)　関沢は, 農商務省官僚だった 1887 年に官業としてアメリカ式銃殺捕鯨の試験操業を行い, 本格的に捕鯨に取り組むため官を辞していた. 1894 年金華山沖で好成績を上げたものの, ノルウェー式砲殺捕鯨の導入により, 銃殺捕鯨は衰退した（石田 1978：36）.
142)　JACAR：B11091816700_99-101.「朝鮮國漁業取調之為メ関澤明清出張ニ付訓令書」1892 年 11 月 11 日.
143)　JACAR：B16080718300_157（158 は同一）〜 160.
144)　JACAR：B16080718300_160
145)　李鉉相は, 対外実務処理に熟達した専門家（総務）10 人のうちの 1 人だった. 外衙門主事に就任前は元山港に派遣されていた. 外衙門総務辞職後は 2 年ほど官職についていないが, その後宮内府通訳官, 江原道金城郡金鉱検査官, 仁川府尹, 農商工部技師など政府内の要職を歴任した（森 2017：100-102, 108-109）.
146)　JACAR：B16080718300_163（164 は同一）6 行, 165（166 は同一）, 167, 168：12 行, 計 2 頁半.
147)　JACAR：B16080718300_168

参 考 文 献

天野寿之助（1937）『朝鮮潜水器漁業沿革史』朝鮮潜水器漁業水産組合.
井口丑二（1893）『長崎小史』鶴野書店.
石井研堂（1997 ［1926]）『明治事物起源 6』（ちくま学芸文庫版）筑摩書房.
石川亮太（2021）「第 3 章交隣と貿易」『交隣と東アジア』名古屋大学出版会.
石田好数（1978）『日本漁民史』三一書房.

磯本宏紀（2008）「潜水器漁業の導入と朝鮮海出漁：徳島県伊島の事例」九州大学韓国学研究センター.

磯本宏紀（2008）「潜水器漁業の導入と朝鮮海出漁―伊島の植民地漁業経営と技術伝播をめぐって―」『徳島県立博物館研究報告』38.

伊藤博文編（1970）『秘書類纂23　朝鮮交渉資料　下巻』（明治百年史叢書132巻）原書房・復刻原本は1936年.

宇久町郷土誌編纂委員会（1967）『宇久町郷土誌』宇久町教育委員会・宇久町役場.

大場俊雄（1995）『房総アワビ漁業の変遷と漁業法』崙書房.

大場俊雄（1993）『房総の潜水器漁業史』崙書房.

大場俊雄（2015）『房総から広がる潜水器漁業史』崙書房.

岡庸一（1903）「日韓貿易事情」『最新韓国事情』.

岡本信夫（1965）『近代漁業発達史』水産社.

香月洋一郎（2009b）『海士のむらの夏――素潜り漁の民族誌』雄山閣.

香月洋一郎（2004）（2005）（2009a）「海士のむらの民族誌から――宇九島・平調査ノート」（上）（中）（下）『歴史と民俗』平凡社

片岡千賀之（2011）「第6章五島・小値賀におけるアワビ漁業の変遷」『長崎県漁業の近現代史』長崎文献社.

河原典史（2007a）「第12章植民地期の朝鮮における水産加工業―缶詰製造業を中心に―」『近代日本の地域形成―歴史地理学からのアプローチ』海青社.

河原典史（2007b）「植民地期の朝鮮・済州島城山浦における日本人の活動」『離島研究Ⅲ』海青社.

木部和昭（2003）「近世対馬沿海の漁業と越境行為―朝鮮海密漁と対馬藩の西目拌規制―」『山口経済学雑誌』51（1）.

木部和昭（2016）「近世・近代移行期における韓海出漁の展開過程」『JunCture　超域的日本文化研究』名古屋大学.

木部和昭（2023）「江戸時代の日本海海運と山陰地域」（企画展しまね交通クロニクル関連講座）『島根県立古代出雲歴史博物館』.

『北松浦郡神浦郷土誌』（1918）神浦尋常高等小学校.

古賀康士（2016）「西海捕鯨業における巨大鯨組の経営と組織」『地域漁業研究』56巻2号，地域漁業学会.

児島俊平（2010）「鉄貿易にみる石見船団の実像」『近世石見の廻船と鈩製鉄』石見郷土研究懇話会.

斎藤高保（1905）『潜水業全』建築書院.

酒井裕美（2020）「日朝両国通漁規則（1889年）締結交渉の再検討：済州通漁問題をめぐる朝鮮外交の展開を中心に」『上智史学』65号.

酒井裕美（2023）「山田荒治事件（1887年）をめぐる朝鮮の戦略的外交――開港期の日朝漁業問題一考」『東洋史研究』82巻1号.

酒井裕美（2024）「開港期日朝関係の実像と統理交渉通商事務衙門：山田荒治事件（1887

年）を中心に」『大阪大学大学院人文学研究科紀要』

清水満幸（1998）「鱶延縄漁と萩地方漁船の朝鮮半島近海への出漁」『萩市郷土博物館　研究報告』(9).

下啓介（1932）『明治大正水産回顧録』.

末田智樹（2004）『藩際捕鯨業の展開——西海捕鯨と益富組』お茶の水書房.

関沢明清（1894）『朝鮮近海漁業視察概況』外務省通商局第二課.

関沢明清. 竹中邦香（1893）『朝鮮通漁事情』.

大日本水産会（1882）「鰒の件」『大日本水産会報告 (2)』37.

大日本水産会（1888）『大日本水産会報告』78 号.

大日本水産会（1890）『大日本水産会報告』102 号.

立石進（1992）「五島列島と西海地域の生活技術史（二）海漁に生きる人々」『東シナ　海と西海文化　海と列島文化 4』小学館

田辺　悟（1998）『近世日本蜑人伝統の研究』慶友社.

長崎県（1896）『長崎県漁業誌全』長崎県.

長崎県教育委員会（1979）『長崎県の海女（海士）　海女（海士）民俗文化財特定調査　長崎県文化財調査報告書第 42 集』長崎県教育委員会.

長崎県警察部（1896）『警務摘要中編』長崎県警察部.

中園成生（2019）『日本捕鯨史概説』古小鳥舎.

西沢喜四郎編（1894）『慶応義塾塾員履歴集』赤堀三男, 国立国会図書館デジタルコレ　クション https://dl.ndl.go.jp/pid/779576

日本現今人名辞典発行所（1903）『日本現今人名辞典』.

北水協会事務所「朝鮮海産会社」（1890）『北水協会報告』(56)

兵事新報社「済州島殺傷事件の詳報」『兵事新報』(15) 1890-8.

松田睦彦（2020）「明治 16 年「貿易規則」以前の朝鮮海出漁：前史としての対馬出漁と　その意味」『国立歴史民俗博物館研究報告 221 集』.

宮本常一（2015）『私の日本地図 12』未来社.

『大日本水産會報告』（1891）第 114 号, 48-49 頁.

森万佑子（2017）『朝鮮外交の近代』名古屋大学出版会.

吉田敬市（1954）『朝鮮水産開発史』朝水会.

吉原友吉（1972）「明治初年における採鮑業への潜水器の導入について」『東京水産大　学論集第 7 号』.

【韓国語文献】

姜萬生（1986）「韓末日本의済州어업침탈과島民의대응」『濟州島研究제 3 집』.

具良根（1980）「近代日本의 對韓通漁政策과 朝鮮漁村과의 關係」『人文科学研究』, 朝　鮮大学校人文科学研究所.

金炫希（1987）「韓末済州島의通漁問題에대하여」『済州史学』第 3 号, 済州大学校人　文大学史学科.

韓沽劤（1971）「開港後日本漁民의浸透（1860-1894）」『東洋學』第 1 巻.

李元淳（1967）「韓末済州島通漁問題一攷」『歴史教育』10, 歴史教育研究会.
【史料】
「済州島漁業関係雑纂第1巻～第3巻」戦前期外務省記録 3.5.8.14_001, 3.5.8.14_002,
　3.5.8.14_003, JACAR：B11091815000, B11091815500, B11091816200.
『日本外交文書』各巻.
『韓国誌』（旧韓末日帝侵略史資料叢書）15 1985, 30頁.
朝鮮総督府農商工部（1910）『韓国水産誌第三輯』.

第 II 部

植民地下の朝鮮

第6章

1920年代後半以降における朝鮮林政の検討
——譲与事業に注目して——

韓　梨恵

は　じ　め　に

　本論文では，1920年代後半〜1935年までにみられた，総督府林政の方針を考察していく．林野調査事業が終了した1920年代後半には朝鮮特別縁故森林譲与令（以下，譲与令とする）が開始され，林野調査事業時に解決ができていなかった縁故林（＝第二種不要存林）の縁故者への譲与が行われた．他方，同時期には『朝鮮林政計画書』（以下，『計画書』とする）が提示された．その内容は，それ以前まで分散していた国有林の管理体制の統一を図りながら，要存林の存廃区分・国有林保護・民有林指導等を含んでおり，「朝鮮林政に画期的位置をしめる」ものであったとされている[1]．1930年代前半からは，宇垣一成の総督就任を機として「北鮮開拓事業」が開始されたが，当該事業は『計画書』を前提にして進められた政策であった[2]．

　このように同時期に，二つの政策が実施されたが，両者がどのようにしてかかわり合っていたのかという点は，これまでの研究で明らかにされてこなかった．本論文はこの点を究明することを目的とする．

　本論文と関連する先行研究として，譲与事業を取り扱った研究を紹介したい．これまでの譲与事業を取り上げた先行研究を見渡すと，過去の研究では譲与事業をとおした国有林・公有林への編入や，日本人山林資本家・朝鮮人山林資本家への譲与が指弾されていた[3]．一方で，近年異なる研究視角が提示されており，林野調査事業の延長線上に譲与事業を位置づけたうえで，国有林の私有林化過程として把握されている[4]．ところで，こうした研究動向は林政史研究にみられる「民有林収奪＝国有林創出」論とこれに対する批判の流れと連動しているものと考える．これまで総督府林政を批判的に捉える視点は，主として「民有林収奪＝国有林創出」論にて提示されてきた[5]．そこでは，植民地期の一連の林野所有権整理過程の目的は私有林を収奪して国有林を創出し，その国有林を日本人へと提供していたという見方がなされていた．これに対し，近年の研究では植民地期に大規模な私有林の収奪とそれに伴った国有林の創出は起こらなかったことが主張され，総督府林政を育林政策・緑化政策として高く評価している[6]．

　筆者は近年の研究にみられる，譲与事業を国有林の私有林化過程と位置付ける視点については同意している．しかし，先行研究はどの地域における，そしていかなる特徴を有していた国有林が私有林化したのかという点を看過してきたことに問題がある．こうした考えに基づき，本稿では譲与事業実施時における国有林からの出願と処分の特徴を確認したうえで，国有林の区域内で実施された調査・処分過程に考察を加えていく．

　またその際に特に注目したいのは，『計画書』を起点として開始された国有林を対象にした諸事業と譲与事業が，どのような折り合いをつけて進められていたのかという点である．譲与事業は主に第二種不要存林からの出願を受け付けたが，要存林・第一種不要存林からの出願についても取り扱っていた．一方，『計画書』には主として国有林を対象とした諸事業を遂行することが明記されていた．本稿では，朝鮮特別縁故森林譲与令（以下，譲与令とする）に基づく出願の内容を確認したうえで，当局の対応と最終的な処分状況を確認していく．これをとおして，同時代に遂行された『計画書』に基づく諸事業

と譲与事業がいかなる関係にあったのかを明らかにしたいと思う.

1．林野調査事業以降の総督府林政

（1）産業調査委員会の提案

　林野調査事業が終了してから 2 年がたった 1926 年に,『計画書』が出され
た. 一方で同年には, 譲与令が公布された. このように, 1920 年代後半に国
有林・民有林の管理・経営に関わる二つの方針が示されたが, その源流は
1921 年の産業調査委員会での検討・議論にあった.

　産業調査委員会とは, 1921 年 6 月 6 日委員会規程の発布を契機に組織化さ
れた委員会である. 同年 8 月 30 日から 9 月 3 日の 2 回にわたり, 日本および
朝鮮在住の 20 名と総督府各局部長 8 名の計 48 名に対して調査が委託され, 9
月 15 日に開会された[7]. この調査会の目的は,「産業施設方針確立計画遂行
上重要なる事項を研究審議」して「成案を得」ことでもって,「朝鮮産業の面
目を一新」することにあった[8].

　産業調査委員会では, 各委員に参考書類を配布していたが, そのうちの一
つに『朝鮮産業ニ關スル計画要項参考書』（以下,『参考書』とする）と題する
資料がある[9]. これによれば, 議題は「農業ニ關スル件」をはじめとし,「林
業ニ關スル件」,「水産業ニ關スル件」等, 10 項目の産業に分けて行われてい
たことがわかる[10]. このうち林業については,「國有林經營ニ關スル件」,「造
林促進ニ關スル件」,「不要存林野ノ處分ニ關スル件」で構成されていた[11].
その内容を詳しく取り上げると, 表 1 のようになる[12].

　産業調査委員会での議題は, 5 年後に示された『計画書』及び, 譲与事業
の内容と重なる部分が多い. 具体的にみていくと,「國有林經營ニ關スル件」
及び,「造林促進ニ關スル件」,「不要存林野ノ處分ニ關スル件」の①と③につ
いては,『計画書』でも取り上げられている内容である. 一方で「不要存林野
ノ處分ニ關スル件」の②は, 譲与事業の内容に相当する.

表 1　朝鮮産業ニ關スル計画要項参考書・林業ニ關スル件　概要

項目	内容
「國有林經營ニ關スル件」	①國有林ノ管理經營ヲ統一スルコト
	②確實ナル施業案ヲ編成シ造林斫伐ノ併行ヲ圖リ林利ノ保續ヲ期スルコト
	③重要樹種ノ保存及増殖ヲ圖ルコト
	④未立木地ノ造林ハ民有林ニ對シテ卒先之ヲ施行シ約三十年以内ニ完了スルコト
	⑤火田ノ整理及森林保護取締ノ周到徹底ヲ期スルコト
	⑥國有林經營ハ準特別會計トシ其ノ収入ヲ以テ其ノ支出ニ充ツルコト尚残餘アルトキハ先以テ民有林野造林ニ關スル費用ニ充用スルコト
「造林促進ニ關スル件」	①林野所有權ノ決定ヲ急速ナラシムルコト
	②愛林思想ノ普及向上ヲ圖ルコト
	③樹苗ノ養成及供給方法ヲ改善スルコト
	④適地，適木ノ選定ニ留意スルコト
	⑤重要樹種ノ保存及増殖ヲ圖ルコト
	⑥特殊木竹就中工業原料ノ増殖ヲ奨勵スルコト
	⑦面有林野ニ於テハ薪炭備林ヲ設置スルコト
	⑧林野ノ保護ヲ周到ニスルコト
	⑨森林組合ノ設置ヲ奨勵スルコト
	⑩公有林野ノ官行造林ヲ行フコト
	⑪荒廃山野ノ復舊ヲ圖ルコト
	⑫朝鮮ノ實際ニ適スル重要事項ニ付調査試験ノ徹底ヲ期スルコト
「不要存林野ノ處分ニ關スル件」	①現在ノ要存豫定林野中國土保安其ノ他公益上存置スルコトヲ要スルモノ及管理又ハ施業ノ関係林相ノ保全若ハ造林促進上國ノ經營ヲ必要トスルモノヲ除キ其ノ残地ハ之ヲ解除シテ不要存林野ニ編入スルコト
	②縁故者アル不要存林野ハ左ノ方法ニ依リ處分スルコト
	(1)縁故關係ノ個人ニ属スル林野ハ其ノ縁故者ニ無償讓與スルコト
	(2)縁故關係ノ府面洞里又ハ部落ニ属スル林野ハ其ノ關係アル府面ニ無償讓與スルコト
	(3)縁故ヲ有スル者ニシテ一定ノ期間内ニ讓與ノ出願ヲ爲ササルトキハ縁故者ナキ不要存林野トシテ處分スルコト
	③縁故者ナキ不要存林野ハ特別ノ處分ヲ必要トスル場合ノ外之ヲ賣却シ若ハ造林ヲ條件トシテ有料貸付シ事業成功ノ上讓與スルコト
	④地方費模範林及面模範林ト爲スヘキ林野面積ノ制限ハ既讓與地ノ造林ノ成功及将來ノ整理ヲ條件トシテ之ヲ擴張スルコト

出典：『朝鮮産業ニ關スル計画要項参考書』（出版者不明）17-27 頁.

　『計画書』と譲与事業に相通じる内容は，最終的な決議にも表れている．産業調査委員会は，『参考書』並びに，『朝鮮産業ニ關スル一般方針及計畫要項』を資料として議論・検討をしたのち，さらに各委員会より提議された意見を参酌したうえで，「朝鮮産業ニ關スル一般方針」を取りまとめた[13]．「林業ニ關スル件」は，次の事項が決議された．

一　木材需給ノ調節，林利ノ開發及保續ヲ圖ル爲國有林野ノ管理經營ヲ
　　統一シ合理的ノ施業ヲ行フコト

二　民有林野ノ造林特ニ荒廢山野ノ復舊ヲ速成スル爲適當ノ施設ヲ行フ
　　コト

三　不要存林野ニ付テハ造林ノ促進及緣故者ノ利益ヲ考慮シ適當ノ處分
　　ヲ爲スコト[14)]

　決定された内容は，『参考書』の趣旨を踏襲している点が確認できる．産業
調査委員会では，上記の決議がなされたのち，「各事項ヲ分擔シテ詳細ナル研
究調査ヲ施スコト」を目的とした「特別委員会」が開催されたが，この審議
においても，「計畫要項」の提議は「何レモ異議ナキ事項ノミ」と判断された
ようである[15)]．このように，1921 年に実施された産業調査委員会では，『計
画書』と譲与事業の内容がすでに検討されており，そしてその内容は最終的
な決議に反映されていた[16)]．

　一方で，譲与事業の基となったと思われる「不要存林野ノ處分ニ關スル件」
②の部分で記された，事業実施の理由には，その後の譲与事業時においては
言及されない内容が加えられている点は見逃せない．譲与事業の「説明」に
は，次のような記述がある．国有として存置を必要としている林野のなかに
は，部落または人民が縁故を有しているものと，何等縁故の関係がないもの
の二種類があるが，このうち縁故ある不要存林はその面積 3,000,000 町歩に及
んでいるにもかかわらず，国有に編入されている．しかし，実際には今もな
お地方人民は自由に入山しており，「自己ノ所有物ヲ喪ヒタルカ如キ感」を
もって，「総督政治ニ對シテ不満ヲ抱ク者少カラス」状況にあるという．その
うえで，「理ニ於テ必スシモ其ノ可ナルヲ見スト雖情ニ於テ諒トスヘキモノナ
キニ非サルヲ以テ此ノ際從來ノ行懸リ若ハ條規ノ末節等ニ拘泥セス深ク地方
民衆ノ利害ヲ考慮シ且朝鮮統治ノ全局ニ鑑ミ虚心坦懷擧ケテ之ヲ從來ノ縁故
アル府面其ノ他ノ縁故者ニ無償讓與スル」とともに，「将來一層力ヲ造林ノ奨
励ニ画シ一ハ以テ民衆多年ノ不満ヲ一掃シ一ハ以テ地方愛林思想ノ啓発ニ資

スルハ蓋シ公明正大ヲ旨トシ一意国民ノ幸福ヲ念トセル<u>総督新政ノ精神ヲ實ニスル所以ニシテ現下ニ於ケル最大ナル仁政ノ一ナリト思惟ス</u>」(下線は筆者による) とある[17].

　林野調査事業は「永年禁養」を充たしていることを私有林化における主たる標準としていた. これに対し, 産業調査委員会は, 実際には「永年禁養」の標準を充たさないものの多年にわたって地方民によって利用がなされてきた林野が「其ノ面積約三百萬町歩」に及んでいるという理解を示したしたうえで,「民衆多年ノ不満」を考慮し, また「総督新政精神」に基づきながら, これら林野を譲与することでもって「仁政」をなすことを検討していたことがわかる. ここで注目したいのが, 民衆の不満に言及したうえで「総督新政精神」に則ることが明言されていた点である. 1921 年は文化政治が開始されて間もない時期にあたる. 将来的に実施される譲与事業は, 1921 年時点の理解では, 3.1 運動後に登場した文化政治の性格が反映するものとして位置づけられていたことが窺い知れる.

　そしてこうした説明は,「火田民への対策」の説明にも通じていた. 産業調査委員会の「特別委員会」の際に配布された,「特別委員会報告書」には,「火田整理ニ關シテハ現在ノ住民ヲシテ他ノ相当ナル生業ヲ得セシムル等<u>穏健著實ナル方法ヲ取ルコト</u>」(下線は筆者による) とされている[18]. このような特徴は, 産業調査委員会組織が構想されるなか出された『区分調査ニ関スル従来ノ成績及将来ノ方針並計画』(1921 年 6 月 14 日) と題する文書[19] にも表れている. 当時施行されていた林野調査事業の際, 区分調査が既に終了した区域から「民有又ハ縁故ヲ主張スル者続出スヘク」状況にあり, とくに「火田散在シ益漸増ノ傾向ヲ有シ而カモ之等ノ火田ハ窮民唯一ノ生活資源タルヲ以テ整理調査ノ実施ニ当リ幾多ノ問題ヲ惹起スルニ至ルヘキハ殆ムト想像スルニ難カラサル所ナリ」(下線は筆者による) としていた[20].

　ここまでみてきたように, 1921 年 6 月より組織化がなされ 9 月に開始された産業調査委員会では, のちに始動する『計画書』と譲与事業の内容がすでに検討されていた[21]. 一方このうち, 譲与事業および火田整理に対する認識

は，3.1 運動後に開始された文化政治の特徴が表れていた点が明らかになった．

（2）林政の方針

・『朝鮮林政計画書』

1921 年に考案された内容をふまえながら，『計画書』と譲与事業それぞれの内容を確認していく．冒頭でも確認したように『計画書』は，「國有要存林野ノ管理經營」と「民有林野ノ改善」を目的に掲げていた[22]．萩野が指摘するように，それ以前まで二元的であった国有林の経営強化と民有林政策の充実化を目論んで出されたものであった[23]．

萩野は『計画書』の柱を，①林政機関の統一，②国有林野営林事業の改善，③民有林野の改善の 3 つにあるとまとめている[24]．この整理に基づきながら，内容を確認していきたい．第一に，林政機関の統一すなわち，国有林の管理機関の改編である．従来の国有林の経営は，次のようになされていた．

表 2　『計画書』以前の要存林管理

機関名	面積（%）
営林廠	2,110,000 町（41%）
本府（殖産局山林課出張所）	1,400,000 町（27%）
地方庁	1,680,000 町（32%）

出典：萩野前掲書（79 頁）参照．

営林廠・本府・地方庁がそれぞれ，国有林の経営を行っていたことがわかる．しかし，それぞれの機関の間での連絡を欠いており「支障少なからざる」状況にあった[25]．この解決を図るために，林政全般に関する中央機関として一局を設けることが目指された．具体的には，国有林管理経営の事務は山林部のもとにある営林署が，民有林に関する事務は地方庁において処理することが指示された[26]．

第二に，国有林野営林事業の改善である．改善の方針は，①国有林野存廃区分調査・処分事業，②施業案の編成・検討，③造林，④国有森林産物の処分，⑤国有林野保護事業に分けて示されていた．国有林処分とのかかわりで

みるとき重要な施策が，存廃区分調査・処分事業と国有森林産物の処分であ
る．存廃区分調査とは，その名のとおり現存する要存林の存置を精査する調
査を意味した．すなわち，要存・不要存区分を目的とした区分調査の「第2
次版」であった[27]．要存国有林野全面積は 5,310,000 町歩であったが，この
うち 1,300,000 町歩を，農耕地（310,000 町）・林業経営地（1,000,000 町歩）にそ
れぞれ開放するというのが具体的な方針であった．このうち，林業経営地へ
の処分方法は，造林貸付と売却があり，一定の林相が保たれている場合は売
却，林相の荒廃が見られる場合は造林貸付が選択されることになっていた[28]．
注目したいのが，各処分予定面積の配分である．造林貸付は 300,000 町歩で
あったのに対して，売却は 700,000 町歩であった．萩野は，『計画書』が出さ
れる以前の段階での第一種不要存林の売却処分累計は造林貸付処分面積より
もはるかに少なかったが，昭和期にはいってから急増したと指摘している[29]．
こうした動向には，『計画書』で示された存廃調査・処分事業が大きく関わっ
ていた点が確認できよう．

　また，国有林に留まることになった区域における事業も強化されることに
なった．これが，増伐計画を主とした国有森林産物処分の推進である．『計画
書』によれば，1926 年時点で本府管内及び営林廠管内の林野において利用可
能材積は「老齢過熟」の林野が多く，「速ニ伐採スルヲ可」とするも，将来の
林産物供給と森林収入保続の関係を考慮して，50 年間にかけて整理伐採を行
うこととしたとされている[30]．そのうえで『計画書』には，30 年間の年次伐
採予定量が掲げられていた．こうした方針が示されることにより，実際に『計
画書』が出されて以降，朝鮮からの出材量及び，官行伐採生産量は 1930 年代
にかけて増加した[31]．

　第三に，民有林の改善がある．朝鮮の林野の総面積約 1,600 万町歩のうち
民有林野及び，将来民有たるべき林野の総面積は約 1,150 万町歩であるが，立
木地は僅かに全面積の 4 割 7 分を占めるにすぎないと認識を示したうえで[32]，
民有林野を対象とした砂防事業・造林補助・病虫害駆除費補助・朝鮮山林会
補助・森林組合補助・林業試験場の強化拡充・地方庁職員の増員・保安林及

び開墾制限値の調査・燃料改良費補助・林道開設費補助等が計画された[33].

　このように大きく分けて，三つの方針を打ち出した『計画書』であったが，諸事業実施には，財政問題と治水対策が大きく関わっていた.

　まず前者をみてみよう.『計画書』の冒頭では次のような言及がある.「国有要存林野ノ管理経営ト民有林野ノ改善ニ付財政上ノ関係ヲモ考慮シ之カ経営施設ニ要スル経費ハ森林ヨリ得タル収入ニ依リ支辨スルコトトシ即チ国有要存林野ノ経営ニ依ル益金ヲ以テ民有林野ノ奨励施設ノ経費ニ充當スルコトトシ左記各項ノ計画ヲ樹立セリ」という[34].『計画書』の内容のうち，この「財政上ノ関係ヲモ考慮」する意図がもっとも顕著に現れていたのが，国有森林産物の処分と造林事業においてであった.　前者については前述のとおりであり，「開発積極化＝増伐」により[35]，収益の大幅な上昇が図られた.　反面，事業の節約も実施された.　造林事業については造林費の削減を念頭に置きながら，「天然更新」を軸とすることが提言された[36].　安上りな林政の方策は，国有林の民間開放という方針としてもあらわれていた[37].　存廃区分調査では，要存林のおよそ4分の1にあたる面積を，売却・貸付することによって，民間の経営に移譲することが示されたが，こうした方針が示された背景には，経営・管理費の負担を民間へと負わせる目論みがあったとみられる[38].

　『計画書』が出されたもう一つの理由が，治水対策であった.　これに関しても，『計画書』の冒頭において取り上げられており，「尤も民有林野改善施設中砂防事業ハ主トシテ治水ノ根本策トシ行フモノニシテ其利益ハ一般衆庶ノ蒙ル處ナルヲ以テ他ニ財源ヲ求ムルコトトシ之ヲ公債支辨セリ」とある[39].　治水に対する関心は，すでに産業調査委員会の特別委員会においても声高に提起されていた.　産業調査委員会『会議録』によれば，特別委員会にて調査研究することが求められたものの，一つめに「林業及特定ノ位置ニ於ケル治水事業ノ調和併進ヲ確保スル爲其ノ機關ヲ統一スルコト」とある[40].

　そもそも，総督府による砂防事業の始点は1918年にあった.　土地調査事業が終了した年であり且つ，林野調査事業が開始されているさなかに，砂防工事が必要であると目された荒廃林野に対する調査が実施されていた[41].　この

調査によって，充分に林相を回復するためには約 470,000 町歩の山野に対し
て砂防工事の実施が必要であることが明らかになっていたという[42]．こうし
た調査結果は，産業調査委員会・特別委員会での議論に影響を与えたものと
考えられる．

　以上のように，財政問題と治水問題の解決という問題意識の下で，1926 年
に出された『計画書』は，①林政機関の統一，②国有林野営林事業の改善，
③民有林野の改善を柱として構成されていた．

・「北鮮開拓事業」

　1931 年 6 月に宇垣一成が総督に就任し，その 3 か月後には満州事変が勃発
した．そこで総督府は 1932 年に重点施策として，農村漁村の振興・自力更
生，「北鮮開拓事業」，工業発展を掲げた[43]．こうして，1932 年より「北鮮開
拓事業」が開始された．

　じつのところ宇垣は日露戦争で従軍した時点から，朝鮮北部地域を軍事的・
経済的な観点で開発の価値があると見込んでいた．宇垣は 1927 年に臨時総督
を務めた際にも，「北鮮」に対する関心を持ち続け，なかでも咸鏡道の開発可
能性に意欲を寄せていたという[44]．

　このように時局の状況及び，宇垣自身の従来からの「北鮮」に対する関心
が重なりながら進められたのが「北鮮開拓事業」であった．「北鮮開拓事業」
が対象とした区域は，鴨緑江・豆満江両岸の上流地帯にあたる，咸鏡北道茂
山郡，咸鏡南道甲山郡・三水郡・豊山郡・長津郡，平安北道慈城郡・厚昌郡・
江界郡に位置する 2,160,000 町歩の要存林であった．事業はこの密林の伐採利
用を目標に，交通運搬の不便の解消と，火田整理を柱とした．「北鮮開拓事
業」が計画した施設は，大きく分けて鉄道局が主催となり鉄道・道路の拡充
を図る一般交通運輸の開発と，森林事業に分かれていた[45]．このうち森林事
業は，①林野の利用開発，②火田民の指導・農耕適地の開放，③林野の保護
整備の実施が計画されていた[46]．事業は 1932 年度以降，15 カ年の予定で着
手され，その費用総額は 12,183,000 円と見込まれていた[47]．

「北鮮開拓事業」の森林事業について，順に確認していきたい[48]．第一に，森林利用開発に関する施設の充実である．これは，白頭山を中心とする林野800,000 町歩の開発を目標とした，森林鉄道・軌道施設・簡易製材工場の建設を実施することにあった．具体的には，1932 年〜1940 年の 9 年間で森林鉄道を 9 線・233 キロメートル，山元から森林鉄道に接続する軌道を 295 キロメートル敷設すること並びに，山地簡易製材工場 22 カ所の建設を行うことが計画されていた．このうち森林鉄道については，すでに計画されていた恵山線（吉州・恵山鎮間）の早期貫通と，白茂線（茂山・白岩間）と恵山線との連結に相当するものであった[49]．

　第二に，火田民の指導施設である．予定区域内の要存林を利用する火田民30,570 戸，177,184 人（区域内住民の 3 分の 1 にあたる）[50]を自作農に転じさせることを目標にしながら，熟田と化した火田については火田民の定着化を促し，廃耕を要する区域内火田民に対しては，事業区域内にある農耕適地を代替地として選定し火田民に与えることが示されていた．火田及び代替地は無料貸付として定着時に譲与するとともに，火田民指導機関として山農指導区制をとり，指導強化をおこなうこととなっていた．

　第三に，森林保護である．事業が実施される 8 郡は保護機関が手薄であり，取締が行き届かず，年々林野が荒廃している状況にあるため，保護員の配置を周密にすることが指示された．事業開始前においては，一森林保護区の担当面積は 40,000 町歩で森林主事 1 名あたりの平均担当面積は 24,000 町歩にある状況であったため，保護区の担当面積を 20,000 〜 30,000 町歩に縮小するとともに，森林主事と主事補の拡充をすることになった．

　以上のような方針を柱にしながら実施されたのが，「北鮮開拓事業」であった．この事業は，先に確認したとおり満州事変勃発後に樹立した方針であったこともあり，それ以前の林政と分けて解釈されることが多い[51]．しかし，「北鮮開拓事業」の内容は，『計画書』を前提としたものであった点はおさえておく必要がある[52]．

　この点は，まず森林事業の柱となっていた 3 つの項目が，いずれも『計画

書』の内容と重なる点からいえる．もちろん，『計画書』においては「北鮮」という限定性は設けられていなかったが，これについても『計画書』の内容と矛盾するものではない．というのも，『計画書』では国有林経営強化が講じられていたが，前章でも確認したとおり，国有林の多くは北部地域に分布していた．したがって，国有林管理の強化や国有林存廃調査の対象となったのも，主として北部の林野であった．

　『計画書』と「北鮮開拓事業」の関連性は，とりわけ国有林産物処分にあらわれていた．上でも確認したとおり「北鮮開拓事業」は森林の利用開発の促進をうたったが，この施策は将来的な木材自給体制の確立を目標にしていた．この点からして，『計画書』における増伐計画を土台とした方針であったといえる．

　「北鮮開拓事業」が『計画書』を基礎にしながら実施されていたことは，存廃調査と高地帯の農耕地化との関りからも読み取れる．林業試験場技師を勤めたのちに，1933年より農林局に勤務した植木秀幹は，1932年1月の雑誌『山林』において「北鮮の開拓事業と林業の開發」と題する論考を出したが，そのなかには次のような記述がある．

　　抑々北鮮開拓の叫びは數年來のことであつて，北鮮（咸鏡南北道より北平に亘る）の高■地帯に農耕適地として可なり廣大なる地積が存在することを認められたのは昭和三年に於て殖産局の技術者達によつて行はれた農耕適地調査の結果によるのである．…我國に於ては全然高地帯農業の智識と經驗とを有せざる關係上先づ高地農業試驗機關を置くこと、なつたのが昭和五年である，但し此年には農事調査費として五萬圓の豫算を計上せられたに過ぎなかつたが昭和六年度に於ては水原農事試驗場北鮮支場なる名称の下に六萬五千圓の開拓調査費と二萬五千圓の新營費が計上せられて事業を開始したのである．此事業即ち北鮮開拓の濫觴である[53]．

「北鮮」に農耕適地が存在している点が，農耕適地調査の実施によって1928年の時点で殖産局「技術者」らに把握されたこと，このことが「北鮮開拓」の「濫觴」であったというが[54]，ここでいう農耕適地調査とは『計画書』を契機に開始された要存林の存廃調査に相当する．この時期の北部林野の農耕地化に対する関心の高まりは，新聞からも裏付けることができる．1929 年 12 月 8 日の『朝鮮新聞』では，総督府農林課が北鮮地方高地帯における水稲栽培が「可能少なくないもの」とみて「咸南は甲山，三水，新興各郡咸北が茂山郡（農事洞）に試作せしむべく関係道に通牒を發した」としている[55]．同様の報道は，『朝鮮毎日新聞』(1929 年 12 月 8 日)[56]，『北鮮日日新聞』(1929 年 12 月 11 日)[57] でもなされている．

　このように，時局に影響されながら展開された「北鮮開拓事業」の内容は，それ以前に出されていた林政の一大方針である『計画書』と連続するものであった．

　・譲与事業

　つづいて譲与事業を確認していく．譲与事業とは，1926 年に公布された譲与令に基づき行われた事業であり，林野調査事業で解決されていなかった縁故を有する国有林の私有林化を果たしたという点で，総督府が高く評価した政策であった．

　譲与事業は 1927 年 2 月 1 日〜翌年 1 月 31 日間で出願の受付がなされ[58]，その後各道・本府で審査がおこなわれたうえで，1934 年度中に一端完了され，1938 年をもってすべての裁決が終了された[59]．譲与事業をとおした林野の譲与処分は，譲与令第 2 条で示された縁故の標準に基づいて進められた[60]．

　　第二条　前条ノ特別縁故者トハ左ノ各号ノ一二該当スルモノヲ謂フ
　　　一　古記又ハ歴史ノ證スル所ニ依リ寺利ニ縁故アル森林ニ在リテハ其ノ寺利
　　　二　隆煕二年法律第一号森林法第十九条ノ規定ニ依リ地籍ノ届出ヲ為

　　　ササリシ為国有ニ帰属シタル森林ニ在リテハ其ノ従前ノ所有者又
　　　ハ其ノ相続人
　　三　隆熙二年法律第一号森林法施行前適法ニ占有シタル森林ニ在リテ
　　　ハ其ノ従前ノ占有者又ハ其ノ相続人
　　　前項第二号又ハ第三号ニ該当スル者カ府面内ノ部落ナルトキハ其
　　　ノ府面ヲ特別縁故者ト看做ス[61]

　先んじて実施された林野調査事業時の第二種不要存林の標準は，朝鮮林野
調査令施行規則・第1条で示されていた．このうち第4号では「引続禁養」
という規定が明記されていたが，譲与令ではその文言がみられない．森林令
以来，規定上で私有林に求められてきた禁養という標準は，ここにきて不問
にされたことが読み取れる[62]．一方で注視したいのは，第3号における「適
法ニ占有」という規定である．過去の規定において「占有」の性格が言明さ
れていなかった点は指摘したとおりだが，譲与令でも何をもって「適法ニ占
有」とするかが明らかでない．

　このように，いかなる「占有」を「適法」な「占有」と認めるのかという
問題が，法令上で明言されない事態は譲与事業時においても解決されていな
かった．林野調査事業時に禁養の程度を実質的に問わなかったことをも加味
するとき，区分調査から林野調査事業そして譲与事業にかけて，第二種不要
存林として査定された区域と，第一種不要存林として査定された区域には，
その性質上の差異が明らかでない部分が残されていたことになる．

　それでは，譲与事業は実施当時，いかなる事業であると位置づけられなが
ら遂行されたのか．譲与事業が始動した1927年当時，山林部長を務めていた
園田寛は，譲与事業は「林野調査や土地調査の査定や裁決を不当として之を
匡救せむとするものでは毛頭ない」と説明した[63]．しかし，林野調査事業終
了から2年後に施行が決定された譲与事業の発端には，林野調査事業が抱え
た問題が関係していたのは確実であった．

　前述のように林野調査事業では，「永年禁養」を充たしていることが私有林

化の標準であることが，表面上では謳われていたが，実際には林野調査事業
で査定された私有林と縁故林の間には，大きな差異がみられないことが林野
調査事業過程で既に明らかになっていた．1923 年 9 月より林野調査委員会事
務官を務めていた松本伊織は，林野調査事業時に私有の標準とされた「永年
禁養」は，「林野の毛上たる樹木の年輪」や「立木度合」で計られたが，これ
はあまりに形式的であり，占有の原因と禁養の状況その他の条件でみるとき，
私有林と縁故林は「全然同一」であると指摘している[64]．

　このような説明は，譲与事業の実施が提起される際にも繰り返されている．
朝鮮総督府は 1926 年 3 月 25 日に「朝鮮特別縁故森林譲与令制令案」を政府
宛てに進達しているが，これによると，林野調査事業は地籍届をしなかった
国有林に内在する民有林の救済を図った事業であったが，「永年適法ニ占有シ
柴草採取等ノ利用ヲ為シタルモノニシテ」「立木度合十分ノ三未満ノ土地」と
「区分標準第一號乃至第八號」に該当しないものは国有として現に残存してお
り，このような林野を無償譲与の対象とするべきことが指摘されている[65]．

　譲与事業は，林野調査事業で積み残しの課題となっていた「永年禁養」を
充たさなかった林野の「救済」が目論まれた事業であった．だが，「永年禁
養」の標準を充たさない縁故者に対して林野を譲与することは，林相の保全
を目標とする『計画書』の方針と矛盾が生じるように思える．しかし，次の
ような論理でもって，譲与事業は林相改善の問題と対立しないものとして解
釈されていた．

　1927 年の『朝鮮総督府施政年報』では，譲与事業は管理上国の経営に適さ
ず且つ縁故者の生活を脅威し民心を悪化させており，さらに縁故林の帰属が
曖昧であるため，縁故者は林野に対する愛護の意識がなく，林業振興上支障
をきたしており，このことが背景となって開始したと説明されている[66]．す
なわち，第二種不要存林内の縁故者は譲与事業開始以前には「林業振興」に
「支障をきた」す存在であったが，譲与事業後においては「帰属」が明白にな
ることでもって，「林野に対する愛護」の意識に改善がみられるのではないか
という期待がなされていたことになる．

　こうした説明は，他の史料でも確認できる．1926年の『朝鮮山林会報』に
掲載された文章では，縁故林を私有林として処分することで長い間の懸案を
解決し，同時に造林奨励の基礎となすことが目的であるとされている[67]．さ
らに1930年に発行された『朝鮮山林会報』にて，山林部長であった渡辺は
「昭和五年三月道林務主任官会同に於ける　山林部長演示」という題目で文章
を寄せているが，そのうち「⑤国有林に対し積極的改善策を講ずべし」にて
縁故林譲与をきっかけとしながら面有林野の造林を指示している．

　このように，譲与事業の実施は林相の改善と矛盾するものではなく，縁故
を有することが主張される林野を縁故者に譲与することにより「帰属」が明
白になり，造林促進が見込まれるという認識が示されていた．

・『計画書』，「北鮮開拓事業」と譲与事業

　ここまで『計画書』，「北鮮開拓事業」，そしてと譲与事業の内容を確認して
きた．『計画書』は，財政問題と治水対策を念頭におきながら，国有林産物処
分を軸にした増収を図り，他方で本府が負担する費用を縮小しつつ，売却・
貸付をとおした国有林の民有林化を進めていく方針が示されていた．譲与事
業は，林野調査事業では所有権を付与する対象外とされていた縁故林の私有
林化が意図されていた．その背景には，林野調査で積み残しとなっていた縁
故林への所有権付与があったが，林況の改善についても事業実施の効果とし
て主張されていた．一方，1932年以降に始動された「北鮮開拓事業」は，宇
垣の総督着任と満州事変の勃発を契機としながら着手されたが，その内容は
『計画書』の方針と連続するものであった．

　さて，このように一見異なる性格を有しているようにもみえる1920年代後
半〜1930年初頭にだされた林政の方針は，国有林の私有林化の動きという点
で共通していたことが確認できる．すなわち，この時期に各事業での方針に
基づきながら，要存林と第一種不要存林の範囲は漸次縮小し，民有林の範囲
は増加していた．具体的には，『計画書』における存廃調査及び処分事業及
び，火田整理事業，譲与事業における第二種不要存林の譲与，「北鮮開拓事

業」における火田民の指導施設の拡充の動きがこれにあたる.

　このうち「北鮮開拓事業」については，事業実施に付帯する効果も，念頭に置く必要がある.「北鮮開拓事業」が主として開発の対象とした林野は要存林であった. しかし，事業は民間業者による開発熱が高揚することも視野に入れて展開されおり[68]，その際に具体的に資本進出を後押したのは，交通網の整備であった[69]. このように，実際に「北鮮開拓事業」の開始に伴った「各般の開発施設」の整備によって，民間での「企業の勃興」をも促していたのであった[70].

　だが，これら一連の私有林化の動きは，国有林を対象とした他の諸事業とどのような関りがあったのかについて，総督府林政は詳しく言及していなかった. ただし，この点と関連するものとして，要存林の存廃区分の標準に言及した通達が挙げられる. 1927 年 9 月 8 日に出された，「要存林野存廃区分標準ニ關スル件」では，『計画書』において，要存林約 5,300,000 町のうち管理保護上民間の経営に移すのを有利とするもの及び農耕地として民間に開放するのが得策とするもの約 1,300,000 町を調査整理する方針であるが，その存廃区分標準を定めるしたうえで，各号に該当する者は不要存林に編入するとしていた.

　　一，境界ノ整理ヲ要スルモノニシテ民有又ハ公有ニ移スヲ適當トスルモ
　　　　ノ
　　二，飛地等ニシテ管理保護上民間又ハ公共團体ノ経営ニ移スヲ適當トス
　　　　ルモノトスルモノ
　　三，農耕地又ハ其ノ附帯林野トシテ開発スルノ必要アルモノ
　　四，朝鮮縁故森林譲与令ニ依リ特別縁故者ニ處分スルノ必要アルモノ[71]

　この規定で注目すべきなのは，要存林を解除する条件の一つに，譲与令に基づく出願が含まれていた点である. しかし，各種処分事業の優先順位は示されていなく，また事業区となっていた要存林において譲与令に基づく出願

がなされた場合の措置についても，説明がなかった．

　したがってここで重要になるのは，国有林が民有林化されるにあたって，実際にどの範囲の林野が国有林に留まりつづけたのか，どの範囲が第三者に売却・貸付処分され，そして縁故者や火田民に貸付・譲与された林野はいかなる区域だったのかを精査することである．具体的にいうのであれば，仮に国有林を対象にした事業区に，企業・縁故者・火田民から貸付・譲与の出願がなされた場合或いは，貸付と譲与が同区域内で重複した場合，何が優先されたのかが争点になる．

2．国有林の民有林化と開発

　譲与事業の出願・処分結果に言及した研究及び，筆者が既に明らかにした調査結果に基づくとき譲与事業の出願・処分結果の特徴は次のようにまとめられる[72]．①処分面積のうち林野調査事業時に第二種不要存林として査定されていた林野は88.7％を占めていたこと，②譲与対象者のなかで私人が占める割合は88.6％であったこと，③譲与令第2条第3号が適用され，処分された面積は全体の99.6％であったこと，④処分された面積は5町歩未満が44.6％，50町歩未満が48.6％であったこと，⑤処分は北部地域における私有林化に影響を与えたこと，⑥咸鏡北道と咸鏡南道では要存林・第一種不要存林からの譲与出願が他道に比して多かったこと．

　こうした事情をふまえて，本節では咸鏡南道内の要存林に対する出願の事例を扱っていきたいと思う[73]．咸鏡南道の林野面積は約2,716,625町歩であり[74]，全面積の約8割4分を占め，森林面積は朝鮮第一位であった．そのうち成林地は1,497,127町歩で，朝鮮首位であり，稚樹発生地は1,065,703町歩であったのに対して，散生地及無立木地は僅かに153,795町歩に過ぎない状況であった．成林地は主として，甲山・豊山・三水・長津並新興の北部及び，江原道と平安南道・平安北道との境界の分水嶺に分布しており，林野面積の

5 割 5 分を占めていた[75]．このように，咸鏡南道の林相は「一般に良好」と
評価されていた[76]．

　咸鏡南道の国有林は 1924 年末時点で，要存林 1,629,551 町歩，不要存林
158,138 町歩の計 16,387,689 町歩であり，要存林のうち営林廠所轄面積が
985,302 町歩，道所轄面積が 644,249 町歩であった[77]．この管理体制は 1926
年の『計画書』を契機にして改変され，それ以前までの営林廠が廃止される
とともに，新たに 9 つの営林署が設置され[78]，その後営林署管内の林野の一
部は道の管轄に漸次移管されたという[79]．1933 年時点では，要存林は
1,423,194 町歩，不要存林は 344,820 町歩であり，営林署管轄の国有林は要存
林 1,053,012 町歩で，不要存林 865 町歩の計 1,053,877 町歩，道管轄の国有林
は要存林 370,182 町歩，不要存林 343,955 町歩の計 714,137 町歩であった[80]．

　表 3 は，1926 年〜 1935 年の林野面積が掲載された『統計年報』のデータ
のうち，咸鏡南道における面積を抜粋したものである．『統計年報』では統計

表 3　咸鏡南道・林野面積の展開（1926 年〜 1935 年）（町歩）

	1926 年	1927 年	1928 年	1929 年	1930 年	1931 年
要存林	1,657,000	1,572,000	1,441,000	1,529,000	1,441,000	1,422,000
不要存林	397,000	578,000	557,000	434,000	617,000	461,000
国有林計	2,054,000	2,150,000	1,998,000	1,963,000	2,058,000	1,883,000
公有	—	—	—	—	—	—
社寺有	—	—	—	—	—	—
私有	—	—	—	—	—	—
民有林計	479,000	531,000	721,000	731,000	813,000	890,000
総計	2,544,000	2,681,000	2,719,000	2,694,000	2,871,000	2,773,000

	1932 年	1933 年	1934 年	1935 年
要存林	1,422,460	1,423,194	1,423,888	1,417,913
不要存林	389,343	344,820	234,060	190,962
国有林計	1,811,803	1,768,014	1,657,948	1,608,875
公有林	92,758	95,113	104,932	113,724
社寺有林	8,579	8,579	8,579	9,301
私有林	858,590	900,759	912,298	943,999
民有林計	959,927	1,004,451	1,025,809	1,067,024
総計	2,771,730	2,772,465	2,683,757	2,675,899

　出典：『朝鮮総督府統計年報』（1928 年〜 1937 年）より，作成．1926 年〜 1931 年までの統計は，
「千町」単位で集計されているため，下三桁は厳密には「000」でない可能性が高い．表中「—」
は不明．

データの記載の仕方が年によって異なる場合がある．空欄については，当該年に記載がなされていなかった場合を示している．

　この間に変容した点を挙げると次のようになる．第一に，要存林が減少している点である．1926 年から 1935 年までのあいだに，約 240,000 町歩の要存林が要存解除されている．『計画書』に基づく存廃区分調査によって，要存林が第一種不要存林へ解除されたことが読み取れる．第二に，民有林の増加である．1926 年時点で約 480,000 町歩であった民有林は，1935 年になると約 1,060,000 町歩に増加していることがわかる．約 580,000 町歩の国有林が民有林化したことになるがその多くは，譲与事業によるものであったとみられる．一方で，1932 年時点での譲与令に基づく処分筆数は約 146,000 筆，処分面積は約 459,000 町歩であり[81]，最終的な処分筆数は 159,766 筆であった[82]．したがって，およそ 130,000 町歩を上限とする民有林が，譲与事業とは別で処分されていたことになる．実際に 1926 年～ 1935 年までの咸鏡南道における売却処分及び貸付処分の面積を確認すると，売却面積は 55,267 町歩であり[83]，貸付面積は 51,996 町歩であり[84]，合わせて 107,263 町歩の林野が，売却・貸付処分をとおして民有林化されていた．

　このように咸鏡南道では，『計画書』で提起された諸事業と譲与事業が展開されるなかで，国有林の民有林化が進行した．しかし，咸鏡南道を含む朝鮮北部は一貫して国有林査定率の高い地域であった．とするとき，縁故者への譲与を目標とした事業であった譲与事業において，第二種不要存林以外の国有林からの出願がなされた際，どのように扱われたのかを確認することは，国有林経営・処分と朝鮮民衆の林野利用に対する当局の対応を把握するうえで重要である．そこで以降では，咸鏡南道定平郡高山面に位置した要存林である香爐峰において展開された譲与事業に着目し分析していきたい．

　分析に先立って，史料の残存を確認しておく．咸鏡南道で実施された譲与事業時に作成された調書のうち，残存が確認できる史料は次のとおりである．

　現存している史料を確認すると，表 4 のようになっている．不許可処された願件が許可事例よりも多く残存していること，出願地は甲山郡・豊山郡・

表4　咸鏡南道縁故調書　地域別・国有林区分別処分結果

地域・区分		文書件数（件）		
		許可	不許可	計
甲山郡	要存	1	17	66
	第一種	2	46	
豊山郡	第二種	1	58	59
定平郡	要存	―	17	17
高原郡	要存	3	―	11
	第一種	8	―	
洪原郡	要存	―	5	5
利原郡	第一種	―	5	5
新興郡	要存	―	3	3
北青郡	要存	1	―	2
	第一種	1		
徳源郡	要存	―	1	2
	第一種	―	1	
永興郡	第一種	1	―	1
安邊郡	第二種	1		1
元山府	第二種	1		1
三水郡	要存	―	1	1
咸州郡	要存	―	1	1
計		20	156	175

出典：韓国国家記録院所蔵．文書綴り名は，高原郡の事例である「喜色峰国有林野ノ一部要存解除竝特別縁故森林譲与願許可ノ件」（CJA0011150），「荘糧里国有林野ノ内一部要存解除竝特別縁故森林譲与願許可ノ件」（CJA0011149），北青郡の事例である「龍儀洞乙種要存林野ノ一部要存解除並特別縁故森林譲与願ニ關スル件」（CJA0011151）を除いて，「特別縁故山林譲与許可及不許可ノ件」「特別縁故山林譲与願不許可ノ件」，「特別縁故森林譲与願ニ關スル件」「特別縁故山林譲与許可ノ件」或いは「特別縁故山林譲与不許可ノ件」のいずれかの題目であり，作成年は1935年である．

定平郡・高原郡の順に多かったことが読み取れる．

　このうち今回扱うのは，要存林に対する出願の事例である．残存史料のうち，要存林に対する願件数が最も多かったのは甲山郡であり，二番目に多かったのが定平郡であった．本論文では，このうち定平郡内の香爐峰へ出願した18名分の調書がまとめられた，9件の願件を取り上げたいと思う．

　香爐峰は，咸鏡南道定平郡高山面新豊里・舊倉里・新城里・新京里に位置する国有林であり[85]，その総面積は約7,155町歩に及んでいた[86]．香爐峰は，区分調査をとおして甲種要存林に編入されていたが，林野調査事業及び，譲与事業が行われた際には，複数名から申告・出願がなされていた林野であっ

た．譲与事業の調書には縁故を確認するための資料として林野調査事業時の申告書が提出されることがあったが，18名のうち16名の調書に申告書が付されていた[87]．

　表5，6にあるとおり16名分の調書によれば，香爐峰では林野調査事業において，少なくとも25名から申告がなされていた．林野調査事業時においても縁故を理由にした申告がなされたものの，その申告の意は林野調査事業をとおして実現されていなかったことがわかる．注目したいのは，林野調査事業時に作成された申告書の名前と，譲与事業時の出願者の名前が一致していない点である．史料の残存状況にも起因するとは考えられるものの，譲与事業時に出願した者は必ずしも林野調査事業時にも申告していたとはいえず，逆に林野調査事業時の申告者は，譲与事業時に出願したとは限らないということを示唆していると考える．

　譲与事業時に，香爐峰では139件の出願がなされていた[88]．9つの願件，18名分の調書を読み解くと，出願者らは，墳墓・火田耕作・柴草採取・禁養

表5　香爐峰・林野調査事業申告状況

出願者名	林野調査事業時の申告
韓姓烈	なし
李聖鎮	李錫仁
韓敏鉉	韓珉■，■光■
鄭文表	なし
申賢世	申賢世
李珽甲	李光鉉，趙鳳浩
趙鉉淑	趙鉉張，姜元國
石希南	李■赫
朴元浩	蔡東浩，朴京業
河在安	李尚根，呉昌善，池承禄
韓基淑	韓乗國，韓乗乾
呉斗翼	金秉七，李斗錢
呉昌善	金秉七，李斗錢
金三学	韓錫湖
李秉根	■璋鉉
朴允觀	呉炳國
韓珍謙	韓乗乾，李應録
李秀勲	李斗錢，金萬錫，李寛桓，李景述

出典：同上．

表6　香爐峰 管理番号・出願者名・利用

管理番号	出願者名	利用
CJA0011546	韓姓烈	火田・禁養
CJA0011546	李聖鎮	墳墓・火田
CJA0011546	韓敏鉉	墳墓・火田
CJA0011546	鄭文表	火田
CJA0011546	申賢世	墳墓
CJA0011546	李珽甲	墳墓
CJA0011546	趙鉉淑	墳墓・禁養
CJA0011546	石希南	墳墓・火田
CJA0011546	朴元浩	墳墓
CJA0011546	河在安	墳墓
CJA0011552	韓基淑	墳墓
CJA0011552	呉斗翼	墳墓
CJA0011552	呉昌善	墳墓
CJA0011552	金三学	墳墓
CJA0011552	李秉根	墳墓
CJA0011553	朴允觀	墳墓・柴草採取
CJA0011553	韓珍謙	墳墓・禁養
CJA0011553	李秀勲	墳墓

出典：韓国国家記録院所蔵．いずれも，文書綴り名が「特別縁故森林譲与不許可ノ件」となっている．

を主張していたことがわかる.

　それでは，この区域において譲与事業はどのように進められたのかを確認
しよう．出願受付がなされてのち，最初に行われたのは道が主導した調査で
あった．各調書に記された日付をみていくと，調査は 1930 年 3 月 28 日～
1930 年 12 月 6 日のあいだに実施され，その後本府による調査は，1934 年 12
月 4 日～1935 年 3 月 28 日のあいだに実施されていたことがわかる.

　道調査後と本府調査が行われるまでの期間に，咸興営林署・道知事・農林
局では複数回のやり取りがなされていた点が確認できている．まず，1932 年
3 月 8 日に，咸興営林署長から咸鏡南道知事宛てに「要存林ニ對スル譲與出
願ノ件（對昭和七年三月二日附）」という文書が送られていた．「對昭和七年三
月二日附」とあることからして，1932 年 3 月 2 日に咸鏡南道知事が咸興営林
署長宛てに送った文書に対する回答であったことがわかるが，1932 年 3 月 2
日に送られた文書自体は確認できていない．「要存林ニ對スル譲與出願ノ件」
では，「首題ノ件ニ関シ願書ヲ取調タル何レモ甲種要存林野内ニアリ右ハ朝鮮
特別縁故森林譲與令第三條ニ該當スルモノニシテ國有林経營上支障アルニ付
右了知アリタシ」[89] とされている．「何レモ」とあることから，当該地区を
対象にした複数件の出願への対処にあたる回答であったことが読み取れる.
「朝鮮特別縁故森林譲與令第三條」の規定を取り上げながら，「右了知アリタ
シ」と指示されているが，「朝鮮特別縁故森林譲與令第三條」を今一度確認す
ると，「森林令第六條ニ該當スル國有森林ハ本令ニ依リ之ヲ譲與スルコトヲ得
ス」[90] とあり，ここでいう森林令第 6 条では，「國有森林ニシテ國土保安ノ
爲又ハ森林經營ノ爲國有トシテ保存スルノ必要アルモノハ公用又ハ公益事業
ノ爲ニスル場合ヲ除クノ外之ヲ賣却，交換又ハ譲與スルコトヲ得ス」[91] とさ
れている．営林署長は，当該地は「國有林経營上支障アル」区域に相当する
ため，「賣却，交換又ハ譲與スルコトヲ得ス」と主張したものとみられる．お
よそ 1 年後に出されている「特別縁故森林譲與願件進達ノ件」（咸鏡南道知事
→農林局長）でも，甲種要存予定林野のうちの出願 139 件の「要存解除可否ニ
對シ所轄咸興営林署長ノ意見ヲ徵シタル處別紙ノ通リニシテ調査員ノ認定ヲ

適当ト認メ」ると記されたうえで，1932年3月8日時点の「咸興營林署長ノ意見」が付されている[92]．

　しかし，こうした意見のうち一部の出願については，道による最終的な判断に反映されなかったようである．1934年2月22日の道から本府へ宛てた進達によれば「管下定平郡所在甲種要存林野ニ對スル首題出願二十八件調査シタル處別紙調書ノ通ニシテ譲與令該當ノ縁故アリト認メラレ且要存解除支障ナキ個所ト認メラルルニ付譲與許可相成様致度一件書類進達ス」（下線は筆者による）を内容とする文書が送られていた[93]．

　だが，ここで取り上げた道の「譲与許可」の意向が記された進達は，のちに農林局林政課職員兼技手であった川嶋秀男[94]によって否定されるに至っている．メモには次のことが記されている．「本件願地ハ何レモ要存林野ニシテ将来存置ヲ要スル箇所ナルノミナラズ願地ノミヲ要存解除スルニ於テハ国有林野ノ境界ヲ複雑化セシメ管理保護上支障ヲ来スベキニ付要存解除シ難キモノト認ム」[95]．こうして，香爐峰内の区域に対する譲与令に基づく出願は，最終的に不許可に処された．

　ここまでの香爐峰への譲与出願の過程をみてきた．注目したいのは，営林署・道・本府は，香爐峰への譲与令に基づく出願に対して，それぞれ異なる意見を主張していた点である．とくに香爐峰での出願で主張された内容に対し，道が「縁故アリ」と認めていたことは見逃せない．香爐峰で主張された墳墓・火田耕作・柴草採取・禁養の利用は，譲与令に基づく縁故に相当すると判断されたことになる．

　一方で，調査の終盤で挙げられていた農林局林政課職員の「要存林解除シ難キ」という意見もまた重要である．メモにおいて川嶋は，要存林を解除するにあたっては「将来存置ヲ要スル」という理由のみならず，「国有林ノ境界ヲ複雑化セシメ管理保護上支障来スベキ」ことも指摘していた．すなわち経営それ自体への影響のみならず，国有林との境界の複雑化を懸念していた．出願された区域において国有林を対象にした諸事業が直接実施されることは想定されていなかったものの，隣接する区域において事業が実施される可能

性があったことを加味しながら，国有林への編入が行われた可能性が推察される.

　以上のような調査過程を経て，香爐峰への出願は最終的に不許可処分となった. では，道の審査において縁故が認められたにもかかわらず，最終的に不許可に処した農林局の判断の真意はどこにあったのか. 最後に，譲与事業時及び事業後にすすめられた，当該区域における事業を確認し，譲与不許可に処された背景に迫りたいと思う.

　咸鏡南道の国有林の開発は，1930 年代後半にかけて加速していた. 表 7 にあるとおり，1920 年代後半から 1940 年にかけて，林産物産額は増加の一途を辿っていたことがわかる.

　こうした開発熱に後押しされながら，定平郡高山面でも国有林産物の処分が相次いで行われた. 1936 年には，道が「地方産業開発上工費一萬圓」を投じて，定平郡高山面豊現里から廣徳面仲需里の間に林道を設置し，「大森林」の開発が企図された[96].

　そして，このような影響は香爐峰にも及んでいた. 譲与事業の調査過程の期間にあたる 1934 年 7 月 24 日の『毎日申報』では，現在材木価格が騰貴し

表 7　咸鏡南道林産物産額

年	料金（円）
1927 年	5,984,000
1928 年	5,862,000
1929 年	6,235,000
1930 年	4,359,000
1931 年	5,221,000
1932 年	4,665,000
1933 年	—
1934 年	11,593,117
1935 年	12,122,235
1936 年	12,769,653
1937 年	17,261,953
1938 年	21,435,703
1939 年	24,016,464
1940 年	31,427,000

出典：朝鮮総督府『朝鮮総督府統計年報』1929 年〜1942 年.

ているなかでも満州から材木が輸入されているので，定平郡高山面香爐峰國
有林に「十萬尺締」の木材を「民衆」に拂下することが適宜であると認定し
たとしたうえで，今後3年に分けて払下をすることが咸鏡南道から本府に対
し申請されたとしている[97]．また，『京城日報』には，定平郡高山面香爐峯
国有林の杉松，紅松等蓄積「十萬尺締」のうち，「約三萬尺締」の公売計画を
たて，近く本府に申請がされるが，同地は「金津江の本流を悠々新上駅まで
流筏し同駅から汽車輸送の出来る便利な地勢である」とある[98]．

　実際に，1938年2月14日には咸鏡南道咸興府に居住する鄭京壹が舊倉里
に位置する香爐峰内の林野35.2ヘクタール分の面積内にある立木を「製炭資
材」に使用する目的で林産物売却許可を受けている[99]．さらに翌年の12月
24日には，咸興合同木材株式会社に対し，同じく舊倉里に位置する香爐峰内
の林野140ヘクタール分の面積内の立木を「枕木資材」に使用する目的で売
却許可している[100]．

　いずれも譲与事業後に，香爐峰内の材木の払下が行われたことを示す史料
である．勿論，譲与事業において出願された区域では，墳墓設置・火田耕作
或いは，柴草採取がなされていたため，材木を供給するほどの林相が保たれ
ていたとは考えられにくい．だが重要なのは，こうした性格を有した区域に
ついても，国有林の事業区域と隣接していることが理由となりながら，管理・
保護の複雑化を防ぐ名目で，譲与不許可に処されたとみられる点である．譲
与事業では，たとえ周辺住民による林野利用がなされた区域であっても，国
有林開発を進めていくうえで重要であると看做された区域に隣接する限りで，
譲与不許可に処していた点，1930年代以降の朝鮮北部における開発は，この
ような処断がなされたうえで国有林に留まることになった区域を対象にして
推進されていた点が明らかになった．

お わ り に

　本論文では，1920年代後半～1935年までにみられた，総督府林政の方針
を考察した．

　林野調査事業が終了した1920年代後半には譲与事業が開始され，林野調査
事業時に解決ができていなかった国有林内の縁故を有する林野の縁故者への
譲与が実施された．他方で同時期には『計画書』が提示された．その内容は，
それ以前まで分散していた国有林の管理体制の統一を図りながら，要存林の
存廃区分・国有林事業の促進・民有林指導等の内容を含んでおり，「朝鮮林政
に画期的位置をしめる」ものであった．このように同時期に二つの政策が遂行
されていたが，これまでの研究では両者がどのようにして関わっていたのかは
明らかにされてこなかった．本論文ではこの点を究明することを目的とした．

　『計画書』の施策のうち重要であったのが，国有林産物処分事業及び，存廃
区分調査であった．『計画書』は，朝鮮林野の「老齢」を理由にしながら，大
規模な増伐計画を企図し，反対に存置の必要のない区域は民間に売却・貸付
することで財政の立て直しを図ろうとしていた．一方で譲与事業は，1926年
に公布された譲与令に基づき行われた事業であり，林野調査事業で解決され
ていなかった縁故を有する第二種不要存林の私有林化を果たしたという点で，
総督府は自画自賛していた．このように，二つの方針は私有林化の動きで共
通する側面があった．だが，国有林利用・活用という点では対立していた．

　こうした考察をふまえたうえで，本論文では咸鏡南道定平郡高山面に位置
する要存林である香爐峰に着目し，処分過程を考察した．香爐峰は区分調査
によって，要存林に編入された区域であったが，譲与事業時には出願が相次
いだ．出願者らの主張をみていくと，墳墓設置及び火田耕作，柴草採取，禁
養を理由にして出願していた．しかし，これら出願は最終的に不許可に処さ
れた．他方で1934年には，材木価格の高騰を視野にいれながら，材木払下の
方針が決定されていた．

　本論文の検討をとおして得られた知見でとりわけ重要なのは,『計画書』を起点にして加速していた国有林処分事業は,譲与令に基づく出願に優先して実施されていた点である.1927年に出された「要存林野存廃区分標準ニ關スル件」には,譲与令からの出願がなされた区域についても,民間に開放するのが有利と看做される場合は,不要存林として開放することが記されていた.一方で,譲与事業においても例外的にではあるものの,要存林内からの出願にも対応するとしていた.だが,実際には国有林開発を進めることは,私有林化よりも優先されていた.これら検討から,『計画書』を後ろ盾にして展開されていた国有林開発と,譲与令による出願が同区域で衝突した際には,前者が優先されたことが明らかになった.

　ところで,川嶋のメモに記された「国有林ノ境界ヲ複雑化セシメ管理保護上支障来スベキ」という説明は注目に値する.当該地域はその利用実態をふまえるとき,決して林相が保たれた区域ではなかった.したがって,要存林に存置するほどの価値が見出された林野ではなかったといえる.しかしそうした林野であっても,要存林に存置する必要があると看做された区域に隣接するときには,分割処分を避ける方針が打ち出されていたということになる.筆者は林野調査事業過程を扱った論考において,将来的に実施される造林貸付事業が念頭に置かれながら,分割処分を回避する処分が実施されていた点を明らかにしたことがある[101].要存林を対象にした譲与事業でも,類似した措置がなされていたといえるのかどうかについては、今後の課題としたい.

1)　萩野敏雄『朝鮮・満州・台湾林業発達史論』林野弘済会,1965年,78-79頁.
2)　同上,91頁.
3)　權寧旭「朝鮮における日本帝国主義の植民地的山林政策」『歴史学研究』第297号,1965年2月,14-15頁.姜英心「일제하 朝鮮林野調査事業에관한 연구（하）」『韓国史学』第33号,1984年,127頁.
4)　李宇衍『朝鮮時代-植民地期　山林所有制度와　林相変化에　関한　研究』成均館大学校大学院博士学位論文,2005年,184頁.同「植民地期林野所有権의整理：山林緑化와　所有権」『経済史学』第40号,2006年,48-50頁.
5)　權寧旭前掲論文.愼鏞廈「日帝下의「朝鮮土地調査事業」과　農民의　耕作

権・開墾権・賭地権・入会権」『朝鮮土地調査事業研究』知識産業社，1982 年.
姜英心「일제하 朝鮮林野調査事業에관한 연 구 (상) (하)」『韓国史学』第 33 号，
第 34 号 1983・1984 年. 裵在洣「林籍調査事業 (1910) 에 관한研究」『韓国林学
会誌』第 89 巻・第 2 号，2000 年.

6)　李宇衍前掲『朝鮮時代 − 植民地期　山林所有制度와　林相変化에　関한　研
究』.

7)　朝鮮総督府『産業調査委員会会議録』1921 年，1 頁.

8)　「朝鮮産業界の一轉機」『朝鮮』第 91 号，朝鮮総督府，1922 年 10 月.

9)　配布資料は，「①総督府ヨリ附議ニ關シ配布シタルモノ，②委員ノ質問又ハ希
望ニ對シ配布シタルモノ，③單に参考トシテ配布シタルモノ，④特別委員会ヨリ
配布シタルモノ，⑤各委員会又ハ委員外ヨリ配布シタルモノ，⑥雑書類」の 6 種
類に区分されており，このうち『朝鮮産業ニ關スル計画要項参考書』は①に含ま
れていた. そのほか①には，「朝鮮産業ニ關シ配布シタルモノ」，「総督演述」，「政
務総監演述要旨」があった（前掲『産業調査委員会会議録』13-15 頁）.

10)　『朝鮮産業ニ關スル計画要項参考書』（出版者不明），1-2 頁.

11)　前掲『産業調査委員会会議録』29 頁.

12)　前掲『朝鮮産業ニ關スル計画要項参考書』17-30 頁.

13)　前掲『産業調査委員会会議録』29 頁.

14)　同上，31 頁.

15)　同上，43 頁. そのほか「特別委員会」においては，「森林及治水兩事業ノ進展」
の企画が提唱されていた.

16)　金子文夫は，産業調査委員会は「もとより一回限りの会議にすぎず，決定事項
も抽象的レベルにとどまり，そのまま政策に取入れられたわけではないが，「内
地」側と朝鮮側から官僚，実業家，学者が朝鮮人も含めて広範に参加した点では
あまり類例がなく，政策形成に一定の方向性を与えた」と評価している（「朝鮮
産業政策の形成」『近代日本の経済と政治』山川出版社，1986 年，176 頁）.

17)　前掲『朝鮮産業ニ關スル計画要項参考書』29 頁.

18)　「特別委員会報告書」前掲『産業調査委員会会議録』，43-44 頁.

19)　「區分調査ニ関スル従来ノ成績及将来ノ方針並計画」（1921 年，CJA0010560）.
表紙には，「産業調査会」という記載がある.

20)　同上.

21)　譲与事業の発端は 1923 年 1 月の各道林務主任会議とされているが，その施策
内容はすでにそれ以前より考案されていたものと考えられる（岡衛治『朝鮮林業
史（上）』朝鮮林業協會，1945 年，575 頁）.

22)　朝鮮総督府『朝鮮林政計画書』1927 年，1-2 頁.

23)　萩野前掲書，78-79 頁.

24)　同上，79-83 頁.

25)　前掲『朝鮮林政計画書』2 頁.

26)　同上，2頁.

27)　萩野前掲書，13頁.

28)　前掲『朝鮮林政計画書』7頁.

29)　萩野前掲書，17頁.

30)　前掲『朝鮮林政計画書』8頁.

31)　萩野前掲書，83-87頁.

32)　前掲『朝鮮林政計画書』49-50頁.

33)　萩野前掲書，82頁.

34)　前掲『朝鮮林政計画書』1頁.

35)　萩野前掲書，87頁.

36)　前掲『朝鮮林政計画書』7頁.

37)　民有林化を促すことによって，財政問題を解決しようとする動きは，火田整理
　　とも連動していたと考える.『計画書』において，火田整理は，①火田のうち熟
　　田たり得るもの田にするとともに，火田民をその土地に定着させる，②その他の
　　火田は絶対に禁止し，生計の途を失うものに対しては開放農耕地に移住させる方
　　針が示されていた（前掲『朝鮮林政計画書』27頁）.

38)　崔炳澤『일제하 조선임야조사사 업과 산림 정 책』푸른역사，2009年. 崔炳澤
　　は林野所有者を中心にした森林組合を作り組合費を徴収することで，林野の管理
　　費を朝鮮人に転化したと指摘している.

39)　前掲『朝鮮林政計画書』1頁.

40)　前掲『産業調査委員会会議録』43頁.

41)　朝鮮総督府山林部『朝鮮の林業』1929年8月，85頁. 渡辺豊日子「私共の生
　　活から見た山林のお話」『朝鮮山林会報』第64号，1930年6月，15頁.

42)　渡辺豊日子「私共の生活から見た山林のお話」『朝鮮山林会報』第64号，1930
　　年6月，15頁.

43)　『官報』1932年6月30日「訓示」. 釋尾東邦「知事會議に於ける　宇垣総督の
　　訓示を讀みて」『朝鮮及満州』第296号，1932年7月. 萩野前掲書，92頁.

44)　安裕林「1930년대 충독 우원일싱의 식민정책－북선수탈정 책을 정신으로－『이
　　대사원』第27号，1994年，151頁.

45)　海老原侃「北鮮開拓事業」『朝鮮山林会報』第127号，1935年10月，29頁.

46)　岡前掲書，1098-1099頁.

47)　澤慶治郎（山林部林務課長）「北鮮開拓計畫に依る山林事業に就て」『朝鮮山林
　　会報』第89号，1932年7月，2頁. 萩野前掲書，94頁.

48)　岡前掲書，1100-1101頁.

49)　萩野前掲書，93頁.

50)　澤前掲論文，4頁.

51)　例として，姜貞遠の論考が挙げられる（「1930년대　일제의　조선공업화와 산
　　림정책」『한국 근대사 연구』第79号. 2016年12月.）.

52)　萩野前掲書，91 頁.

53)　植木秀幹「北鮮の開拓事業と林業の開發」『山林』第 590 号，大日本山林会，1932 年 1 月，9 頁.

54)　「時報 北鮮高地帯利用計画」(『朝鮮山林会報』第 37 号，朝鮮山林会，1928 年 3 月）には次のように記されている.「産米増殖計画の実行によって鮮米は年々増産されて行くが雑穀の増殖は殆ど顧みられぬので殖産局では雑穀増殖研究費として二萬圓ばかり來年度予算に計上したが議会解散のため不成立となったが山林部は山間地帯（高地帯）の國有林野中の要存林野十数万町歩の中七，八萬町歩の農耕適地があるのでこれを國有未墾地に移管し民間に拂下げて雑穀の奨励をはからうと協議中である. 咸南北の高地帯は現在火田民が燕麥，馬鈴薯を耕作してゐるが土地の生産力を十分発揮していていないので山林部，殖産局，土地改良部が協力して有利な雑穀を植え付けることとなつた，…寶の持ち腐れとなっている北鮮の高地帯を有効に使用することとなり，山林部が主となり目下鋭意調査中である」.

55)　『朝鮮新聞』1929 年 12 月 8 日「北鮮地方の高地帯に水稲，本府農務課の計畫」.

56)　『朝鮮毎日新聞』1929 年 12 月 8 日「北鮮高地帯に水稲を栽培」.

57)　『北鮮日日新聞』1929 年 12 月 11 日「北鮮高地帯 水稲の試作設計」.

58)　「縁故林拂下出願―百十五萬件三百萬町歩―」『朝鮮公論』第 193 号，朝鮮公論社，1929 年 4 月.

59)　岡前掲書，590 頁. 土井林学振興会編『朝鮮半島の山林』土井林学振興会，1974 年，43 頁.

60)　『官報』1926 年 4 月 5 日「制令第 7 号」.

61)　府面内の部落に縁故が認められるときは，府面を縁故者とするとされているが，これは，部落有財産統一という行政上の方針に由来する方策であった（園田寛（総督府山林部長）「特別縁故森林譲与令の施行に就て」『朝鮮公論』第 167 号，朝鮮公論社，1927 年 2 月，62 頁).

62)　李相旭「植民地朝鮮における林野所有権確定過程と墓地問題」『朝鮮史研究会論文集』第 40 号，2008 年 10 月，170 頁.

63)　園田前掲論文，61 頁.

64)　松本伊織「朝鮮の林野制度（下）」『朝鮮』第 124 号，朝鮮総督府，1925 年 9 月，63-64 頁.

65)　「朝鮮特別縁故森林譲与令案理由説明書」1926 年 3 月 25 日（『朝鮮特別縁故森林譲与令制令案』JACAR（アジア歴史資料センター）Ref.A01200558100，公文類聚・第 50 編・大正 15 年～昭和元年・第 37 巻・地理・土地～森林，警察・保安警察（国立公文書館），20-21 画像目).

66)　朝鮮総督府『朝鮮総督府施政年報』1927 年，240 頁.

67)　「時報 縁故林譲与令の御裁可」『朝鮮山林会報』第 29 号，朝鮮山林会，1926 年 4 月，21 頁.

68)　「民間業者と官と夫れに第一線に働いてゐる諸君と此の三者が一致協力して北
　　鮮開拓地域内の状況を立派にせねばならぬと思ひます」とある．（「北鮮開拓事務
　　打合會に於ける總督訓示」『朝鮮山林会報』第 132 号，朝鮮山林会，1936 年 3 月，
　　2 頁）．

69)　姜貞遠前掲論文，187-193 頁．安裕林前掲論文，155-158 頁．次の史料も，こ
　　の点を指摘している．「斯くの如く北鮮材が今日の隆昌に向かつたのは経済界の
　　好転と木材需給の大勢が斯くあらしめたことは勿論であるが，其の根源は総督府
　　の施設たる北鮮開拓事業の結実に負ふ處が多々あるものと思ふ」（加藤欽一「北
　　鮮材の事情」『朝鮮山林会報』第 146 号，朝鮮山林会，1937 年 5 月，27 頁）．そ
　　のほか，朝鮮総督府農林局『朝鮮の林政と林業』（1930 年 11 月，37 頁）におい
　　てもこの動きについて言及している．

70)　角永清「北鮮開拓事業に就て」『朝鮮山林会報』第 139 号，朝鮮山林会，1936
　　年 10 月，8 頁．

71)　「要存林野存廃区分標準ニ關スル件」（1927 年 9 月 8 日，総督臨時代理決裁）
　　「要存豫定林野解除ニ關スル件（咸鏡南道端川郡北斗日面大興里・頭流山）」（1929
　　年，CJA0010860）．

72)　詳細は拙稿を参照されたい（韓梨恵「植民地朝鮮における朝鮮特別縁故森林讓
　　与事業と「国有林創出」」『人民の歴史学』第 242 号，2024 年 12 月）．

73)　要存豫定林野選定標準ニ關スル件（『官報』1911 年 11 月 10 日「官通牒第 331
　　号」）
　　一　軍事上國有トシテ存置スルヲ要スト認ムル箇所
　　二　學述上特ニ存置ノ必要アリト認ムル箇所
　　三　保安林又ハ之ニ準シテ取扱ヲ要スル林野ニシテ國ノ經營ニ屬セシメサレハ充
　　分ニ目的ヲ達シ難シト認ムル箇所
　　四　封山其ノ他特別ノ關係アリシ箇所，但シ現ニ其ノ必要ヲ認ムルニ足ラザルモ
　　ノハ此ノ限ニ在ラス
　　五　一事業區トシテ經營スルニ足ル林野ニシテ約二千町歩以上集團セル箇所
　　六　要存置豫定林野ノ經營上附屬セシムルヲ便利ナリト認ムル箇所

74)　1934 年時点では，咸鏡南道林野面積は「277 万 1,000 余町歩」とされている
　　（咸鏡南道『咸鏡南道の林業』1934 年，7 頁）．

75)　「咸南の林業」『朝鮮』第 125 号，朝鮮総督府，1925 年 10 月，311 頁．

76)　同上．

77)　同上，312 頁．

78)　朝鮮総督府『朝鮮の林野』1929 年，附表 6 頁．

79)　前掲『咸鏡南道の林業』27 頁．

80)　朝鮮総督府『朝鮮総督府統計年報』1935 年，96 頁．

81)　前掲『咸鏡南道の林業』27 頁．

82)　林野調査終了時点の縁故林は，527,460 町歩であり（朝鮮総督府農林局編『朝

鮮林野調査事業報告』1938 年，84-85 頁），1932 年時点での縁故林は 176,139 町
である（朝鮮総督府『朝鮮総督府統計年報』1934 年）.

83)　朝鮮総督府農林局『朝鮮の林業』（1934 年，26-27 頁）及び，朝鮮総督府『朝
　　鮮総督府統計年報』1928 年〜 1932 年.

84)　朝鮮総督府『朝鮮総督府統計年報』1928 年〜 1932 年.

85)　「国有林保護命令改廃ニ關スル件」（1936 年，CJA0011188）.

86)　「国有林保護命令解除調書」「国有林保護命令改廃ニ關スル件」（1936 年，
　　CJA0011188）.

87)　だがこれら調書のうち 2 件を除いた 14 件が，出願者名と申告者名の名前が異
　　なっていた.

88)　「特別縁故森林讓與願件進達ノ件（咸南産第二七二號）」（咸鏡南道知事→農林
　　局長，1933 年 2 月 24 日）「特別縁故森林不許可ノ件（咸鏡南道定平郡高山面舊
　　倉里・韓珍謙）」（1935 年，CJA0011553）.

89)　「要存林ニ對スル讓與出願ノ件」（咸興營林署長→咸鏡南道知事，1932 年 3 月 8
　　日）「要存林ニ對スル讓與出願ノ件」「特別縁故森林讓与不許可ノ件（咸鏡南道定
　　平郡高山面舊倉里・韓珍謙）」（1935 年，CJA0011553）.

90)　『官報』1926 年 4 月 5 日「制令第 7 号」.

91)　『官報』1911 年 6 月 20 日「制令第 10 号」.

92)　「特別縁故森林讓与不許可ノ件（咸鏡南道定平郡高山面舊倉里・韓珍謙）」（1935
　　年，CJA0011553）.

93)　「特別縁故森林讓与不許可ノ件（咸鏡南道定平郡高山面新豊里・韓鳳俊相続人
　　韓姓烈）」（1935 年，CJA0011546）.

94)　メモに「川嶋」という印鑑が押されているため，農林局林政課職員兼技手で
　　あった川嶋秀男であると判断した（「特別縁故森林讓与不許可ノ件（咸鏡南道定
　　平郡高山面新豊里・李聖鎭外 4 名）」（1935 年，CJA0011546））. なお川嶋は，1940
　　年には農林局林政課山林事務官に赴任している（『官報』1940 年 2 月 5 日「敍任
　　及辞令」）.

95)　「特別縁故森林讓与不許可ノ件（咸鏡南道定平郡高山面新豊里・李聖鎭外 4 名）」
　　（1935 年，CJA0011546）.

96)　『毎日申報』1936 年 8 月 24 日「定平郡高山 廣德間 森林道路設置」.

97)　『毎日申報』1934 年 7 月 24 日「香爐峰國有林 民間에 拂下키로 爲先三萬尺締을
　　拂下豫定 咸南道本府에 申請」.

98)　『京城日報』1934 年 7 月 22 日「香爐峯國有林 ちかく伐採本府に申請」.

99)　『官報』1938 年 2 月 17 日「林産物売却許可」.

100)　『官報』1939 年 10 月 28 日「林産物売却許可」.

101)　韓梨惠「植民地朝鮮における「国有林創出」と林野調査事業─第一種不要存林
　　に注目して─」『歴史学研究』第 1057 号，2025 年 1 月.

第7章

シンガーミシンの朝鮮市場席巻

李　熒娘

は じ め に

　朝鮮においてミシンの需要が創出される過程を，ミシンの生産，流通，消費のありようを通して明らかにするテーマに取り組んでいるが，本稿ではシンガーミシンの朝鮮市場の席巻過程を把握することを課題にする.
シンガー社は1853年にミシンを生産しはじめてから半世紀の間，全世界の市場へミシンを供給する生産体制を整えるとともに，アメリカをはじめとして全世界的な規模で販売網を設けて販売してきた過程で「シンガー式販売システム」を定型化していった．世界初の多国籍企業だといわれるシンガー社は，それを以て1900年に日本へ，1905年大韓帝国へ進出した．先行研究にはアンドルー・ゴードン『ミシンと日本の近代：消費者の創出』がある．これは，シンガーミシンの生産，流通・販売，消費を通して，近代日本の消費社会の成立を主婦やセールス労働者，ドレスメーカーなど多面的な側面から考察した画期的な労作である．日本とほぼ同時代にミシンの需要が進行した朝鮮におけるシンガーミシン社の動向を検討することで，朝鮮においてミシンの需

要が創出される過程の一側面を明らかにすることができると思われる.

1．シンガーの台頭

シンガー裁縫機という言葉が初めて朝鮮の新聞に出てくるのは，1902年11月頃である.「米国ニューヨークにあるシンガー裁縫機械製造会社で簡便な機械を改良し連続発明し，世界に広めているが，その広告文と機械使用法を欧米各国の言語で訳編し，数年前から日本語や清書（中国語）で訳編し，近日わが国でもその広告文を訳出し，写真電気版で印刷しその使用法もわが国漢文で印刷中である」[1]とあるように，朝鮮市場へ進出する準備が始まった．1904年8月になると，仁川の咸陵加洋行（HOLME RINGER & Co,）がシンガーミシンの専売所となり販売された[2]．そして個人的にシンガーミシンを販売するところも増えていた[3]．

シンガー裁縫機械（以下ミシンと表す）会社が朝鮮に直営店を開設した時期は，日露戦争のポーツマス条約の締結後，1905年秋頃だった．開設にいたる

図1

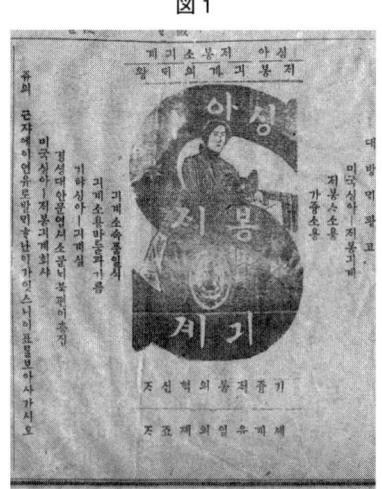

出典：『帝国新聞』1905年10月19日

準備作業は，二人の日本人のシンガー職員に任された．日本におけるシンガー
会社支店を開設する時に，東京の支店員として働いていた金沢鶴吉[4]が北韓
代表，江頭勝之助[5]が南韓代表として派遣された．図１のように，アメリカ
シンガーミシン会社の名前で「裁縫所機械，裁縫機械の大王」「家庭裁縫の革
新者，世界唯一の製造者」という広告[6]を掲載し，販売を開始した．「シン
ガー裁縫機械会社の説明」というタイトルの下に，国民啓蒙のために発行さ
れた『帝国新聞』の広告欄に５回にわたって連載した．そこでは，ニューヨー
クのブロードウェイの大きなビルをもっている本部の紹介と，生産工場を披
歴するところからはじめ，さらにニュー・ジャージー州のエリザベスポート，
インディアナ州のサウス・ベンド，イギリスのキルボービー，ドイツで工場
建設中など，アメリ国内から海外数か国に製造工場が展開することを示す．
会社の規模については「50年前にわずか80円の資本金で設立したが，いま
やアメリカの各種大会社の中で21番目の会社であり，ミシン会社では世界第
一で，１年間に製造する機械は百万台に達すること，販売のために世界いた
るところに支店がある」[7]と，会社の規模，複数の製造工場と世界中に広が
る販売網のあることを強調した．直営の販売網についても詳しく紹介する．
ニューヨーク本店と中央店所在地及びそれぞれの管轄範囲を詳しく紹介し
た[8]．シンガーミシンは世界中で一番値段が高いが，毎年百万台以上売れて
おり，成功している所以は高額な資本を投資して丈夫で精巧さを兼ね備えて
いるので，結局安いほうだという．そして「昨年日露交戦になり，軍隊仕事
でシンガー機械が非常に賞賛されて，日本帝国陸軍省でもシンガー機械を採
用したこと，またドイツ政府が自国の製造機械からシンガーに採用変更をし
た」と，日本とドイツ政府がシンガーミシンを認めていたことを付言した[9]．
販売戦略の特徴の一つである月賦販売は，「家庭上進」と工業発達のため，多
数の顧客に便益を与え国家に対しても工業発達の端緒になり」「シンガーミシ
ン会社は文明事業に功績を与える」と強調した[10]．しかし未だそれらの法律
保障が整えられていないので，それを達成する道が開かれていないのは残念
だ，と主張する．

　支店が設置されると，シンガー会社は，紙面広告の第2弾を『万歳報』紙に「裁縫必要論」というタイトルで行った[11]．おそらく各地域の分店設置に可能な商業者の関心を引き起こすと同時に，ミシンの購買者に（特に女性に）向けての広告であったと思われる．そこでは，家庭で平服裁縫することは「20世紀の進歩的婦人思想」[12]「家庭で小児の洋服や学校の制服，主人の平洋服や洋赤衫を製造し，過多な金額を洋服商にもっていく必要がなくなり，経済的」「洋服を輸出することで，国家も富む」[13]「現今社会の発展と共に（中略）各人の家庭に必要な一種の器具で，各家庭に一台ずつ存置すべき」[14]，「機械事業は文明事業」[15]などと宣伝文句が並ぶ．

　さらに当時の朝鮮ミシン界の現況に言及することで，「シンガーミシンの使用法の教授と修理」を無料で提供する会社の優位性を以下のように強調した[16]．

　　ミシン販売者は多いが，みんなミシンに対して十分に研究して使用法を説明教授するミシン商は一か所も無い．もっぱら，ひたすら甘言利説で販売し店頭から持ち去った後は，全然関係しない．購買者の諸君も実に困難．使用法を教授する裁縫学校は幾多あるが，ミシンだけ専門に教えるところは一か所もない．これはミシンの発展できない一原因である．わがシンガー会社はその欠点を熟察し，とても親切に便宜を与える．ミシン購入者にはお金を取らず，その使用法を説明し教える．また機械の故障もいつでも修理してあげる．

　「ミシン販売者は多い」ということに対して，1905年度の英国領事館報告書は，「韓国人は新しいモノに対して偏見が殆どなく，有用性が明らかなモノは，すぐ受け入れる．その代表的な例がミシンの普及で，その普及は目覚ましい」[17]と．ミシンは1882年か3年頃金鏞元によってはじめて朝鮮半島に持ち込まれた．朝鮮最初の女性団体である賛襄会が自分たちの募金で設立した順成女学校の教科課程にミシンの実技教育が入っていたことは[18]，裁縫の

仕事が女性の仕事であった本人たちが真っ先に有用性をみとめていたからである．シンガーの「使用法の教えと故障修理」の保障は消費者にとって魅力的であっただろう．各直営店に「使用法の教え」の担当者である「女教師」は「目下，東京にある当会社の女学校で婦人数名を養成教授しているので，近日内に渡韓する」[19)] と伝えられた．

2.　シンガー裁縫女学校の設置・運営

シンガー会社の直営店を開設した 1907 年に，「日本東京では一昨年（1905：筆者）から我会社に所属するシンガーミシン裁縫教授所つまりシンガーミシン裁縫女学校を設置し，家庭用機械で裁縫する方法を教授し，非常に好成績と良好な結果を得られ，（中略）朝鮮でも同様の学校を開設する予定であるが，十中八九までは韓国婦人の習慣として外出するのを忌避するために，現今では誘導する道理がなく，したがって韓婦人には学校が時期尚早である」[20)] といわれた．しかしその後 7 年が経った 1914 年夏に「シンガー裁縫女学校」の名で新設された[21)]．「家庭裁縫改革の責任を有する弊社は時勢の要求に応じる為に新設する．今まで世の中に紹介されなかった弊社独特の革新巧妙なシンガー応用の技術を広く教授する」という趣旨であった．教授科目と修業期間は裁縫普通科（修業 3 カ月），高等科（2 カ月），刺繍科（1 カ月）で，担任教師は裁縫科は，宇野光恵子（元東京シンガー裁縫女学院教師）と，澄川千代子（元大連，奉天シンガー裁縫女学校教師）で，本校卒業者で成績が優秀な者は当社の教師として採用することと，「シンガーミシンを所持し，今月以内に入学申請する者は 1 カ月間無料教授する」という特典を与えてスタートした．「仮教場」として京城府黄金町にあったシンガー直営店の楼上が充てられ，黄金町（現：乙支路）は本町（現：明洞）と共に日本人の集住地域として，商業関連の諸般施設が備えられた地域である．その地域に設けられたことは，主に日本人女性の対象になることを想定して設けられたと推測できるが，朝鮮人の女

性がここで刺繍を学んで 1916 年教師として働いていた．受講者は，高等女学校卒業の教育程度で日本語が可能な女性が対象であった[22]．仮教場でスタートしたが，1925 年 2 月に生徒募集をした時は，「シンガーミシン裁縫刺繍院」と名称変更もあり，ミシン裁縫普通科，ミシン裁縫高等科，ミシン裁縫刺繍科，3 学科とも 3 カ月修業期間に変更された．鐘路 2 丁目の住所になっていることで仮教場から裁縫教育施設を新たに設けたことがわかる[23]．1930 年になると，さらに本町に移転拡張し，名称は本社直営「シンガー裁縫刺繍院」に変更した[24]．翌 31 年には昼間時間に余裕のない人のために「ミシン裁縫夜間教授」もおこなった[25]．また，同年の夏にシンガー裁縫刺繍院は，ミシン裁縫講習会も開催した「『シンガーサービス』の一端として，ミシン裁縫に就いて夏季特別講習会を本院で催します．無料で機械も学院にありますから有効な消夏法として是非利用をお願い致します．約 3 週間で，毎日第 1 回 10 − 12 時，第 2 回午後 1 − 3 時」[26] と，無料講習会も行っていた．生徒募集の広告が 1935 年にも確認できるので，シンガー社が朝鮮から撤退する直前まで続いていたと思われる．

　シンガー会社直営ではないが，1927 年 5 月『東亜日報』学芸欄にシンガー関係者である徐丙義主任の「西大門裁縫刺繍院」の朝鮮女性を対象とした入学案内記事が載った[27]．「家庭主婦の必要な朝鮮服・洋服の裁縫法を教授し，職業生活をしようとする婦人の便宜を図るためである」とあり，入学資格は満 16 歳の婦人で，普通学校卒業程度でよく，月謝は各科とも 1 カ月 3 円ずつ，修業時間は 8 時半から午後 6 時まで，冬は 9 時から午後 5 時まで，個人教授の方式で行う」とある．教授内容をみると，家庭に最も必要なことを教授するとして，普通科は「機械使用法，付属品使用法，ボタン，穴，単衣，袷衣，ワイシャツ，小児前掛数種，小児簡単服数種，嬰児服，女児洋服，小児帽子数種，婦人前掛，ネクタイ，ソフトカラ，洋襪」であった．高等科は，機械裁縫普通科修了者又は同等の技能を有する人で，教授項目は「男児洋服数組，女子洋服，鳥打帽子，男児外套，学生服，その他」であった．刺繍科の教授項目は「運針，花○，昆虫果実墨絵及び文字の縫法，鳥獣類，器物，

風景，人物」などであった．

　1932 年になると，『東亜日報』に，「市内鐘路 1 丁目 87 番地（光化門郵便局東側）にあるシンガー会社の中に裁縫刺繍学院を設置し，裁縫刺繍に熟練の朝鮮女子教師を招聘し，教授中」という記事が掲載された．この学院では「文字を解読できない家庭婦人でも，14 歳以上であれば学習できる」とする一方，裁縫刺繍に朝鮮女子の教師を招聘し，優秀な成績で卒業した修業生には同社の各分店に女子教師として採用した．科目はワイシャツ，児童服，学生服，紳士服，女子洋服，機械刺繍で月謝は 2 円 50 銭，期間は原則的に 3 カ月だが，「個人の才幹と希望によって自由」[28] とある．鐘路にあるシンガーの「裁縫刺繍院」は，受講生は朝鮮人女性を対象にしたことがわかる．今までシンガー裁縫刺繍院の志願する生徒資格の制限も変更し，16 歳以上の年齢制限を 14 歳以上に，文字解読のハードルも撤去し，力量によって学習期間も自由裁量とした．1932 年の需要増加の傾向を反映するものであった．

3.　月賦販売制度の施行

　1907 年 3 月には京城支店[29] の名で月賦販売が実施されることの広告を出す．それまで「現金販売営業だけだったが，業務拡張のために月賦，貸与」するという広告が出る[30]．日本の月賦販売の実施は，1900 年の日本市場への本格的参入から 7 年後実施された[31] が，朝鮮の場合は進出して 1 年余りで実施することになる．京城博覧会を前にしてこれを記念して月賦法を特別に提供するので，裁縫機械を買入するよい時という広告[32] が出たところから推測すると，京城博覧会に合わせて早めたのであろう．高価なミシンを現金で購入する層は限られているのを世界各地で経験したシンガー社は，法律保障ができてない韓国では日本よりもっと時間がかかるのではないかと代表も思ったようである[33]．多くの人々がミシンに接することができるよう，販売する機会を掴んで「業務拡張」のために 1907 年から実施したのである．月賦

販売は朝鮮でシンガーミシンがはじめて施行したのであった[34]．朝鮮で高価なミシンを手に入れるのに月賦販売はたしかに有効であった．そののち自転車，蓄音機，ラジオ，写真機，時計，事典，書籍，洋服などの諸商品に一般的に実施されるようになり，「月賦全盛時代」が到来することになる．

　シンガーミシンの月賦販売を展開していく過程で様々なトラブルが起こった．その一つとして月賦販売契約は，所有権留保付月賦払売買契約を採用していた．買い手が代金を滞納した場合に，売り手がその商品を取り戻せる契約となっていたのである[35]．その契約を認識していなかった消費者は悲鳴を上げたのである．1920年代京城という都市の例を挙げる．京城地方法院で1925年1月から6月まで受理された西洋人関係民事訴訟の件数が紹介されたが，36件中35件の訴訟がシンガー裁縫会社対朝鮮人関係事件であった．たとえば裁縫機械差押請求は，いわゆる月賦で販売して，その掛金をほとんど払って終盤にいたって支払期日のわずかでも過ぎたら容赦なく差押請求して機械を持っていかれると伝えられた[36]．

　1930年代における内陸山間地域の楊口の例を挙げる．「月賦で裁縫機買い，農村被害者少なくない，ちょっとのことで奪われやすい，契約条文熟読すること」というタイトル記事で「農村でも裁縫機械を使用する家庭が多数に達しているが，この機械はほとんど月賦で購入するが，楊口区域担当である華川分店の10月までの販売台数が77台であり，そのうち期日に代金を支払いできず会社に奪われたのが30台に達する．その販売規則をみると月賦金額が全部支払いするまではその裁縫機所有権は会社にあることで，万一月賦金額を支払えない場合は，別に催促もせず裁縫機械を持っていかれると同時に支払いした金額は無効になる．ミシンがあるところにはどんなところでも侵入運搬しても家宅侵入などの損害賠償を請求できない．ただ外交員の言葉だけ聞いてこのような規則をしっかりみないで被害が莫大．『但し』というところの項目を詳細にみる必要がある」[37]と，月賦販売の所有権の規約をしっかり認識するように促した．

　こうした紆余曲折はあったが，1930年代半ばに朝鮮のミシン市場に進出し

た日本産ミシンも，30 年代後半に朝鮮内で製造されたミシンも，中古品も月
賦販売は一般的になるほど，高価な商品の月賦販売制度は定着していくので
ある．

4.　販売店の拡大と営業活動

　朝鮮シンガーの組織体系は，中央店[38)]，地区営業店（区，総監督），支店（部，
監督），分店からなっていた．シンガーの京城支店が開設されたのは，1907 年
であるが，『朝鮮総督府統計年報』大正 3 年版付録によると，1914 年 7 月に
開設されたとある[39)]．これは，併合後 1911 年に実施された許可制の「会社
令」に従ったようである．朝鮮の代表者は，1910 年代は竹本壽人[40)]，西郷剛
三[41)] の日本人が務めた．1921 年にイギリス人のフランク，レイモンド，リ
チャードソンに代表者が代わっていく[42)]．1929 年にはサンダース[43)]，32 年
の時はアメリカ人のハロルド，ペック（H. H. Peck）[44)] であり，1940 年 6 月ま
で務めたことが確認できる[45)]．直接に戸別訪問によって市場開拓し，ミシン
販売を担当するのは，分店である．シンガーの世界市場で成功した要因の一
つといわれる戸別訪問は，朝鮮でも同じであったが，日本のある分店の販売
員の回顧から分店の販売活動が覗くことができる[46)]．

　　まず月間 100 台を目標として，販売店が設けられ，この店の店長の下に
　　販売人がおり，更にこの補助者として助手がいる．この販売人は，販売
　　店の店長の経験と洞察力によって指示せられた住宅地のあるブロックに
　　いって，個別訪問を行う．この際所要の各事項を記入するように仕組ま
　　れたカードをもって出かけ，聴取によってこれに記入する．午前中に幾
　　枚か調査し終わると，これを店長にみせる．店長はこれをいちいち点検
　　して，その中から有望者をピックアップし，その家庭を訪問する．そし
　　て種々推奨する．この間，有望カードの家がある程度集まると，ミシン

を持ち込み，経験のある助教師が出向いて，実物について使用実験を行
い，売込みに最後の拍車をかけるわけである．かくしてとりあえず試験
的に使用してもらうことを約束にミシンを家庭におき，これについて，
女助教師が一週間程度使用法を教授する．こうなれば大抵買入すること
に間違いないのが常である．

1910年代に行われた市場開拓のやり方として，二つの例を挙げよう．
1910年代初期の朝鮮半島の北部地域にある義州分店では，「販売を拡張する
ために学校の中で一般学童を集合させ，ミシンの実際応用を見せ，それに講
義をした後，学生の家庭を順番に訪問して，ミシンの販売を開拓する」と伝
えられた[47]．当時学校に通っている生徒は一般的に地域で「中流以上の家庭」
に属していた．学校に通う家庭を調査し，顧客の子弟にミシンを見せながら
説明することで，家庭訪問つまり戸別訪問がスムーズにいける戦略をとって
いた．また，京城黄金町に位置していた直営店ではシンガー裁縫女学校の仮
教場でもある，「会社2階で3日間　裁縫機でつくった新式裁縫衣服と，ミシ
ンで刺繍をした製作品等数百種を一般観覧者に展覧する」記事が伝えられた．
作品を展覧することで，婦人たちの購買意欲をそそるとともに，潜在的購買
客が訪れることで，販売員らは展覧にきた人の個別訪問カードを作成するこ
とができたであろう．ミシン作品の展覧会の開催は，ミシン販売につながっ
たと思われる[48]．
1929年には，京城府南大門通りにあるシンガーミシン会社支店では「今回鮮
満各地の官庁，学校に『国民としての未来の母たる務め』と題するパンフレッ
ト5千部を配布する」と，当時求められた良妻賢母教育を持ち出しながらミ
シンの普及に努めた[49]．
　1920年代になると，家庭婦人を対象にした裁縫講習会が各新聞社，基督教
青年会の主催で「生活の合理化」「経済的」「子供服は母親の手で」「家庭婦人
の副業を奨励するため」[50]などのスローガンのもとに行われた．開かれた地
域は，主に京城，麗水，鎮南浦，大邱，馬山，仁川などの都市であった．

『東亜日報』本社で開かれた「第 1 回裁縫刺繍講習会」の様子をみる．開催を知らせる記事には「本社では市内婦人読者のため家庭欄の主催で 2 週間裁縫刺繍講習会を開催することを決めました．今日われらの家庭の経済状況を考えるとこのような講習がとても必要であると考えます．小さいかもしれないが，子供洋服，エプロン，帽子のようなものに，われらのお金が支出されるのが 1 年に数十万円で，びっくりすることでありませんか」[51]とある．開催した日の記事に，「本社の計画がわれらの朝鮮婦女界に向け，一層実生活に接近する機会を持たせるように喚起するようになるといい，朝鮮の新式家庭においては婦人に空いている時間が多くなった．この時間をわれらの実生活に利用するかはとても重大な問題である．男性が洋服を着て生活している家庭においては前時代の婦人に比して多くの時間の余裕があるようになった．その時間を自己の修養に勿論利用することができるだろう．しかし今日の朝鮮の洋服細民の生活状態をみると，大概「今晩は活動写真をみるか，演劇をみるかあるいは音楽会に寄るか」ということよりもむしろ「今日の夜の米があるかないか」というのが問題だ．そうだったら婦人，またこれから婦人になる人たちは新しい生活様式に適応する実生活にしなければならないので，今回の講習会はこの点において効果があるだろう，と指摘した．

裁縫講習会を主催した『東亜日報』側は，月給生活者「新式家庭」の婦人たちの実生活に役立つことを願って裁縫講習会を設けた．朝鮮で「洋服細民」という言葉が一般的に使われたのは，1920 年代に入ってからである．1920 年京城府調査によると，府内に居住する官公吏及び会社，銀行などに勤務する月給生活者の中で住宅を所有していない人の調査したところ，月給生活者 6390 戸でその中に官舎，社宅に入った人は 725 戸，旅館或は挟戸に同居する人が 539 名，住宅を持たない人が 5135 名とある．まさしく「洋服細民の住宅困難[52]」であったが，給料を節約して生計をたてることが「新式家庭」の主婦の「実生活」であった．

　1930 年代になると各新聞社，基督教青年会，婦人会，槿友会，幼稚園慈母会，海外留学生会，そして農村更生運動の一環として里，面の末端行政機構

表1 裁縫講習会にシンガー参加

年度	回数	後援	主催
1923	2		
1924	3		
1925	3		
1926	1		
1927	3		
1928	5		
1929	6	1	
1930	3	1	
1931	7		
1932	26	2	7
1933	65	33	14
1934	45	9	15
1935	57	8	23
1936	28	3	12
1937	30	3	20
1938	8		
1939	4		
1940	2		
1941	1		
1942			
1943	1		
合計	300	60	91

出典：各種新聞から作成.

が主催し，農村家庭主婦を対象にした裁縫講習会が行われた.

各団体が主催するとシンガー社が後援に参加し，また，新聞社などがバックアップして，ある場合にはシンガー社が主催側になり積極的に講習会を各地域で開催した．シンガー社が主催と後援した講習会は全部で151回あった（表1参照）．講習会の場所は，学校，幼稚園，乾繭場，礼拝堂，仏教布教堂，青年会館，劇場，個人商店，個人宅，病院，酒造会社，旅館楼上など様々だった．図2は，全羅南道寶城での講習会記念撮影である．講習会の期間は4日間が多く，50人以上の受講生があり，会費は無料もあるが，平均1円であった．ミシンの基本的な使い方と子供服，ワイシャツの縫い方を教

図2

えることで農村の女性の購買意欲を高め，販売につながっていった．

　農村でミシンがどう使われたのか．家族の衣服作り，修繕だけでない．朝鮮の農繁期は雨が少ないこともあり，小作農，自作農も日雇いを使わざるを得ない場合が多い．その時，雇い賃金を現金で払う代わりに朝鮮服を作ってあげることであった．例えば，多くはチョクサム（チョゴリ）の材料の布を持って来させ，ミシンで作る．1時間ほどかかる．一日の雇賃金として一時間ミシンで朝鮮服をつくることで代替する．もう一つの例をあげると，京畿道の農家の例で嫁入り時に持参したミシンで，近所の主婦を2，3名集めて1日約8時間の裁縫労働を行い，自家用外の衣類を製作している，いわば農村縫製業の端緒的なものが出現していたといえよう[53]．農村の女性にとって使用価値が大きい．農村の女性たちの羨望がさらに高まる．農村に行き亘ったことでさらに女性の羨望の的となった．シンガー社からみると，講習会の開催は販売につなげる絶好の機会として，戸別訪問をベースにした骨の折れるシンガーの販売過程が，講習会を通じて時間的に圧縮することができたのである．朝鮮では，地域の分店が裁縫講習会を開くことはシンガーの中心的な販売戦略の一つになった．

　分店の数の推移をみると，朝鮮にシンガー社が進出する際，派遣された二人のなかの一人，江頭は南部朝鮮を担当したが，1914年に40個の分店を監督したといわれる[54]．（表2参照）京城を含め北部地域もおそらくそれに近い40個の分店が設置され，1914年に80箇所程度，1923年に130箇所[55]，1932年158箇所[56]，1938年260余箇所[57]になる[58]．分店の増加が1932年から1938年の間に百以上あり，慶尚北道の高靈地域を皮切りに表3のように，全国に広がった．分店数の増加はミシン市場の拡大を意味し，シンガーミシンの販売高と直結し，朝鮮でのシンガーミシンの絶頂期でもあった．京城，釜山，鎮南浦，大邱などで複数の分店がある都市には，日本人主任，朝鮮人主任の分店に分かれていたことが確認でき

表2　朝鮮国内のシンガー分店数の推移

年度	数
1905	2
1916	80
1923	130
1932	158
1938	260

表3　道別シンガー分店所在地

京畿道	忠清北道	忠清南道	全羅北道	全羅南道	慶尚北道	慶尚南道	黄海道	平安南道	平安北道	江原道	咸鏡南道	咸鏡北道
京城	清州	公州	群山	木浦	大邱	釜山	海州	鎮南浦	新義州	春川	元山	清津
仁川	報恩	大田	全州	光州	金泉	馬山		開城	義州	原州	興南	城津
水原	忠州	江景	裡里	順天	慶州	晋州	殷栗	平壌	宣川	伊川	文川	吉州
驪州	永同	禮山	扶安	麗水	高霊	宜寧	金川	安州	江界	鉄原	咸興	会寧
利川	清安	瑞山	金堤	霊光	義城	統営	沙里院		定州	平康	北青	
安城	槐山	洪城	任実	寶城	倭館	金海	兼二浦		熙川	安邊	長津	
水原	陰城	大川	裡里	霊巌	蔚山	山清	瓮津		楚山	高城	高原	
加平	堤川		参礼	霊光	達城	進永	長淵		厚昌	淮陽	永興	
議政府		扶餘	高敞	珍島	玉渓	狭川	新幕		中江鎮	洪川	新興	
水登浦		舒川	井邑	咸平	尚州	蜜陽				江陵	新浦	
始興		鳥到院		海南	浦項	昌寧				金化	鎮興	
烏山		天安		長興	安東	居昌				三陟		
抱川		清陽		羅州	醴泉	機張				華川		
汶山				康津		泗川				蔚珍		
西氷庫				潭陽		東莱				玉渓		
東大門				西亭		南旨						
西大門				済州		咸安						
京東						三千浦						
江華						河東						
						下北						
						昌原						

出典：各新聞・雑誌より作成.

る59). 京城府内には1938年には10か所の分店があった. シンガー直営店開設時期の地域分布をみると, 1910年代, 20年代は府・都市中心であり, 1930年代には農村に広がったことが明瞭である.

5. 1932年労働争議

朝鮮では, 1932年9月19日から10月3日の2週間かけての争議があった. シンガー会社は, 「世界的不況の影響を蒙り業績低下し経営上の難関を打開すべく遂に同会社の世界全般に渡り月俸1割減を声明し」60) 日本・朝鮮に対しては8月1日より実施することになった. 日本内地では8月に日本労働総同盟の支援を受けて争議団を結成し, 減俸撤回を要求し, 決起集会を開き, シンガー本部にデモをかけたが, ストライキとまでいかないうちに, 月給75円

以下は減俸しないこと，75 円以上 100 円未満は 5 分減，100 円以上は 1 割減を条件として 9 月 11 日解決した[61]．その間の日本での争議団の決起集会が伝えられ，朝鮮の社員らは，総支配部の通知を待っていたのである．すなわち朝鮮に対しては神戸の日本総支配部から未だ何等の通知に接せず」[62] という状況で，今日まで忍従してきたが減俸の苦しさに加えて冷遇侮辱がついに鬱憤を爆発させ，減俸撤廃と待遇改善の要求をまとめた長文の陳情書を 9 月 19 日に代表者ペックに提出することでスタートした．

　14 個条の要求項目は，1．俸給一割減の撤回，2．解雇絶対反対，3．退職手当制度確立，4．定期昇給，5．年 2 回賞与金制度確立，6．執務時間延長絶対反対，7．病気の時診断書添付撤廃，8．侮辱的待遇の改善，9．風俗習慣を尊重すること，10．ミシン引揚及び勘定割引の時返還口銭撤廃，11．訴訟費用分店主任負担の撤廃，12．消費発生時保証人及び監督者に法的手続を取る前に保険会社規定通りに請求整理すること，13．監督の車賃を従前通り回復すること，14．総監督，監督の旅費請求待遇に対して無理な取り消しをしないこと，であった．1，2 以外は待遇改善項目であった．回答の期日は提出した時点の丁度一日後の 20 日午後 4 時を定めた．20 日の午後 4 時に争議団代表（趙柄乾他 3 人）が会社側代表と会見した．会社側は，14 個条の中で 3 個条（7．8．9）だけ容認し，残り 11 個条に対しては，「当方はすべてに亘り総支配部の指図を受けているので私個人が処理することは出来ない．内地の減俸復活問題も新聞紙を通じて知っているに過ぎないがこの待遇問題はニューヨークの本店から指令されるものである」と，神戸総支配部の回答を待っている状態だといわれた．「外人幹部の社員に対する過酷な取扱は前英人支配人時代に露骨きわまるものであったが，現任者は自重すること等を約して引き取った」と．会見中に，ペックは「陳情書の内容に関して外勤者（分店員及び販売外交員）の待遇問題に触れるものがあるが果して外勤社員もこれを承認して提出したものかどうか」と突っ込み，その真相を質した．これに対し争議団は即答を避けた．21 日正午，中央店従業員と外勤者との間に会合を開いてからその回答をなすことにした．争議団結成は，中央店従業員に限定したも

のであった．代表者ペックの質疑に触発されて，翌21日，京城にある龍山，
鐘路，本町，東大門の販売店の代表者は争議団と会見し，協議の結果，今後
京城在シンガーミシン販売店は一斉に争議団に合流し同一歩調をとることに
決定し，鮮満各地の分店からも続々争議団合流の回答と共に激励電報が来て
「本格的に労使争議戦の展開」となったと言われた[63]．各地の中央店従業員
で結成した争議団の意志を盛り込んだ陳情書が「ここに鮮内同社員全体の要
求に基づくものとし会社当局に対してあくまで合法的運動によって目的の貫
徹に邁進することとなった」のである[64]．14か条の陳情書のなかで3か条の
承認条文だけを除いて，再び9か条の陳情書を作成して23日，アメリカ本店
と，神戸にある総支配部にも発送し，30日まで円満な回答を求めた．「アメ
リカ本店からの指示を待って明答する意向であるも末日までには到着しかね
る」との回答に，争議団側では「之は単なる会社側の口実であると，24日は
「鮮満内地」の会社及び販売店に檄文を配布した[65]．この頃，アメリカ本店
の東洋部長リチャード・マクリアリーがアメリカから日本の神戸総支配部に
派遣され，関連する者は処断や解雇の噂が伝えられて，従業員1600余名は緊
張のなかで30日の発表に注目した[66]．

　提出した陳情書に対する回答は，書面で代表者に伝えることであったが，
会社側から会見を要請して，30日午後4時に，京城中央店代表者ペックと争
議団側代表者が会見した．会社側は要求条件9か条のうち，第2か条から9
か条までの8か条を無条件に社員側が撤回した場合は第1か条の減俸撤廃の
件を条件付きで承認するとした．条件付き承認とは，日本と同様のもの，区
分減俸案であった．意見を取りまとめた上10月3日に再び会社側に要求を陳
情することになった[67]．争議団は同じ境遇にある大阪，横浜，神戸の中央店
と有機的連絡を取ろうと特派員を派遣する方針であった．争議に関連する人
物を解職することで，再び日本のシンガー争議団に動揺が起きると，4個中
央店従業員の全体的大争議の流れのなかで「最後の処理」になる可能性が高
いと，相当厳しい雰囲気に包まれた[68]．

　10月3日午前9時に，争議団は，会社側に「区分減俸案を承認する．待遇

改善の 8 か条は絶対に撤回することができない」と書面で提出した．そして会社側に 8 日午前 10 時まで「満足する回答をするように，もしそうではないときは最後の手段へ推し進める」と付記した．争議団の回答は相当強硬であった．そのようになるまでの経緯は「今回の争議は一割減俸案から飛び出したが，その根本原因は従来の社員待遇不良から出てきたので，待遇改善案を撤退すると当初争議を始めた根本意義がなくなる，会社側で提示した区分減俸案は当初の趣旨ではこれも承認できないが，世間が不景気であること，また日本ですでにそのような条件が施行されていることを参酌して，やむを得ず承認したと．この回答は 200 余全朝鮮各地の争議団と京城争議団が協議して作成したものであった[69]．

　会社側は回答期日 8 日を待たず，同日の夕方，水原区総監督徐丙義[70] が仲介に立ち，双方が 8 個条要求条件を殆ど承認することになった．この決定は，「当方はすべてに亘り総支配部の指図を受けている」ので，朝鮮代表者というより，日本に滞在していた本部東洋部長のマクリアリーと神戸総支配部の内々の決定の上でのものであっただろう．「争議団の要求を承認」「店員側有利に解決」「内地よりお先に円満なる解決」[71]「待遇改善の要求，ほとんど目的貫徹」[72] したと伝えられた．アメリカ本部の東洋減俸宣言後，8 月分未払い俸給は同日すぐに支払われたと新聞に報道された．

6.　シンガーミシンの販売最高潮期

　1935 年は，前年度輸入額 34 万円から 120 万円と 3.4 倍に，シンガーミシン販売数は 8,951 台から 16,810 台と 1.9 倍に増加した．「激増」現象は，1936 年，37 年も続き，1937 年はシンガーミシンが朝鮮市場に入ってから 30 余年の期間で，最高値をみせた（表 4 参照）．輸入ミシンの入港は仁川港であった．1935 年 6 月英国汽船「デダブア」丸が仁川港に入港し「英吉利裁縫機 6 千台が輸入」[73]（332 頓，約 120 万円），つづいて 10 月には英国汽船「アピクス」號

に，グラスコー産 2771 台仁川入港，翌年 2 月には「英国製裁縫機，仁川に多量入荷，継続入荷する模様」[74] という表題の記事で，日本郵船のイギリスのリバープル定期船リオン丸（7077 頓）がグラスゴー産裁縫機を多量に載せ仁

表4 東アジア地域におけるシンガーミシン販売台数の年度別推移

年度	日本	朝鮮	満洲	合計
1903				6,529
1904				7,619
1905				9,348
1906				12,895
1907				17,421
1908				10,785
1909				9,232
1910				14,527
1911				20,820
1912				33,894
1913				24,038
1914				19,404
1915				11,510
1916				20,976
1917				30,305
1918				50,067
1919	58,086	18,938	4,533	81,557
1920	45,491	9,306	3,511	58,308
1921	39,738	8,387	2,150	50,275
1922	46,832	11,044	2,509	60,385
1923	48,938	10,242	3,631	62,811
1924	63,744	8,460	3,159	75,363
1925	41,615	5,571	2,885	50,071
1926	39,670	4,772	3,345	47,787
1927	49,966	7,046	2,758	59,770
1928	56,700	10,470	3,503	70,673
1929	61,144	11,970	5,208	78,322
1930	45,163	11,244	1,879	58,286
1931	35,397	5,877	405	41,679
1932	25,886	5,217	1,114	32,217
1933	13,820	4,742	1,621	20,183
1934	24,159	8,951	2,349	35,459
1935	31,085	16,810	3,110	51,005
1936	34,014	22,628	2,662	59,304
1937	40,694	25,246	3,628	69,568
1938	13,024	8,106	1,760	22,890
1939	4,750	2,824	677	8,251
1940	971	370	129	1,470
1941	65			65
合計	820,952	218,221	56,526	1,095,699

出典：Japan War Loss Records Box 148 Folder 5.

川港に入荷した．「朝鮮の裁縫機需要は驚異的激増を示し，関係者を驚かせる」と報道された．

当該期の輸入されたシンガーミシンの特徴をみると，アメリカ製造品とイギリス製造品の両方のものだったが，1935年度以前はアメリカ産が多かった（表5参照）．1935年から1937年には，イギリスのグラスゴー産ミシンが中心

表5　ミシンの輸入国別推移（単位：円）

	中国	露領アジア	英国	ドイツ	ロシア	アメリカ	其他	輸入合計
1908								24,506
1909								18,105
1910			67	479	158	13,900	707	15,323
1911								
1912	186	643	13,676	1,963	72	102,166	715	118,676
1913	898	1,657	4,361	2,521	1,645	44,090	2	55,749
1914	140	2,514	40,848	1,220	110	56,529	163	101,524
1915	124	88	42,249	150	447	14,002		57,060
1916			40,909			50,738		91,647
1917			3,793			254,582		258,375
1918			16			556,935		556,951
1919			18,956			1,263,460		1,263,460
1920	440	60		5,384		902,489		908,373
1921	230			1,966	200	105,025		107,421
1922	5	185	183	926		331,823		333,122
1923	530	240	4	9,944		743,392	17	754,127
1924	270		4	4,197		801,147		805,618
1925	500			446		316,648		317,594
1926	485	145	53,632	30		275,602		329,894
1927	30	70	475,395	200		6,110		481,805
1928	35		756,945	9,592		157,838		824,410
1929	160		296,021	3,170		1,361,674	31	1,661,056
1930	267	270		1,130		889,617	35	891,319
1931		88				258,804		255,340
1932	351	3,153	72,858	2,207		148,003		226,652
1933	250	30	481			347,142		347,903
1934	397	290				1,196,769		1,203,671
1935	300		1,671,922	13,124		925,313		2,610,679
1936	292		2,953,725	974		17,744		2,972,733
1937			3,594,083	3,882		8,217		3,606,183
1938				850		753		1,603
1939	150			8,493		1,009		9,652
1940						1,466		1,466
1941	37					224		261
合計	6,077	9,433	10,040,061	72,369	2,474	11,139,311	963	21,154,324

出典：『朝鮮貿易年表』各年より作成．

であった．もう一つの特徴は，1936年2月に入荷されたシンガーミシンは，完成品70台，未組立品4,320台で，圧倒的に未組立品が多かった．重量をみると，47.16キロ，未組立品34.92キロで，未組立品の重量が1台当たり12.24キロ少ないことであった[75]．朝鮮内で組立をしたことになるが，関税改正実施（1937年4月実施）前の対応として当該期の特性なのか，あるいはその前からシンガー会社内に組立工場を設けて朝鮮でやっていたのか，今のところ不明である．そして，もう一つの特徴は，当該期のシンガー社の家庭用ミシンの種類が手廻型から足踏型への輸入割合が移行した点である．朝鮮総督府商工課の調査によると，「シンガーミシンの手廻機，足踏機シンガーミシンの輸入は1934年までは京城以南は手廻機，同以北は足踏機が使用され，その輸入割合も手廻機6に対して足踏機4の割合であったが，昨年（1935年：筆者）に至り輸入高が激増し，手廻機の分野は足踏機に侵蝕され手廻機4に対して足踏機6の割合に逆転した．これは農村景気に依る購買力の増進によるもの」[76]だといわれる．

　1937年初頭に4月から関税改正が実施されると発表があり，脚部がないミシンは百斤当たり関税が従来の22円から62円50銭に上り，その他も14円98銭から37円60銭になり，部分品及び附属品も9円4銭から11円29銭，裁縫機の輸入は，大体3割ないし5割が減少するだろう[77]と見通されていた．同年7月にシンガーミシンの価格を，鉄原料と賃金の暴騰の理由で15円ずつ引き上げるとした．すなわち手廻型は200円から215円に，足踏型は270円から285円に引き上げると発表した．しかし，同年8月の新聞に「朝鮮における家庭用ミシンの需要は最近急激な増加を示し，本年1月以降7月までの輸入高は252万6914円で前年同期に比して45万7955円の激増，さらに農閑期の需要は顕著で，1週間平均650台の売れ行き，輸入品は大半英国」[78]「ミシン機輸入一服期を一蹴す」[79]と伝えられた．価格引上げにもかかわらず，1937年はシンガーミシンの販売台数は最高潮であった．

7. 1938 年の社員の紛糾

　1938 年 2 月に京城中央店社員らが「東洋人侮蔑に憤慨，強硬な決議文，翻意せねば帰国せよ」と会社にむけて決議文を突きつけた[80]．日中戦争の勃発を契機に制定された輸出入品臨時措置法の影響で輸入途絶の状況が生じ，戦争が長引いて輸入できなくなると，いつ会社が撤退するかもしれない，財産処理，人員淘汰，退職金問題など会社との話し合いも困難ではないかと，社員の間に不安な雰囲気が高まっていた状況のなかで起こったことである．発端はドイツ人チークラという女性秘書が西洋人専用の便所に東洋人が入ったので皮膚病になったと支配人（書記長）クロフォード氏に言いつけて，書記長が「今後内鮮人にして該便所を使用したものは免職にする」としたからである．1932 年労働争議の待遇改善問題は，社員側の要求が殆ど受け入れられ，勝利といわれたが，その後，本社との連絡通信や重要書類等は秘密洩漏の虞あるとして，日本人・朝鮮人は雇用せず中国人 4 名を使用していたが，日中戦争の勃発で中国人秘書 4 名が帰国した後，佛，独逸，米の秘書が登用されることで，昇級の機会がなかったことの不満も募っていた．便所等も外人用の便所には「内鮮人」は入れないことにし，満員などでやむなく使う場合にも散々罵ったりしていたもので[81]，書記長の発言に憤慨し，社員全員が集まり，交渉委員 12 人（日本人 2，朝鮮人 10）を決め，決議文を突きつけた[82]．クロフォード，ジョンズ両人は精神を改善すべし，精神の改善不能なる時は直ちに本国に帰国すべし，チークラに厳重注意すべし　，食堂及び便所を衛生的にすべし，貴賓の訪問には接待の椅子，茶を準備すべし，飲食水を設備すべし，人種差別を撤廃すべし，侮辱的待遇を廃止すべし，8 項目の決議文[83]を突きつけると，支配人クロフォードが「平蜘蛛の様に陳謝」して結局要求を容れることにしたという．

　輸出入品臨時措置法は 1937 年 7 月から実施され，ミシンの輸入が途絶すると，シンガー社側の対策はまず月賦販売規定の変更を行った．いままでの初

回金 25, 30 円, 月賦金 7 円の規定を, 1937 年 12 月に初回金 60 円, 月賦金 10 円 50 銭に変えて, 1938 年 2 月には初回金は 40 円に下げたが, 月賦金は 15 円にあげて極度に月賦販売を制限した. しかし実際の月賦販売はほとんどなかった. 現金売買以外には機械を配給しなかった[84). 月賦販売の歩合収入で生活を営んでいた外交員の生活に一大脅威になった. 外交員の歩合収入は月賦販売に対して全額の 7 % の手数料を受ける. 集金額の 3 % を会社に積立して年末賞与金としてもらうことになっていた. その成績を上げるために府内数百人の外交員は競争しながら集金をする一方, 賞与金関係で外交員一人当たり数十円ないし数百円を立て替えていたりしたが, 現金販売制度を実施するようになり収入が減って立て替えた金額は結局負債になった. そこで 3 月 14 日京城区内の百十名の外交員を中心に販売方針の復活と 6 か条の要求事項を決議し, 待遇改善の要求書[85) を英文で翻訳してアメリカの中央本部と京城支店総監督に提出した. つまり, 外交員らは生活擁護のための待遇改善を会社側に提出し, 会社側の考慮と同情を求めた. そうした背景には, 分店側は, 「朝鮮においてシンガー会社の最近 3 年間売上高は 8 万台 (1700 余万円) に達し, 過去 30 余年間○○円の売上高にもかかわらず社員に退職金も年末賞与金支給も実施してこなかったので, それを要求するとした.

　3 週間が過ぎても答えがないことで, 4 月 9 日京城区内 10 箇所の分店員が集まり, 要求条件の貫徹を決議し, 会社側から回答するまで一般の注文を断り, 10 日から一斉に休業した[86). 会社側では全朝鮮各地に波及する気勢を知り, ミシンを配給し, 各分店で営業は再開したが, その機運に気づいた京城中央店は, 全朝鮮に「飛檄」が出される前に収拾するため, 日本での争議の時, 調整役を担って成功させたロートンを招聘し, 朝鮮満州各分店に散在した月賦口数 4 万余台と在庫品の調査に着手した[87). そして黄金町シンガー分店内に調査本部を設け, 顧客を個別訪問し, 完納を約させ, 半強制的に捺印を要求し契約を改正したりした. そして一切の権利を京城区より会社側にうけつぐ方法を採ることに憤激した京城区総監督, 監督, 集金員, 分店主任, 販売員などは, 12 日中央本部で鳩首討議の結果, 侮辱調査と強圧的待遇を絶

対拒否すべき決議を行った．16 日暁，京畿道警察府で朝鮮中央本店の重要幹部であった呂運弘を検挙引致し，取締を強化していることが世間に注目された．

一方，会社のミシンは約一万余台ストックがあるが，これを販売し代金を整理するにあたって，いくら早く進めても 1 年以上はかかるだろうから，その間社員本部では生活擁護と待遇改善の要求運動を持久戦に移す一方，ストック分の引渡を要求し，販売による利益と正当な手数料で生活を保障するようにし，最悪の場合は社員と会社の間に締結されていた雇用契約を発動し，法的に解決すると見通した[88]．

1941 年 2 月 14 日現在，ミシン在庫は大連　393，横浜倉庫 1915，神戸倉庫 4703，京城 2 となり，京城の 2 台は 3 月に売れ供給はされず在庫なしとなった[89]．

おわりに

　日本へのシンガー社の進出を念頭に置いて，朝鮮におけるシンガー社の市場展開をまとめてみる．シンガー社の朝鮮進出は 1905 年であった．開設作業はシンガー東京支店の開設時（1900 年）に働いていた日本人職員に任された．真っ先にシンガー社の進出を広く知らせるために，漢文を読めない大衆，婦女読者層を持つ純ハングル新聞の『帝国新聞』に会社説明を 5 回連載した．ミシン市場占有率世界第一位のグローバル企業として資本金，製造工場及び組織体制，直営販売網の紹介をはじめとして，月賦販売制度，使用法の教授と無料修理などを強調した．シンガー裁縫女学校の設立時期はシンガー社が朝鮮に進出して 9 年が経った 1914 年であった．「家庭裁縫改革の責任を有する弊社は時勢の要求に応じるために」と，支店内に学校を新設した．対象は高等女学校卒業程度で日本語が可能な女性であり，成績優秀者は「女教師」に採用とした．シンガー社の営業成績が向上すると，女学校も移転拡張し，

夜間学校も設けた．1930年代になると，シンガー社は，朝鮮女性を教師にして，文字を解読できない婦人でも14歳以上だったら受講できるように鐘路支店の中に裁縫刺繍学院を設置し，農村の需要増加傾向の対応策とした．シンガー社の販売戦略の代表的な月賦販売制は，進出して1年余り立った1907年春に実施した．日本の場合は進出して7年後の同年に実施された．月賦販売制が朝鮮で初めてであったこともあり，様々なトラブルのなかでも月賦販売制が販売力，購買力を高めていた．組織体系は日本や世界の各地と同じだったが，代表者をみると，1910年代は日本人，1920年代からイギリス人，アメリカ人が務めた．1932年から閉店まで代表者であったペックは神戸本部の代表者であった．

　シンガーの世界市場で成功した要因の一つといわれる戸別訪問については，1910年代は戸別家庭訪問以前に顧客の子弟が通っていた学校での機械の展示，説明をすることで家庭訪問の予備的調査をした上で，戸別訪問の戦略をとった．それが1920年代になると，新聞社，社会運動団体をはじめ，基督教関係の青年会などが女性を対象に開催する講習会に目をつけた．1930年代になるとシンガー社は，講習会に後援団体として参加し，また積極的に主催者として講習会を開いた．シンガー社にとって，潜在的顧客の集まりであった講習会の開催は朝鮮でのシンガー社の中心的販売戦略であった．1932年の労働争議は世界恐慌のなかでその対策として会社側が俸給1割減としたことが導火線になり，待遇改善の要求が争議団の目的であった．短期間で「待遇改善の要求，ほとんど目的貫徹」で争議団の有利に解決された．「内地よりお先に円満なる解決」には，シンガー本部，日本総支配部，朝鮮代表者の会社運営の頂点に立った経営陣が，朝鮮は確実に伸びるだろうという「確固たる」予測の下に承認したのであろう．1935年の激増現象は，一層高まって1937年はシンガー販売台数がシンガー朝鮮進出して30余年間で最高台数をみせた．しかし，輸出入臨時措置法の実施でミシンの輸入が途絶すると，会社側は月賦販売制の変更・廃止の方針を下した．会社の行方が閉店に至る雰囲気のなかで1938年2月の中央店の社員らが「東洋人侮蔑に憤慨」して，決議文を突き

つけた事件も，また同年3月の京城府内の10か所分店中心に行った労働争議
も，輸入途絶の直前までの高い営業成績を見せていたこと，つまり1935年
「激増現象」が年を重ねて一層拡大した状況の下で起こった紛争・争議であっ
た．シンガー社は，輸入途絶によって閉店せざるを得なかったが，その朝鮮
のミシン購買力の増加現象を注視してきた日本産ミシン側が，表6のように
一気に移入量を増大させていくことになる．

表6　朝鮮におけるミシンの輸移入推移（単位：円，％）

	輸入	移入	合計	輸入率	移入率
1908			24500		
1909			18,105		
1910			15,323		
1911			45,445		
1912	118,676	2,588	121,264	97.9	2.1
1913	55,749	639	55,813	98.9	1.1
1914	101,524	1,516	103,040	98.5	1.5
1915	57,060	2,067	59,127	96.5	3.5
1916	91,647	1,840	93,487	98.0	2.0
1917	258,375	9,991	268,366	96.3	3.7
1918	556,951	817	557,768	99.9	0.1
1919	1,263,460	3,435	1,266,895	99.7	0.3
1920	908,373	5,864	914,237	99.4	0.6
1921	107,421	11,550	118,971	90.3	9.7
1922	333,122	40,135	373,257	89.2	10.8
1923	754,127	45,063	799,190	94.4	5.6
1924	805,618	188,443	994,061	81.0	19.0
1925	317,594	47,099	364,693	87.1	12.9
1926	329,894	89,139	419,033	78.7	21.3
1927	481,805	56,811	538,616	89.5	10.5
1928	824,410	119,173	943,583	87.4	12.6
1929	1,653,291	121,075	1,774,366	93.2	6.8
1930	885,466	67,301	952,767	92.9	7.1
1931	255,340	64,845	320,185	79.7	20.3
1932	223,774	66,377	290,151	77.1	22.9
1933	343,525	142,202	485,727	70.7	29.3
1934	1,197,456	173,410	1,370,866	87.4	12.6
1935	2,597,027	422,628	3,019,655	86.0	14.0
1936	2,938,556	778,764	3,717,320	79.1	20.9
1937	3,587,387	783,014	4,370,401	82.1	17.9
1938	1,603	1,324,935	1,326,538	0.1	99.9
1939	9,652	2,285,999	2,295,651	0.4	99.6
1940	1,466	3,544,949	3,546,415	0.0	100.0
1941	261	5,775,451	5,775,712	0.0	100.0
合計	21,060,610	16,177,120	37,237,730		

出典：『朝鮮貿易年表』各年度より作成．

1) 『皇城新聞』1902 年 11 月 11 日.

2) 『大韓毎日新報』1904 年 8 月 12 日.

3) 『帝国新聞』1905 年 4 月 18, 19 日, 5 月 9, 12, 15, 16, 17, 20, 22, 23, 24, 25, 27, 30, 6 月 1, 2, 3, 5, 6, 7 日.

4) 『帝国新聞』1905 年 12 月 20 日.

5) 江頭勝之助は 1916 年シンガーを退き, 大邱を中心に土地投資と農場経営を営んだ. 耕地 600 余町歩に達し, 市街地に約 300 坪を所有していた. 『朝鮮功労者名鑑』1935 年版, 264 頁.

6) 『帝国新聞』1905 年 10 月 19 日.

7) 『帝国新聞』1905 年 12 月 20 日.

8) アジア諸国は中央店がまだ設けられず, ニューヨーク所在輸出部に日本, 朝鮮, 清も『帝国新聞』1905 年 12 月 21 日. 派遣員の認識の問題であったか, 真意はわからないが, 生産工場の列挙にも, 1897 年に完成されたロシアのボドルスク工場は紹介されず, 販売網にもロシアは抜け落ちている. 1906 年 1 月現在, 世界中にある販売所目録には, 主なところの販売所の数はアメリカ及びカナダ 1359, ペテルブルグ 754, ロンドン 619, ハンブルク 644, マドレーヌ 401, メキシコ 305 などである. ロシアは北米の次に販売所も多かった. 日本のシンガー開店は 1900 年で, 1906 年 1 月現在, 71 箇所. 韓国は 1905 年末に入ってからわずか間もない時期で, 京城, 釜山, 元山の 3 箇所であった. Directory of Shops for the Sale of Singer Sewing Machines Throughout the World Revised, January, 1906 Singer Sewing Machines Collection in the Wisconsin State Historical Society 所蔵

9) 『帝国新聞』1905 年 12 月 22 日.

10) 『帝国新聞』1905 年 12 月 25 日.

11) 『万歳報』1907 年 5 月 21 日〜25 日.

12) 『萬歳報』1907 年 5 月 21 日.

13) 『万歳報』1907 年 5 月 21 日.

14) 『万歳報』1907 年 5 月 22 日.

15) 『万歳報』1907 年 5 月 25 日.

16) 『万歳報』1907 年 5 月 22 日.

17) Great Britain Diplomatic and Consular Reports, Report for the Year 1905 of the Trade of Corea, London: Harrison and Sons,1906.

18) 拙著「開港期朝鮮におけるミシンの導入」『政策文化総合研究所年報』第 25 号, 2022 年.

19) 『萬歳報』1907 年 5 月 23 日.

20) 『万歳報』1907 年 5 月 22 日.

21) 『毎日新報』1914 年 7 月 24 日.

22) 朴政子は漢城女子高等学校 (1911 年朝鮮教育令によって京城女子高等普通学校に改称) を 1911 年卒業, 同校技芸科を 1912 年卒業, 日本埼玉県に留学し技芸

に関する研究．1916 年京城シンガー裁縫刺繍院で刺繍を学んで，同院の教師として働いた．

23）『京城日報』1925 年 2 月 2 日．

24）『京城日報』1930 年 8 月 28 日．

25）『京城日報』1931 年 9 月 30 日．

26）『朝鮮新聞』1931 年 8 月 9 日．

27）『東亜日報』1927 年 5 月 21 日．

28）『東亜日報』1932 年 6 月 4 日．

29）『萬歳報』1907 年 3 月 21 日．『朝鮮総督府統計年報』大正 3 年版付録に 1914 年 7 月開設とある．

30）『萬歳報』1907 年 3 月 21 日．

31）アンドルー・ゴードン『ミシンと日本の近代』68 頁．

32）『帝国新聞』1907 年 9 月 11 日．

33）『萬歳報』1907 年 5 月 25 日．

34）『朝鮮日報』1930 年 1 月 18 日．

35）満薗勇『日本型大衆消費社会への胎動—戦前期日本の通信販売と月賦販売』265 頁．

36）『朝鮮日報』1925 年 7 月 16 日．

37）『東亜日報』1930 年 11 月 27 日．

38）シンガー会社中央店の所在地は，転々と移転するが，1923 年 4 月社寺地 231 坪（京城府貞洞 1 番地 28）を 12,605 円で購入し，シンガー専用の建物を建立した．この社寺地は，「昌徳宮李王」の所有地で李王職長官男爵閔泳がシンガーへ売渡証書を交わした．地下と 2 階建の正面が赤レンガの近代的建物を建立し，地下と 1 階はシンガー会社の事務室，2 階は欧米職員とその家族が使用する住居用で 3 つのアパートに分かれていた．

39）『朝鮮総督府統計年報』大正 3 年版付録．

40）『朝鮮総督府官報』第 1032 号，1916 年 1 月 15 日．

41）『朝鮮総督府官報』第 1110 号，1916 年 4 月 19 日．

42）『朝鮮総督府官報』第 2539 号，1921 年 1 月 31 日．フランク，レイモンド，リチャードソンは煙草密輸事件で罰金刑（罰金 4013 円 10 銭，追徴金 398 円）を受けた『京城日報』1924 年 7 月 21 日．

43）『東亜日報』1929 年 7 月 22 日．

44）1931 年神戸中央店の代表であった．31 年 5 月アメリカに戻り，また日本に戻る予定であった．「シンガーミシン主任其他ニ対スル神戸中央店代表者ノ指令ニ関スル件」国立公文書館アジア歴史資料センター

45）April 24,1940, A. Nicholson to New York Office, Box 148 Folder 1. 1940 年 7 月に朝鮮を離れる予定である．

46）『ミシン工業』315 頁．

47)　「裁縫機を多く売るために」『毎日新報』1912年12月21日.

48)　『毎日新報』1914年10月30日.

49)　『京城日報』1929年3月29日.

50)　『朝鮮日報』1925年6月30日.

51)　『東亜日報』1927年5月28日.

52)　『東亜日報』1921年6月12日.

53)　木村健二「朝鮮におけるミシンの普及」梅光学院大学『国際交流セミナー5周年記念誌これまでの歩み』2011年3月, 24頁.

54)　『朝鮮功労者名鑑』264頁.

55)　全鮮130箇所の販売店, 社員日本人朝鮮人外国人719名, 外交員　日本・朝鮮人650名, 毎月1400台販売
米国シンガーミシン会社」JACAR（アジア歴史資料センター）Ref.B10074056800, 外国会社関係雑件／米国之部　第二巻（3-3-2-23_3_002）（外務省外交史料館）

56)　1932年現在　京城中央店に属する17区総監督, 38部監督, 158分店『東亜日報』1932年9月25日.

57)　『東亜日報』1938年4月13日.

58)　1937年慶尚北道の高霊地域に分店が新設される『朝鮮日報』1937年9月6日.

59)　『京城日報』1925年4月17日. 釜山の場合, 釜山第1分店（主任：宇留間敬三）　釜山第2分店（主任：金永鎮）　草梁分店（主任：朴龍洙）釜山鎮分店（主任：裵栄泰）東莱分店（主任：姜明達）

60)　『本邦ニ於ケル労働争議関係雑件（罷業怠業ヲ含ム）「シンガーミシン」会社関係第1巻

61)　アンドルー・ゴードン『ミシンと日本の近代』140頁.

62)　『朝鮮新聞』1932年9月21日.

63)　『京城日報』1932年9月23日.

64)　『朝鮮新聞』1932年9月23日.

65)　吾等は日常生活の利益を擁護し人権尊重の為結束した, シンガーに対する我等千六百余名の要求は, 六千四百余名の死活問題である, 年二百四万円以上の収入があるにもかかわらず一文の賞与金もなく功労者たる吾等を自分の必要なき時は一文の退職手当もなく追い払ってしまう, 不況と云うが果たしてソウか？否 - 不況の中にも会社は事実昨年1月より8月までと今年8月までの現在と比較して20余万円の増加だ. シンガーは損益の報告なく費用を除いて毎週本国に送金した. あらゆる横暴と欺瞞はここにあるのだ, 吾等は此の内膜を曝露し正しき目的の貫徹に堅固な結束の奮闘を期せねばならぬ『京城日報』1932年9月25日.

66)　『東亜日報』1932年9月28日.

67)　『朝鮮新聞』『東亜日報』1932年10月2日.

68)　『東亜日報』1932年10月2日.

69)　『東亜日報』1932年10月4日.

70)　徐丙義は上海のイギリス人が経営する小学校を出て，イギリスに留学して中・高・大学をイギリスで出た方である．

71)　『京城日報』1932年10月5日．

72)　第一条減俸は既解決第2条解雇問題：今般事件で犠牲者を出さない，また無理に解雇しない第3条退職手当：大阪の例による第4条昇格問題：今後1年一度必ず昇給する第5条年二回賞与：考慮することに保留第6条執務時間：季節によって妥協する第7条返還口銭，施行不能　第8条訴訟費用：分店主任過失がない時，会社負担第9条消費弁償：保険会社に請求することに解決
　　　『朝鮮新聞』1932年10月5日．

73)　『朝鮮日報』1935年6月22日．

74)　『朝鮮日報』1936年2月8日．

75)　シンガーミシン70台（5503斤，11489円）未組立品4320台分（251445斤，543273円）未組立品が圧倒的だった．『朝鮮日報』1936年6月25日．

76)　『朝鮮新聞』1936年3月19日．

77)　『毎日新報』1937年1月9日．

78)　『東亜日報』1937年8月5日．

79)　『朝鮮時報』1937年8月19日．

80)　『朝鮮日報』『朝鮮新聞』1938年2月19日．

81)　『朝鮮新聞』1938年2月19日．

82)　『朝鮮日報』1938年2月19日．

83)　『朝鮮新聞』1938年2月19日．

84)　『東亜日報』1938年4月13日．

85)　『毎日新報』1938年3月17日．要求書は次のようである．
　　　1. 滞納がある場合でも年末賞与を支給すること，2. 従来集金手数料の集金した歩割7分を1割に引き上げること，3. 従来集金率91％以上に対して3分賞与金を，70％以上に対して3分，80％以上に対して4分，90％以上に対して5分の比率で賞与を実施すること，4. 受籍（月賦買取人の転居した場合）集金に関して事故がある場合には集金員に金銭上責任を負担させないこと，5. 分店で販売した月賦金及び分店主任辞職後に賞与金を支払えないことに関してその事故で集金員に責任を負わせないこと，6. 集金員が退職する場合勤務年数によって相当な退職金を支払いすること

86)　『毎日新報』1938年4月12日．

87)　『東亜日報』1938年4月13日．

88)　『朝鮮日報』1938年4月14日．

89)　February 18, 1941, A. Nicholson to New York Office, Box 148 Folder 1.

第8章

増田収作を通じてみる農村振興運動の一側面

早 川 和 彦

は じ め に

　記録によれば[1]，増田収作は 1886 年熊本県に生まれ，1908 年 3 月熊本県師範学校を卒業し，県下の各小学校で訓導として教育に従事した．1914 年朝鮮に渡って京畿道永登浦公立尋常高等小学校の訓導となり，1919 年には同校の学校長となった．次いで 1920 年から京畿道富平公立普通学校，1924 年からは京畿道素砂公立普通学校と[2]，学校長を歴任した．1933 年，47 歳で教職を辞した増田は朝鮮総督府の嘱託に転じ，農村振興運動の唱道者として，朝鮮各地を巡回指導したり，各種雑誌に論説を掲載したりした．

　農村振興運動とは，1930 年代の朝鮮で総督府が推進した農村更生のための官製運動である[3]．総督府が農村更生の必要を感じた背景には，1920 年代に加速した商品経済の浸透による農民層の分解とそれに伴う零細農・小作農の増加，一方で彼らを吸収できるほど発達していない労働市場とその結果としての農村過剰人口，そこに 1930 年からの昭和恐慌が追い打ちをかけたことが挙げられる．

　同時期に行われた日本の農山漁村経済更生運動が村落を指導単位にしたのに対し，朝鮮における農振運動は個々の農家を指導対象としたことに特徴がある．具体的内容については後述するが，自力更生のスローガンの下，不足食料の充実・現金収支の均衡・負債の根絶という三目標を達成するため，更生指導部落を選定し，その部落内の農家の経営状況を一戸ずつ調査し，各戸ごとに五年間の農家更生計画をつくらせ，実行させた．

　そしてもう一つの特徴は，農村窮乏の原因を，朝鮮農民愚民観とそれに基づいた「私事化」イデオロギーに帰したことである．つまり，農民の困窮は営農の稚拙さ，陋習に固執する頑迷さ，懸命に働こうとしない怠惰性などに起因し，したがって窮乏を招いた責任は農民自身にある，としたのである[4]．

　もちろん，「私事化」イデオロギーは農村の現実を反映したものとはいえない．困窮の根本原因は，農民層の分解による地主の土地集積とそれに伴う小農の没落という構造的問題であった．しかし，当局はそこにメスを入れることなく「私事化」イデオロギーを押し付け，無知・無理解・怠惰な姿勢などを改めて当局の指導通りに働けば自力更生できる，と強弁したのである．

　本稿は，農振運動が朝鮮農民愚民観に基づいた「私事化」イデオロギーの下に推進されたという一側面を，増田収作の活動・思想を通じて再確認することを目的としている．

　それではまず，総督府嘱託になる前，教員時代における活動からみていこう．

1.　小学校勤務時代

　増田と営農指導との関わりがはじめて確認されるのは，朝鮮に渡ってから3年目，1916年8月1日から30日間行われた「実業学校教員講習会」への参加である[5]．講習会の名称からわかるように，講習の主たる対象者は実業学校（農業学校と簡易農業学校）の教員であったが，小学校と普通学校の教員も参加が認められた[6]．初等学校教員の参加が促された理由は，講習を視察に来

た山縣伊三郎政務総監の訓示から知ることができる．山縣は「農業教育ノ必
要ハ独リ農業学校ニ限ラス他ノ学校ニ於テモ生徒ヲシテ等シク皆作業ヲ悦ヒ
勤労ヲ尊フノ慣習ヲ助長シ質実勤勉ノ国民タラシメサル可カラス．普通学校
高等普通学校ハ勿論小学校ニ於テモ農業科ノ設置ヲ奨励シ来リツツアルハ之
レカ為メナリ．今回ノ講習会ニ特ニ普通学校小学校等ノ教員ヲ加ヘタルハ依
ツテ以テ農業科ノ実績ヲ挙ケシメントスルノ趣旨ナリトス」[7] と述べ，農業
科という科目の指導力向上のために初等学校教員も参加させた，というので
ある．

　ここで，農業科という科目について簡単に触れておこう．朝鮮人児童が通っ
た普通学校の 1910 年代の教育課程は第 1 次朝鮮教育令によって規定されてお
り，農業科の科目としての名称は「農業初歩」で，第 3 学年と第 4 学年の 2
年間，週 2 時間程度実施する科目となっていた[8]．ただし，必履修科目では
なかったため，「土地ノ状況ニ依リ当分之ヲ缺クコトヲ得」[9] とされた．日本
人児童が通った小学校では，高等小学校においてのみ「農業」という科目名
で週 6 時間の必履修科目となっていたが[10]，1915 年の「朝鮮公立小学校規
則」の改訂で尋常小学校においても「土地ノ状況ニヨリ」第 5 学年と第 6 学
年で週 2 時間まで教授することができるようになった[11]．そのため総督府は
1916 年に『尋常小学校農業書』を出版し，1917 年度からの使用を促した[12]．
なお，この農業書の編纂に関わったと思われる総督府内務部臨時教科用図書
編輯事務の本庄正雄は，「尋常小学校に農業科を課すると云ふことは，まだ内
地でも実行されて居ない」[13] と記しており，尋常小学校における農業科の教
授は朝鮮独自のものだったことがわかる．

　このような教育状況のもとに「実業学校教員講習会」が行われたのだが，
注目すべきは，小学校教員は各道から 1 人しか選抜されなかったことである．
1916 年当時，京畿道には 37 の小学校があり，250 人の教員がいた[14]．その
中からただ一人選ばれたことから，増田は京畿道において「農業科ノ実績ヲ
挙ケシメントスル」ことを大いに期待される教員だったといえよう．

2. 普通学校勤務時代

1920年6月，増田は富平公立普通学校の学校長に異動となった．普通学校は朝鮮人児童が通う学校だったためか，翌年の8月20日から10月18日まで開催された「公立普通学校新任内地人教員講習会」において毎日4時間，朝鮮語の講習を受けた[15]．ここで朝鮮語の素養を身に付けたことで，朝鮮人児童やその家族と相当程度の意志疎通ができるようになったと考えられる．

1924年12月，その年の5月に新設された素砂公立普通学校の学校長に異動となった．筆者は，この素砂公普時代の増田の活動が当局の目に留まったため，総督府嘱託に抜擢されたと考えている．その活動とは，普通学校「卒業生指導」，京城師範学校の委託実習，素砂面の郷土調査である．

普通学校「卒業生指導」とは，普通学校の教員が放課後や休日に，卒業生の家に赴いて営農指導をしたことをいう．「卒業生指導」実施の背景は，学校教育を社会的上昇の捷径とみるようになった1920年代の「教育熱」によって就学率が年々増加する一方，農村人口が大多数を占める朝鮮社会の産業構造は変わらなかったので，上級学校に進学できずかといって都会での就職もできずに遊民化してしまう農村の普通学校卒業生が問題視されたことにある[16]．このような当局の認識のもと，普通学校卒業後の朝鮮人児童を農業に従事させ，農村に定着させるために実施されたのが「卒業生指導」であった．

1927年に京畿道内10校の普通学校で始められた「卒業生指導」は，総督府の政策に取り入れられ，1930年からは朝鮮全道で拡大実施された．そして，増田が学校長を務める素砂公普も1930年に「卒業生指導」を行う学校（指導学校）となった[17]．

ここで普通学校「卒業生指導」について，要点のみを概説しておこう[18]．「卒業生指導」は集団的な指導ではなく，卒業生一人ひとりを対象とする個人指導を大原則とした．指導は卒業生家庭の経営状況を詳細に調査することから始まる．具体的には，家族の状況（構成・年齢・健康状態など），自作・小作の

別，農作物の収穫高，現金収入と現金支出の状況，負債の状況などを聞き取るのである．そして，それらを参考にしながら指導生自身が従事できる農作業について，一年を通観した年中行事表と月ごとの農事計画である月中行事表を作成させた．

その後，定期的に指導生家庭を巡回した教員は，月中行事表を参照しながら指導生の活動を確認し，営農指導をするのである（巡回指導）．指導の期間は 3 年間で，巡回指導を主軸としながらも，月に数回学校に呼んで実習田などで指導をしたり（召集指導），営農日誌を付けさせて巡回時に確認したりした（日誌指導）．

他方，指導生には学校単位で農村共励会，農村改良組合というような名称の擬似組合を組織させ，組合規約の下に組合員としての責務を果たすことや組合員による共同販売の利点などを教えた．これは，指導生が将来独立したときに，村落内の中堅人物となって組合をつくり，そのリーダーになることを期待したからである．

また，これらの指導はそれまで当局がすすめてきた一般農民向けの農事改良方針に沿ったものだったので，指導生の営農成績が向上する様子を家族に知らしめることで，保護者たちに「息子でも出来るのなら，自分もやってみよう」という気を起こさせようという意図もあった．

ただし，このように手がかかる指導だったので，卒業生全員という訳にはいかなかった．教員一人につき卒業生 1 ～ 2 名を選定，上述のように指導期間は 3 年間だったので 3 年経つと，教員一人が 3 ～ 6 名を指導するという場合が多かった．

「卒業生指導」は放課後や日曜に卒業生の自宅を巡回する必要があったので，教員の業務を純増させた．例えば，1927 年度の京畿道西井里公立普通学校の「卒業生指導」の様子をみると，校長ほか 6 名の教員（うち女性教員 1 名）で年間合計 157 回も巡回指導を行い，中には一人で 58 回も巡回指導をする教員もいた[19]．

当時の普通学校は，教員一人あたり 40 ～ 70 人の児童を担任し，週当たり

の授業時数は 24 ～ 31 だったので[20]，「卒業生指導」は教員にとって大きな
負担となったであろう．しかも，指導生本人や家族の非協力的な態度により，
その労力が報われないこともあった[21]．それゆえ，総督府のトップダウンで
決められた「卒業生指導」は，“発祥の地”である京畿道以外の道の教育関係
者を困惑させ，既存の施策を「卒業生指導」と読み替えて帳尻を合わせるよ
うな事例もあった[22]．

　このような中にあって，増田は「自己の学校を背景とせる卒業生を教養し
訓練し之に中心を求め之を中堅として漸次多数の人々を善導する様に進むこ
とが最も必要であり」，「此の意味に於て我が卒業生指導施設は将に朝鮮の現
状に最も適したもの」[23] という信念のもとに「卒業生指導」にあたった．1930
年 11 月の京畿道指導学校長日本視察団に増田が選ばれたことは[24]，彼の「卒
業生指導」が道当局から評価されたことを裏付ける．

　1931 年，京城師範学校が「農村指導研究」という委託実習を始めた．この
実習は京城師範学校演習科の学生を 4 つの指導学校に 1 週間分宿させ，指導
学校の学校長や訓導から営農指導のイロハを教えてもらうというものであっ
た．そして，その実習先 4 校のうちの一つが増田の素砂公普であった[25]．

　京城師範学校が営農指導方法を学生に身に付けさせようとしたのは，当時
の初等教育におけるカリキュラム変更が関係している．1929 年に「小学校規
程」と「普通学校規程」が改訂され，随意科目であった実業科目（科目名とし
ては「農業」・「工業」・「商業」）が廃止され，「職業」という必履習科目が新設さ
れた[26]．職業科は学校所在地の状況に合わせて農業・工業・商業・水産から
選択することとされていたが，当時，人口の 4 人に 3 人が農民だったので[27]，
初等学校の多くでは農業科が教授された．つまり，学校現場に出たときに授
業として営農方法を教えねばならず，赴任先の学校が指導学校であったなら
「卒業生指導」も担当しなければならなかった．こうして京城師範学校は「朝
鮮教育の実状に鑑み本校農業科教育の徹底を期するため」[28]，指導学校への
委託実習を実施したのである．

　こうした背景を踏まえて，京城師範演習科の学生が取り組んだ素砂公普に

	午前科目	午後科目	夜間科目
6/15（月）	一，開会式 一，指導生指導方針	一，苗代稗抜，馬鹿苗 　雑草除去，苗取	
6/16（火）	一，本畓正條植三反歩， 　正條植準備，親縄 　張	同左（終日）	
6/17（水）	一，講話 一，卒業生指導家庭作 　業実習	一，農村状況視察 　指導生ノ家庭及部 　落ニ付	一，朝鮮農村事情紹介 　（活動写真）
6/18（木）	一，水利組合ニ就テ（講 　話） 一，昭和五年度ニ於ケ 　ル指導実習ニ就テ	一，実習 　畑作手入，堆肥積 　換，植桑及管理	一，懇談会
6/19（金）	一，講話 一，農村金融組合ニ就 　テ 一，本年度ニ於ケル指 　導斗画^{ママ}	一，実習 　苗代揚床及播種実 　習	一，朝鮮農村事情紹介 　（活動写真）
6/20（土）	一，農村ニ於ケル職業 　科取扱視察ノ為メ 　他校参観 一，職業科研究教授参 　観	一，懇談会 　感想発表（本日ノ 　教授ニ付） 　本演習中ノ感想 　本校職員感想	
6/21（日）	一，指導生ノ負債償還 　ニ就テ及同計画実 　施案 一，養蚕実地見学	一，果樹園ノ実地見学 一，閉会挨拶	

おける「実習日課表」[29) をみてみよう．

　日課表には「指導生」・「卒業生指導」・「職業科」という文字が並び，当時の教育実態を踏まえた実習が目立つ．そしてこれらの実習は，「カーキ色の実習服に麦藁帽・地下足袋で身を固め」た指導学校の学校長と訓導が率先垂範しながら進行していった[30)．

　増田は学校で農業を教えるときの要点として，「（一）農村人としての自覚心の喚起／（二）勤労精神の作興／（三）営農法の改善」を挙げている．そして（三）の営農法の改善方法として，「（1）各種作業の経済的合理的組合せ及農法の改良／（2）全家勤労の指導／（3）余剰労力の生産化／（4）生産物の

有利販売」の四点を示した．「斯くする事によりて農村が強く立ち行き其の窮乏よりまぬかれ其の悲境を建直し得る」はずで，そのことは「多くの指導学校に於ける指導生が幾多其実例を示して居る」と述べ，「卒業生指導」こそがその実践例・成功例であるとした[31]．

　1932年2月には，増田と素砂公普の訓導たちが「農村経済に関する調査」と称する郷土調査を行い，1931年度の素砂面の朝鮮人農家880戸の経済状況をとりまとめた．「農村経済に関する調査」という表題の資料自体は発見できなかったが，増田が記した他の資料から調査結果の一部がわかる．

　増田は，素砂面の朝鮮人農家一戸平均の年収入を217.7円（主業177.8円，副業その他の雑収入39.9円），年支出を230.66円（食費132.86円，借金利子37.4円，被服・公課・教育・交際・その他雑費60.4円）とし，一戸平均で年12.96円の赤字，負債総額は103.9円とした[32]．そして，赤字の原因は「其の営農法の缺陥，農民の勤勉性の缺乏，経済観念の不足，年来の陋習，冬期厳冬の襲来等の事情」により，一戸平均約1.6人しか働いていないからだとした．ゆえに「第一に着目しなければならぬ」のは働いていない家族の労力（余剰労力）であり，彼らを活用した全家勤労を達成すべきとした[33]．

　では，どうすれば全家勤労を達成できるというのか．増田は，老人は「鶏や豚の管理飼育を分担しても，其結果は卵となり子豚となつて現はれて来る」し，子どもでも「春の苗の除草，害虫駆除から秋の落穂拾ひ」くらいはできる．また，「白衣を改めて色服」にすることで洗濯の時間を減らし，「野外の勤労者には昼食，間食，共に毎度夫人が炊事しては之を運搬する」のをやめて炊事の時間を削り，女性も「男と共に畓，田に出勤」できるようにすべきとした．そして，このような全家勤労の事例として，素砂公普の「卒業生指導」を受けた朴在碩と金几星という二人の指導生とその家庭を紹介している[34]．

　朴在碩の家は小作農で，老齢の父母・盲目の兄とその妻・妹・在碩の妻の7人暮らし，30円の負債があった．1930年に在碩を指導生に選定した際，増田が「全家勤労の事を奨励すると一家が大いに之れに共鳴して着実に働く様」

になった．そこで学校の縄綯機を貸与すると盲目の兄が縄綯いを習い覚えて一人前の生産者になった．さらに妹は叭を織り，父母は藁の整理や縄・叭の仕上げをし，在碩の妻も家事の傍ら縄綯い・叭織りの練習を始めるなどして，「昭和六年度には現金にて七十円，購牛費として三十円，計百円ほどの蓄積をなし農村一般の悲鳴をも知らぬ顔して過し得る」ほどになったという．

　金凣星の家は自小作農で，老齢の父母と弟との 4 人暮らし，負債は 77 円あり，年 30 円の利払いすら滞りがちな貧農であった．そこで増田は指導担当の訓導と相談して，全家勤労・負債償還まで極度の消費節約・償還後は 2 度と借金はしない，という 3 つの約束をさせた．「凣星が度々糧食の缺乏を訴ふる場合にも之を慰め且つ励まし」，2 年後には負債を完済させた．いまは，「畚の仕事，麦の手入，豚鶏の世話」をする合間に，除草や管理に手間がかかる唐辛子を栽培，さらに麦の収穫後には甜瓜を育てるという形で全家勤労を実践し，その結果，近隣の農家が「驚嘆の眼を瞠り凣星が十年を出でずして村一流の資産家となるべしと噂し合ふ」までになっているという．

　以上，素砂公普時代の増田の 3 つの活動を概観してきたが，これらの共通項が「卒業生指導」であることに気づく．さらにいえば，朴在碩や金凣星の事例から分かるように，増田の「卒業生指導」は指導生のみを対象とする一般的な「卒業生指導」ではなく，家族全員を指導対象とする全家勤労を具現化したものだった．筆者は，この増田の「卒業生指導」の実績が当局に高く評価されたことが，農村振興運動において総督府嘱託に抜擢された一つ目の理由であると考えている．なぜなら，農振運動における営農指導は，「卒業生指導」をモデルにしてつくられたからである[35]．

3. 農村振興運動と「卒業生指導」

　本節ではまず，朝鮮における農村振興運動について略記しておこう．『施政三十年史』によれば，朝鮮総督宇垣一成（任 1931 年 6 月〜1936 年 8 月）が 1932

年6月,「道知事会議を開催して,茲に農山漁村の振興・自力更生運動の実施計画を発表」[36] した.この道知事会議での発表を受け,総督府は事務分掌を改変して農林局を新設し,従来殖産局に属していた農林課を農林局に移した.さらに9月には「朝鮮総督府農村振興委員会規程」を定め,朝鮮総督府農村振興委員会を設置し,委員長には政務総監が就任した[37].今井田清徳政務総監は10月,通牒「農山漁村ノ振興ニ関スル件」を発出し,道・郡島・邑面にそれぞれ農村振興委員会を設置することを命じた.設置の目的は「監督官庁ノ方針ヲ体シ農山漁村振興ニ関スル施設,計画並ニ之ガ統制ニ関スル重要事項ヲ審議シ且其ノ実施上管内機関ノ連絡ヲ保持スル為」であった[38].こうしてまず,政務総監を頂点とする系統的な行政指導機関を整えた.そして翌1933年3月,政務総監通牒「農山漁村振興計画実施ニ関スル件」が各道知事あてに発出され,農家更生の方法が指示された.以下,この政務総監通牒をもとに具体的な農家更生方法をみていこう[39].

①まず,郡島が各邑面から30～40戸ほどの部落を1か所選んで指導部落とする

②次に,邑面の役人が指導部落内の1軒1軒をまわって,農家経営の状況を調査する

③その調査結果をもとに5年間の更生計画を作成し,邑面の農村振興委員会の諮問を経たうえで郡守・島司の承認を得る

④邑面の役人は各農家に更生計画を理解させたうえで実行させ,その後頻繁に現地に赴いて進捗状況を確認し,必要に応じて督励や計画の改訂を行う

これら更生計画の中核となったのが,②の調査の際に作成された「現況調査」と,それをもとに作成された各戸ごとの「経済更生五年計画」(③)であった.

「現況調査」は「農家経済更生計画樹立ノ根本ヲ成スモノナルヲ以テ事実ヲ逸セズ断ジテ粉飾ヲ避ケ綿密周到」[40] に行うべきとされた.調査は家族状況(構成・年齢・教育程度など)から始まり,兼業状況,土地利用状況(畜・田・桑

田などの面積と自作・小作の別など），農業経営状況（農産物の種類，養畜の種別，養蚕や叺・縄の製造など），現金収入状況（耕種収入，養畜収入，養蚕収入，農産加工収入，財産利用収入，勤労収入など），現金支出状況（金肥，蚕種，農具，年雇，種苗，食塩，魚，肉，石油，燐寸，布帛，履物，煙草，酒，祭祀費用，交際諸費，税金，農会費，負債利子，償還金など），現物経済状況（食糧過不足，肥料自給量，飼料自給量，加工原料自給量など），労力調査（19〜50歳男性を1.0とし，性別と年齢によって0.2〜0.9の数値で家族の労働力を表す）など，多岐にわたった[41]．

　このように詳細な「現況調査」をしたのち，不足食料の充実・現金収支の均衡・負債の根絶という更生三目標を達成するためにはどうすればよいか，農家戸主と相談しながら「経済更生五年計画」を作成するのである．計画表のはじめには「五年後ノ目標」を書く欄があり，つづいて各年度ごとに現金支出の予定，負債額，食糧不足の程度，自家の生産物の予定と実績，現金収支差し引き額，過不足金の処理方法，年末概況をそれぞれ記入することになっており，それらは一枚で俯瞰できるようになっていた[42]．他方で，田作・畑作の別，栽培種の別，季節による作業の違いなど，農作業が多岐にわたることに鑑み，その月の営農計画である月中行事表を作らせ，日々の労働はそれをもとに行わせた．

　更生計画の実行にあたっては，「常に其の家，其の人に影の如く附沿ひて指導することは出来ない」ので，一人の中堅人物が統率する五人程度の「小組合」をつくらせ，中堅人物に他の農家の家計簿記入を手伝わせたり，更生計画の実行手順を教えさせたりすることを理想とした．また，指導部落全体で共励組合をつくり，月に一回は「月例会」を開いて各農家への督励や農民同士の意見交換，その月の農事進捗状況の確認や翌月の月中行事表の配布などをすべきとした[43]．

　このように，戸別指導の原則，農家経営状態の綿密な調査，その調査に基づく月中行事表の作成など，農村振興運動における更生計画は「卒業生指導」で培われたノウハウが援用されたことが分かる．しかし一方で，農振運動の指導者の中には「調査計画が容易でないとする人，あまりに複雑であるとす

る人，或は平凡であり更生がまどろしいとする人等，種々異なつた見方をする向」[44]もあったので，現地に赴いて強力に唱道する人物が必要であった．こうして「卒業生指導」の実績が高く評価されていた増田収作が当局に抜擢されたと考えられる．

4. 農村振興運動における増田の活動

　1933年3月末，増田は47歳で素砂公普学校長の職を辞した[45]．そして翌4月，「朝鮮総督府農村ノ指導並ニ社会教化ニ関スル事務嘱託」に転じた[46]．この時点で総督府のどの部局に配属されたかは不明だが，その後は農林局に所属したことが確認できる[47]．ここでは，当時の新聞記事から増田の活動を追ってみよう．

　増田は，1933年6月5日から三日間開かれた全羅北道の府尹郡守会議に臨席した[48]．記事からは増田がどのような活動をしたか分からないが，農振運動に関する講演をしたか，指導現場に立つ郡守たちへのアドバイスの類を語ったと思われる[49]．

　7月から8月にかけては，忠清南道で行われた「学校経営講習会」の講師に招かれた．学校教職員らを農振運動の指導者にすることを目的としたこの講習は，道内各郡を移動しながら三日間ずつ開催され，増田は「卒業生指導と農家経営」という講義を担当した[50]．これと並行して，8月に慶尚北道で行われた「郷土学術講習」の講師にもなっており，そこでも4日間，農家経済更生計画と「卒業生指導」の方法についてレクチャーをしている[51]．このように夏季に立て続けに各地を巡回したのは，「＊夏季休暇に入り，鮮内各地で初等学校教員講習会が開催されるにあたり，総督府農林振興係ではその機会を利用して増田，八尋岡嘱託の農村振興に関する講演をして振興策に注力する」[52]ためであった．このように学校教員は，農振運動の当初から指導者の役割を担わされた．それは，郡面当局の官公吏だけでは指導現場の手が足

りないため，学校・金融組合・農会・警察官などが協力して指導することが求められたからである．

　9 月には，忠清南道の大川公普・青陽公普・鳥致院公普を会場とした「学校経営農村振興講習会」の講師として，3 日間ずつ指導に当たっている[53]．なお，大川公普での講習会には，「＊総督府では農村振興運動に各局長の視察監督行脚が予想外に効果的であることに鑑み」[54]，渡邊忍農林局長が臨席している．

　12 月には全羅北道の鎮安公普で講演を行った．この講演において増田は，「＊農村振興に対する本府五箇年計画の方針と其の他指導奨励方法，自力更生の模範的人物である咸鏡南道安邊郡安道面柯坪里の全基淳氏（四六）の四父子（其のうち三男は現在六歳）が共同協力して叺織収益で成功した実績と，平安北道義州郡枇峴面院洞の李順吉氏（六三）の緬羊畜業（最初二頭，現在三十一頭）で自手成家（現在所有畓二町歩，田一町歩，毎年収益一九六円）した実績状況などを長時間演述して，一般聴衆に激烈なる刺戦（マ マ）を与えた」[55] という．

　1934 年には優良共励部落から 12 か所を選んで朝鮮各地を視察し，5 月 7 日の第 15 回朝鮮総督府農村振興委員会で視察結果の報告している[56]．5 月下旬には平安南道に招請され，指導にあたる現場の官公吏に対して講演をし[57]，6 月下旬には慶尚南道固城郡の郡庁職員に対する講演と，同郡の更生指導部落である巨流面銀月里・永県面永芙里の視察をしている[58]．7 月下旬には慶尚北道にて 8 郡連合の「普通学校教員講習会」に呼ばれ，「＊卒業生指導と部落指導の実際と農村振興五箇年計画と学校中心の部落指導」[59] について講義した．8 月下旬には忠清南道に招かれ，牙山郡・天安郡でそれぞれ 2 日間開かれた「中堅人物指導講習会」の講師となった[60]．

　1935 年 2 月には忠清南道の青年訓練所と農村女子講習所の視察，全羅北道の郡守会議への臨席をしている[61]．9 月には平安南道の江西郡・龍岡郡連合の「更生指導部落中堅青年講習会」の講師に呼ばれ[62]，11 月にも平安南道大同郡にて部落指導の担当者が出席する講習会で農村振興に関する講習を行った[63]．1936 年 11 には，「農村振興運動の生める美談の数々」という題でラジ

オ放送も行っている[64].

　以上のように，農家更生計画が始まる1933年に総督府嘱託となった増田
は，すぐさま現場指導者を対象とする講演や視察のため，精力的に全朝鮮を
飛び回った．このことは，増田のような唱道者が四六時中朝鮮各地を巡回し，
督励し続けねばならないほど，農振運動が現場の指導者（末端官公吏や教員，
中堅人物など）ならびに被指導者（農民）に大きな負担を強いたことの裏返し
であった．そして，この負担感を全否定するための論法が，朝鮮農民愚民観
とそれに基づく「私事化」イデオロギーであった．つまり，農民の困窮は，
営農の稚拙さ，陋習に固執する頑迷さ，懸命に働こうとしない怠惰性など，
農民自身に起因するがゆえにそれを改めさえすれば自力更生できる，という
ロジックである[65].　そしてこのロジックこそ，増田が総督府に抜擢された二
つ目の理由であった．というのも，素砂公普時代の増田の思想はまさにこの
ロジックに合致したものだったからである．

5.　増田の朝鮮農民へのまなざし

　本節では増田が朝鮮農民をどのようにみていたのか，彼が雑誌等に記した
論説を通じて分析していこう．管見の限り，増田の論説がはじめて確認でき
るのは，素砂公普時代の1932年である．この年の論説では，朝鮮農村がもつ
"伸びしろ"を次のように表現している．

　内地の農村は使ひ古したテープである為めに其力となるべきゴム心[ママ]が切
れてしまったのである．そこで伸びきった儘で既に自力では縮むことも伸
びる事も出来ない絶体[ママ]の状態となってしまったのである．即ち
（一）之れを生産の方面より見るも販売の側より見るも既に余裕を残さず発
　　　展して居るから生産の増加によりて不況の転回を計ることも販売の統
　　　制によりて利益を多くせんとすることも不可能となって居る．即ち伸

びきったテープで之以上は伸びる事の出来ない状態にある.

(二) 生活も亦伸びきって縮むことの出来ない状態にあるのが内地の農村である.

(三) 耕地にしても寸土尺地も利用し盡され労力も人は勿論畜力までも充分に利用してあます所がない.

右の有様であるから内地の農村では悶躁けども悶躁けども自力では立ち上る事の出来ない状態となって居る.（… 中略 …）

之れに反して朝鮮の農村は買ひたてのテープである為めに現在の有様では縮む丈け縮んで居るが又伸びる余裕も充分にある.　即ち

(一) 生産に於て単に米麦豆の穀作のみに考へても現在の米は籾反当二石を三石乃至四石になすことはさまで困難でなく麦も反当九斗を二石から三石にするには今少しの改良と努力とで出来る.　豆又然りである.　而も之れに新たに各種の作業を取り入れて営農を合理化し複雑化したならば生産の増加は蓋し大なるものであらう.　即ち伸びる事に於ては新しきテープの夫れに等しい.

(二) 生活に於ても朝鮮の農村は現在縮み得る丈け縮んで居る.　之亦新しきテープの状態である.

(三) 其他耕地にしても労力にしても将又販売の方面にしても「之からだ」と云ふ有様であっていくらでも伸びる余裕を存して居る[66].

日本の農村を「これ以上引っ張ても伸びない，ゴムが伸びきったテープ」と表現し，生産販売面・生活面・耕地／労力利用面のすべてにおいて開発され，発展し尽くされているとする.　一方の朝鮮農村は，生産面・生活面・耕地／労力／販売面のどれをとってもまだまだ開発・発展の余地があり，「引っ張れば伸びる，買いたてのゴム芯入りテープ」と表現する[67].

このように，日本の農村は進んでいるがゆえに並大抵の努力では更生は困

難だが，朝鮮は遅れているからこそ伸びしろがあり簡単に更生できる，とい
う趣旨の主張は 1932 年の論説の基調となっている．例えば，「内地では農村
が進んで来た為めに其大切なる指導機関である農会の不要論さへ唱へられて
居る」が，「翻つて朝鮮の現状を見るに農村が其農法と言はず経済と言はず将
又農村人としての自覚の上よりするも非常に後れて居」るから，「指導者のな
す事は殆ど全部が彼等にとりては進歩であり改善である」[68] としたり，「朝
鮮の困難は内地の夫と異り世界的の不況の影響よりも，(1) 農村人に自覚心
の乏しきこと，(2) 営農法の稚拙なることに起因することが多い，此の点は
内地の稼げども稼げども其の建直しが出来ず，研究しても努力しても其転回
を計ることの困難な状態にあるものとは大に其趣を異に」[69] する，と述べた
りしている．

　ここには，朝鮮農村には開発の余地があるにもかかわらず，簡単な努力さ
えしない朝鮮農民の無自覚・無理解のために低開発のままである，という朝
鮮農民愚民観と「私事化」イデオロギーがみてとれる．

　当局が 1930 年代の農村窮乏の原因を昭和恐慌や農村の構造的な問題（土地
を集積した圧倒的強者の地主と小作権が不安定で脆弱な小作人という搾取構造など）に
帰することをせず，農民の怠惰や無知・無理解による自己責任（私事化）に転
嫁していたことに鑑みれば，増田の朝鮮農民愚民観と「私事化」イデオロギー
に基づいた営農指導は当局の意図に合致したものであった．

　それでは朝鮮農民愚民観と困窮の私事化は，朝鮮農民の現実を反映したも
のといえるのだろうか．ここで，素砂公普時代から増田が注力してきた，余
剰労力の活用による全家勤労が実際に実行可能であったのか吟味してみよう．

　増田は，朝鮮農民は「内地の農人に比して一ヶ年労働日数に於て一二九日
少なく反対に余剰労力に於て一二九日の多きを示して居る」とし，その理由
を「農法が極めて粗放的傾向を有したると，穀作単一農業を営みたると，十
一月より翌年三月まで厳冬襲来して所謂結氷期なるものを出現する等により
一般に夥しき余剰労力を存して居る」とした．そして，この余剰労力を活用
するためには，「粗放的傾向を有せし農法を努めて集約化し単純なる穀作法を

改めつゝ，複雑化せる多角形営農となし特殊人の勤労を全家勤労に導く」こと
が必要で，それを実現することこそが「農村救済上急務中の急務である」と
述べる[70]．つまり，営農の集約化と複雑化によって全家勤労を実現すれば農
家の更生は出来るというのである．それでは，どのようにそれを達成すると
いうのか，以下，増田の主張をみていこう[71]．

　増田は，「従来朝鮮の農業は頗る粗放的傾向を有して居るので之れを集約化
することは，労力消化の最も有効適確なる方法」で，例えば「従来一反当り
十二三人の労力を以て籾二石見当の生産をなしつゝあつたものを改めて反当
二十人の労力を加へ籾三石の生産をなし得る」と述べる．具体的には，耕地
の広さは同じでも苗代の薄播，施肥管理，苗の正條植など，これまでかけて
いなかった手間をかけること（営農の集約化）によって，収穫量を増やせるの
だという．また，営農の複雑化とは，「穀作単一農業」に頼るのをやめ，堆肥
の製造・蔬菜の栽培・縄や叺の製造・紡織など，自家で出来る副業から収入
を得るべきだという主張である．

　このような現状認識の下，営農の集約化によって余力が残っている男性の
労力を最大限引き出し，一方でこれまで労力として活用されてこなかった老
幼者・婦女子は副業に従事させる．そうすれば余剰労力を活用した家族総動
員の全家勤労が実現できるとした．続けて増田は，「農業は其の範囲が極めて
広く其の種類が非常に多いものであるから，普通の人は勿論老幼婦女子でも
為し得る仕事がいくらでもあつて零細な労力までも之れを利用し得るの途が
多分に存して居る」と断言する．

　しかし，果たして朝鮮農村の状況は，増田の主張が通用するような生易し
いものだったのだろうか．少し時代は下るが，1930年代後半の農村経済を研
究した印貞植の論考をもとに考察してみよう[72]．

　日本の農民に比して朝鮮農民の遊休期間が多いことについて印は，自然的
条件と社会的条件という二つの理由を挙げる．前者は日本と朝鮮の緯度の違
い（農閑期の長さの違い）によって農作物の栽培期間が限られ，朝鮮農民の方
が遊休期間が長くなることを指す．後者は小作人の増加に伴う小作地の細分

化によって，働こうにも土地が狭小すぎて働くだけの仕事がない，という指摘である．印は一戸当たりの労働力を 2.5 人と措定すると，彼らが遊休期間なく効率的に働ける田畑は 3 町歩であるが，現実の「朝鮮小作農の一戸当り平均耕作面積は僅かに一町四反歩に過ぎない．しかもこれは全鮮平均の耕作面積単位であつて，南鮮の各道に到ると夫れは僅かに八反歩乃至九反歩にしかならない」のであり，余剰労力が生まれることは不可避であると分析している[73]．増田は自然条件については触れているが小作地の細分化については捨象しており，現実を踏まえたものとはいえない．

また，増田は営農に手間（時間）をかけて営農を集約化すれば収穫量を増やせると主張しているが，印の論考を見れば，これも農村現実から遊離していることがわかる．印は，典型的な小作農は，立場が圧倒的に弱いために猫額大の小作地を何とか複数確保するも，それらは互いに一里も離れている場合もあり，「田圃の分散交錯性は謂ふまでもなく耕作労働の技術的合理化を阻碍する有力な要因となつて居」り，「単に農牛を使役する場合に在つても斯やうな甚だしい分散性の為めに農牛の労働や犂その他の農具の使用の上に多大な浪費が伴」っているとした[74]．農地が分散し，かつそれぞれの距離も遠かったので，手間をかけようにも時間が取れず，営農の集約化は困難であったのである．

営農の複雑化については，印の調査した一般的な小作人の家計状況からその可否について検討してみたい．印が「伝来的な農家経済の典型」として調査したのは，京畿道楊州郡楊州面自逸里の小作農の玄某で，下はその概要である．

1．耕地

耕地種別	耕地面積
畓	2 反
畓	1 反 3 畝
畓	2 反
田	2 反 7 畝
田	2 畝

2．農作物

作物種別	作付反別	収穫高	反当収穫高	作柄
水稲	2反	7石	3石5斗	平年作
水稲	1反3畝	4石	3石6斗	平年作
水稲	2反	5石	2石5斗	平年作
大麦	2反6畝	2石	7斗6升	－
小麦	1畝	1斗	1石	－
粟	7畝	5斗	7斗1升	－
大豆	7畝	3斗5升	5斗	－
蔬菜	1反3畝	－	－	－
綿	2畝	25斤	－	－
荏胡麻	麦間作	－	－	－
蜀黍	麦間作	4斗	－	－
小豆	麦間作	2斗	－	－
その他雑穀	麦間作	5斗	－	－

3．現金収入

種別	数量	金額
籾	3石	54.3 円
大根	－	4 円
綿	25斤	4.58 円
叺	－	10 円
賃労働	－	43 円

4．現金支出

種別	金額
肥料代	24.48 円
農具費	4.98 円
種子代	2.5 円
副食物及調味料	5.38 円
衣服費	13.5 円
家具費	2 円
雑品費	7.8 円
祭祀費	12.5 円
租税公課	6.8 円
契金	1.4 円
雑費合計	23.8 円
報国貯金	6 円
負債利息	26.2 円

5．現物支出

種別	数量
小作料	11石

6．現金収支

現金収入計	115.88 円
現金支出計	137.34 円
現金収支	▲ 21.46 円

「2．農作物」をみると，確かに「穀作単一農業」に頼っているとはいえよう．とはいえ，堆肥の製造・蔬菜の栽培・縄や叺の製造・紡織などの副業は，実際にできたのであろうか．

増田は，「七月下旬から九月の上旬までの間は農家では水田の除草を終りて熟成期に至る間の比較的農閑の時」で「一人四十日間に二千貫の堆肥を優に堆積することが出来」[75]るというが，玄業は家畜を持たないので，堆肥原料の中心となる家畜の糞尿が手に入らず，それほどたくさんの堆肥製造は不可能であったろう．蔬菜は自給用として栽培しているが，それらは自給食料としても分量的に足りなかったし，何らかの方法で販売に回せるまでに生産力が上がったとしてもそれを売るための都会地が近傍になければ収入につながらない[76]．縄や叺を作るためには稲藁が必要だが，耕地面積が狭すぎて稲藁が足りず，利子付きで稲藁を借りた挙句に春窮期に安く買いたたかれ，逆に収穫期には価格が上昇した縄・叺などを買わざるを得ないという悪循環に陥る[77]．紡織は「綿布や絹織物，麻布などの生産が夫々農家から遊離して独立せる大工業の生産企業に転化した」[78]ために，収入にならなかった．

このように朝鮮農村の現実は，増田のいう営農の集約化と複雑化による全家勤労の実現などとは程遠い，非常に厳しいものだった．にもかかわらず増田は，余剰労力を活用せよと述べると「皆一様に「其のことはよく分かつて居るが之れを消化せんとしても消化すべき仕事がない」と云ふ」と無理解を嘆き，あくまでも全家勤労を滔々と説き続けるのである[79]．もちろん特に多数を占める小作農にとって，増田の説く全家勤労などはおよそ現実的でない，机上の空論であった．しかし，それこそが農村の疲弊を私事化することで自力更生を促すという当局の思惑そのものであり，増田のような「私事化」イデオロギーの唱道者が必要とされる所以でもあった．

お わ り に

　本稿は，農村振興運動の唱道者であった元初等学校教員，増田収作の活動・思想を通じて，農振運動が朝鮮農民愚民観に基づいた「私事化」イデオロギーの下に推進されたという一側面を再確認した．

　増田は 1914 年に朝鮮に渡り，日本人児童が通う小学校の教員となった．そして，数年のあいだに，農業教育の分野において一目置かれる存在になった．その後，朝鮮人児童が通う普通学校に移り，特に素砂公普における普通学校「卒業生指導」で成果を挙げ，当局に注目されるようになった．「卒業生指導」は農村振興運動における営農指導のモデルであり，それにおいて実績を上げたことで農振運動の強力な唱道者になると目されたのである．実際，1933 年に総督府の嘱託になるや，精力的に全朝鮮を飛び回り，講演や視察を行った．

　ただし，このような人物が四六時中朝鮮各地を巡回しなければならなかったという事実は，農振運動が指導者（末端官公吏や教員，中堅人物など）と被指導者（農民）に大きな負担を強いたことの裏返しでもあった．なぜなら，1930年代の農村窮乏は，土地を集積した圧倒的強者の地主と小作権が不安定で脆弱な小作人，という搾取構造が根本原因であり，当局はそれに手を出すことなく農家更生を目指したからである．

　この矛盾を覆い隠しながら，増田のような唱道者たちは，「私事化」イデオロギーの下に，延々と自助努力と自力更生を求め続けた．ここに大日本帝国の植民地主義の本質がいかなるものであったのか，その一端が垣間見られるのである．

1)　朝鮮人事興信録編纂部（1935）『朝鮮人事興信録』京城：朝鮮新聞社，434 頁ならびに朝鮮総督府編（1935）『朝鮮總督府始政二十五周年記念表彰者名鑑』京城：表彰者名鑑刊行会，19 頁．
2)　1910 年代〜30 年代前半の朝鮮における公立初等学校の概略は次の通りである．朝鮮人児童の教育は 1911 年の「朝鮮教育令」に規定され，初等教育機関は普通

学校と称し，就学期間は4年であったが，1920年からは6年に延長された．在朝日本人児童の教育は日本の「小学校令」に規定され，1907年から6年間の義務教育となっていた．そして，1912年の「朝鮮公立小学校規則」で「小学校ハ内地人ノ児童ヲ教育スル所トス」とされた．小学校は6年間の尋常小学校（義務教育）と2年間の高等小学校の二段階あり，「尋常小学校ノ教科ト高等小学校ノ教科トヲ一校ニ併置」することも認められ，これを尋常高等小学校と称した．なお，1922年の第2次朝鮮教育令で「特別ノ事情アル場合ニ於テハ朝鮮総督ノ定ムル所ニ依リ国語ヲ常用スル者」が普通学校に，「国語ヲ常用セサル者」が小学校に入学できることになったが，朝鮮人児童と日本人児童の別学という原則は変わらなかった．増田の場合，前半は日本人児童を相手に，後半は朝鮮人児童を相手にしていたことになる．

3)　この運動は当時から「農山漁村振興運動」と呼ばれることもあれば，「農村振興運動」と呼ばれることもあった．ただ，指導対象が概ね農民であったことに鑑み，本稿では農村振興運動あるいは農振運動と表記する．

4)　当局が朝鮮農民愚民観と没落原因の自己責任化の下に農村振興運動を推進したことは，宮田（1973），富田（1981），池（1984），青野（1990），松本（1996）などの先行研究で夙に指摘されている．なお，「私事化」イデオロギーという表現は松本（1996）の研究成果によった．

5)　朝鮮総督府（1916）「実業学校教員講習会状況」（『朝鮮総督府官報』第1233号）142-145頁．

6)　受講者の内訳は，農業学校15名・簡易農業学校20名・普通学校13名・小学校13名・高等小学校2名であった．

7)　前掲「実業学校教員講習会状況」145頁．なお，当時の文献を引用するときには旧字体は新字体で表記した．また，原典に句読点・濁点・半濁点がない場合や明らかな誤字・脱字と考えられる場合は，必要に応じて補った．

8)　「普通学校規則」（『朝鮮総督府官報 号外』明治44年10月20日）では週当たりの時間数の欄が空欄となっているが，土井浩嗣（2014）は咸鏡南道の「普通学校農業施設標準」を参照して週2時間と推測しており，本稿もこれによった．

9)　「普通学校規則」第6条．

10)　土井 前掲書，8頁．なお，地域により「農業」ではなく「手工」や「商業」を教授することも可能であった．

11)　朝鮮總督府編（1916）『朝鮮法令輯覽第15輯』東京：厳松堂書店，29頁．

12)　朝鮮教育研究会（1917）「小学校農業書に就いて」（『朝鮮教育研究会雑誌』第17号）90頁．

13)　本庄正雄（1917）「尋常小学校に於ける農業科に就いて」（『朝鮮教育研究会雑誌』第24号）1頁．

14)　朝鮮総督府（1917）『大正5年度 朝鮮総督府統計年報』京城：朝鮮総督官房総務局，788頁および792頁．

15)　朝鮮総督府（1921）「教員講習会状況」（『朝鮮総督府官報』第 2787 号）257-258頁.

16)　朝鮮教育会（1928）「道視学官打合会議に於ける政務総監訓示」・「道視学官打合会議に於ける指示事項並に打合事項」（『文教の朝鮮』4 月号）12 頁および 18頁.

17)　京畿道教育会（1931）「卒業生指導状況」（『京畿教育』創刊号）162 頁. なお,1930 年当時の京畿道における公立普通学校は 184 校あり, そのうちの 28 校（約15％）が指導学校であった. 指導学校は順次増えていき, 例えば 1935 年には京畿道内公立普通学校 244 校のうち 137 校（約 56％）が指導学校となった.

18)　「卒業生指導」の詳細については, 拙稿（2019）を参照のこと.

19)　八尋生男（1928）「農村指導の実際」（『朝鮮農会報』第 2 巻第 4 号）9 頁.

20)　朝鮮総督府（1929）「普通学校規程中改正」（『朝鮮総督府官報』第 739 号）195-196 頁.

21)　京畿道長湍公立普通学校「昭和六年二月十九日 指導学校長打合会答申書」（学習院大学東洋文化研究所『友邦文庫』, 請求記号 M 2-53）では,「本人ハ意志薄弱ニシテ指導事項ニ従ハザルコト多」いため「脱退ヲ命ジ」たり,「父兄モ指導事項ニ従ハントスル意向毫モ」無いため「脱退ヲ命ジ」たりした例があったことを確認できる.

22)　拙著（2019）を参照のこと.

23)　増田収作（1932）「朝鮮に於ける農村指導者としての自覚と信念（下）」（『朝鮮の教育研究』4 月号）111 頁.

24)　「卒業生導校校長日本視察」『東亜日報』1930 年 11 月 6 日付. 11/13 ～ 12/6 まで, 増田のほか 10 名の指導学校長が日本各地の青年団・産業組合・補習学校などの視察に派遣された.

25)　朝鮮教育会（1931）「京城師範学校生徒の農村研究」（『文教の朝鮮』7 月号）143 頁ならびに京城師範学校編（1934）『京城師範学校総覧』京城：京城師範学校, 25 頁. なお, 他の 3 つの指導学校は, 西井里公普・軍浦公普・汶山公普であった.

26)　前掲『朝鮮総督府官報』第 739 号, 191-197 頁. なお, 職業科は 6 年制の小学校・普通学校の場合は第 4 学年から始まり, 第 4 学年週 2 時間, 第 5 学年と第 6学年でそれぞれ週 3 時間教授された.

27)　朝鮮総督府（1932）『昭和 5 年 朝鮮総督府統計年報』京城：朝鮮総督府, 23 頁および 91 頁.

28)　前掲「京城師範学校生徒の農村研究」143 頁.

29)　前掲「京城師範学校生徒の農村研究」145 頁.

30)　朝鮮初等教育研究会編輯部（1931）「京城師範演習科の農村指導参観記」（『朝鮮の教育研究』7 月号）124-126 頁.

31)　増田収作（1932）「現下農村の窮状対策より観たる京城師範学校演習科生の農

村実地研究施設」(『朝鮮の教育研究』8 月号) 121 頁.

32)　増田収作 (1932)「朝鮮に於ける農村自力更生の一考察」(『文教の朝鮮』11 月号) 76 頁.

33)　増田収作 (1933)「卒業生指導共同耕作並に其の実績」(学習院大学東洋文化研究所『友邦文庫』, 請求記号 M2-55) 5-6 頁.

34)　増田 前掲「朝鮮に於ける農村自力更生の一考察」, 69-78 頁.

35)　拙稿 (2020) を参照のこと.

36)　朝鮮総督府 (1940)『施政三十年史』京城：朝鮮総督府, 288 頁.

37)　朝鮮総督府農村振興課編 (1939)『朝鮮農村振興関係例規』京城：帝国地方行政学会朝鮮本部, 1 頁.

38)　同上, 2-5 頁.

39)　同上, 9-12 頁.

40)　同上, 10 頁.

41)　朝鮮総督府 (1933)「農家経済更生計画指導要綱」(『自力更生彙報』創刊号) 5-8 頁.

42)　同上 13 頁.

43)　八尋生男 (1933)『農家更生計画樹立方法解説』京城：朝鮮総督府, 99-104 頁.

44)　八尋生男 (1933)「農家経済更生計画樹立の一例」(『自力更生彙報』第 2 号) 7 頁.

45)　朝鮮総督府 (1933)「奏任官待遇者昇給並退官」(『朝鮮総督府官報』第 1871 号) 78 頁.

46)　前掲『朝鮮總督府始政二十五周年記念表彰者名鑑』, 19 頁.

47)　『朝鮮総督府及所属官署職員録』によると, 1934 年からは農政課の, 1937 年からは農村振興課の嘱託であったことが確認できる.

48)　「全北道幹部及府尹郡守招宴」『毎日申報』1933 年 6 月 10 付.

49)　府尹郡守会議の前の月の記事「更生運動에 精神을 集中 - 全北府尹郡守会議案」(『毎日申報』1933 年 5 月 16 日付) には,「＊今番会議の主題は自力更生 - 農山漁村振興の一点に集中されるだろうとし, 今番会議は道当局でもとても慎重に研究して今後全北の自力更生運動は平面から立体, 抽象から徹底の軌道に這入るだろう」」(原文は漢字ハングル混じり, 以降, 本稿で＊の付いた記事は漢字ハングル混じりを日本語に訳したものとする) という記事から, このように考えるのが妥当であると思われる.

50)　「振興運動의 闘士 養成講習開催 指導能力向上코저 忠南道各学校経営」『毎日申報』1933 年 7 月 10 日付.

51)　「慶北道内各学校 夏休中의 行事 三部로 난우어 郷土学術講習」『毎日申報』1933 年 7 月 22 日付および「十郡教員会合 農村振興講習」『東亜日報』1933 年 8 月 27 日付.

52)　「農村振興講演」『朝鮮日報』1933 年 7 月 25 日付. なお, 当時の農林局内に八

尋岡という人物はいないので，岡は「両」の誤植であると考えられる.

53)　「忠南の学校経営農振講習会」『釜山日報』1933 年 9 月 7 日付.

54)　「消息 渡邊農林局長」『東亜日報』1933 年 9 月 7 日付.

55)　「地方集会 増田嘱託鎮安에서 講演」『毎日申報』1933 年 12 月 19 日付.

56)　「儒城木下両共励組合 本府에서 視察 此種組合指導資料를 엇고저 増田嘱託이 出張」『毎日申報』1934 年 4 月 17 日付および「農村振興委員 七日午後会合」『朝鮮日報』1934 年 5 月 5 日付.

57)　「増田嘱託를招請 指導講習開催 農村指導者의 啓発을 為해」『毎日申報』1934 年 5 月 23 日付.

58)　「増田嘱託銀月里視察」『毎日申報』1934 年 7 月 3 日付.

59)　「八個郡連合 普校教員講習 亀尾普校에서」『朝鮮日報』1934 年 7 月 24 日付.

60)　「共励組合の講習会」『京城日報』1934 年 8 月 24 日付.

61)　「人の動き」『京城日報』1935 年 2 月 9 日付ならびに「総督府増田嘱託 女子講習所視察」『朝鮮新聞』1935 年 2 月 11 日付.

62)　「江西龍岡連合 中堅青年講習」『毎日申報』1935 年 9 月 2 日付.

63)　「増田嘱託을 招聘 農村振興講習」『毎日申報』1935 年 11 月 15 日付.

64)　「라듸오」『毎日申報』1936 年 11 月 12 付.

65)　松本（1996）は，1935 年までの初期の農振運動は「私事化」イデオロギー一辺倒であったと指摘している.

66)　増田収作（1932）「現下農村の窮状対策より見たる内地と朝鮮及卒業生指導施設」（学習院大学東洋文化研究所『友邦文庫』, 請求記号 M2-54）4-5 頁.

67)　このゴム芯入りテープという比喩で朝鮮農村を表現した論説は，増田 前掲「現下農村の窮状対策より観たる京城師範学校演習科生の農村実地研究施設」,「朝鮮農村窮乏の真原因」『朝鮮研究』第 6 巻 6 号（1933）,「農村振興十題 第一題」『自力更生彙報』第 10 号（1934）でも確認できる.

68)　増田 前掲「朝鮮における農村指導者としての自覚と信念（下）」, 107-108 頁.

69)　増田 前掲「朝鮮に於ける農村自力更生の一考察」, 69 頁.

70)　増田収作（1933）「余剰労力の消化につきて」（『自力更生彙報』第 5 号）12 頁. なお，「特殊人の勤労を全家勤労に導く」とは，一部の人しか働かない現状を家族全員が働くように導く，という意味に解される.

71)　同上 12-14 頁.

72)　印貞植は農業経済研究・経済評論家として知られた左派知識人であった. 1938 年に逮捕され，転向を誓約したのちは，朝鮮農会や総督府嘱託として当局の協力のもとに農村実態調査に参加した（『印貞植全集』第 1 巻, 7 頁）. したがって，印の論考は当局も是認するものであったと解することができる.

73)　印貞植（1940）「朝鮮農民生活の状況（一）」（朝鮮総督府『調査月報』第 11 巻第 3 号）18-19 頁ならびに印貞植（1940）「朝鮮農民生活の状況（二）」（朝鮮総督府『調査月報』第 11 巻第 4 号）12-15 頁. なお, 印が参照しているデータは

1938 年度のものである.

74) 印 前掲「朝鮮農民生活の状況（一）」2-3 頁. なお, 朝鮮各地を実地調査した高橋昇も「農家の 71%以上は 2-6 個の農耕地を有しており」, それぞれの距離は「筆者の調査するところでは, 最も遠き所は 1 里以上のものさえあった. そして 14, 5 町位いのものも沢山に見ることができた」と田畑の分散性と距離について言及している（高橋昇（1998）『朝鮮半島の農法と農民』東京：未来社, 14-17 頁）.

75) 増田 前掲「余剰労力の消化につきて」, 13 頁.

76) 印貞植（1943）『朝鮮農村雑記』京城：東都書籍京城支店, 256 頁.

77) 印 前掲「朝鮮農民生活の状況（一）」, 7-8 頁.

78) 印 前掲『朝鮮農村雑記』, 202-203 頁. なお, 玄某の家計を大きく圧迫しているのは収穫籾の 7 割近くを占める小作料であることは明らかである. そして, 重い小作料に起因する自家食糧・現金収入の不足とそれに伴う借金, さらに累積した借金の利息支払いも家計を圧迫している.

79) 増田 前掲「余剰労力の消化につきて」12 頁. 余剰労力の活用や全家勤労についてはその後も,「農村振興十題 第五題」『自力更生彙報』第 14 号（1934）,「農家指導の実際 四」『自力更生彙報』第 27 号（1935）,「農家指導の実際 八」『自力更生彙報』第 34 号（1936）,「農家指導の実際 十」『自力更生彙報』第 37 号（1936）,「農村振興運動と婦女子の副業」『自力更生彙報』第 47 号（1937）など, ことごとに言及している.

参 考 文 献

宮田節子（1973）「朝鮮における「農村振興運動」（『季刊現代史』春季特別号）

富田晶子（1981）「農村振興運動下の中堅人物の養成」（『朝鮮史研究会論文集』第 18 集）

池秀傑（1984）「1932～35 년간의 朝鮮農村振興運動」（『韓国史研究』46）

青野正明（1990）「植民地期朝鮮における農村再編成政策の位置付け」（『朝鮮学報』第 136 輯）

印貞植全集刊行委員会編（1992）『印貞植全集』ソウル：한울

松本武祝（1996）「1930 年代朝鮮における農村振興運動」（『商経論叢』第 32 巻 3 号）

高橋昇（1998）『朝鮮半島の農法と農民』東京：未来社

土井浩嗣（2014）「植民地期朝鮮における普通学校の農業科と勧農政策」（『熊本学園大学 文学・言語学論集』第 21 巻第 1 号）

早川和彦（2019）「「卒業生指導」の立案・実施とそれへの対応」（『中央大学政策文化総合研究所年報』第 22 号）

早川和彦（2020）「農村振興運動の立案と「卒業生指導」」（『中央大学政策文化総合研究所年報』第 23 号）

第 **Ⅲ** 部

在日・在満朝鮮人

第9章

在日朝鮮人預金者について

樋 口 雄 一

は じ め に

　これまで，植民地下に日本内地に渡航してきた朝鮮人の，所持金，収入，貯金，送金など，金銭をめぐる動向については，断片的に言及はされても，全体としてどういう傾向にあったのかは必ずしも明らかにされてこなかった．そこで本稿では，やはり資料的制約から，なにがしかの結論づけうるものを提示するものではないが，そうしたものに一歩でも近づけられるような資料を提示し，一定の考察を試みたい．

　使用する資料は，大阪府学務部社会課編『在阪朝鮮人の生活状態』（1934年刊），東京府（学務部）社会課『在京朝鮮人労働者の現状』（1929年刊，1936年刊），そして中央協和会『協和事業年鑑』（1942年9月刊）である．いずれも現在は国立国会図書館のインターネットサービスで閲覧することができる．

　これらの資料を通して，とりわけ戦時下の労働動員政策で日本内地に連れてこられた朝鮮人に対して，協和会が実施した「強制貯蓄」政策がいかに苛酷なものであったかを浮き彫りにできたら幸いである．

1. 1930年代前半の動向

　ここでは，1930年時点で朝鮮人在留者数が最大規模であった，大阪と東京において，それぞれの学務部社会課が調査したもので，大阪府は府内に一戸を構える世帯11,835戸につき，1932年6～12月に調査し，東京府は1934年11月より35年2月のあいだに世帯持ちと単身者別に「標本的に尋問調査」した，所持金，月収，貯金・送金額に関して取り上げる．

　① 所持金

　表1は，1932年調査による，大阪府の11,835世帯（世帯持ち・単身者を含む）に関する日本内地渡航時に（大阪渡来時とは異なる）旅費以外の所持金の金額別人数を示したものである．最多は無（所持金なし）の8,078人，68.26％にのぼった．

表1　内地渡航当時の所持金
（1932年大阪府在住者調査）

所持金	世帯数	比率（％）
10円以下	2,057	17.38
20円以下	621	5.25
30円以下	286	2.42
40円以下	61	0.52
50円以下	216	1.83
100円以下	256	2.16
200円以下	92	0.78
300円以下	58	0.49
400円以下	20	0.17
500円以下	38	0.32
1000円以下	39	0.33
2000円以下	8	0.07
3000円以下	3	0.03
4000円以下	2	0.02
無	8,078	68.26
計	11,835	100
平均	15.29	

　注：比率は小数点以下第3位を四捨
　　　五入し，計算し直した．
出典：大阪府学務部社会課編『在阪
　　　朝鮮人の生活状態』1934年，
　　　26頁より．

　周知のように，1925年に朝鮮総督府（釜山水上警察署）は，日本内地渡航に際して，「必要なる旅費以外の所持金10円以下の者」を渡航阻止することとなった（ほかに4項目あり，内務省警保局『社会運動の状況』1930年版，1203頁）．放漫渡航によるトラブルを防ごうとしたり，内地の失業問題を昂進させる朝鮮人の渡航を抑制しようとしたのである．それにもかかわらず旅費以外に所持金なしが7割近くに達したのは，それほど厳密なチェックが行われなかったということであろうか．所持金ありのうちでは，10円以下が最多で17.38％，ついで20円以下が5.25％で，平均は15.29円で，いずれにしても少額であったことがうかがえる．

表2は，1934年から35年にかけての東京府の世帯持ち1,933人，単身者1,766人に関する調査結果を示したものである．やはり所持金なしが最多で世帯持ち43.46%，単身者34.03%であるが，大阪に比してやや少ないが，それでも4割前後という高水準である．

所持金ありの場合は，10円以下が最多で，世帯持ちが24.53%，単身者が46.39%となり，平均額は前者が20円11銭，後者が8円94銭で，世帯持ちが多かった．両者を合すれば，大阪とほとんど変わりがない．

なお，1928年調査による東京府在留朝鮮人労働者の渡航当時所持金（旅費以外）につい

表2　内地渡航当時の旅費以外の所持金
（1934～35年東京府在住者調査）

所持金	世帯	比率（%）	単身者	比率（%）
2円以下	84	4.35	178	10.08
3円以下	56	2.90	185	10.48
4円以下	13	0.67	87	4.93
5円以下	129	6.67	199	11.27
8円以下	113	5.85	110	6.23
10円以下	79	4.09	60	3.40
15円以下	124	6.41	56	3.17
20円以下	85	4.40	71	4.02
25円以下	45	2.33	28	1.59
30円以下	90	4.66	53	3.00
35円以下	11	0.57	12	0.68
40円以下	39	2.02	42	2.38
50円以下	89	4.60	52	2.94
60円以下	33	1.71	13	0.74
70円以下	10	0.52	3	0.17
80円以下	6	0.31	3	0.17
90円以下	1	0.05	1	0.06
100円以下	34	1.76	3	0.17
150円以下	9	0.47	1	0.06
200円以下	13	0.67	4	0.23
200円以上ママ	23	1.19	2	0.11
無	840	43.46	601	34.03
不明	7	0.36	2	0.11
計	1,933	100	1,766	100
平均	20.11		8.94	

注1：比率は表1の注に同じ．
注2：最多の200円以上は200円より以上と判断．
出典：東京府社会課『在京朝鮮人労働者の現状』1936年，20～22頁より．

て見ると，世帯持ち400人に関しては，最高334円55銭，最低2円50銭で，平均すると31円81銭であり，単独者1,600人に関しては最高180円，最低1円96銭で，平均すると28円17銭であったという．ここでの平均額は，先の所持金なしを含めた表1と表2の平均値とは大きくかけ離れているがその理由は判然としない．いずれにしろ，一定の高額所持者も確認でき，これについては「主として商業資金として若干の用意を為して来たもの」や「飴売，行商等の資金」，さらには「人夫部屋もしくは飯場等の経営資金」などであったという．また，わずかばかりの所持金を用意できたものでも，「ある者は祖先伝来の家作，田地等を売り飛ばした者もあり，高利を顧みず借り受けてき

たものもあるといった状態で彼等の斯かる企ては二度と故郷の土地を踏まぬ悲壮なる決意の結果である」と調査者は分析している.

　以上のことから，旅費以外の所持金に関しては，旅費以外まったくなしか，あってもその多くが20円以下という水準で，したがって居所は飯場か親戚縁者や知人のところに寄寓し，劣悪な条件でも直ちに働かざるを得ない状況にあったことがうかがえるであろう.

　②　月収，貯金・送金

　在日朝鮮人の月収がどのくらいであったのかに関しては，その後の貯蓄額や送金額を知る上でも重要な指標になるであろう．表3は大阪府の1932年における11,835世帯（単身者世帯を含む）の月収に関するデータである．10円以下はさすがに0.52％であり，20円から45円までに大きな膨らみがあって55.30％を占めている．全体を平均すると46円35銭であったという．中には100円以上も578人（4.88％）おり，45円から100円までは30.40％を占めていた.

　表4の1934-35年における東京府の世帯持ち・単身者別月収額に関しては，世帯持ちの場合，10円以下はやはり少なく6.67％で，10円から30円までに大きなふくらみがあって71.59％を占めている．全体の平均は24円93銭であった．他方，単身者の場合は，10円以下が8.61％とやや多く，10円から30円までが85.21％を占め，平均は18円16銭となっている．また30円から100円までは，世帯持ちは20.89％，単身者は4.93％となる．単身者はかなり低収入であったといえよう.

　なお，東京府に関しては，1928年調査を

表3　在阪朝鮮人月収別世帯数
（1932年調査，大阪府在住者）

月収	世帯数	比率（%）
10円以下	61	0.52
15円以下	288	2.43
20円以下	765	6.46
25円以下	1,194	10.09
30円以下	1,726	14.58
35円以下	1,253	10.59
40円以下	1,294	10.92
45円以下	1,079	9.12
50円以下	877	7.41
55円以下	571	4.82
60円以下	551	4.66
65円以下	340	2.87
70円以下	296	2.50
75円以下	194	1.64
80円以下	227	1.92
85円以下	136	1.15
90円以下	182	1.54
95円以下	80	0.68
100円以下	143	1.21
100円以上ママ	578	4.88
計	11,835	100
平均	46.35	

出典：表1に同じ，139-140頁より.
注：最多の100円以上は100円より以上と判断.

見ると，世帯員 400 人の平均が 63 円 72 銭であり，独身者が 44 円 21 銭となっ
ている．これは，前者に家族全員分の月収が含まれているのであろうという
ことと，全体に「相当に好い地位にある人々であることを附記しておく」と
あることが関係しているであろう．

　大阪府と東京府の比較については，無収入が大阪府の項目になく，また東
京府も世帯持ち 4 人，単身者 21 人で，この違いが影響することはなさそうで
ある．それでも大阪府の収入が平均値から見ても，また 30 円から 100 円まで
の比率を見ても東京を上回っていることが明らかである．その理由について
は明らかではないが，次に，以上の月収を背景に，貯金・送金がなされたの
であって，その金額について見てみよう．表 5 にやはり 1932 年の大阪府の事
例を示した．貯金・送金ともに無が 95％，96％台を占め，ほとんど貯金・送
金の余裕がなかったことを示している．他方，貯金実行者 587 人のうち，20

表 4　在東京朝鮮人収入別世帯数・単身者数
　　　（1934 ～ 35 年）

月収	世帯持ち	比率(%)	単身者	比率(%)
10 円以下	129	6.67	152	8.61
15 円以下	365	18.88	630	35.67
20 円以下	550	28.45	507	28.71
25 円以下	249	12.88	209	11.83
30 円以下	220	11.38	159	9.00
35 円以下	106	5.48	25	1.42
40 円以下	109	5.64	34	1.92
45 円以下	45	2.33	12	0.68
50 円以下	49	2.54	8	0.45
55 円以下	19	0.98		
60 円以下	26	1.38	5	0.28
65 円以下	7	0.36	1	0.06
70 円以下	15	0.78		
80 円以下	14	0.73	1	0.06
90 円以下	6	0.31		
100 円以下	7	0.36	1	0.06
100 円以上 ママ	13	0.67	1	0.06
無収入	4	0.21	21	1.19
計	1,933	100	1,766	100
平均	24.93		18.16	

出典：表 2 に同じ，141-145 頁より．
注：最多の 100 円以上は 100 円より以上と判断．

表 5　在阪朝鮮人の収入金使途
　　　（1932 年調査）

金額	貯金	剰余金	送金
5 円以下	74	4,335	85
10 円以下	252	1,706	164
15 円以下	57	892	47
20 円以下	109	493	62
25 円以下	8	269	12
30 円以下	32	161	18
35 円以下	5	80	3
40 円以下	21	74	9
45 円以下	2	42	2
50 円以下	15	37	6
60 円以下	4	25	3
70 円以下		29	2
80 円以下	2	12	
90 円以下		6	1
100 円以下	5	10	6
150 円以下		8	
200 円以下		1	2
250 円以下		1	
300 円以下	1	1	
無	11,248	3,653	11,413
計	11,835	11,835	11,835
平均	17.16	8.29	16.86

出典：表 1 に同じ，204-205 頁より．
注：剰余金とは翌月への繰越金を指す．

円以下が83.82％を占めていた．平均は17円16銭であった．また送金に関しても，実行422人のうち，20円以下が84.83％と下位金額で，平均は16円86銭であった．いずれも実行者のほとんどが20円までということであったのである．

　なお，剰余金に関しては，平均8円29銭と貯金・送金より少額であったが，実行者は69.13％にのぼり，貯金・送金実行者より高い比率であった．もっともその半数以上（52.98％）は5円以下であった．

　以上のことから，調査方法にもよるのであろうが，送金・貯金者はまだ非常に少なく，実行者においてもその金額は少額であったということである．この点は，さらに他の事例と付き合わせて考察していかなければなるまい．

2.　1940年における道府県別貯蓄奨励状況

①　資料の性格

　表6は，1939年後半から40年前半にかけて，全国的に組織化された協和会により推進された在日朝鮮人による郵便貯金の状況を，11金額区分別に示したものである．それは，1942年に刊行された『協和事業年鑑』の中の，「福祉増進に関する諸事業」の項に道府県別に記載されている（280～321頁）．ただし，47道府県中，宮城・茨城・新潟・福井・和歌山・愛媛・沖縄の7県に関しては調査回答がなされていない．また内容は後述するが，山形・東京・岐阜・大阪の4府県に関しては，文章解説はあるが数値は示されていない．つまり，36道府県分がわかるということである．

　同調査は，1939年6月に中央協和会が設立され，1939年10月に厚生省社会局長及び内務省警保局長の連名で通牒された7項目にわたる「協和事業ノ実施要目」中の，3.福祉増進の中の一つとしてあげられた「貯蓄ノ奨励」に基づくものであったと見てよい．貯蓄を奨励して，在日朝鮮人の生活の程度や内容を内地人並みに引き上げることによって，「同化政策の前衛的役割」に

資そうとしたものであった（6-9頁）.

なお，11金額別区分は，先の1930年代前半における大阪や東京の月収金

表6　在日朝鮮人の郵便貯金状況（1940年度分調査，単位：円，人）

道府県	100-300	300-500	500-800	800-1000	1000-1500	1500-2000	2000-2500	2500-3000	3000-3500	3500-5000	5000以上	計	「世帯数」
北海道	9549	2513	2942	283	156	74	47	24	18	11	15	15632	26469
青森県	374	15	22	1			2					414	1484
岩手県	146	40	7	3	4		1	2	2	2		207	2449
秋田県	40	18	8	4	2	2						74	908
福島県	862	114	12	10	3	6	1		1	2	5	1016	3758
群馬県	326	81	35	19	4	9	21	19			15	529	1497
栃木県	134	53	36	14	10	14	16	3	6	5	7	298	1036
埼玉県	366	146	73	57	27	15	3	12				710	2146
千葉県	358	119	89	53	38	21	9	4	6	4	3	704	2186
神奈川県	2813	994	243	155	76	40	29	30	19	20	47	4466	10066
富山県	337	47	18	10	9	4						425	1556
石川県	307	51	16	13	8			1	2			398	1714
山梨県	204	217	34	50	21	10	6	3				545	5551
長野県	858	428	86	142	34	28	14	7	3	4	2	1606	4102
静岡県	1533	200	60	38	24	4	5	10				1874	7611
愛知県	5276	1091	527	298	168	108	83	67	52	63	15	7748	23598
三重県	400	85	18	14	9	3						529	4870
滋賀県	205	54	30	17	10	1	1	3	1			322	3195
京都府	5174	1994	736	452	266	128	40	32	25	29	22	8898	24413
兵庫県	37230	15720	5370	589	295	307	59	107	27	45		59749	47006
奈良県	1200	800	300	300	250	200	100	60	30	15		3255	3060
鳥取県	192	68	46	27	12	2		5			3	355	1014
島根県	662	254	54	39	15	10	6	8	4	4	20	1076	2738
岡山県	1445	309	178	49	5	4		3		2	3	1998	4299
広島県	3831	3122	1508	850	405	300	220	120	85	55	30	10526	14086
山口県	6192	2101	231	322	290	99	17	20	12	9	6	9299	35039
徳島県	185	62	15	13	12	7	4	3				301	482
香川県	184	183	24	16	5	4	1	1				418	998
高知県	155	39	5	9	5	4	3	1				221	1785
福岡県	7786	2384	900	665	294	110	32	27	34	3	65	12300	64430
佐賀県	1389	182	41	27	7	10	1	1		1		1659	4163
長崎県	1523	281	29	40	8	3			2	3		1889	10645
熊本県	404	144	65	27	20	11	8	2	3	4	5	693	2786
大分県	768	221	100	114	2			3	1	5	1	1215	4230
宮崎県	309	174	52	47	24	21	26	8	8	2	9	680	2884
鹿児島県	372	123	24	13	6			4				542	1437
計	93089	34427	13934	4780	2524	1559	755	590	349	291	273	152571	329691
比率	61.01	22.56	9.13	3.13	1.65	1.02	0.49	0.39	0.23	0.19	3	100	46.28

注：「世帯数」は世帯を有する者と有せざる者（90日以上居住者と90日未満居住者を含む）の
世帯数と人員を合した数値．京都府は各種貯蓄・国債等の総額．
出典：「福祉増進に関する事業」（貯蓄奨励事業）（財団法人中央協和会『協和事業年鑑』1942年）
より．「世帯数」は『社会運動の状況』1940年12月末現在より．

に比して，やや高額であるように思われる.

　②　郵便貯金額の特徴

　表 6 からわかることとして，まず郵便貯金者の総数は 15 万 2,571 人で，その最多は兵庫県の 5 万 9,749 人，最少は秋田県の 74 人であった．もちろん在留者数の相違に規定されていたのであるが，「世帯数」全体における比率を見ると，平均は 46.28％で，半数弱ということになる．ただし，再多人数の兵庫県は貯金者数の方が世帯を有しない人数も含めた「世帯数」より多いということになり，世帯を有する者の世帯内個々人の分も数えあげた可能性が考えられる．いずれにしろ一定の傾向は読み取ることができよう.

　それを，11 区分別の貯金額で見てみると，最少金額の 100 ～ 300 円が平均して 61.01％であった．道府県別では，青森県が 90.34％で最大であり，人数のもっとも多い兵庫県は 62.31％でほぼ平均値と同等であった．50％以下は栃木・山梨・奈良・広島・香川の各県で，広島県を除いて在留者少数県であった．そのうち山梨県のみが 300 ～ 500 円が最多であるが，大きな違いはない．広島県の 36.40％という低位な数値（逆に高貯蓄率ということであるが）の理由については明らかではない.

　他方，5,000 円以上貯蓄者について見ると，福岡県 65 人，神奈川県 47 人，広島県 30 人，京都府 22 人，島根県 20 人，北海道，群馬県，愛知県各 15 人，その他 44 人，合計 273 人を数えることができる．5,000 円というと，忠清南道の帰国者調査による「蓄財者」の項に，「朝鮮の水田は一坪一円位なら五千円儲ければ五千坪買へる此の土地で百姓すれば三，四人の家族は大丈夫暮らせる」という記述があり（朝鮮総督府警務局保安課『高等外事月報』51 号，1944 年3/4 月），一つの目標（水田 5,000 坪＝ 1 町 7 反歩）となっていたと考えられる金額であったが，それが 273 人にのぼっていたのである（調査未済の府県や国公債分を含めればもっと多数になるであろう）.

　なお，この「貯蓄ノ奨励」状況調査中には，「其他貯金（公債国債含）」も合わせて記載されており，それらは 33 道県について知ることができる．その総数は 5 万 231 人であり，郵便貯金者の約 3 分の 1 であった．上位（千人以上）

は，兵庫県 30,751，山口県 5,245 人，福岡県 5,064 人，愛知県 2,408 人，北海道 1,788 人，長崎県 1,178 人であり，郵便貯金と同様に 100 〜 300 円が約 9 割（88.69%）と大部分を占めた．

　③　「貯蓄奨励」に関し文章化された記載事項

　ここでは，「貯蓄奨励」に関し，文章化された報告について見てみよう．

　まず山形県においては，「事業所に於て賃金の一部を天引預金せしめる方法をとり会合ある毎に貯蓄の指導奨励をなせり」とあり，「天引貯金」が行われていたことがわかる．

　東京府に関しては，「各支会に於て貯蓄，国債，公債購入方に関しては極めて熱心に機会ある毎に貯蓄報国の精神を強調して其の実績の挙揚に努力しつつある」とあって，協和会の支会を通じて奨励がなされたことがわかる．

　岐阜県では，「協和会創立日尚浅き昭和十五年度の活動としては多額の貯金額を見ざるも大垣支部では四月二七日，高山支部では五月五日，北方支部では五月六日，岐阜支部では五月十日各々班を単位とする協和会貯蓄組合を結成し毎月五十銭以上の貯金を励行し居るの外一般町村単位結成の国民貯蓄組合に加入を勧奨し最低五十銭より最高三十円の月掛け貯金を励行し其の成績見るべきものあり．尚工事場関係では大林組船津町出張所千百八十六名二万四銭六百八十二円，船津町三井鉱業所二百三十四名弐千八百三十六円，間組東町出張所三百九十五名二万四千四百三円三十五銭，間組兼山町出張所四百八十五名五万千九百二十五円の多額を貯蓄しつつあるの状況を続け公債購入に於いても内地人と同程度の成績を挙げて居れり」とあって，協和会支部ごとに集計がなされていること，協和会貯蓄組合を結成して奨励し，毎月 50 銭から 30 円を貯金させていること，工事場ごとに集計され，そこでは 2,300 人が 10 万 3,846 円 35 銭を貯蓄し，一人当り平均 45 円 15 銭に相当することがわかる．これは 1940 年度の 1 年分であったと考えられ，11 区分の最低金額 100 〜 300 円には届かないが，1940 年以前より内地に在留している朝鮮人の中には，そのくらいの貯蓄をする人も登場していたといえるであろう．

　京都府に関しては，「愛国貯金組合を結成し，毎月 30 銭ないし 50 銭を貯金

せる支部あり，又毎月一日の勤労収益金を貯蓄せしめる支部あり，尚公債国債の共同購入申込みに因る購入等の便宜供与を為せる支部区々なり」とあって，愛国貯金組合を結成したり共同購入をさせたりしている．大阪府では，「保証責任協和信用購買利用組合」を組織し，その中の事業として預金と貸出を行っていた．

　兵庫県では，「消費の節約を図り貯蓄報国の実を挙ぐるは時局下銃後国民の一大義務なる故以て力説し県下五七支会をして極力之が励行方慫慂せしめたる所左記の如き成績を収めたり」とあって，協和会支会を通して促し，大きな成果を挙げたという．

　けっきょく，協和会や貯蓄組合等の組織を利用し，精神面を含めた共同運動の形で貯金が行われたことがうかがえる．その際，金額に関しては，1か月1円だとしても1年間で12円にしかならず，1年間の貯金額が100円以上となるためには毎月10円近くを貯金しなければならなかったのである．これは，それまでの無貯金者が多かった朝鮮人にとっては，かなり厳しいものであったと考えられる．

お わ り に

　以上，在日朝鮮人の1930年代前半期における，日本内地渡航時の所持金，月収・貯金・送金額，そして1940年度における郵便貯金額に関して見てきた．その結果をまとめると以下のようになるであろう．

　すなわち，渡航時所持金に関しては，まったくなしか，20円以下が多かったため，劣悪な条件でも直ちに働かざるを得ない状況であったことがうかがえる．

　次に月収については，大阪府が20円から45円，東京府が10円から30円にボリュームゾーンがあり，預金・送金に関してはまったくなしが大部分であり，そうした余裕がなかったことを示していよう．ただし，他の研究や事

例をさらに積み上げて，この時期の貯金・送金額がどの程度であったのかに関しては引き続き検討が待たれるところである．

　1940年度における貯蓄奨励政策のもとでの各道府県の動向に関しては，上記の金額をはるかに上回る金額が貯金されたり，公債国債購入にあてられたりしており，いかにそれらが強制的に行われたかを物語るものであった．郵便貯金額も公債国債購入額も，100～300円が最低額であり，やや多すぎる感もないではないが，とくに解放前に帰郷した人びとが，どの程度郵便貯金を引き出すことができたのかについては，さらに詳細な検討が待たれるところである．

第 10 章

近現代間島地域における農業構造と食糧の流通状況

朴　　敬玉

は じ め に

　現在，中国国内における農産物の重要な産地となっている東北地域の重要
性は戦前に遡ることができる．戦前，中国東北地域，いわゆる「満洲」（以下，
カッコ略）と呼ばれた地域で産出された農産物は，日本にとって，極めて重要
なものであった．満洲の大豆粕は，日本の農村において，食用及び肥料とし
て広く用いられ，雑穀は日本の低米価政策を維持するために行なわれた朝鮮
米の飢餓輸出を補完し，朝鮮国内の食糧事情を緩和するために重要なもので
あった．満洲国成立以降，満洲の農産物は関東軍が重工業開発を進める上で，
欠くことのできない外貨獲得源であった．そして，太平洋戦争下，日本本国
の米穀生産が急減すると，満洲の大豆，雑穀は日本国民の貴重な食糧となっ
たのである．また，米，小麦，綿花は軍需用の農産物であり，在満日本軍の
自活用農産物として重要なものであった［飯塚・風間 1986, 425］．

　同時に，日本のアジア侵略全体からみて，農産物・物資の収奪あるいは流
通の確保は戦争の中心課題であった．物資の確保において軍部は日本の商社

—とりわけ三井物産に大きく依存した．1931 年 9 月に開始された満洲侵略によって，満洲は恐慌下の日本経済に包摂されることとなり，日本の過剰商品は大きな市場を獲得した［坂本 2003，365-366］.

　一方，朝鮮半島と隣接し，中朝露国境地帯となる間島[1]地域の農業は 1909年の日本領事館開設及び 1910 年の韓国併合を境として進展し始め，それが第1 次世界大戦を経て，1923 年の天図軽便鉄道の開通により[2]，急激な商品市場化を辿ることとなった.

　間島地域が，中国・朝鮮・ロシアの国境が接する国際的に重要な地域であり，旧満洲国の一部として日本の戦前アジア侵略の一拠点であったことから，様々な分野から研究が進められてきた．抗日運動史，教育史の分野では，金美花（2007），許寿童（2009）の研究が挙げられる．金美花（2007）は，間島地域の楊城村を事例として，農村における学校教育の変遷過程を明らかにした．許（2009）は朝鮮人の教育をめぐって日中両国の政策と民族教育を護ろうとする朝鮮人及び欧米キリスト教宣教師の伝道活動が絡んでいて，利害対立と衝突が絶えなかったことを明らかにしている.

　そして，農村や都市部など地域社会に関する研究も増えてきた．代表的な先行研究としては，金周溶（2008），王国臣（2010），権哲男（2012）などが挙げられる．韓国において抗日運動の拠点としての間島地域に対する注目度は高く，農村社会や農民生活，都市部の基礎社会に対する研究も比較的多く発表されてきた．金周溶（2008）は在満朝鮮人の 7 割近くが居住していた間島地域に注目し，通信体制の構築・農業金融機関の設置と運営について分析し，近代の間島地域経済が日本に従属化されていく過程を論じている．加えて，朝鮮人の日貨排斥運動や青年団体の活動から対日経済闘争も考察している．在満朝鮮人の生活基盤に直接影響を与えた金融問題について，当時の様々な金融機関を取り上げ，分析しているところは，在満朝鮮人の生活史を考察していくうえで注目に値する．王国臣（2010）は人口・農業・商工業・金融・貿易といった面から近代間島地域の変遷過程について統計資料などを用いて分析している．そして，権哲男（2012）は，満洲国期の農業を地理的に北満洲

と南満洲に分け，農業に関するデータを労働力・栄養学などの分野も含めて詳細に分析し，満洲国期における農業が全体的に停滞していたことを明らかにした．ただし，研究対象が満洲全体であったため，地域的な特徴を深く論じることはできなかったと考える．

　加えて，李海訓（2023）は，中国東北農村に関連する最新の研究成果で，北満農業は大豆・小麦・高粱・玉蜀黍・粟の五大作物を中心とした地力維持可能な輪作体系で商品化率も高かったが，満洲国成立以降の農業政策は，軍需目的作物や経済作物を増産し，地力維持体系を等閑視したことを，呼蘭県を事例に解明した．李が提示した「満洲農村の地域視角」は当時の農村社会を分析する際に，重要な糸口となる．同時に，民国期から満洲国期まで，間島地域における農業構造の変遷過程に対する分析は，東北農村社会のなかで，間島地域をどのように位置づけるべきかを明らかにするうえで，必要不可欠な作業である．

　そこで，本稿では以上のような先行研究を踏まえたうえで，間島への朝鮮人移民の移住過程を概観し，間島における畑作農業を主とする農業構造が，民国期（1912 ～ 1931），満洲国期（1932 ～ 1945）にどのように変化していくのかを分析する．また，満洲における食糧流通過程を考察する際に，漢人商人が掌握していた糧桟は最も重要な研究対象として注目されてきた［風間1993］．しかし，朝鮮人人口が約 7 割を占める間島地域において糧桟は存在しなかった．そこで，食糧流通過程における主な担い手に対する分析を通じて，間島地域の特殊性を浮き彫りにし，近代日本の対外政策の一側面を明らかにする．

1.　間島への朝鮮人移住の推移

(1)　満洲事変に至るまでの朝鮮人の移住

　1860 年以降，清朝はロシアの南下に対抗するために，住民を招集して辺境を開発する「移民実辺」政策を打ち出した．また，1869 年の朝鮮北部の凶作

により，多くの朝鮮人が「窮餓ノ極，遂ニ禁令ヲ犯シテ夜深筏ヲ汎ベテ渡江シ」間島地域に移住し，農業に従事することになった．1880年，清国は「靖辺軍」を編成して間島地方に駐屯させた．1883年には間島の和龍峪（和龍県）・光済峪（延吉県）・西歩江（琿春県）を朝鮮に対する通商地に定めた．1885年には，間島地方に対する「封禁政策」を廃止し，朝鮮人の開拓を管理する「越墾局」を設置した．また，1886年には局子街に琿春招墾局南崗分局を設け，間島地域の開墾を急いだ．そして，1891年琿春招墾局を局子街に移転して漢人の移住を奨励した［上塚1917，6；『東洋拓殖』1918，83-84；許2009，40-41］．同時期の漢人移住者は多少の資産を持って間島に来て，官庁より土地の分配を受けていたので，開墾してから数年後，収入に余裕が出ると，故郷から家族を招き，永住するものが多かった．彼らは間島の中枢部の沃野に居住して豊かな生活を営んでいた［上塚1917，7］．

　東北へ移入した朝鮮人は1894年6万5千人，1904年7万8千人へと増加した．これらの朝鮮人は出稼ぎ的性格を濃厚に帯び，再び朝鮮に帰還した者も多かったが，定着した者は開墾後4年目から40～50％の小作料を課せられる小作人となり，主として中国人地主のもとに編入された．当時すでに中国人地主—朝鮮人小作人という民族別地主小作関係が形成されていた［松村1970，63］．

　また，1909年の「間島ニ関スル日清協約」（間島協約）によって，朝鮮人移民の土地所有権が認められたため，東北地域のなかでも朝鮮人の人口が約8割を占めるという，特殊な朝鮮人移民社会が形成されるようになった[3]．

　土地所有権の保護もあって，間島地域には帰化朝鮮人の名義で数人ないし数十人が一つの地券を獲得する，いわゆる佃民制が見られた［東洋拓殖1918，255］．1920年代には，間島における朝鮮人移民の増加率は低下したものの，依然として増加し続けた．そして，1926年の調査によると，間島地域では地主7％，自作農37％，自作兼小作農23％，小作農32％で，自作農の割合が最も大きかった［東洋協会1927，62］．1930年，東北地域における朝鮮人人口は58万3,403人で，その中で間島には38万8,366人が居住しており，全体の

66% 以上を占めていた[4].

　間島地域における漢人の移住者は比較的に少なかったが, 1920 年代後半以降, 吉敦鉄道の開通による交通の便利さに加えて軍閥戦争により, 山東を中心とした華北からの移民が増えてきた. 日本人は統監府派出所の設立と同時に間島地域に居住し始め 1931 年頃には 2,500 人近くになった [野中・近藤

表 1　間島の人口推移

年度	漢人	朝鮮人	日本人	合計
1907	23,500	71,000	100	94,600
1908	27,800	89,000	250	117,050
1909	31,900	98,500	270	130,670
1910	33,500	109,500	200	143,200
1911	35,200	126,000	170	161,370
1912	36,000	143,000	200	179,200
1913	36,900	161,500	240	198,640
1914	38,100	178,000	230	216,330
1915	38,500	182,500	295	221,295
1916	43,896	183,426	551	227,873
1917	48,466	195,611	619	244,696
1918	56,247	214,500	823	271,570
1921	72,746	307,806	—	—
1922	70,698	323,806	—	—
1923	77,709	323,011	1,942	402,662
1924	82,730	329,391	1,956	414,077
1925	82,470	346,194	1,978	430,642
1926	86,347	356,016	1,950	444,313
1927	94,960	368,827	1,965	465,752
1928	100,165	382,930	2,115	485,210
1929	116,666	381,561	2,083	500,310
1930	117,902	388,366	2,256	508,524
1931	120,394	395,847	2,436	518,677
1932	112,135	406,341	3,882	522,358
1933	116,083	408,887	6,922	531,892
1934	118,479	454,977	10,969	584,425
1939	173,334	548,331	15,749	737,414
1940	171,006	585,214	18,963	775,183
1941	191,893	612,989	24,077	828,959

出所) 『昭和 13, 14 年　満洲農産統計』満鉄調査部, 1940 年,
　　　[芳井 2000, 32]

1931, 52].

　満洲事変以前, 朝鮮人移住の主な要因は次のようにまとめることができる. ① 1868-69 年には, 咸鏡南北道における凶作は同地域朝鮮人の移住を促した. ②長年の「封禁政策」実施の結果, 地力の消耗が少なく, 朝鮮北部の国境地帯に比べて土地が肥沃で, それに加えて 1883 年には「封禁政策」が撤廃された. ③日韓併合, その他の政治に対して不満を持っていた者が増加した. ④朝鮮内における東洋拓殖株式会社, その他日本人地主が土地の兼併を行い, それが朝鮮人農民の農家経営を困難にした. ⑤日本領事館の設置により, 間島地域が日本官憲の「保護」下に置かれた.

(2)　満洲事変以降の朝鮮人の移住

　満洲事変以降, 朝鮮からの新規自由移民 (朝鮮北部出身の満洲事変避難民と朝鮮南部の自然災害民) が激増し, 間島地域の朝鮮人人口は増加し続けた. 特に, 1934 年末には 45 万 4,977 人に急増するが, それを出身道別にみると, 咸鏡北道出身者が大多数を占めて, 32 万 5,377 人 (71.5%), 次は咸鏡南道の 4 万 4,091 人 (9.7%), その次は江原道 (4.5%), 平安南道 (3.3%), 平安北道 (2.2%), 黄海道 (1.8%), 京畿道 (1.7%), 慶尚北道, 慶尚南道, 忠清北道, 全羅南道, 忠清南道の順で全羅北道が一番少なかった. これらの朝鮮人は延吉, 和龍の 2 県に 70%以上居住し, 汪清県には最も少なかった (表2) [中谷 1935, 116-117].

　1934 年, 満洲国政府は「治安」対策を優先する関東軍主導で, 間島地方や南・北満各地に集団部落の設置を開始した[5]. 特に間島地域において, 抗日闘争が活発に行われていたため, 軍事要塞の構造と機能をもった.

　1936 年に移民助成会社の鮮満拓殖株式会社が京城 (現ソウル) に, 満鮮拓植株式会社が新京

表2　朝鮮人道別人口

道名	人口
咸鏡北道	325,377
咸鏡南道	44,091
平安北道	9,887
平安南道	14,913
江原道	20,227
黄海道	8,296
京畿道	7,902
慶尚北道	7,356
慶尚南道	4,013
忠清北道	2,714
忠清南道	3,195
全羅北道	2,798
全羅南道	3,209

出所) 中谷 1935a, 116-117 頁.

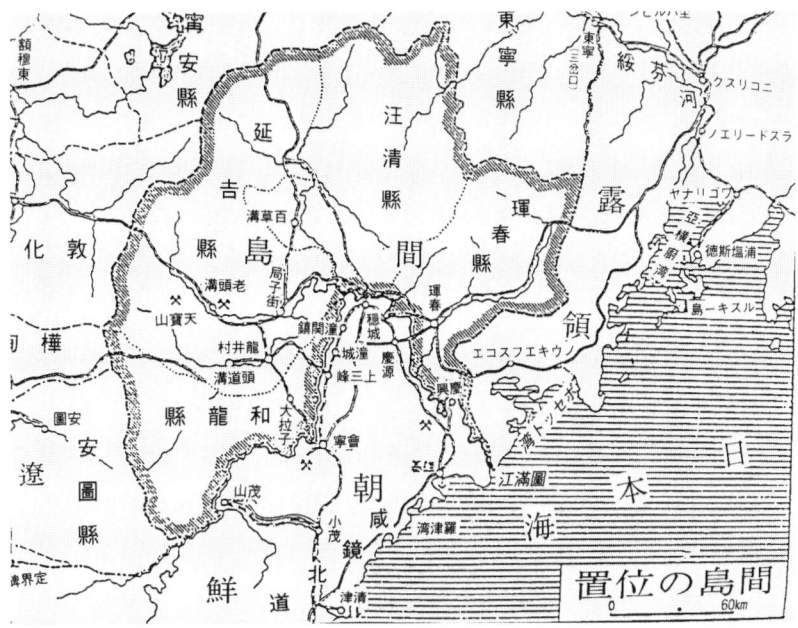

図 1　間島地域の地図

（現長春）に設立され，37 年から朝鮮総督府，満洲国政府・関東軍による本格的な朝鮮人農業集団移民事業が始まった．この集団形態の新規農業移民の出身地は朝鮮南部が多かった．しかも各道に割り当てられたので，行政的な強制力を伴った．入植先は，関東軍の意向によって東北抗日聯軍の活動が活発な間島の安図，汪清，延吉に集中していた［孫 2019，152；金永哲 2012，41-46］．間島地域朝鮮人移民は 1933 年の 40 万 8,887 人から 1942 年には 62 万 2,627 人へと増加した．

2.　間島地域における農業構造

(1)　民国期における農業構造

　間島地域における主な農産物は，大豆・粟・玉蜀黍・水稲・高粱・小麦・

その他雑穀であったが，特に他の地域に比べて高粱の生産は少量で，粟の生産量が比較的多かった．1910 年当時，間島地域において栽培された農作物の面積を順番に示すと，粟 (32%)，大豆 (14%)，大麦 (11%) 高粱 (8.6%) 小麦 (8%)，水稲（約 100 町歩）である［統監府臨時間島派出所 1910，181-188］．すなわち，朝鮮人移民の移住初期において，粟の栽培面積が圧倒的に多かったことが分かる．それは間島地域農民の大部分が朝鮮北部出身の農民で，彼らの常食が粟だったからである．

　移住初期の朝鮮人移民の農耕について満鉄の調査課員であった上塚は「山間の傾斜地を開拓するには鮮人独特の能力に依らさるへからす彼等は甚しきは 30 度以上 40 度の傾斜地と雖克く牛を使役して之を開墾し頗る巧妙を極むるものあり」とし，朝鮮人移民の丘陵地での農法について高く評価していた［上塚 1917，5］．

　また，水田は朝鮮人の移住により，東北地域に広がったことは定説のように様々な史料で確認できるし，最近の研究により明らかにされつつある．しかし，大豆の生産については，「延辺の大豆は開発初期において漢族の農民によって営まれてきた」というのが主流である（延辺自治州地方志 1996，708；方鐘赫 2007，232）．もちろん大豆は，中国東北地域において，伝統的な重要作物であった．ただし，咸鏡北道は地形的に畑作に適していたこともあり，大豆の生産は以前から行われてきた．咸鏡北道々技師であった船越も当該地における大豆や粟の生産について，「咸北の農業は蒙古，満洲の農業の延長でもある，大豆，粟を主作とする北方農業の遺法であって，日本又は南支那（ママ）に馴化して米，麦を主作とした南方農業とは自ら其の起源を異にするのである」と述べている［船越 1925，23］．そして，咸鏡北道からの移民が大多数であった間島地域で，朝鮮人移民の移住初期において，大豆は 2 番目に多く栽培された農作物であった．

　その大豆であるが[6]，1920 年代半ばを境にその生産は急激に増加していった．1926 年から 1930 年の生産量（占める割合）をみると，76 万 3,100 石（27.7%）から 78 万 4,655 石（30%）へと増加し，農作物のなかで占める割合も粟（1930

表 3　耕地面積累年指数表

年度	大豆	水田	粟	小麦	玉蜀黍	高粱	其の他合計
1924	100.0	100.0	100.0	100.0	100.0	100.0	100.0
1925	110.5	110.0	106.0	88.5	104.0	102.3	105.3
1926	131.8	118.0	105.7	77.5	93.1	93.0	108.9
1927	139.0	115.0	109.3	193.1	145.7	92.3	111.5
1928	171.1	122.0	116.5	77.0	88.7	91.5	123.1
1929	183.2	142.0	114.6	68.9	92.0	86.9	128.1
1930	189.7	151.0	114.1	64.3	92.0	83.0	131.0
1931	194.2	168.0	116.3	62.0	94.3	83.4	134.1

出所）廣瀬 1933「間島及東辺道地方に於ける鮮農の特殊性」124 頁.

年には 26.6％を占める）を抜いて 1 位となった．1930 年には，その 88.9％は市場に出回り，高い商品性を持っていた（東北における平均余剰率は 82.1％）．表 3によれば，大豆と水田面積の増加が目立つが，特に大豆の面積は 7 年間で倍近く増加していることが確認できる．この増加は小麦，玉蜀黍，高粱の耕地面積の減少とは非常に対照的である．また，大豆の他，粟，水田も増加し，これを全体的にみれば，商品経済作物の耕作へ急速に展開していったことが分かる．

　以上のように，間島地域では粟，大豆など畑作地が圧倒的に多かった．稲作は新しい作物として 1910 年代半ば頃から注目を浴びることとなる．1915年に朝鮮の水原試験農場から気候に適した早熟種である青森県の「小田代」が龍井村に導入されたことと，第 1 次世界大戦以降の世界的な米価の暴騰もあって，水田面積が急激に拡大した．1926 年ごろには間島地域の朝鮮人移民の増加とともに，灌漑方法などが工夫され，水田耕作も大きな発展を遂げるようになった．したがって，延辺地域の水田面積は，清末の 1908 年には 98町，1912 年には 185 町，1915 年には 334 町であったが，1910 年代後半から急増し，1925 年には 7,537 町に拡大している［東洋協会 1927，62；朴京洙1987，8-9］．ただし，耕作地総面積における水田面積の割合は 1925 年当時で4％，1929 年時点で 6.7％しかなかった［朴 2015，51］．

(2)　満洲国期における農業構造

　満洲の農業は大豆を中心に高度に商品化し，しかもその農産物の消費は国外市場への依存度が非常に高かった．そのため，世界恐慌による国外市場の狭益化は，農産物輸出の不振をもたらし，農産物価格を暴落させた［飯塚・風間 1986, 429］.

　満洲事変後，満鉄調査会によって立案された農産物増産政策は，大豆から諸特用作物（棉花，煙草，柞蚕等）への作付転換を基調とするものであった．また，日満経済ブロックの確立と国防経済建設という自己の基本方針に沿って満洲農業を再編し，同時に恐慌からの脱却をはかり，農業支配と農産物収奪を展開するために立案され，農産物増産計画が実施された．1932-36 年の農林業への投資額の僅少さにより，農産物増産計画の進展は大きく制限された［飯塚・風間 1986, 441；444］.

表4　　主要農作物播種面積変化　　　単位：ha

年度	1931	1938	1939	1940	1941	1942	1943
大豆	77,575	72,152	88,477	87,954	76,110	72,929	65,949
	32.0%	29.6%	29.8%	31.5%	28.4%	27.9%	26.9%
粟	65,084	59,471	57,919	58,120	57,238	58,501	47,980
	26.9%	24.4%	21.9%	20.8%	21.4%	22.4%	19.6%
玉蜀黍	16,736	25,466	30,071	29,907	30,391	30,169	29,419
	6.9%	10.4%	11.4%	10.7%	11.4%	11.5%	12.0%
稲	14,284	23,634	24,951	25,944	24,505	22,072	20,084
	5.9%	9.7%	9.6%	9.3%	9.2%	8.4%	8.2%
麦	10,730	14,030	17,633	15,569	16,620	17,688	18,093
	4.4%	5.8%	5.9%	5.6%	6.2%	6.8%	7.4%
ジャガイモ	10,872	13,238	13,614	13,952	15,519	16,266	17,666
	4.5%	5.4%	4.6%	5.0%	5.8%	6.2%	7.2%
モロコシ	7,332	4,218	6,544	9,506	10,056	7,320	6,734
	3.0%	3.7%	2.2%	3.4%	3.7%	2.8%	2.7%
麻	—	85	761	2,463	2,579	2,490	3,563
	—	—	0.3%	0.9%	1.0%	1.0%	1.5%
煙草	—	753	1,136	1,247	1,600	2,626	2,727
	—	0.3%	0.4%	0.4%	0.6%	1.0%	1.1%
その他	39,597	—	56,113	34,486	32,933	31,552	32,994
	16.3%	—	18.9%	12.4%	12.3%	12.1%	13.5%
播種面積	242,210	243,769	297,042	279,148	267,148	261,613	245,209

出所）吉林省延辺行政督察専員公署建設課『延辺地区農業関係統計表』1943 年
　　　『昭和 13, 14 年 満洲農産統計』満鉄調査部，1940 年より作成.

　間島における主要農産物播種面積の構成比をみると，大豆は 1931 年の 32％
から 1943 年には 26.9％に低下した．それに反して玉蜀黍は 6.9％から 12％に，
水稲は 5.9％から 8.2％に増加した．水稲の割合の増加は朝鮮人・日本人移民
により増産されたものであり，これを例外とすれば構成比の変動は，商品作
物から自給作物への作付転換にあったと言える．特に商品作物の中心であっ
た大豆は価格の暴落から割合が低下し，それに代わって農家の自家消費作物
である玉蜀黍の割合が高くなった．大豆のかわりに普通糧穀を，商品作物よ
りも自給作物を選択し，政府の農業統制に消極的ながら抵抗を示したものと
みられる．

　満洲国の経済建設計画によって，間島省では稲・大豆・玉蜀黍・粟・黍・
麦・ジャガイモが主要な食糧作物となり，工芸作物では麻と葉煙草が主であっ
た．大豆は日本に飼料，工業原料として供給され，粟・黍・玉蜀黍は侵略戦
争の拡大とともに出荷された．米は日本人の食糧として，ジャガイモと麦は
間島省農民の主食にあてられた．そして粟は民食から排除され，朝鮮に輸出
されるようになった．また，粟の代わりに麦・ジャガイモ・玉蜀黍・雑穀が
主な民食となったため，播種面積の割合が次第に増加した．米は日本人の食
糧需要により播種面積が増えていった．

　間島省の『農業振興計画』は大豆と稲の品種改良が重点となった．農事試
験場における稲品種の改良も着々と進み，栽培品種も次第に多様化していっ
た．間島地域は地勢が複雑で山嶽地帯が多く，同じ県内に於いても気温及び
無霜期間などの差異が大きかったので，平野部においては小田代 5 号・津軽
早生，山間部においては井越早生・北海などが栽培された．

　1941 年に大豆の品種改良率は 65％に達し，稲の品種改良は 80％に達した．
農村の追肥場建設も進行され，自給肥料の利用率も増加した．農業振興計画
に従って，ジャガイモの播種面積も増加し，麻と煙草の面積も拡大された．
特に，軍事工業の需要により，煙草の面積を計画より倍以上に増やし，技術
指導が行なわれた［朴京洙 1987，105，107；満洲葉煙草 1942］．

　上述のように，満洲国期に入ってから，農産物の生産は，商品作物から自

給作物への転換がみられた．同時に大豆や稲の品種改良が進められ，日本を中心とした経済ブロックに必要な米及び大豆が生産された同時に軍事需要に必要な煙草の技術指導も進められたのである．

3.　食糧の流通

(1)　満洲事変以前の食糧の流通

　1910年ごろでは，間島地域の全生産額のなかで，農産物の占める割合は約95％に及んでいた．粟，玉蜀黍，高粱は主として農民の食糧となり，市場への出回り率は少量であった．生産された大豆は主に地方の消費に充てられ，輸出されるものは極めて少なかった．油房は延吉府内に35戸あって，概ね小規模で1年間の使用原料となる大豆は平均500〜600石に過ぎなかった［井阪1911，7］．朝鮮人は概ね自給自足の貧弱な生活を過ごし，穀類の多少の剰余があれば，各自自家の牛車に積んで，これを咸鏡北道方面に搬出し，日用の物資と交換して帰ることを繰り返していた［上塚1917，51］．

　その他，間島には龍井村，局子街，頭道溝，百草溝の都市及びその他の小市街においては商店があって，各種の貨物が売買されていた［東洋拓殖1918，551］．また，局子街，龍井村において，毎月約6回の市日が開催され，近郷の農民は穀類又は家畜類を持って，必要な物資と交換していた［上塚1917，51-52］．

　しかし，1910年代後半になると状況は大きく変わっていく．1917年3月20日，朝鮮銀行出張所が龍井村に開設される．間島地域の輸出入貿易に伴い金融事業が発展し，1918年の総預金高は678万5,417円で，総貸付高は192万5,744円に達していた［永井1923，217-218；野中・近藤1932，79］．1917年に，普通郵便や小包郵便，電報，電話はもちろん為替及び振替貯金一ヶ月平均受払金額は6万6,946円69銭に達し，間島郵便局における業務が膨張するに至った．このような状況は，日本の勢力が次第に間島内に扶植されつつ

あることと経済的勢力が著しく進展しつつあったことを証明している.

　農産物の多くは龍井村,局子街,頭道溝等の市場において,日本人・朝鮮人・中国人商人に買収され,日本・朝鮮人商人によって朝鮮人の食糧として会寧及清津に輸出された[7]. 或いは中国人商人により,朝鮮人・中国人の食糧品として琿春に輸出され,再びロシア領ウラジオストクに輸出された. 更に中国人商人によって,中国人の食糧として吉林方面にも移出されていた（東洋拓殖 1918, 555-556）.

　間島における日本商人の輸出入は概ね会寧或いは清津の日本商人を通していたが,中国人及び朝鮮人商人は間島における日本商人より卸売を受ける者が大部分で,日本の大市場と直接取引をすることはほとんどなかった.

　当時,間島における貿易の経路は 3 つあった [上塚 1917, 56-57].

　まずは,吉林経由. 古くから行なわれている貿易通路で,1917 年当時,総貿易額の 2 割を占めていた. 主要取引貨物は輸移入において北京雑貨,麺粉,木綿類,烏拉靴[8] などで,天津,上海方面のものは,営口に集まり,中国人商人によって,吉林を経て間島に輸入された. 輸出品は雑穀が最も多く,その他に豆粕,豆油,木材,砂金,人参,獣皮,薬草を主なものとした.

　次に,琿春経由. 同じく古くから行なわれている貿易通路で主として露領沿海州方面との交通路に当たり,貿易総額の約 1 割を占めていた. 主な輸入品は更紗,綿糸,針,靴などで,輸出品は高粱酒,高粱,牛,牛皮,等を主用品として煙草,豆粕,えごま油,豆油等も少なくなかった.

　最後に,清津経由[9]. 中継地としての会寧における間島穀類の取引は古くから行なわれていたが,間島協約が結ばれた 1909 年ごろからもっと頻繁に行われるようになり,1917 年頃には客主と呼ばれる牛車宿 25 軒あまり数えるに至った. いずれも間島農民と朝鮮北部需要者との間に立って穀類取引の媒介をなしていた. 清津以南の需要者は牛車を牽き,清津に集まり,そこで会寧向け貨物或いは会寧地方に需要が多い商品を仕入れ,これなどを積載して会寧に到着すると,まずその貨物を処分し,一方客主を通じて間島の穀類を買入れ,地元に帰った. 客主には売買手数料（日本桝一石に付き約 8 銭）を支

払っていた［上塚 2017，66-67］．

　清津経由は日露戦争後，清津の開港とともに貨物輸入の歴史は比較的に浅かった．間島の穀類が最も多く清津に輸出されるようになったのは，1910 年以降であった．清津は羅南の軍営工事に供給すべき物資供給をほとんど終え，北方に発展する企画を立てていたが，ちょうどその時期，ロシア革命の影響もあってウラジオストクの自由港が閉鎖され，ウラジオストクを経由して琿春，間島，吉林方面の商取引は不振に陥り，間島清津間の取引は盛んに行われるようになった．大豆，小豆などを積載して清津に来た間島商人は帰路には石油，燐寸，綿布など比較的販路の広い物品を積載し，これを間島にもっていった結果，益々間島の穀類の輸出を促すこととなった［上塚 1917，67］．

　清津経由の貿易は，1917 年当時，貿易総額の 7 割を占めるに至った．輸出品は主に，粟，大豆，高粱酒，その他高粱，煙草，豆油，豆粕，荏油等があった．粟が第 1 位を占め，大豆，高粱酒がそれに次ぎ，その他高粱，煙草，豆油，豆粕，家畜が輸出されていた．大豆の大部分は会寧・清津方面に，一部分は琿春方面に輸出され，年額 3 万 2000 石に達していた．高粱と高粱酒はほとんど琿春に輸出された．豆油，豆粕の一部分は会寧及び清津に，大部分は琿春・敦化方面に輸出された［上塚 1917，58-59］．

　1917 年 12 月に，清津―会寧間の鉄道が完成し，会寧・清津経由が間島貿易の 8 割を占めるようになった［上塚 1917，67，80］．天宝山軽鉄の開通により流通期間が短縮され，当時，清津は間島と日本を連結する重要な海上ルートとして認識された（『東満事情』1941，193-200）．拡大された交通路は商品の流通を促進し，商業発達の原動力となった．

　輸移出貿易品及びその代金受け取り状況をみると，間島の商人は電信，電話或いは書信で清津の貿易商人と其の数量，代金，期限などを契約し，同時にその代金の過半或いは全部を受領して期限内に品物を清津に搬出して引き渡しを終えていた［東洋拓殖 1918，557］．

　日本人及び朝鮮人の輸出入貨物に関しては中国税関に規定された輸出入関税を納付するのみであった［上塚 1917，69］．

　1920 年代には中東鉄道によって南北満洲の経済は一体化し，地元の特産品である穀類と大豆三品の海外への輸出は加速した［麻田 2012，348］．同時に，間島地域における食糧生産の増加とともに，貿易量も急増していった．

　東北地域における農作物の商品化が進み，特に大豆の需要の増加とともに，間島における大豆の生産も急速に増加した．大豆の消費は少なく，大部分は国外に販売された．間島農村の人々にとって，特産物—大豆の売却が必要な貨幣経済を営む重要な手段となった．農民の農作物の販売（大豆）ルートをみると，①農民自ら販売する．市場或いは集散地で特産商に販売或いは直接油坊に販売する方法，②特産商が買入れる．農家の庭先で，或いは市場で，或いは集散地へ向かう路上で買入れた．生産者が持ち込む場合もあった．最も一般的な買入方法は特産商が市場で買入れることであった［廣瀬 1936，126-127］．

図 2　間島産大豆の流通経路

　　生産者　→　地方特産商　→　集散地特産商　→　輸出商

　　生産者　→　集散地特産商　→　輸出商

　　生産者　→　輸出商

　　生産者　→　油坊

　満洲の他の地域において，糧棧は農産物の蒐集，貯蔵及び金融機能を有し，農産物の流通において，重要な役割を果たしていた．ただし，朝鮮人の割合が多かった間島において，糧棧は存在しなかった．間島産大豆の産地取引は，主として生産者である農民と産地問屋である奥地特産商との間に市場取引または直接取引を以って行われていた．産地における地方特産商は概ね小規模の経営で，その取引も自己の計算を以って集貨するよりも集散地特産商及び輸出根拠地特産商（輸出業者）の委託による蒐集取引が最も多かった［中谷 1935 ｂ，87］．間島地域の特産商はほとんど清津，雄基に拠点を置いている朝鮮北部の商人であった．

　大豆が生産者から輸出商の手に集中される過程をみると，次の通りである．

生産者―地方商人―都市仲買―輸出商

このように，生産者から輸出商に至る間に地方商人，都市仲買のような中間商人が存在していた．地方商人は龍井以外地方の小都市に居住するもので，多くの場合は大豆買収を専門とせず，地方において他の商業を営みながら，季節的に大豆仲買商を兼業する者であった．都市仲買は，年々季節的に大豆仲買を専門としていて，投機的な商売とされていた．

中間商人と輸出商人の関係を見ると，輸出商は買収資金として概ね満鉄1車分（30トンにして，370袋）に付き金1000円内外を都市仲買又は地方商人に無利子で前渡し，尚包装用麻袋も貸与していた．すなわち，中間商人は日本の商業資本の支配下に置かれていて独立性に欠いていた．この非独立性は他地方の糧棧とは違って日本商業資本網の一結節となっていた．このように，間島地方において，有力な糧棧が存在しないことは1つの特徴であった．また，そのような日本の商業資本の特産物流通過程における支配権は，同時に商業金融における朝鮮銀行の進出によって確保されていた．即ち，間島地域では朝鮮銀行券が普及していて，朝鮮人・日本人はもちろん，中国人も山間奥地をふくめた地域においても同行券で日々の取引がされていた［池田1936，85-88］．それは他の満洲地方で見ることのできない現象で，朝鮮銀行の事業が間島経済界に如何に重要な地位を占めていたのかを知ることができる．

1929年から始まった世界恐慌の波は間島地域にも影響を及ぼすことになった．1920年代後半に，大豆は間島地域総輸出額の6割を占めていたが，1930年にはその前の年に比べて，金額においては4割強の激減，また量においても2割6分弱の減少となった（『間島事情梗概』1933，21）．以下では，満洲事変以降の食糧流通状況について検討する．

(2) 満洲事変以降の食糧の流通

満洲国建国初期の農村は，農業恐慌の影響により，生産力が大きく減退し，窮貧化を深めていた．同時期，満洲農村では，満洲事変以降の戦禍の下，著しく「治安」が悪化するとともに，特産品である大豆の出荷減少もあって極

めて疲弊していた．このような事態に対応するために，満洲国・関東軍は農産物増産政策と農産物流通過程の統制・合理化政策の立案に着手した．満洲国は増産政策により，満洲農業の回復を計るとともに，流通過程の統制・合理化を通じて，中間経費を節減し，農産物を出荷する農民の販売手取り額を増大させ，農民生活の安定を実現しようとした．

　1934 年 12 月，間島省公署が設けられ，省公署は従来から関係を有する日本領事館側と協力し，1935 年産の大豆共同販売を実施するとした．それはいわゆる中間経費を節約する農業政策の一環でもあった．このような大豆共同販売は，名目上「間島産大豆に対し金融を計り，之が販売を指導し，以て農民の売急ぎ其他に依る大豆相場の低落を防止し，農民の苦痛を軽減し，且奸商に依り農民の蒙る不利益を除去する為大豆の主要集散地に共同販売所を設置し，大豆販売の円滑を計つた」訳であるが，「手数料及保管料其の他の料金を支払うこと」となった．汪清県は極力共同販売実績を挙げるため，強制的に実施の布告を発したところ，却って農民は恐怖心を抱くこととなった［池田 1936，96-99］．

　主要な特産輸出商は，日本の商業資本によるものである（表5）．特に，三井及び三菱系がもっとも大きな資本を有していた．「間琿地方における大豆輸出商は悉く龍井に本拠し，各地方に夫々連絡商を設け，全間島琿春地方を支配しつつある」という状況となった．

　満洲国成立以降の間島における特産物の輸出経路をみると，①京図線（新京—図們），朝開線（朝陽川—開山屯），図佳線（図們—佳木斯）北鮮線南回線に出

表5　間島地域における大豆輸出商

商号	経営者氏名	資本金	備考
間島穀物株式会社	李　容碩	15 万円	三菱商事の支配を受ける
宮本洋行	宮本昭雄	15 万円	
三井物産龍井派出所	姜　在衡	15 万円	
亀谷洋行	藤井和一	1.5 万円	
梶山商店	梶山豊助	1.5 万円	
茂利洋行	林　道三	5 万円	

　註）間島大豆取引状況調査（1934 年 7 月）
　出所）廣瀬 1936，126 頁．

回り，清津港に向けられる経路で，延吉県，和龍県，汪清県，安図県産の特産物は多くこの方向で輸出されていた．②北鮮線北回線に出回り，雄基港に向けられる経路[10]で，琿春県産の特産物はこの方面から輸出されていた[11]．前者の経路は後者に比較して，遥かに重要性を持っていた［中谷 1935b, 28］．

　　間島地域の大豆は朝鮮に輸出され，朝鮮産或いは咸鏡北道産大豆[12]として日本に再輸出された．また，間島地域貿易の中で，対朝鮮部分が輸出入共に絶対多数を占めていた．間島地域は朝鮮を中継地として，日本への原料供給市場を形成した．

　　農産物取扱いは，満洲での三井物産の活動の中心であった．1937 年には農事合作社が組織され，農産物の金融・取引の 2 面で合作社が大きな役割を果たすことになった．三井物産のような商社は奥地進出がきわめて容易となった．

　　日中戦争後，農産物に対する厳しい統制が行なわれるようになった．1938 年には満洲製粉連合会（小麦・小麦粉統制）と満洲糧穀会社（米穀・糧穀統制）が設立され，1939 年になると満洲特産専管公社が設立された．特に太平洋戦争開戦後の三井物産は，満洲・中国を中心としたアジアの円ブロック経済圏に商域を大きく拡大し，食品を中心とする扱いを急拡張していった．1941 年には上記 3 つの統制機構を統一して満洲農産公社が設立され，大豆・小麦・米・雑穀もふくめて一元的に扱うこととなった．大豆は同公社が価格を管理し，一手に扱うこととなったが，三井物産はその特約収買人となった．満洲農産公社は日本，中国・外国資本の 19 社を特約収買人として指定し，それぞれの収買地区と収買量を割り当てた．満洲農産公社の収買人のなかでも，三井物産は，圧倒的な位置を占めた．満洲の農産物総収買高の 5 割を三井物産が，その子会社三泰産業とともに収買したのであった．1944 年になると，満洲農産公社は特約収買人制度を廃止し，三井物産は農産物収買から排除されるようになった（坂本 2003, 374-376）．

　　戦争の長期化に伴い，日本の飼料及び食糧問題の解決に東北地域で生産された農産物の必要性が高まった．太平洋戦争勃発以降，農産物の蒐荷工作は

満洲国の重要国策となり，戦時下官民の総力を挙げてそれを完遂せねばならない至上命令となった．

お わ り に

　朝鮮王朝末期，朝鮮半島において政治的混乱と自然災害が甚だしく，豆満江を隔てて隣接している間島地域は，咸鏡北道を中心とする朝鮮北部の朝鮮人にとって，肥沃で居住人口が少ないことから重要な移住先となった．清末の開墾政策も相俟って，間島地域には次第に朝鮮人移民が 8 割を占めるという特殊な朝鮮人移民社会が形成された．朝鮮人が大多数を占めていたことから，彼らが営んでいた農作物も朝鮮北部の農業方式と密接に繋がっていた．すなわち，間島地域の朝鮮人移民の移住初期において，粟や大豆を主とする畑作が行なわれ，水田は僅かしかなかった．粟は一番重要な栽培作物であったが，第 1 次世界大戦以降は，米の生産も注目され，水田面積は次第に増加することとなる．間島経済の商品化の進展に伴い，1920 年代には大豆の商品化が急速に進んだ．

　満洲事変以降，間島地域は原料供給地としての役割が一層強化されることとなった．輸出入合計において約 70％を占める間島の対朝鮮貿易は，朝鮮との間に完全な経済ブロックを構成していたことを表している．

　間島地域には統監府派出所設立以降，日本の商権が浸透し，農作物の流通過程において，朝鮮北部の商人（日本人・朝鮮人）は重要な役割を果たした．それは糧桟を媒介に農作物が流通された満洲の他の地域と比べると，大きな違いでもあった．

　従来朝鮮は大豆の名産地であり，その品質は満洲大豆を上回っていた．それにも拘わらず，間島大豆が何故大部分朝鮮に輸出されたかというと，一旦朝鮮に輸入されたものがそこで再選の上，包装を換え，新たに朝鮮産——咸鏡北道産として日本内地に再輸出されていた．ここには接壌地帯としての間

島対朝鮮の特殊関係が見られ，間島穀物商の大部分は所謂咸鏡北道商人の出店に過ぎなかった．同時に三井豊年製油のような大財閥も間島内における直接買付は非常に困難で，全部清津・雄基に根拠地をおいた咸鏡北道商人の手を経て，集荷していた．しかも間島大豆は価格が暴騰した時は食糧大豆として，下落した場合は油料大豆として輸出される傾向をもっていた．

　侵略戦争の拡大とともに，1940年代には，満洲国が日本帝国の食糧基地として急激に再編され，農産物の流通は統制され，強制的な食糧出荷政策が実施されることになった．日本のアジア侵略全体からみて，農産物・物資の収奪あるいは流通確保は戦争の中心課題であった．物資の確保において軍部は日本の商社——とりわけ三井物産に大きく依存した．三井物産や三菱商事などが間島地域の大豆の流通過程にどのように拘っていたのか具体的に解明することは，今後の研究課題とする．

　本稿は，拙稿「近代朝鮮民族的人口流動—中国東北延辺地区的社会変遷為中心」（魏志江主編『欧亜区域与丝綢之路—濱下武志執教中山大学十周年紀念』中国社会科学文献出版社，2019年）に，大幅に修正・加筆を加えたものである．

1)　間島地域は，現在の中国延辺朝鮮族自治州（敦化市を除く）辺りを指している．1909年9月4日，「間島協約」が締結される以前，清朝と韓国の間に間島地域の領有権をめぐり，争いがあったこともあり，中国では，「間島」という用語には政治的な意味が含まれているとし，使用されていない．本稿では，間島地域の特殊性を明らかにすることが課題でもあることから，史料用語や書籍名などを含めてそのまま間島とする．

2)　金静美（1992）は天図軽便鉄道の計画の段階から具体的な交渉過程，民衆の反対闘争に関して詳細に分析している．また，黒瀬郁二（2005）は，満洲と朝鮮間の天図軽便鉄道をめぐる日中交渉を，同鉄道の経営と関連させながら考察した．

3)　1907年，日本の統監府間島派出所が開設された当時の調査によると，清国人が約2割で，朝鮮人は8割近くを占めていた［玄1967，171］．

4)　「在満各領事館内鮮人人口調査（1930年度末）」船橋治編『満洲移民関係資料集成』第13巻，307頁．

5)　集団部落については，金富子他編（2019），孫春日論文を参照されたい．

6)　日露戦後，三井物産は東北市場での営業網を拡大し，数万トンの大豆を買い付け，大連やウラジオストクから日本やヨーロッパへ輸出することを始めた．大

豆輸出の増加は，張作霖政権にとって，財政収入の増加へと繋がった［塚瀬進，2005，87-88］.

7)　間島における農産物の価格は原則的に朝鮮の清津及び雄基相場を基準として建てられた［中谷 b1935，512］.

8)　烏拉靴：吉林地方で農夫や工人がはいていた靴. 牛皮の一枚張りで作った. 熊野正平編『熊野中国語大辞典』三省堂，1984 年.

9)　咸鏡北道が日本本国への大豆などの供給地に再編されていく過程については，加藤（2015）が詳しい.

10)　雄基が開港場となったのは 1921 年で，「雄基経由の日満貿易は愈々目醒ましき発展の門出をなした」と雄基港の役割が高く評価されている［「大雄基之姿」1933，16］航路として，敦賀―雄基，清津；新潟―雄基，清津；名古屋―雄基；雄基―東京らはいずれも雄基を中心として，間島北満地域の農産物，鉱産物，林産物が雄基港に押し寄せてきた［「大雄基之姿」1933，17］.

11)　当時，「北鮮港」は羅津・清津・雄基三港の総称で，清津港は 1908 年に，雄基港は 1921 年にそれぞれ経済港として開港された. 朝鮮北部と間島地域を背後地として地方的な発展しかなかったが，満洲国成立以降は，このように状況が大きく変わり，北鮮港と北満の経済的諸関係が密接に結合し，ますます発展することとなった［池田 1936，83］.

12)　朝鮮大豆の日本市場における役割については，竹内（2008）を参照されたい.

参 考 文 献

〈日本語文献〉
麻田雅文（2012）『中東鉄道経営史：ロシアと「満洲」1896-1935』名古屋大学出版会.
飯塚靖・風間秀人（1986）「農業資源の収奪」浅田喬二・小林英夫『日本帝国主義の満州支配―15 年戦争期を中心に』時潮社.
池田五郎（1918）『局子街方面ニ於ケル経済状況』朝鮮銀行調査局.
池田和夫（1936）「間島に於ける特産物配給組織の特殊性」『満鉄調査月報』第 16 巻第 7 号.
井阪秀雄（1911）『吉林東南部経済調査資料』南満洲鉄道株式会社.
上塚司（1914）『間島に於ける水稲』南満洲鉄道株式会社.
上塚司（1917）『間島事情』南満洲鉄道株式会社総務部調査課.
太田善之助（1918）『琿春地方ニ於ケル経済状況』朝鮮銀行調査局.
風間秀人（1993）『満州民族資本の研究―日本帝国主義と土着流通資本』緑蔭書房.
加藤圭木（2015）「朝鮮東北部の社会変容と植民地支配」「日韓相互認識」研究会編『日韓相互認識』第 6 号.
間島省公署（1936）『間島之農業』.
金正柱編（1971）『朝鮮統治史料』第 10 巻，韓国史料研究所.
金静美（1992）『中国東北部における抗日朝鮮・中国民衆史序説』現代企画室.

金美花（2007）『中国東北農村社会と朝鮮人の教育—吉林省延吉県楊城村の事例を中心として（1930-49年）』お茶の水書房.

金富子他編（2019）『「満洲」に渡った朝鮮人たち—写真でたどる記憶と痕跡』世織書房.

黒瀬郁二（2005）「両大戦間期の天図軽便鉄道と日中外交」江夏由樹・中見立夫・西村成雄・山本有造編『近代中国東北地域史研究の新視角』山川出版社.

坂本雅子（2003）『財閥と帝国主義：三井物産と中国』ミネルヴァ書房.

佐田弘治郎（1928）『吉会鉄道関係地方調査報告書』南満洲鉄道株式会社庶務部調査課.

在間島日本総領事館（1933）『間島事情便概』.

攝待初郎（1920）『満洲大豆』満蒙文化協会.

竹内祐介（2008）「日本帝国内分業における朝鮮大豆の盛衰」堀和生『東アジア資本主義史論Ⅱ—構造と特質』ミネルヴァ書房.

朝鮮総督府警務局（1928）『吉林省東部地方の状況』.

朝鮮総督府内務局社会課（1927）『満洲及西比利亜地方に於ける朝鮮人事情』.

塚瀬進（2005）「中国東北地域における大豆取引の動向と三井物産」江夏由樹他編『近代中国東北地域史研究の新視角』山川出版社.

東洋協会編（1927）『満蒙の米作と移住鮮農問題』.

東洋拓殖株式会社（1918）『間島事情』.

統監府臨時間島派出所残務整理所編（1910）『間嶋産業調査書』.

中谷忠治（1935a）「間島に於ける農業機構の概要」『満鉄調査月報』第15巻第11号.

―――（1935b）「間島における農業機構の概要」『満鉄調査月報』第15巻第12号.

永井勝三（1925）『会寧及間島事情』.

野中時雄（1929）『吉敦沿線水田候補地調査報告書』南満洲鉄道株式会社臨時経済調査委員会.

野中時雄・近藤三雄（1931）「間島地方に於ける鮮農経済事情」『満鉄調査月報』第11巻第9号.

白山草大（1933）「大雄基の姿」『韓国地理風俗誌叢書88』1989, 景仁文化社.

朴敬玉（2015）『近代中国東北地域の朝鮮人移民と農業』御茶の水書房.

廣瀬進（1936）「間島及東辺道地方に於ける鮮農の特殊性—在満鮮農の社会的諸条件（2）」『満鉄調査月報』第16巻第9号.

船越光雄（1925）「咸北の米作（上）」『朝鮮農会報』第20巻7月号.

船橋治編（1999）『満洲移民関係資料集成』第13巻, 不二出版.

満史会（1964）『満州開発四十年史（上）』.

満洲葉煙草（1942）『間島省煙草作地帯の農業経営事情』.

松村高夫（1970）「日本帝国主義下における『満洲』への朝鮮人移動について」『三田学会雑誌』63巻6号.

山本有造（1997）「『満洲国』農業生産力の数量的研究」『アジア経済』38巻12号.

陸軍省調査班（1932）『間島の概況』.

李海訓（2023）「中国東北部における農業と『満州国』」『歴史と経済』260 号.

横山敏男（1942）「南満に於ける水稲の生産事情（1）」『農業の満洲』第 14 巻第 11 号.

芳井研一（2000）『環日本海地域社会の変容―「満蒙」・「間島」・「裏日本」』青木書店.

〈中国語文献〉

姜念東・伊文成・解学詩・呂元明・張軸麟（1991）『偽満洲国史』大連出版社.

馬玉良・王碗玉編（1990）『吉林農業経済档巻』吉林文史出版社.

権哲男（2012）『偽満洲国農業経済分析』延辺大学出版社.

孫春日（2009）『中国朝鮮族移民史』中華書局.

王国臣（2010）『近代延辺経済発展史』延辺大学出版会.

延辺朝鮮族自治州地方志編纂委員会編（1996）『延辺朝鮮族自治州志』中華書局.

〈朝鮮語文献〉

玄圭煥（1967）『韓国流移民史（上巻）』ソウル・語文閣.

朴京洙（1987）『延辺農業経済史』延辺人民出版社.

朴昌昱主編（1999）『中国朝鮮民族歴史足跡叢書 1　開拓』民族出版社.

金頴（2004）『近代満洲稲作発達と移住朝鮮人』ソウル・国学資料院.

金周溶（2008）『日帝の間島経済侵略と韓人社会』ソウル・先人出版社.

方鍾赫主編（2009）『延辺農業科学技術発展史』延辺人民出版社.

第 11 章

敗戦直後の対朝鮮人刑事政策の実態
── 朝鮮人高犯罪率言説と「不法行為」化・取締集中化 ──

金 守 香

は じ め に

本稿は，敗戦前後における朝鮮人高犯罪率言説[1] を前提に，敗戦直後の朝鮮人取締りにおいて現れた特徴を把握し，その背後にある刑事政策・治安政策を浮かび上がらせることを目的とする．警察，検察が敗戦直後より行った朝鮮人に対する取締りは，広範に行っていた敗戦前の取締りとは大きく異なる様相を呈していた．本稿では，敗戦後の朝鮮人取締りの対象および手段に着目し，「不法行為」化と取締集中化（一斉検挙）について検討する．

刑事政策とは，犯罪を防止することを目的として行われる国及び地方自治体の施策をいう[2]．すなわち，犯罪対策である．刑事政策が問題となるのは，治安政策と密接に関連している点である．前野育三によれば，治安という語には 2 つの意味があり，ひとつは市民生活の安全であり，もう一つは，「支配層が自らの部分的利益を国民全体の利益に優先させるために生じる反対運動を抑圧し，支配層の欲する秩序を維持すること」[3] である．そして，治安政

策とは，「支配層の求める政治的秩序の維持を力によって遂行する政策」[4] であり，「この治安政策は，できる限り刑罰法規の形式をとった法規を駆使し，警察・検察・裁判・行刑などの刑事政策的国家機構の活動という形式で行われる．それは治安政策の本質を見えにくくするための粉飾である．この粉飾を伴うために，治安政策は刑事政策と密接に関連して行われる」[5] というのである．

　敗戦直後の対朝鮮人刑事政策について正面から問うた研究は，管見の限り見当たらないが，敗戦後の占領軍および日本政府の対朝鮮人政策についての研究は少なくない．本稿との関連では，鄭栄桓が，敗戦後日本が占領政策の中で制限された警察権を如何にして早期に回復したかについて，朝鮮人政策との関連で詳しく論じている[6]．また，大沼保昭は，入管法制の成立過程を資料によって跡づける作業を通じて，敗戦後の日本政府と GHQ/SCAP およびアメリカ政府などの各姿勢，相互作用について仔細に検討を行った．小林知子もそれまで検討がなされていなかった GHQ/SCAP 参謀第 2 部民間諜報局の定期資料を事細かに分析し，当時の GHQ/SCAP の在日朝鮮人に関する認識を詳らかにしている[7]．さらに，金太基は占領期が在日朝鮮人・GHQ/SCAP・日本政府のいずれにとっても戦後を形成する出発点ととらえ，この時期の対在日朝鮮人政策を多方面にわたって検討している[8]．

　これらの研究は，本稿の課題を検討するうえで重要な指標となる．すなわち，敗戦後 GHQ/SCAP と日本政府の密接な関係性を前提に，日本政府の治安政策が刑事政策にどのように反映し，またどのような特徴を呈していたのかを明らかにすることで，占領政策および日本の対朝鮮人政策をこれまでとは違う側面から検討することが可能となるのである．周知のとおり，GHQ の占領初期の政策は，朝鮮人，中国人，琉球人をその出身地域に送り返すことであった．これについて，大沼は，(1) 右の諸地域出身者を日本の支配から解放するという，『基本指令』にみられる原則の具体化であり，(2) 過剰人口を可及的に減少させることにより日本の食糧事情を緩和し，(3)「解放民族」として日本の警察権力に対抗する構えを示している朝鮮人，中国・台湾人を

送還することによって，日本国内の秩序維持を図るという，占領行政の実際的な要請を満たすものであったと述べている[9]．鄭も指摘したように，日本政府は初期の段階から，GHQ に対して，朝鮮人，台湾人に対する日本側の刑事管轄権を要請するなど，ことあるごとに要求を繰り返し，GHQ もこれらの多くを是認する態度をとった．日本政府はこれを拠り所に，自国の治安政策実現のために刑事政策を遂行していったのである．

　本稿では，敗戦直後の朝鮮人に対する日本の刑事政策の特徴を，「不法行為」化および取締集中化ととらえ，以下検討を行う．

1. 「不法行為」化と警察権・司法権の確立

　本節では，戦後朝鮮人に対する取締りの特徴の一つを「不法行為」取締りととらえ，朝鮮人のいかなる行為が「不法行為」となり，これに対する取締りがどのように行われたかを，内務省史料等を通して検討する．

　敗戦直後，日本の警察の民主化はポツダム宣言の条項にも盛り込まれ，1945年 10 月 4 日に警察組織の改革を命ずる占領当局の覚書が発せられた[10]．その一環として，日本は特高警察等一部の権限を放棄することとなり，それに伴い取締りにも影響が及んでいた．敗戦時，それまでの治安体制を維持すべく，解体される軍隊に代わる組織として警察力の拡充強化を考えていた当時の日本政府にとって，もっとも緊要な問題は，警察力の完全回復と拡充であった．他方，占領当局にとっても日本の警察力の拡充強化は完全否定されるものではなく，自分たちの必要な限りにおいて，日本の警察による治安の維持を期待していた[11],[12]．鄭栄桓によれば，日本警察の朝鮮人に対する逮捕権限については，占領当局がこれを否定した事例は見当たらないという[13]．

　占領という新体制の下，治安体制の「再編成」を模索した日本政府が，最初に注力したのは大衆運動の取締りであった．政府は，1945年 10 月 19 日に，「大衆運動の取締に関する件」を閣議決定する．その「方針」には，次のよう

な内容が書かれている.

> 終戦後,共産主義者,朝鮮人,華人労務者等ノ集会,大衆的示威運動
> 等頻々トシテ行ハレ,其ノ間常軌ヲ逸脱シ,不法行為ニ出テ安寧秩序ヲ
> 攪乱シタル事例二,三ニシテ止マラサル状況ニシテ,事態寔ニ憂慮スヘ
> キモノアルニ鑑ミ,爾今之等大衆的行動ニ対シテハ,適切妥当ナ取締ヲ
> 励行シ,公明且秩序アル運動ニ終始セシムルニ努ムルト共ニ,騒擾,暴
> 行等ノ不法行為ニ逸脱シタル場合ニハ,司法権ヲ発動シ断乎タル処置ニ
> 出テ,以テ社会運動ノ健全ナル発達,安寧秩序ノ維持ニ完璧ヲ期スルモ
> ノトス[14]

特に,日本の当局にとっての憂慮は,「華人朝鮮人台湾人労働者ニ依ル騒擾事
件」と「食糧事情窮迫ノ為社会不安濃厚トナリ居」ることであり,当初は「華
人労務者」に対して強権的対応を打ち出し,中国人の送還が進んだ後は,朝
鮮人に対して厳戒を要するとしたのである[15].中村隆英は,敗戦直後の中国
人・朝鮮人炭鉱労働者の行為を「騒擾」と規定し,次のように述べている.

> 戦時中の全炭鉱労働者の中で,これらの外国人労働者は全体の35%に
> 達していた.華人の多くは捕虜であり,朝鮮人のほとんどは強制徴用者
> であった.逃亡するものもあいついだが,のちには憲兵・警官が監視し
> た.外国人労働者のほとんどは採炭労働に従事し,きびしい労務管理や
> 粗悪な食事,最も低い給与にあえいでいた.各鉱の労務課員は,しばし
> ばリンチ・体罰をもって外国人労働者に臨んだといわれる.
>
> そのうちに終戦の日が来たとき,外国人労働者の憤りが爆発するのは
> 必至であったといわなければなるまい[16].

そして,警察は,漸次「越軌行為」・「不法行為」・「不穏行動」の取締りの
名のもとに「集会及多衆示威運動」の取締りにあたっていった[17].特に朝鮮
人に関して,警察は,敗戦と前後して各地の炭鉱で頻発する朝鮮人労働者の
争議を「不法行為」として,戦時の統制を維持しようとしつつ,警察権の拡
充強化を図っていった[18].日本政府は占領当局に対し,朝鮮人・台湾人に対
する日本側の刑事管轄権を認めるよう,ことあるごとに要請し,これに対し

て占領当局も日本側の要請をほぼ是認する態度をとった．それは，一部制限
されていた朝鮮人に対する刑事裁判権が 1946 年 2 月 19 日の覚書によって回
復したことから始まる[19]．この時期から日本政府は，少なくとも朝鮮人に関
する限り，逮捕・起訴・裁判について，全面回復したといえる．

　1946 年 4 月 30 日に発せられた覚書「朝鮮人による不法行為」の第 2 項に
は，「日本政府は，列挙されたような暴行を行う朝鮮人を取締る完全な権限を
有する」とある．この「列挙されたような暴行」とは，日本人指導員に対す
る集団暴行，物資配給をめぐる不穏行動，退職慰労金の不当要求，「帰鮮」遅
延，計画輸送中止に伴う不穏行動，集団窃盗または略奪事件，官公署に対す
る不法不当要求，保安隊等の不穏行動，事務所の不法占拠，警察署に対する
不法行為，朝鮮人団体の不正利得行為等である．

　一方，これに先立ち日本の外務省は，1946 年 1 月 31 日に，占領当局に向
けて，「日鮮間ノ紛争防止竝ニ朝鮮人ノ不法行為取締ニ関スル件」という要望
書を出している[20]．その方針は，「終戦後本邦在住朝鮮人の不法行為は，■
増し集団的に官公署事業主等に対する食糧其他の不当要求，暴行脅迫による
列車の不正乗車乃至は，之による米穀類の集団買出し闇市場等に於ける経済
事犯等，法令無視的空気は激化し，之に対し日本人間に於ても，集団力を以
て反撃せんとする傾向現はれ，治安上は固より日鮮人間の和親の上よりも，
放置し難き状況なり．之が対策としては，送還の促進其他の施策と並行し，
警察取締りを強化し之等の紛争の絶滅」を図ることであるとしている．日鮮
人とは，通常日本人と朝鮮人を指すことばである．以下は，要望の内容を筆
者がまとめたものである．

　一．紛争防止対策

　(1)　省略

　(2)　朝鮮人の「不法行為」取締り

　　　在留朝鮮人は日本の法令を遵守すべきであり，朝鮮人の「不法行為」
　　　に対する取締りは日本人の取締りと何等差別することなく日本警察に
　　　おいて行うこと

(3)　朝鮮人及び朝鮮人団体の「不法行為者」に対する措置

  (A)　朝鮮人の「不法行為者」で司法処分をなす程度に至らない者については，今後さらに不法行為を繰り返させる原因にもなるので，連合軍の協力によりこの種の「不法行為者」に強制送還の措置を講じてほしいこと

  (B)　「不法行為」を反復する朝鮮人団体に対しては，今後「不法行為」に出ないよう充分注意するとともに，「不法行為」を繰り返し，改める意思のない者に対しては，連合軍の協力により解散の措置を講じてほしいこと

(4)　鉄道における不正乗車等の取締りは，鉄道側と警察側と協力の上実施してほしいこと

そして，連合軍側への援助要請として，①この取締りにあたる日本警察に対し所要の援助を与えてほしい，②「不法行為者」の送還，不法行為反復団体の解散にあたっては，現地の連合軍側から朝鮮人に対して帰国または解散の命令を発してほしい，③鉄道輸送における不正乗車等の取締りに際し所要の援助を与えてほしい，などが挙げられている．これには「朝鮮人の鉄道輸送に於ける不法行為取締の件」が添付されており，前述占領当局の覚書の内容は，これに沿った内容となっている．

　他方，内務省警保局の措置として発せられた主要な通牒は以下である．

・1946年2月12日付「鉄道輸送に於ける朝鮮人等の不法行為取締に関する件」警保局長より警視総監・各地方長官宛

・同年4月15日付「鉄道輸送に於ける朝鮮人等の不法行為取締に関する参考資料送付方の件」公安課長より警察部長宛

・同年5月8日付「朝鮮人等の不法行為取締についての参考資料送付方の件」公安課長より警察部長宛

・同年6月21日付「朝鮮人等の不法行為取締に関する件」警保局長より警視総監・各地方長官宛

・同年10月19日内務省より警察無電を以て地方庁に対し朝鮮人団体の発

　行に係る無賃乗車証の取扱に関する指令を通達し，「鉄道側に於て行う検
　札の際に予想せらるる紛争に取締上遺憾なき様指示した」[21]．

　以上を前提に，内務省警保局および公安課作成の，朝鮮人の「不法行為」
に関する統計を検討する．

　表 1，2 は，1946 年に内務省警保局が出した公安関係の統計から作成した
ものである[22]．ところで，前述 4 月 30 日に発せられた占領当局の覚書の翻
訳タイトルにある「不法行為（原文 Misconducts Committed）」という日本語は，
現在使用されている民法上の「不法行為」ではなく，また刑法上の「犯罪」
と一致するものでもない．一般的に警察資料として出される「犯罪発生件数」
などは，刑法の条文にしたがった罪名による分類であるが，表 1，2 には，例
えば「不穏行動」のように，犯罪を構成しない行為・行動が含まれており，
当然 4 月 30 日覚書に示された例示にも，「不穏行動」のほかに，「不当要求」，
「帰鮮遅延」など，犯罪を構成しない行為が含まれている．本来犯罪には及ば
ない行為も含めて取締るために，あえて「犯罪」や「違法」という表現を避
けたのではないだろうか．これについては，前述した外務省の 1 月 31 日付要
望書から，その治安政策的・刑事政策的意図を窺い知ることができる．すな
わち，朝鮮人の「不法行為者」に関しては，司法処分をなす程度に至らない
場合においても，強制送還の措置を講じることによって，ひとりでも多くの
朝鮮人を追放しようとの意図であったと思われる．日本政府は敗戦直後より
一貫して，原則朝鮮人全員の朝鮮への送還を意図していたことの表れである．

　以上を前提に表 1 を見ると，件数・人員ともに最も多かったのは「事業主
に対する不当要求及不穏行動」が 187 件で全体の 28.6％，参加人員が 6,878
人で 31.1％である．件数のみでは，「鉄道輸送取締りに於ける不法行為」が
124 件（19％），「保安隊員等の越軌行動」が 80 件（12.2％），「警察署及警察官
に対する不法行為」が 71 件（10.9％）と続く．参加人員では，2 番目に多い
「警察署及警察官に対する不法行為」が 6,133 人（27.7％）であり，事業主や警
察に対する要求・抵抗行為が全体の 60％近くを占めていることがわかる．こ
れらの割合数値の傾向は，対象期間の異なる表 2 にも現れており，この時期

表1　朝鮮人の「不法行為」月別発生状況　1946年1月～6月

不法行為の類別	1月 件数	1月 参加人員	2月 件数	2月 参加人員	3月 件数	3月 参加人員	4月 件数	4月 参加人員	5月 件数	5月 参加人員	6月 件数	6月 参加人員	計 件数	計 %	計 参加人員	計 %
警察署及警察官に対する不法行為	11	1,150	17	2,622	8	1,414	10	601	11	283	14	73	71	10.9	*6,133	27.7
団体間の集団闘争	2	580	5	233	4	221	7	389	10	606	6	510	34	5.2	2,539	11.5
集団強盗及窃盗	2	62	4	160	3	50	17	133	1	5	9	49	36	5.5	459	2.1
保安隊員等の越軌行動	4	65	9	350	23	247	26	500	10	41	8	50	80	12.2	1,253	5.7
事業主に対する不当要求及不穏行動	2	67	20	221	25	2,356	48	1,650	39	1,084	53	1,500	187	28.6	6,878	31.1
日鮮人間の感情違い等よりの暴力行為的紛争			6	613	5	80	16	244	13	130	23	391	63	9.6	1,458	6.6
鮮人団体の不正利得詐欺的行為			3	30					1	10	2	13	6	0.9	53	0.2
金融非常措置法違反に伴う不穏行動							4	53	2	5	1	3	11	1.7	89	0.4
鉄道輸送取締に於ける不法行為					4	53	77	856	34	476			124	19.0	1,683	7.6
官公署に対する不穏行動 ・隠匿物資等に伴うもの ・帰鮮増配要求に伴うもの ・帰鮮遅延等に伴うもの	11	1,120	4	113	10	215	4	42	4	24	9	55	42	6.4	1,569	7.1
計	*51	*3042	68	*4,351	*23	*5,008	*245	*4,433	125	2,664	*25	2,644	*754	100.0	*22,124	100.0

[筆者注1] 鉄道輸送取締りは3月29日より特別取締りを実施した。[筆者注2] *は数値が合わない。
出典：内務省警保局編 (1946)『警察統計資料』119頁。

表2　朝鮮人「不法行為」の発生状況　終戦時～1946年4月30日

	件数	割合
朝鮮人各種団体が集団の威力を駆りて会社事業場等の雇用主に対し戦時中就労していた朝鮮人労務者の慰労金その他を不当に要求し、社長又は労務係員を拉致監禁する等の不法行為	131	25%
朝鮮人団体内部で組織する保安隊等の自衛隊的な警察類似の越軌行為を成した事案	77	14%
官公署に対し物資増配要求を成しこの目的のために不穏行動に出たもの	60	11%
犯人逮捕等の目的で警察署を襲撃し、あるいは集団暴行に反抗して集団警察官に加えた事案	51	10%
その他	213	40%
合計	532 (28,000 名)	100%

出典：内務省警保局公安課『週報』9号、1946年5月22日から作成。

の状況と，警察の公安担当が朝鮮人についてどのような行動に注目していたかが推測できる．

　まず，最も多かった「事業主に対する不当要求及不穏行動」は，戦時期の炭鉱その他事業場における労働の報酬が正当に支払われなかったことに対する抗議と要求であったと思われる．これについて，古庄正は，「日本政府と企業のいう「不当要求」とは，「会社規程及法令ニ定ムルモノ以外ノモノ」を要求することを指している」[23] としながら，「しかし，未払金委託要求等もこの中に含まれているので，実際には強制連行された朝鮮人や中国人の保証要求・未払金委託要求を総称する用語として使われていた」[24] と指摘している．つまり，日本政府および企業は，保障要求・未払金委託要求など当事者の権利にもとづく正当な要求も「不当要求」と称し，またそれら要求に対して義務を果たしていないということである．

　例えば，福島県与内畑鉱山の事例では，強制動員朝鮮人労務者に対する未払金の支払い等朝鮮人労働者側の要求に対して事業者側は，日鮮協会[25] 等を通じて送金手続きをとることを求めて，約1割の支給しか行っていない[26]．これに対して，同時期近隣地域の日本の炭鉱山組合は，ほぼ要求通りの回答を得ている[27]．与内畑の強制動員朝鮮人労務者に対する未払金のその後については確認できていないが，この強制動員朝鮮人労務者の未払金問題は，植民地支配責任の問題として，現在に至っても解決をみていない．未払金は企業レベルの問題もさることながら，国家の介入によって支払いが阻止されるなどの措置が行われたことに，より大きな問題が存在する[28]．

　また，未払金には多くの強制貯金も含まれている．敗戦直後の9月1日付で厚生省・内務省の各局長名で各地方長官宛に出された通牒「朝鮮人集団移入労務者等緊急措置の件」では，朝鮮人の強制連行者の計画輸送を優先的に行う件についての具体的指示がなされており，その中で，事業主に対して8月15日以降の給与等についての措置の一つとして，「賃金ノ支給ニ付テハ当座ノ小遣トシテ必要ナル程度ノ現金ヲ本人ニ手渡シ残額ハ各人名義ノ貯金トナシ事業主ニ於テ保管シ置クコト」[29] となっている．2013年9月7日付『千

葉日報』には，「貯金通帳数万冊を無断保管　強制連行朝鮮人の賃金か」という記事が掲載された．記事の内容は，戦時中に強制連行された朝鮮人名義の数万冊の郵便貯金通帳が，ゆうちょ銀行福岡貯金事務センター（福岡市）に集約・保管されていることが，取材で分かったというものである．郵便貯金のほとんどが戦時中の未払い賃金とみられ，敗戦後も本人に渡されず，その後通知もされなかったようである．2013年10月29日付の『日本経済新聞』は，「ゆうちょ銀，郵便貯金「払い戻し困難」　強制連行の朝鮮人名義」という記事において，ゆうちょ銀行広報部が貯金の払い戻しは困難との認識を示し，取材に対して「一般論として（個人の請求権は消滅したとする1965年の）日韓請求権協定で完全かつ最終的に解決している」と回答したことを報じた．非常に大きな問題をはらんだ内容である．なお総務省は，戦時中に日本人が預けた軍事郵便貯金，外地郵便貯金については，現在においても払戻しの手続をゆうちょ銀行等で受け付けていると広報している[30]．

　このような状況を勘案すると，表1，2にある事業主に対する要求及び行動は，権利の行使として当然の行為であり，その過程で要求が受け入れられなかった場合などに過剰な行動に出た場合もあるかもしれない．しかし，その行動の原因となった国家・企業側の不当行為については，ほとんど問われることはなく，事業主はむしろ警察の取締りによって保護されたといえる．警察が，事業主に対する朝鮮人の行動を取締るためには，朝鮮人の要求が「不当要求」，「不穏行動」とされなければならなかったのである．朝鮮人高犯罪率言説の一つの現れともいえよう．

　次に，2番目に多かった鉄道取締り（3月末から実施）について見ることにする．表1において「鉄道輸送取締に於ける不法行為」の件数は，計測月数は3か月と，他の項目の半分の期間における数値であるにもかかわらず，全「不法行為」件数の19％を占めている．いかに集中的に取締りが行われたかを窺い知ることができる．1946年に内務省警保局が出した内閣次官会議書類では，「鉄道輸送ニ於ケル朝鮮人等ノ不法行為取締ハ運輸，内務両省協力ノ下去ル3月25日ヨリ全国一斉ニ実施シタ」ことが報告されている．内容は，3月27

日に富山県下の各駅において一斉取締を実施した結果，朝鮮人数百名の米の集団的闇買出しを発見し現在取調べ中であること，3 月 25 日に東京省線池袋駅で朝鮮人の警察権類似の越権行為があったこと，3 月 26 日新潟駅新津駅において米買出し朝鮮人の暴行事件があったことのほか，中国人の無札乗車数件が報告されている[31]．

　鉄道を利用した米麦等の買出しは，何も朝鮮人や中国人に限ったことではない．敗戦後，人々の食糧状況は悪化の一途をたどり，特に都会では餓死者が出るほどの状況で，人々はこぞって近隣の農村地帯へと買出しに出かけた．新聞には，「宮城県では一日千名を遂に突破している」，埼玉県では「この一日も約 6 万」，千葉県では「一日平均 9 万人」[32]などのように，連日買出しやその取締りについての記事が絶えなかった．

　ここに至るまで，政府は占領当局の支配の下，戦後経済統制を本格的に再開し，統制法令の制定・復活を図っていた．大阪では同年 2 月 6 日に第 1 軍団憲兵隊司令部から，朝鮮人・台湾人の優先乗車は認めないよう日本側に指示が出され[33]，その直後に，2 月 17 日改正食糧管理法施行規則によって，米麦等の輸送が実質禁止され，正規のルート以外の米麦等を輸送する行為や一般生活者の産地への買出し行為が取締りの対象となった[34]．これにより，台湾・朝鮮人に対する鉄道取締りを本格的に行うことができるようになった．その後，2 月 19 日に刑事裁判権，朝鮮人および他の植民地出身者に対する判決の再審査に関する覚書が発せられ，4 月 4 日に鉄道を利用する台湾人および朝鮮人を取締る完全な権限付与に至ったのである．

　このような占領当局の指令に対して，内務省はその都度地方に通牒を発し，治安の確保・「不法」事件の抑圧に最大の努力を払った．前述の 1946 年 6 月 21 日付通牒には，裁判管轄権が明確化されたことを機に，全国的な取締り実施の一方で，根本的解決策としての朝鮮人等の送還を企図しているが，日時の経過とともに取締り効果も減少していること，彼等が再び不法行為を反復し，このまま推移すれば「無警察状態」を現出し，国内治安に重大なる影響を及ぼしうるため峻厳なる取締りを行うとして，次のような指示を出している[35]．

① 鉄道輸送における「不法行為」の取締り

② 送還妨害行為の取締り

③ 朝鮮人密入国者等の取締り

④ 闇市場をめぐる「不法行為」の取締り

特に，鉄道輸送における取締りについては，表1が示すように，刑事裁判権の獲得後，3月25日より20日間全国的な特別取締りを実施し，相当な効果を収めたことを報告している．また，注意事項として，「集団的乃至は悪質なる日鮮人等の「不法行為」に重点を置くこと」，「中国人と台湾人とは明確に区別して取締をなすこと」[36] など，取締りを対象によって分けていることがわかる．そして，7月1日から一斉取締を実施することとその方法等について明らかにしている．

　ここまででわかることは，まず朝鮮人に対する警察の取締りは，敗戦直後から間断なく行われていたことである．そして，占領当局から後追いで権限が付与されたことである．これについて，鄭は「ほとんどの場合，日本政府の取り締まり→朝鮮人「問題」の報告→占領当局の権限承認という過程を経ていることがわかる．治安当局はこうした取り締まりの既成事実を作り，朝鮮人，ことに朝鮮人団体の「問題」を印象づけることによって占領軍の権限承認を得たといえる」[37] と述べている．

　さらに，篠崎が1952年に行った朝鮮人の「不法行為」に関する分析は，朝鮮人の「不法行為」について他の側面からみることができる[38]．表3～5は，1952年1～6月に発生した「不法行為」について，まとめたものである．

　表3～5から，「不法行為」の対象の半数以上を権力機関が占め，そのほとんどが警察を対象としたものであったということがわかる．警察の取締りに対する抵抗や抗議が「不法行為」とされたと思われる．

　本節からわかることは，日本政府と占領当局双方が自己の治安目的を達成するために，自分たちに不利な行為，犯罪ではない行為を「不法行為」化し，これをもって統治目的・占領目的を実現しようとしたことである．これにより，朝鮮人の基本的人権を実現するための行為は大幅に制限された．

表3　不法行為発生状況：対象・状態別　1952 年 1 月～6 月

対象・状態別	発生件数（件）	検挙件数（件）	検挙人員（人）
権 力 機 関	124	50	369
民団対朝連の対立	93	32	189
そ の 他	12	10	76
合 計	229	92	634

出典：篠崎平治（1952）「最近における在日朝鮮人の不法行為の発生状況について」（『警察時報』第 7 巻第 10 号）91 頁の内容から作成.

表4　権力機関に対する不法行為①：対象別

対 象 別	発生件数（件）	検挙件数（件）	検挙人員（人）
警 察 機 関	101	37	281
税 務 機 関	8	3	34
法 務 機 関	4	4	24
職安・市町村役所	11	6	30
合 計	124	50	369

出典：前掲書，91 頁の内容から作成.

表5　権力機関に対する不法行為②：発生・原因別

発 生 ・ 原 因 別	発生件数（件）	検挙件数（件）	検挙人員（人）
公 判 闘 争	4	4	24
対 警 闘 争	102	37	281
強 制 送 還 反 対 闘 争	4	2	2
密造酒取締反対闘争	7	3	36
生 活 保 護 闘 争	4	2	11
教 育 闘 争	3	3	15
合 計	124	* 51	369

［筆者註］＊印から，検挙件数に誤りがあるようだが，どの項目かは不明である.
出典：前掲書，92 頁の内容から作成.

2.　取締集中化——一斉取締

(1)　取締りの集中化

　戦後の朝鮮人に対する取締りのもう一つの特徴は，取締りの集中化であると考える. 表6は，「不法行為」取締り全体について，年度ごとの数値を表したものである.

1946 年前半までについてはすでに見た通りであるが，件数において 1946,

表 6 「不法行為」件数・参加人員

年	件数（件）	参加人員（人）	1件当人員（人）
1945 年（8 月～12 月）	128		
1946 年	5,336	約 50,000	9.37
1947 年	5,681	約 15,600	2.75
1948 年	86	約 54,000	627.91
1949 年	108	約 20,000	185.19
1950 年	146	約 4,500	30.82
1951 年	211	約 7,200	34.12
1952 年	396	1,605	4.05
1953 年	167	407	2.44

出典：篠崎平治（1955）『在日朝鮮人運動』令文社，190-226 頁から作成.

1947 年が極端に多い数値を示しており，人員においては 1949 年までが非常に多い．これらの原因については，何よりも，1946 年に刑事裁判権・警察権を回復し，以後取締りが積極的に行われたことが考えられる．1948 年以降の件数の激減は，取締りの対象が絞られ，検挙が広範型から集中型に変化したことが関係していると思われる．具体的な数値をみると，1947 年の検挙件数は 5,681 件であったが，1948 年には 86 件に激減する（66 分の 1）．一方同年の検挙人員は，15,600 名から 54,000 名に激増している（3.46 倍）．試みに計算すると，1 件当たりの平均検挙人員数は，1947 年は 2.75 名，1948 年は 627.91 名となる[39]．このように，表 3 において 1948 年は検挙人員が最も多い年でもあるが，取締りが朝鮮人学校への弾圧に対する抗議デモ等，集団行動に集中し，抗議行動自体も大規模化していたことを示している．例えば，篠崎によれば，占領当局が非常事態宣言を布告した「阪神教育事件」は，検挙者が 1,800 人に上るという[40]．また，密造酒取締りのための一斉検挙（朝鮮部落急襲）が頻繁に行われたのもこの時期である．1950 年以降の人員の急減は，在日本朝鮮人連盟[41] 等団体の解散も関係していると思われるが，それにもまして，情勢の変化に伴う取締方針の変化が考えられる．さらに，1950 年の 146 件のうち，70％を超える 105 件が，朝鮮戦争勃発により政令 325 号違反（反米，反戦ビラ配布など）であり，1951 年も 211 件中 153 件が同政令に該当している．1952 年の特徴は，「権力機関に対する不法行為」が全体の 44％を占

める 174 件で，そのうち 134 件が対警察機関である．1953 年に集団不法行為
の発生が大幅に減少していることについて，篠崎はその原因を，日本共産党
の方針転換[42) に呼応して表面的には全く影をひそめたからだといっている．

　本統計について篠崎は，「朝鮮人の国民性に共通した欠陥」を挙げながら，
その欠陥は「統計面に現れた彼等の高度な犯罪率によっても容易に証明し得
る」と，朝鮮人高犯罪率言説を主張する[43)．しかし，ここに挙げられた不法
行為には，在日朝鮮人が権利を獲得し，護るための集団行動が多く含まれて
おり，裏を返せば占領当局及び日本政府がそれを制限・禁止し弾圧したこと
が原因となっている．

(2)　警察・検察の認識

　敗戦後の朝鮮人に対して，一斉取締が集中的に行われたことをみたが，一
斉取締[44) は，敗戦後の朝鮮人取締りの大きな特徴の一つといえる．「不法行
為」が取締対象行為としての特徴であるならば，取締の集中化は取締りの方
法における特徴といえる．そこで，ここでは朝鮮人取締りに対する警察・検
察当局の認識と一斉取締の態様，実際に逮捕された人々の認識について確認
してみたい．

　敗戦から 3 か月後の 11 月 15 日に終戦連絡中央事務局第 1 部から出された
報告書では，「警察力増強問題」とともに「華労及鮮労ノ不穏状況」が報告さ
れている．朝鮮人労働者についての内容は，中国人労働者の影響もあり，各
地において相当驕慢的態度に変わりつつあること，中国人のように集団暴行，
騒擾等の事件はまだ認められないが，各地炭鉱等において罷業事件が漸次増
大する傾向にあるというものである[45)．

　さらに 5 か月後の 1946 年 4 月 15 日に同局から出された報告書の内容は，
朝鮮人は終戦当時は比較的平静であったにもかかわらず次第に悪化しており，
（回復した－筆者補）刑事裁判権を確立し，不法行為に対して断固とした取締り
を実施するとともに，帰還を促進し残留者については，配給等何ら特権を与
えないことなどが報告されている[46)．

　1946 年に大阪府警察部から発行された内部向け刊行物には，同年 2 月 19
日付連合軍の覚書を受け，「第三国人」[47] の不法行為に対して，警察は逐次
体制を整え，特に大阪府においてはいち早く警察官に武装を施し，苦き経験
と辛酸を経て取締が軌道に乗るようになったと書かれている．そして，その
顕著な取締り事例がいくつか挙げられている．①列車輸送における「第三国
人」の不正乗車，列車内の不法行為等に対して特別取締を実施し，「第三国
人」の不法行為が著減した，②闇市場における主食品等の販売に対して，府
下一斉取締を実施し徹底検挙を行い多大な効果を収めた，③ 93 か所の闇市場
の一斉閉鎖など，一斉取締の成果が強調されている[48]．敗戦後の早い段階に
おける一斉取締の様子が垣間見られる．すなわち，この段階では，朝鮮人等
の集団行動に着目しつつも，取締りの対象は経済的困難打開のための個々人
の「不法行為」に取締りが集中していることがわかる．

　しかし，3 年後には，その状況は打って変る．仙台警察管区本部捜査課（東
北管区警察局）の報告書では，一斉取締における今後の対策について検討して
いる[49]．

　まず，一斉取締が効果的であったことが強調された．すなわち，1949 年 9
月 8 日在日朝鮮人連盟ほかの朝鮮人 4 団体が，団体等規正令第 2 条第 1 号第
7 号第 4 条の規定により解散されたと述べ，解散以前の在日朝鮮人はそのほ
とんどが民族的偏見を有し，各団体間には対立があったが，民団側は，「北
鮮」国旗禁止指令，国連の韓国政府承認，そして今回の朝連等の解散という
好条件が与えられ，わが世の春を謳歌し活発化する一方，旧朝連側団員は，
地下潜行的態勢での活動ないし日本共産党と組んでの行動に出るかもしれな
いとの予想を述べている．そして，朝鮮人の性格からくる「横暴執拗さ」，「利
己主義的な傾向」，「犯罪率の高位」，「経済違反」，「暴行傷害事件に際し多衆
の威力（団体）をバックに取締りを牽制しようとする常套手段」，「集団の陰
に常に犯罪を隠蔽し証拠を湮滅」，「検挙された後においても徹底的否認」，「共
犯と余罪追及を困難ならしめておる実状」から，朝鮮人の犯罪に対しいかな
る点に留意し，いかなる対策をとるべきかは，彼等の犯罪傾向，朝鮮人の持

つ特質等を充分研究する必要があると述べている．朝鮮人イコール犯罪者という認識に基づいた朝鮮人高犯罪率言説である．このような視点からは，一斉取締が最も効果的な取締り手法といえよう．

　そのうえで，対策として，①視察内偵等事前資料の収集と活用，②朝鮮人に関する限り，刑法犯以外の犯罪についても他の主務課と緊密な連絡の上，刑法犯と同様重点的に一斉取締を効果的に実施する必要性があること，③一斉取締を，県内はもちろん各県が横の連絡を保持し，なるべく頻繁に，積極的に，実質的に実施すべきであること（一斉取締月間，一斉取締週間など），④外国人登録令（勅令 207 号）13 条の適用の 4 項目をあげている．特に④については，国内犯罪の趨勢の特異性は，朝鮮人が犯罪の重要人物あるいは背後的人物として現れ，犯罪の多くの部分が朝鮮人により敢行され，あるいは朝鮮人と何らかの関係関連を有している点であり，ゆえに犯罪の根源を突き詰め犯罪を減らす根本の 1 つは，外国人登録令が，最も厳正に実施通用されて初めて全うできる，したがって将来外国人関係主管課において，本令が厳正に実施通用されるよう望むとともに，警察官も本令が完全に適用できるよう努力するべきであると強調している．これだけを見ると，朝鮮人は全員犯罪者で，日本国内で起こる事件の大半に朝鮮人が関わっているかのようである．そして，その対策のために，外国人登録令を活用しようというのである．

　この対策は仙台警察特有のものでもなく，各地で同様の対策が行われていたと思われる．そして，戦後の朝鮮人の事件，例えば，多奈川事件[50]，益田事件[51] などの濁酒闘争や，生活権闘争[52] への捜査には，かかる対策がとられていたことがわかる．朝鮮部落への一斉捜査は，多くの場合，部落全体が「容疑者」つまり朝鮮人全員が犯人であるかのような対応がとられた．これとの関連で，1951 年当時の法務府の秘密文書には，朝鮮人部落の位置づけについての記述がある．すなわち文書では，これまでの既発不詳事件は，いずれも「左派朝鮮人」の集団的部落と直結し，あるいは「尖鋭分子」の潜在または潜入可能な地域から惹起されていることは明らかであり，左派朝鮮人の陣容がかかる拠点・地域を利用して事件を起こすのは，一般朝鮮人を左翼列へ

狩り立て，勢力の伸張を企図してなされているようだという内容である[53]．
そして，「不軌策動の巣窟」である部落の実際の捜査では，所在不明の追放幹
部のアジト等を発見するなど，直接的効果は納められなかったが，指導者個々
の動向・性格さらに部落の生活業態・思想区分等の概念をつかみ得るなど，
間接的収穫は相当あり，今後部落を通じて在日朝鮮人の動きを究め，革命思
想の培養機関である朝鮮人学校と並んで一層透徹した調査を続けていく要が
あると述べている[54]．前述篠崎の「不法行為」に関する記述において，1948
年を境に検挙件数が激減したにもかかわらず，検挙人員は激増したことを確
認したが，朝鮮部落への捜査・取締りの集中は，検挙人員中検察局が受け取っ
た新受人員数においても推し測ることができる．参考までに，朝鮮部落の一
斉捜査と関連がありそうな罪種について表7に挙げてみた[55]．

以下は，新聞などに掲載された，一斉取締事件の事例である．

①1948年1月15日（濁酒密造）東京都，武装警官40名，10名検挙・没収[56]．

②1948年11月18日（濁酒密造）東京都，署員110名・予備隊150名，31名

表7 罪名別 被疑者新受人員の累年比較（抜粋）　　　単位：人

	罪名	1945 (8.15〜12.31)	1946	1947	1948	1949	1950	1951
刑法犯	公務執行妨害	27	192	191	422	830	434	411
	騒擾	—	—	13	322	232	163	2
	住居侵入	35	66	214	370	504	565	407
	賭博及び富籤	1,631	1,471	2,905	3,050	2,049	1,738	1,822
	傷害	319	878	1,597	2,761	4,201	5,992	6,003
	窃盗	2,317	7,163	7,456	10,332	11,590	13,355	12,722
	贓物関係	163	694	1,284	2,200	2,680	2,962	4,004
特別法犯	暴力行為等処罰に関する法律	79	314	230	370	554	229	121
	外国人登録令	×	—	88	1,076	2,499	12,906	11,836
	煙草専売法	78	146	73	277	1,148	1,521	1,288
	連合国占領軍の占領目的に有害なる行為の処罰等に関する件	×	52	194	488	651	433	325
	物価統制令	41	1,367	3,941	5,341	3,640	1,065	337
	食糧管理法	678	3,948	11,903	10,876	16,017	17,562	13,873
	酒税法	7	19	286	1,924	3,070	5,865	8,671
	鉄砲等所持禁止令	×	58	163	260	268	407	349
	合計	5,375	16,368	30,538	40,069	49,933	65,197	62,171

［註］―印は該当数値がない（0）場合を示し，×印は当該調査事項について，調査がないかまた
は調査資料がない場合を示すとある．

出典：法務府法制意見第4局統計課（1951）「昭和25年 検察統計概観」（『法務統計資料』第2
号）38頁．

検挙・押収[57].

③「益田事件」(濁酒密造)

・1949年1月25日，米兵2名・経済調査庁調査官2名が令状なく捜索，押収.

・同26日～31日，(第1次)国警・自治警両警10署の応援部隊武装警察官 90名，(第2次)83名追加，9名逮捕・押収[58].

④1949年2月9日「守部部落集団密造酒事件」(濁酒密造)尼崎市，武装警官 1200名・9税務署員100名，79名を検挙・押収[59].

⑤1949年4月7日～16日「高田事件」(濁酒密造)新潟県，武装警官約500名 (350名)・税務官吏約100名(7，8名)・検事若干名(9名)・経済調査官(3 名)・進駐軍部隊新潟情報部員2名(同)，39名検挙，日本人6名・朝鮮人 26名を公務執行妨害罪，デモ条例違反容疑者として検挙送検[60].

⑥1949年4月16日(濁酒密造)福岡県，武装警官800余名・税務署員200名， 30名を検挙・押収[61].

⑦1951年7月10日(乱闘事件)神奈川県朝鮮人部落2か所，武装警官200名・ 私服警官50名，少年2名(16才・18才)を公務執行妨害・窃盗容疑で逮捕， 全逮捕者数17名[62].

⑧1952年3月26日「多奈川事件」(濁酒密造)大阪府，検事2名・検察事務 官12名・国税局員45名・警察官50名，30日警察学校生徒を含む450人， 27名逮捕・22名を留置うちの一人が警官に撃たれて死亡，酒税法・公務執 行妨害・傷害・業務妨害等の容疑で19名起訴[63].

⑨1952年4月14日(暴行)兵庫県10余か所の部落，警官1,000名，19名暴 力容疑で逮捕[64].

⑩1952年5月11日(騒擾)兵庫県朝鮮人部落8か所，武装警官350名，暴力 容疑・暴行傷害容疑で5名逮捕，8名を全国に指名手配，抵抗した朝鮮人 8名公務執行妨害で逮捕[65].

⑪1952年5月27日(騒擾)東京都，警官約1,000名，21名を逮捕[66].

⑫1952年6月13日(乱闘事件)滋賀，武装警官約200名，46名を暴行傷害・ 公務執行妨害容疑で逮捕[67].

⑬1952 年 6 月 24 日（暴行）下関市，武装警官 500 名，警官暴行容疑者ら 6 名逮捕[68]．

⑭1952 年 6 月 27 日（暴行・密造）京都府，警官 1,000 人，暴行・密造容疑で 7 名逮捕[69]．

⑮・1952 年 8 月 3 日（証拠押収）東京都，武装警官約 300 名，教員・学童ら 10 名公務執行妨害現行犯，外国人登録令違反で逮捕・押収．

・8 月 6 日武装警官 200 名，公務執行妨害・器物損壊容疑・外国人登録令違反で 2 名逮捕・押収．

・8 月 31 日武装警官 200 名，中学生で組織している「少年自衛隊」隊員の私宅等 5 か所捜索，押収[70]．

以上，一斉取締された事件を数例取上げたが，たしかにそれぞれの事件には，客観的背景の違いや事件そのものの個別性・特異性がある．しかし，ここでは政治的背景は度外視し，刑事政策としての犯罪取締りという観点からのみ検討すると，共通するのは捜査が過剰である場合が多いという点である．それは，まず検挙者数に比べて動員された警察官等の数が異常に多いこと，武装警官が多いこと，捜査が早朝に行われていること，また多くの場合，容疑者の検挙のみならず，朝鮮人部落全体を対象とした，しらみつぶしの捜査が行われている点である．それは，濁酒密造事件の捜索において多く見られた．

　また，多くの事件では，手続上の瑕疵や違法捜査および裁判における偏頗的な審判が見受けられる．例えば，京都の「カストリ事件」[71] の裁判において，弁護士の能勢克男は次のような弁論を行っている．

－　〔検察官の論告について〕

　　　検察官は，〔中略〕証人となった警察官の証言について，「どうも多少あやふやであった」ことを認められました．〔中略〕どうしてそれを以て『証明充分』などという結論がみちびき出されましょう[72]．

　　　証人となった警察官たちに対して，むしろ慈父のような目を注いで，「彼らは極めて年功の浅いものたちで，その職務執行についても，またきわめて未熟不充分なものたちであるから，―――この点は深い御同情

を以て，……充分に御考慮の程を」と，裁判官に向かって述べられました
が，これはいったいどういうことでしょう[73]．

- 　ある犯罪の違法性，反社会性が，その行為者が朝鮮人であるというこ
とによって，特別な色彩を帯び，朝鮮人であるということによって，特
別に構成されているということがあれば，それは由々しいことでありま
すが，そのことが，いま現実となりつつあるのではないでしょうか[74]．

- 　朝鮮人の存在自体が，ニッポンの支配階級にとっては，一つのおそる
べき犯罪態であるかのような事情をつくり出しつつあることであります．
ヨシダ首相にとってはただ労働者であるというだけのことが，「不逞のや
から」と見えたことはすでに有名でありますが，朝鮮人であること自体
が，ニッポンの警察官にとっては逮捕の理由となり，拘留の理由となっ
たかの観が，本件の中でもマザマザと見えているのであります[75]．

- 　わずか 8 人か 10 人かのおばあさんたちのカストリ密造のテキハツに，
数百人〔200 名〕の武装警官をくり出さなければならなかった〔中略〕そ
れが組織的・計画的に行われたことは，「勢揃い」「進発」「現場」「格闘」
……というようなシーンが，鮮明にカメラによってキャッチされている
ことを見ても，写真班までを持っての行動であったということができる
のであります[76]．

このほか，刑罰法規の転用の問題（公務執行妨害罪と軽犯罪法違反の法域を「同
質のもの」のように取扱った）や，公務執行妨害罪適用の不当性，警察官たちの
逮捕手続書，顛末書が全くデタラメであることなどが主張された．

　兵庫県尼崎市守部の朝鮮人部落に対する捜査についてまとめた検察研究所
の史料によれば，一斉取締が周到な計画に基づき進行していたことがわかる．
前述仙台警察の取締対策①との関連を見ると，次のような記述がある．

　　検挙着手の約 3 か月前より尼崎市警の一巡査部長をして関西配電尼崎
支店の検診係の如く装わしめて守部部落に入れ，戸ごとに歴訪して具さ
に密造の模様を偵察させ，詳細な部落の密造酒家屋の分布図を作成させ，
これを青写真に撮影して計画立案の基礎とした外，検挙の際これを検挙

員の班ごとに配布して捜査に入る目標家屋を誤らぬようにした[77]

　このほか，様々な場面を想定した対策を綿密に練り上げて検挙に及んでいることがわかる．特に，無線および警察電話の現地指揮本部架設および外郭警備線の3重設置，自動車防衛隊の編成，警察犬の使用，尼崎神戸間の帰還経路の沿道自治警による警備体制の確立，押収品奪還対策等が上げられている[78]．

(3)　被検挙者の証言

　一斉取締との関連で，実際に逮捕された経験のある，2氏に当時の様子について聞き取りを実施した．まず，2021年9月5日に，メーデー事件[79]で逮捕された経験のあるA氏（女性，1932年生まれ，東京都江東区枝川在住「深川朝鮮人部落」）にインタビューを行った[80]．当時A氏は，20歳で専門学校に通いながら，青年団体の活動をしていた．メーデー当日は，日本人の友人たちとともに参加し，あまりの人の多さにも驚いたが，同じ朝鮮人部落にある事務所（右翼系の団体）に出入りする青年たちがいたことに，さらに驚いたという．そして，その青年たちが騒ぎ出し，あちらこちらで奇声があがると，警官が棍棒をふるい，ピストルを発射したようだったので怖くなり，帰ろうとして，だれかに靴を踏まれて脱げ，片足は裸足のまま家に戻ったということであった．一斉検挙の当日は，午前4時か5時ごろいきなり警察が家に入って来て，メーデーに参加しただろうといいながら，A氏がなくした靴をみせてきたのでびっくりしたという．深川地区内には，日本人のほか，朝鮮人は民団系の人や右翼系の人たち，そしてすぐにいなくなったが，密航者も2人住んでいて，仲はあまり良くなかったということだった．また，A氏の話によれば，新聞報道などでは，枝川の朝鮮人部落を「北鮮系部落」と表現することがあったが，住民の半数以上は日本人だったということから，正しい表現ではなかったことがわかる．

　次に，同じく2021年9月5日にインタビューをおこなったB氏は，同じ事件で，5月27日には逮捕されず，数日後に逮捕されたという[81]．5月27日

以後，南労党（南朝鮮労働党－筆者補）出身の密航者と称する 2 人の男性が枝
川に現れ，青年たちを集めて，部落内にある民団（在日本大韓民国民団－筆者
補）の事務所に抗議（何に抗議したかは不明－筆者補）しに行こうというのでつ
いていくと，2 人は激しい口調で抗議し，周りも同調したという．少し小競
り合いがあったが，帰宅するとすぐに警官がメーデー事件の件で逮捕しに来
たということであった．B 氏は，たしかにメーデーには参加したが，今回の
件と直接の関連性がないにもかかわらず，抗議に行ったほかの青年たちもメー
デー事件関連で同日に逮捕されたことから，確証があるわけではないが，仕
組まれたのではないかと思っているということだった．その後，2 人の密航
者とは会っていないという．A 氏，B 氏ともに，数十年前の記憶であり正確
であるとはいえないが，両者に共通する部分は事実であろう．つまり，警察
の内偵と諜報者の存在が疑われるのである．

　上記 A，B 両氏が参加した，メーデー事件に関する検察当局の資料を見る
と，朝鮮人部落に対する当局の認識と態度がことさらに見えてくる．それは，
次のような内容からである．メーデー事件において，騒擾罪で検挙された朝
鮮人は 120 名を超え，そのうち比較的集団的に検挙することができたのが，
江東区深川枝川町と荒川区の両朝鮮人部落在住の朝鮮人であったという[82]．
今回朝鮮人団体に対する検挙が必ずしも成功しなかった原因について，事前
の査察内偵が極めて不十分であったことを挙げている．そして，査察内偵が
不十分であった原因については，①警察権の行使が驚くほど微温的であった
こと，②朝鮮人の多くが密集部落を作り，その部落に対しては警察権がほと
んど及ばず，一種の治外法権的な地区を形成し，情報の収集が極めて困難な
こと，③警察権の行使に対して事の如何を問わず集団的に反抗し，この妨害
を排除するために多くの警察官と努力を要する状態であることを挙げている．
したがって，今回の検挙にあたっても，枝川町の朝鮮人グループの検挙には，
「部落民」の強力な抵抗を予想し，警察官約 500 名を，荒川の検挙には 300 名
をそれぞれ動員したという[83]．かかる検挙によって，「部落民」の「中枢分
子」がほとんど摘発され長期の拘束を受けたため，部落の性格は逐次改善さ

れ，現在（1955年末－筆者補）においては，正常な警察権の行使も可能になっていると書かれている．

　1952年5月27日付『毎日新聞』は枝川の検挙を報じた記事の中で，この地域の特徴を，「東京の租界」，「全部が北鮮系　犯罪の巣だった」としながら，「枝川町部落は戦時中軍が強制徴用した朝鮮人夫を同地の都営住宅に住ませたものがそのまま住みついてしまった」地域であり，「生活程度も低く，戦後はカストリの密造をやり」数度の手入れを受け深川事件を起こすなど，「東京のカスバ」（城塞）と呼ばれる「犯罪の巣」だったと紹介している．警察の情報に偏った報道といえるが，人口構成についても，半数以上が日本人だったという，前述の聞き取りの内容とまったく異なる．

　上記資料からは，事前の査察内偵が常態として行われていたこと，朝鮮人集住地域が当局にとって要所でありながら非常に厄介な場所であったことがうかがわれる．そうであるからこそ，機会あるごとに大量の人員を投入し，名目的な検挙対象のみならず，朝鮮人部落全体の一斉取締が実施されていたのであろう．

　日本の治安政策は，敗戦直後においては，戦争と経済政策の失敗によってもたらされた経済的混乱を治めることを主な目的とし，冷戦構造の深化とともに反共勢力を駆逐することがそこに加えられた．在日朝鮮人は，これらの治安を脅かす潜在的な危険分子として，常に取締りの対象となっただけではなく，警察等治安当局が占領下において，体制の立て直しを図るうえで口実となったのではないだろうか．朝鮮人の法的地位の曖昧さは，権力の都合によっていかようにも解釈できるという「利点」を持ち，かつての臣民に新憲法の保護は与えず，権利なき義務のみが強調された[84]．当時の朝鮮人部落への急襲目的は，朝鮮部落そのものの壊滅ないし朝鮮人の集団化阻止，本国への送還の促進，そして朝鮮人団体・左派勢力の検挙および把握，警告と弾圧であったと思われる．朝鮮人部落の一斉捜査とそれに抵抗する在日朝鮮人，さらなる弾圧と抵抗という連鎖が一斉取締の激増の一因でもあったようだ．

お わ り に

　本稿は，敗戦前後における朝鮮人高犯罪率言説を前提に，敗戦直後の朝鮮
人取締りにおいて現れた特徴を把握し，その背後にある刑事政策・治安政策
を浮かび上がらせることを目的とした．そして，取締りの対象および取締り
の手段に着目し，「不法行為」化と一斉取締を中心に検討した．

　まず，占領当局から出された「朝鮮人ノ不法行為」がどのようなものであ
り，これに対する取締りがどのように行われたかを確認した．もっとも重要
なことは，犯罪ではない行為であっても，支配する側にとって不都合な行為
を「不法行為」化し，犯罪として取締ったということである．「不法行為」と
いう用語の使用も戦略的であったことを確認した．

　日本政府が，敗戦直後に力を注いだのは大衆運動の取締りであった．例え
ば，朝鮮人・中国人の炭鉱労働者による「騒擾事件」（労働争議−筆者補）や自
救行為としての経済犯罪などが主な対象であった．やがて，在日朝鮮人の「不
法行為」を重点的に取締るものへと変化する．

　そして，その「不法行為」への取締りは，前述篠崎が明らかにしたように，
ある年を境に一極集中型に激変した．例えば 1947 年と 1948 年を比較すると，
検挙件数は 66 分の 1 に減少し，一方検挙人員数は 3.46 倍に増加し，1 件当た
りの平均検挙人員数は，1947 年は 2.75 名，1948 年は 627.9 名となっていた．
1948 年は朝連の運動がもっとも活発に行われた時期でもあるが，その反射と
して日本政府と占領当局に激しく弾圧された時期でもある．背景には取締方
針の転換があったことが推測されることを確認した．

　次に，特に朝鮮人部落への急襲を，取締りの観点から検討した結果，朝鮮
部落そのものの壊滅，本国への帰還の促進，そして朝鮮人左派勢力への警告
と弾圧という治安目的があったことが具体的な資料および被逮捕者へのイン
タビューから明らかになった．

　敗戦直後の朝鮮人に対する政策が，端的にいえば厄介者を一人でも多く朝

鮮へ帰すことであったことは，当時の首相がマッカーサーに宛てた書信から
も明らかである[85]．日本政府は，植民地責任はおろか，敗戦後の在日朝鮮人
の人権を極端に制約することで治安目的の達成を図り，そこに刑事政策が密
接に関与したのである．そして，敗戦直後の朝鮮人に対する刑事政策は，そ
の後の朝鮮人の処遇に多大な影響を与えた．

　本稿は，前述したように，敗戦直後の対朝鮮人取締りの実態から当時の刑
事政策を探り，その背景にある治安政策をあぶり出すことが目的であった．
刑事政策は，一般に，犯罪防止を直接の目的とする点において，社会にとっ
て必要かつ重要な施策である反面，治安政策と密接に関連している点が問題
となる．それは，刑罰法規の形式をとり，警察・検察など国家機構の活動と
いう形式で行われることから，その本質が見えにくいことである．過去にお
ける刑事政策の分析を通してその当時の治安政策を明らかにすることは，現
在起こっている問題に刑事政策がどのようにかかわり，その背後にどのよう
な治安政策が存在するかをみるうえで示唆となることは言及するまでもない．

1)　日本には戦前から現在に至るまで，朝鮮人の犯罪率が高いという言説が数多く
　　みられる．筆者はこれを朝鮮人高犯罪言説と呼ぶ．これについての具体的検討
　　は，拙稿を参照されたい（金守香（2022）「敗戦前後の日本における対朝鮮人刑
　　事政策—朝鮮人高犯罪率言説を中心に—」一橋大学博士学位取得論文，（2022）
　　「敗戦前後の朝鮮人高犯罪率言説と日本の刑事政策」（日韓相互認識研究会編『日
　　韓相互認識』第 11 号））.
2)　川出敏裕・金光旭（2012）『刑事政策』成文堂，1 頁.
3)　前野育三（1979）『刑事政策と治安政策』法律文化社，256 頁.
4)　前掲書，5 頁.
5)　前掲書，6 頁.
6)　鄭栄桓（2009）「日本敗戦直後における「警察権確立」と在日朝鮮人団体」（歴
　　史学研究会編『歴史学研究』第 860 号）青木書店.
7)　大沼保昭（1987）『単一民族社会の神話を超えて：在日韓国・朝鮮人と出入国
　　管理体制』東信堂，同（1978-1979）「出入国管理法制の成立過程 1-15」（『法律
　　時報』第 50 巻第 4 号 - 第 51 巻第 15 号，日本評論社），小林知子（1994）「Ｇ Ｈ
　　Ｑの在日朝鮮人認識に関する一考察—— G-Ⅱ民間諜報局」（『朝鮮史研究会論文
　　集』第 32 号）.
8)　金太基（1997）『戦後日本政治と在日朝鮮人問題 SCAP の対在日朝鮮人政策 1945

～1952 年』勁草書房.

9)　大沼　前掲書（1978）「出入国管理法制の成立過程 2」（『法律時報』第 50 巻第5 号）78 頁.

10)　1945 年 10 月 4 日覚書「政治的公民的及宗教的自由に対する制限除去」（終戦連絡中央事務局政治部内務課編（1947）『警察に関する連合国指令集』ニュース社）47 頁.

11)　連合軍占領当局は，1945 年 9 月 26 日覚書「華人労務者による掠奪行為」において,「日本警察は法と秩序を維持することに対し責任を負ふべきである」と指示している（前掲書，261 頁）.

12)　広中俊雄（1969）「戦後日本の警察」（戒能通孝編『警察権』岩波書店）123-132頁.

13)　鄭　前掲書，61 頁.

14)　「7／リ．大衆運動の取締に関する件　閣議了解　昭和 20 年 10 月 19 日」JACAR（アジア歴史資料センター）Ref.C15010838100, 発来簡綴　2／2　1945 年 10 月～12 日（防衛省防衛研究所）.

15)　荻野富士夫編（1996）『治安維持法関係資料集』第 4 巻, 新日本出版社, 745頁.

16)　労働争議調査編（1957）『戦後労働争議実態調査．第 1 期第 1 巻（石炭争議）』中央公論社, 49 頁.

17)　広中　前掲書, 131 頁.「越軌行為」・「不法行為」・「不穏行動」は 1945 年 11 月2 日発内務省警保局長通牒の中で使用された言葉であるという.

18)　鄭　前掲書, 60-62 頁.

19)　1946 年 2 月 19 日覚書「刑事裁判権の行使に関する総司令部覚書」（SCAPIN756）および「朝鮮人及び他の特定国人に対する判決の審査に関する総司令部覚書」（SCAPIN 757）（(1978)『在日朝鮮人管理重要文書集 1945～1950 年』（現代日本・朝鮮関係史資料）第 6 輯, 湖北社）．日本側の要請に対する占領当局の態度は,「朝鮮人に対する刑事裁判管轄権及び朝鮮人の引揚に関する総司令部民間情報教育局発表」（1946 年 3 月 26 日）がその一般的表明であり, 1946 年 4 月 4 日「台湾人，朝鮮人の乗車取締に関する総司令部覚書」（SCAPIN 912-A）や同年 4 月30 日「朝鮮人による不法行為関する総司令部覚書」（SCAPIN 1111-A）がその具体的・個別的適用例であるという（大沼　前掲書（1978）「出入国管理法制の成立過程 3」（『法律時報』第 50 巻第 6 号）146 頁）.

20)　大臣官房総務課「太平洋戦争終結による旧日本国籍人の保護引揚関係雑件　朝鮮人関係第 3 巻」1945～1952 年, 118-122 頁（外務省外交史料館）．（韓国国家記録院収録）.

21)　終戦連絡中央事務局政治部内務課編　前掲書, 263-264 頁.

22)　内務省警保局編（1946）『警察統計資料』119 頁,「週報　第 9 号　内務省警保局公安課」JACAR：A17110938200, 事務次官等会議資料書類　1946 年 5 月 30 日

　〜8月1日（国立公文書館）.

23）　古庄正（1995）「足尾銅山・朝鮮人強制連行と戦後処理」（『駒澤大学経済学論集』第26巻第4号，駒沢大学経済学会）の中で引用している（49頁）.（総勤第99号，1946年4月24日，日本製鉄株式会社総務部勤労課『朝鮮人労務者関係』所収）.

24）　前掲書，49頁.

25）　日鮮協会とは，1945年11月15日に設立された在日朝鮮人の管理団体である．中央興生会（戦争末期に協和会の事業を引き継いだ朝鮮人の統制を目的とした管理団体）解散後，厚生大臣が会長となり，その事業と資産を引継いだ．主な事業は，「朝鮮人の援護」，「帰鮮者の保護斡旋連絡に関する事務」となっている（『読売新聞』1945年11月6日付）.

26）　福島県与内畑鉱山では，1946年3月に鉱山側が朝鮮人労働者の解雇整理を決定したことを受け，朝鮮人労働者側が在日朝鮮人団体を通じて，会社に37名分の退職金などの要求を提出している．鉱山側は，「帰鮮」あっ旋に応じないまま残留し，不当な退職金を要求する朝鮮人労務者の態度を非難し，さらに強制動員された朝鮮人労務者に対する徴用補給金未払額3,900円の要求に対しては，日鮮協会その他正当機関を通じて送金手続きをとることを求めた．結局総額14万5千円という労働者側の要求に対して，既払分3千円と同情金1万2千円で決着をつけている（福島県編（1971）『福島県労働運動史』第1巻，福島県，144-147頁）.

27）　前掲書，170-171頁.

28）　1946年10月21日旧厚生省労政局長通達労発第572号地方長官宛「朝鮮人労務者等に対する未払い金その他に関する件」によって，未払い賃金，退職金，積立金，有価証券など地方法務局へと供託させ，朝鮮人団体に支払うことを阻止した．また，郵便貯金通帳については，1947年7月4日厚生省労働基準局長基発第113号貯金局長宛「朝鮮人労働者等に対する未返還郵便貯金通帳に関する件」によって，原簿諸官庁で一括保管するよう指示した．強制連行者の未払金の全般については，資料として大蔵省文書（1953）『経済協力　韓国105労働省調査　朝鮮人に対する賃金未払債務調』（国立公文書館つくば分館蔵）（日韓会談文書・全面公開を求める会編（2010）『日韓会談文書・全面公開を求める会ニュース』12号）や，古庄正（1991）「連行朝鮮人未払い金供託報告書」（『駒沢大学経済学論集』第23巻第1号，駒沢大学経済学会），古庄正・田中宏・佐藤健生他編（2000）『日本企業の戦争犯罪』創史社，山田昭次・田中宏編（1996）『隣国からの告発』創史社などの研究がある.

29）　「内鮮関係通牒書類編冊」JACAR：A06030086000，内鮮関係通牒書類編冊（国立公文書館）.

30）　総務省ホームページ・郵政事業（https://www.soumu.go.jp/yusei/gunji_gaichi.html　2024年6月15日最終閲覧）.

軍事郵便貯金とは，戦時中，野戦郵便局又は海軍軍用郵便所において預入された通常郵便貯金で，利用者は原則軍人軍属に限られていた．外地郵便貯金とは，旧外地等（朝鮮，台湾，関東州，樺太及び南洋群島等）にあった郵便局で預入された郵便貯金（通常，定額，積立貯金等）である．＊総務省の解説．

31)　「治安経済情勢（内務省警保局）」JACAR：A17110918200，幣原内閣次官会議書類（その２）1946 年 2 月 21 日〜5 月 16 日（国立公文書館）．

32)　『朝日新聞』1946 年 5 月 30 日「汽車を停めて検査」，同 6 月 2 日「食はれる"穀倉"」，同 7 月 14 日「みつかつたお米百俵」．

33)　大阪府警察史編集委員会（1973）『大阪府警察史』第 3 巻，大阪府警察本部，112 頁．

34)　法務省『平成 元年版　犯罪白書 — 昭和の刑事政策 —』（https://hakusyo1.moj.go.jp/jp/30/nfm/mokuji.html　2024 年 6 月 15 日最終閲覧）．

35)　JACAR（アジア歴史資料センター）Ref.　A17110945800，朝鮮人等の不法行為取締に関する件（内務省警保局）（国立公文書館）．

36)　この段階では，中国国民は連合国国民として日本の刑事裁判権から免除されていたが，台湾人は朝鮮人と同様に従来日本の支配下にあった国の国民として連合国国民には含まれず，日本の法秩序に全面的に服すべきことが占領当局の覚書によって明らかにされていた．後に，中国代表部発給の登録証保持者に対する日本の刑事裁判権を否認するという形がとられるようになる（前掲書　大沼（1978）「出入国管理法制の成立過程 1」（『法律時報』第 50 巻第 4 号）89-96 頁，同（1978）「出入国管理法制の成立過程 2」（『法律時報』第 50 巻第 5 号）78-80 頁）．

37)　鄭　前掲書，64 頁．

38)　篠崎平治（1952）「最近における在日朝鮮人の不法行為の発生状況について」（『警察時報』第 7 巻第 10 号，警察時報社）91-92 頁．

39)　篠崎平治（1955）『在日朝鮮人運動』令文社，190-226 頁．

40)　実際にはさらに多いと思われる（정영환（2019）"4·24 교육투쟁과 재일조선인의 민족교육 폭력의 흔적과 연대의 기억" '창작과비평' 186 호，창비）．

41)　在日本朝鮮人連盟は，1945 年 10 月 15 日，主に在日朝鮮人の生活安定などを目的に結成された民族運動団体である．1949 年 9 月 8 日に占領当局が，団体等規正令を適用して解散を命じ，資産を没収した．呼称として「朝連」ともいい，以下「朝連」を使用する．

42)　1950 年 6 月 6 日の日本共産党幹部の追放，デモ集会に対する緊急措置，日本共産党機関紙「アカハタ」の発刊停止処分等が相次いで行われ，日本共産党は非合法地下活動に入ったこと（増田正度（1952）「— 国内治安に極めて重要な — 在日朝鮮人問題について」（『警察時報』第 7 巻第 4 号，警察時報社）38 頁）．

43)　前掲書　篠崎（1955）190 頁．

44)　一斉取締の表現は複数あり，一斉検挙・一斉摘発・一斉強制捜査などと表現される．本稿の検討対象である，朝鮮人の集住地域への一斉取締は「朝鮮人部落急

襲」などと表現される場合もある.

45)　「第1号」JACAR：B18090114300,「執務報告」綴　終連の部　第4巻（政治部）（A'.1.0.0.15-1)（外務省外交史料館).

46)　「第2号」JACAR：B18090114400,「執務報告」綴　終連の部　第4巻（政治部）（A'.1.0.0.15-1)（外務省外交史料館).

47)　「第三国人」は,敗戦直後,管理上の地位が不確定な,かつて,植民地統治下にあった朝鮮人,台湾人を,他の外国人と区別し分類する概念として用いられたが,日本政府や警察によって利用され,時間の経過とともに侮蔑意識や反感を込めて使用されていったという（内海愛子（1994)「『第三国人』ということば」内海愛子・梶村秀樹・鈴木啓介編『朝鮮人差別とことば』明石書店,111-128頁).また,水野直樹は,「第三国人」は「連合国・GHQ側がこの言葉を使ったことはほとんどなく,使われている場合でも実は日本側の言い方にあわせているに過ぎ」ず,「日本の警察・マスコミ・官僚・政治家が使い始め,広めた言葉」であるという（水野直樹（2000)「「第三国人」の起源と流布についての考察」（在日朝鮮人運動史研究会編『在日朝鮮人史研究』緑蔭書房)5-26頁).

48)　公安課渉外係（1946)「第三国人の保護状況と不法行為の取締について」（『あをぞら』第3号,大阪府警察部)5-9頁.

49)　仙台警察管区本部捜査課「朝鮮人犯罪について」1949年10月.ページは記されておらず,18枚中15〜17枚目の内容である.（　）は筆者が補足したものである.

50)　伊地知紀子（2015)『消されたマッコリ』社会評論社など参照.

51)　笹本征男（2000)「益田事件：私的なノート（地域社会における在日朝鮮人と占領当局/朝鮮研究会編)」（『東西南北』別冊01,和光大学総合文化研究所)56-72頁など参照.

52)　金耿昊（2013)「戦後日本社会における朝鮮人生活保護受給「問題」の形成に関する一考察：朝連強制解散〜朝鮮戦争下における朝鮮人生活保護受給者の動向から」（『在日朝鮮人史研究』第43号,緑陰書房)101-125頁,同（2022)『積み重なる差別と貧困　在日朝鮮人と生活保護』法政大学出版局ほか.

53)　法務府特別審査局（1951)『特審月報』第2巻第5号,92頁（不二出版,復刻版,2008年).

54)　前掲書,102-103頁.

55)　法務府法制意見第4局統計課（1951)「昭和25年 検察統計概観」（『法務統計資料』第2号)38頁.

56)　『朝日新聞』1948年1月16日付.

57)　前掲,1948年1月19日付.

58)　岡崎勝彦（1989)「「益田事件」について（続)－在日朝鮮人運動と占領当局地方軍政チームとの関りに即して－」（『経済科学論集』第15号,島根大学法文学部)47-52頁.

59)　『朝日新聞』1949 年 2 月 9 日号外，10 日付．

60)　新潟県警察史編さん委員会編（1959）『新潟県警察史』新潟県警察史編さん委員会，1066-1072 頁，『解放新聞』1949 年 5 月 12 日付，5 月 15 日付，5 月 18 日付．数値は『解放新聞』によるものであり，（）内の数値は『新潟県警察史』による．

61)　『朝日新聞』1949 年 4 月 17 日付．

62)　『読売新聞』1951 年 7 月 10 日付．

63)　伊地知　前掲書，68-84 頁．

64)　『朝日新聞』1952 年 4 月 14 日付．

65)　『読売新聞』1952 年 5 月 11 日付夕刊．

66)　前掲，1952 年 5 月 27 日付夕刊．

67)　『朝日新聞』1952 年 6 月 13 日付．

68)　『読売新聞』1952 年 6 月 25 日付．

69)　前掲，1952 年 6 月 27 日付夕刊．

70)　前掲，1952 年 8 月 3 日付，『朝日新聞』1952 年 8 月 6 日付，8 月 31 日付．

71)　1948 年 12 月 23 日未明，京都西陣警察が濁酒・カストリの密造を理由に三条口の朝鮮人部落を急襲した事件である．7, 8 軒の濁酒屋が検挙された際，鍋・釜などの家財道具や配給米も押収されたことから近隣の朝鮮人たちが同情し，西陣警察署に押収品の返還を求めて集まったが，税務署へ行けといわれ，同月 26 日に京都市中京税務署前に集まった．大衆の数は段々増え，警察の陣容はさらに物々しく，多くのケガ人がでた．そのような中で高齢の女性が気絶したのだが，それが「おばあさんが警察のために殺された」という噂になり，朝鮮部落の中に広がり，夕方にはますます大勢の人が集まってきた．その過程で，公務執行妨害罪，軽犯罪法違反で逮捕・起訴されるものが出た．検挙・起訴された人々の中に，濁酒密造者は一人もおらず，同胞の気の毒な事情を聞いて黙っていられなかった人々，特に婦人が多かったという．被告人 16 名，弁護人能勢他 3 名，12 回に渉り 90 数名の証人取り調べが行われた（能勢克男（1950）『権力と暴力－法廷斗争ノオト』三一書房，1-44 頁）．

72)　前掲書，7 頁．

73)　前掲書，7-8 頁．

74)　前掲書，12 頁．

75)　前掲書，16 頁．

76)　前掲書，17 頁．

77)　栗坂論（1951）「集団犯罪の捜査に関する実証的考察」（『検察研究所特別資料』第 1 号，検察研究所）14 頁．

78)　前掲書，16 頁．

79)　1952 年 5 月 1 日，サンフランシスコ講和条約発効直後のメーデーで，デモ隊の一部と警官隊が皇居前広場で衝突し，死者 2 名と多数の負傷者を出した事件で

ある.

80) 2021 年 9 月 5 日に A 氏宅を訪問予定であったが，体調不良ということで，電話インタビューとなり，会話は録取した.

81) 2021 年 9 月 5 日，東京都江東区在住，1930 年生まれ，男性，メーデー事件当時大学生で在日朝鮮民主愛国青年同盟に所属していた．会話の一部を筆記記録した.

82) 朝鮮人の検挙者のうち相当数が，学生団体あるいは職安自由労務者の集団に加わった者として検挙されたという（近藤忠雄（1955）「メーデー騒擾事件の捜査について」（『検察研究特別資料』第 18 号，法務研究所）207 頁）).

83) 前掲書，207-208 頁．枝川朝鮮人部落の警察官動員数について，『朝日新聞』（1952 年 5 月 27 日付夕刊）は 1,000 名，『読売新聞』（同日）と『毎日新聞』（同日）は 600 名と報道している.

84) 前掲書　大沼（1987）15-114 頁，水野直樹（2013）「日本の戦後体制と在日朝鮮人―参政権の「停止」と日本国憲法の制定過程をめぐって（特集 在日と戦後処理（2））」（『戦争責任研究』第 80 号，日本の戦争責任資料センター）10-17 頁など.

85) 当時の首相吉田茂は，マッカーサーに宛てた書信の中で，①現在および将来の日本の食糧事情から，余分な人口の維持は不可能であり，②大多数の朝鮮人は日本経済の復興に全く貢献しておらず，③朝鮮人の中で犯罪分子が大きな割合を占めていることを挙げ，原則すべての朝鮮人を本国に送還すべきことを訴えている（袖井林二郎編訳（2000）『吉田茂＝マッカーサー往復書簡集：1945-1951』法政大学出版局，275-277 頁）.

参 考 文 献

【資料】

―司法関係資料

・法務省『平成元年版　犯罪白書―昭和の刑事政策―』（https://hakusyo1.moj.go.jp/jp/30/nfm/mokuji.html　2024 年 6 月 15 日最終閲覧）

・法務府特別審査局（1951）『特審月報』第 2 巻第 5 号（不二出版，復刻版，2008 年）

・法務府法制意見第 4 局統計課（1951）「昭和 25 年 検察統計概観」（『法務統計資料』第 2 号）

・栗坂　諭（1951）「集団犯罪の捜査に関する実証的考察」（『検察研究所特別資料』第 1 号，検察研究所）

・近藤忠雄（1955）「メーデー騒擾事件の捜査について」（『検察研究特別資料』第 18 号，法務研究所）

―内務省・警察関係資料

・内務省警保局編（1946）『警察統計資料』

・「内鮮関係通牒書類編冊」JACAR：A06030086000，内鮮関係通牒書類編冊（国立公文

書館）
・「治安経済情勢（内務省警保局）」JACAR：A17110918200，幣原内閣次官会議書類（その2）1946年2月21日〜5月16日（国立公文書館）
・「朝鮮人等の不法行為取締に関する件（内務省警保局）」JACAR：A17110945800，事務次官等会議資料書類　1946年5月30日〜8月1日（国立公文書館）
・「週報　第9号　内務省警保局公安課」JACAR：A17110938200，事務次官等会議資料書類　1946年5月30日〜8月1日（国立公文書館）
・公安課渉外係（1946）「第三国人の保護状況と不法行為の取締について」（『あをぞら』第3号，大阪府警察部）
・仙台警察管区本部捜査課（1949）「朝鮮人の犯罪について」（朴慶植文庫所蔵）
・新潟県警察史編さん委員会編（1959）『新潟県警察史』新潟県警察史編さん委員会
・大阪府警察史編集委員会（1973）『大阪府警察史』第3巻，大阪府警察本部
・増田正度（1952）「―国内治安に極めて重要な―在日朝鮮人問題について」（『警察時報』第7巻第4号，警察時報社）
・篠崎平治（1952）「最近における在日朝鮮人の不法行為の発生状況について」（『警察時報』第7巻第10号，警察時報社）
―政府・自治体関係資料
・「7／リ．大衆運動の取締に関する件　閣議了解　昭和20年10月19日」JACAR：C15010838100，発来簡綴　2／2　1945年10月〜12日（防衛省防衛研究所）
・「太平洋戦争終結による旧日本国籍人の保護引揚関係雑件 朝鮮人関係第3巻」1945-1952年（外務省外交史料館）（韓国国家記録院収録）
・総務省ホームページ・郵政事業（https://www.soumu.go.jp/yusei/gunji_gaichi.html 2024年6月15日最終閲覧）
・福島県編（1971）『福島県労働運動史』第1巻，福島県
―占領関係資料
・（1978）『在日朝鮮人管理重要文書集1945~1950年』（現代日本・朝鮮関係史資料）第6輯，湖北社
・終戦連絡中央事務局政治部内務課編（1947）『警察に関する連合国指令集』ニュース社
・「第1号」JACAR：B18090114300，「執務報告」綴　終連の部　第4巻（政治部）（A'.1.0.0.15-1）（外務省外交史料館）
・「第2号」JACAR：B18090114400，「執務報告」綴　終連の部　第4巻（政治部）（A'.1.0.0.15-1）（外務省外交史料館）
―新聞資料
（日本語）
・『朝日新聞』・『毎日新聞』・『読売新聞』・『千葉日報』・『日本経済日報』
・日韓会談文書・全面公開を求める会編（2010）『日韓会談文書・全面公開を求める会ニュース』12号

（朝鮮語）

『解放新聞』

―資料集

・荻野富士夫編（1996）『治安維持法関係資料集』第 4 巻，新日本出版社

・労働争議調査編（1957）『戦後労働争議実態調査. 第 1 期第 1 巻（石炭争議）』中央公論社

【著書・論文】

―日本語

伊地知紀子 （2015）『消されたマッコリ. 朝鮮・家醸酒文化を今に受け継ぐ』社会評論社

内海愛子 （1994）「『第三国人』ということば」内海愛子・梶村秀樹・鈴木啓介編『朝鮮人差別とことば』明石書店

大沼保昭 （1987）『単一民族社会の神話を超えて：在日韓国・朝鮮人と出入国管理体制』東信堂

（1978-1979）「出入国管理法制の成立過程 1-15」『法律時報』第 50 巻第 4 号 - 第 51 巻第 15 号，日本評論社

岡崎勝彦 （1989）「「益田事件」について（続）―在日朝鮮人運動と GHQ 地方軍政チームとの関りに即して―」『経済科学論集』第 15 号，島根大学法文学部

川出敏裕・金光旭 （2012）『刑事政策』成文堂

金耿昊 （2022）『積み重なる差別と貧困　在日朝鮮人と生活保護』法政大学出版局

（2013）「戦後日本社会における朝鮮人生活保護受給「問題」の形成に関する一考察：朝連強制解散～朝鮮戦争下における朝鮮人生活保護受給者の動向から」（『在日朝鮮人史研究』第 43 号，緑陰書房）

金守香 （2022）「敗戦前後の日本における対朝鮮人刑事政策―朝鮮人高犯罪率言説を中心に―」一橋大学博士学位取得論文

（2022）「敗戦前後の朝鮮人高犯罪率言説と日本の刑事政策」（日韓相互認識研究会編『日韓相互認識』第 11 号）

金太基 （1997）『戦後日本政治と在日朝鮮人問題 SCAP の対在日朝鮮人政策 1945 ～ 1952 年』勁草書房

小林知子 （1994）「GHQ の在日朝鮮人認識に関する一考察――G-Ⅱ民間諜報局」（『朝鮮史研究会論文集』第 32 号）

笹本征男 （2000）「益田事件：私的なノート（地域社会における在日朝鮮人と GHQ／朝鮮研究会編）」（『東西南北』別冊 01，和光大学総合文化研究所）

篠崎平治 （1955）『在日朝鮮人運動』令文社

袖井林二郎編訳（2000）『吉田茂＝マッカーサー往復書簡集：1945-1951』法政大学出版局

鄭栄桓 （2009）「日本敗戦直後における「警察権確立」と在日朝鮮人団体」（歴史学研究会編『歴史学研究』第 860 号，青木書店）

能勢克男 （1950）『権力と暴力―法廷斗争ノオト』三一書房

広中俊雄　　（1969）「戦後日本の警察」戒能通孝編『警察権』岩波書店

古庄正・田中宏・佐藤健生他編　（2000）『日本企業の戦争犯罪』創史社

古庄正　　　（1995）「足尾銅山・朝鮮人強制連行と戦後処理」（『駒沢大学経済学論集』
　　　　　　　第 26 巻第 4 号，駒沢大学経済学会）

　　　　　　　（1991）「連行朝鮮人未払い金供託報告書」（『駒沢大学経済学論集』第 23
　　　　　　　巻第 1 号，駒沢大学経済学会）

前野育三　　（1979）『刑事政策と治安政策』法律文化社

水野直樹　　（2013）「日本の戦後体制と在日朝鮮人―参政権の「停止」と日本国憲法の
　　　　　　　制定過程をめぐって（特集 在日と戦後処理（2））」（『戦争責任研究』第 80
　　　　　　　号，日本の戦争責任資料センター）

　　　　　　　（2000）「「第三国人」の起源と流布についての考察」（在日朝鮮人運動史研
　　　　　　　究会編『在日朝鮮人史研究』緑蔭書房）

山田昭次・田中宏編　（1996）『隣国からの告発』創史社

―朝鮮語

정영환　　　（2019）"4·24 교육투쟁과 재일조선인의 민족교육 폭력의 흔적과 연대의 기
　　　　　　　억", '창작과비평', 186 호, 창비

　　　　　　　（（2019）「四・二四教育闘争と在日朝鮮人の民族教育：暴力の痕跡と連帯
　　　　　　　の記憶」（『創作と批評』第 186 号，創批））

第 12 章

関東大震災と朝鮮人虐殺，そして弁護士・布施辰治

李　　圭洙

は じ め に

　ハーバード大学ロースクール教授のジョン・マーク・ラムザイヤーの主張
が波紋を呼んだ．ラムザイヤーは「太平洋戦争時の性契約」という論文を国
際学術誌に寄稿し[1]慰安婦は契約による自発的な性労働者であり，慰安婦の
行為は性奴隷や戦争犯罪ではなく売春であると主張した．非常識の歴史認識
であり，詭弁である．これは「負」の歴史を否定しようとする日本のネオナ
ショナリズムと韓国のニューライトの歴史観をそのまま写し取ったものであ
る．日韓の歴史戦争が，ラムザイヤーという日本側の代理人を通して再び拡
散された．
　ラムザイヤーの屈折した歴史認識は慰安婦問題にとどまらない．1923年の
関東大震災の際に，戒厳令の下で日本政府や軍隊，警察，自警団によって6
千人余りの朝鮮人が虐殺された事件についても歪曲した主張を展開している．
ラムザイヤーの論文，「自警団・日本警察，朝鮮人虐殺，そして民間警備会
社」を見ると，日本政府の介入と自警団による集団虐殺を全面的に無視し，

混乱に乗じて朝鮮人が襲撃した，あるいは井戸に毒を入れたなどの風評を事実のように強調している．彼は「重要なのは虐殺の有無ではなく，朝鮮人がどれほど広範囲に犯罪を犯したか，実際に自警団が殺した朝鮮人が何人かということである」と主張した．朝鮮人犠牲者6千人は誇張されたものであり，たとえ朝鮮人を殺害していたとしても，それは正当な防衛行為だったと主張する．彼にとって重要なのは「朝鮮人虐殺が起きたかどうか」ではなく，「朝鮮人がどれだけ広範囲に犯罪を犯したか」であり，その1点に焦点が当てられている[2]．

歪んだ歴史認識はまた別の論争を巻き起こした．ラムザイヤーの主張に対する批判と論文撤回をめぐって国際的な議論になった．「学問の自由を尊重しなければならない」と主張する韓国の「反日民族主義者」の筆陣も彼の主張を積極的に擁護し本音を露わにした．日本の右翼も婉曲にラムザイヤーの主張を擁護している．しかし，ラムザイヤーの主張には致命的な誤りがある．歴史的な事実関係に照らして，一貫して恣意的な解釈がなされている点である．ラムザイヤーの経歴にも疑わしい部分が多い．彼は様々なルートで日本政府や団体から経済的支援を受けていた．彼は日本の国家主義と排外主義の立場を擁護しながら，日本の主張を欧米に広めるメッセンジャーの役割を果たしている[3]．

ラムザイヤーの主張のように，依然として国内外で歴史否定論が広まっている．最近では，日本が犯した不条理を指摘する勢力に対して精神的な脅威が加えられている状況である．問題の深刻さはこれにとどまらない．朝鮮人虐殺を否定する右翼勢力だけでなく，歴史修正主義に暗黙のうちに同意する一般市民も増えている．歴史否定論の代表といえるネット右翼の嫌韓主張とヘイトスピーチは，今や「アスファルト右翼」となり，活動場所をオンラインとリアルの双方に広げて存在感を増している．このような動きは，従軍慰安婦と朝鮮人虐殺に限ったものではない．日本の植民地支配を否定しようとするネオナショナリズムと密接に関連している[4]．

歴史上の「加害者」が「被害者」のふりをしている．関東大震災における

朝鮮人虐殺問題の歴史的真実は解明されないままである. ラムザイヤーの妄言は, 私たちに今でも真実が完全に解明されていないことを教えてくれる. 隠蔽された虐殺を次の世代に伝えなければならないという新たな課題を投げかけている. 虐殺された朝鮮人の叫びに対して, 今こそ日本社会が応答すべきである. 朝鮮人虐殺の真の歴史的意味を再認識し, 新たなスタートを切るべき時期にきている.

1.　1923 年 9 月 1 日の記憶のあり方

　1923 年 9 月 1 日はどのように記憶されてきたか. これまで関東大震災における朝鮮人虐殺の研究は, 虐殺の実態とその背景を明らかにすることに焦点を当てて行われてきた. 研究の特徴の一つは, 在日朝鮮人研究者を中心に行われてきたこと, そして「関東大震災〇〇周年」といった区切りの年に集中的に行われてきたことであろう. 既存の研究成果については, 田中正敬などの研究に詳しく述べられているので, ここでは注目すべき成果についてのみ検討することにしたい[5].

　朝鮮人虐殺の研究が本格的に始まったのは, 発生から 40 年後の 1963 年頃だった. まず, 姜徳相と琴秉洞が編纂した『関東大震災と朝鮮人』[6], そして朝鮮大学校が編纂した『関東大震災における朝鮮人虐殺の真相と実態』[7] が刊行された. 前者は, 政府関係文書を中心に基本史料を網羅しており, 朝鮮人虐殺を把握できる基礎資料集である. 後者には前者と重複する部分もあるが, 各地域ごとに資料が整理されており, 虐殺現場に居合わせた朝鮮人の証言も多数収録されている. この二つの資料集は, 在日朝鮮人によって作られた真相究明のための貴重な資料集であり, その後の研究の基盤となった.

　これらの刊行をきっかけに, 関連研究も本格的に始まった. 研究のパイオニアは姜徳相であった. 姜徳相は一連の論文と著書を通じて, デマ流布の震源地と朝鮮人虐殺の真相を明らかにすることに貢献した[8]. 日本人による研

究も進んだ．1963 年には『労働運動研究』や『歴史評論』などの雑誌でも関東大震災当時の虐殺についての特集が企画された．その後も 50 周年，60 周年，70 周年，80 周年，90 周年に特集された[9]．1993 年の 70 周年には資料集も編纂され，松尾章一が監修した『関東大震災政府陸海軍関係史料』が刊行された[10]．

　研究の進展とともに，流言の発生原因をめぐる議論も行われ，流言の「自然発生説」と「意図的捏造説」に区別された．松尾尊兊は，流言が一般市民の間で自然発生したと主張し[11]，姜徳相は官憲が意図的に捏造し流布したと主張した[12]．松尾は日本人の責任を明らかにすることこそ，当時の日本帝国主義を批判することであるという立場であったが，姜徳相は一般民衆が流言に便乗することもあったという点と，その背後にある官憲の存在を重視すべきだという問題意識を示した．もちろん，流言の伝播に官憲が果たした役割を重く捉え，一般市民が流言を信じて虐殺に加担したという点では両者の主張は一致している．

　朝鮮人の体験談や目撃者の証言を記録する活動も本格的に行われた．これを主導したのは日朝協会であった．1963 年には「日朝協会朝鮮人犠牲者調査慰霊特別委員会」が発足し，船橋と本庄で現地調査が行われた．1973 年の震災 50 周年には，東京都と埼玉県で虐殺を目撃した人々を対象に取材した書籍も刊行された[13]．これにより事件を経験した日本人の証言や自警団による虐殺の実態などが明らかになった．千葉県でも 1970 年代から本格的な調査が行われ，1983 年に『理由もなく殺された人々』としてまとめられ刊行された[14]．東京都墨田区の旧四ツ木橋での虐殺事件を調査してきた団体は，韓国での聞き取り調査を基に 1992 年に『風よ！鳳仙花の歌を吹け』を刊行した[15]．この他，充功監督のドキュメンタリー映画制作も重要な成果である[16]．朝鮮人体験者の証言を収録した成果はもちろん，加害者の立場に立った日本人の証言を映像で記録した取り組みは非常に貴重である．

　関連研究の進展とともに，関東大震災における朝鮮人虐殺をいわゆる「三大テロ事件」の 1 つとして捉える視点をめぐる論争も起こった．この論争は，

塩田庄兵衛と今井清一が朝鮮人虐殺を亀戸事件，甘粕事件と同一視すること
に対する康徳相が始まりである[17]．この論争は中国人虐殺とも関連し，論争
の余地は依然として残っているが，姜徳相の主張を紹介すると次の通りであ
る[18]．

　　私は，関東大震災時に発生した三大虐殺事件または田原洋が主張する
　四大虐殺事件を並列的に考えるのは正しくない．朝鮮人虐殺事件は民族
　問題であることを強調したい．日本史では，関東大震災の朝鮮人事件，
　亀戸事件，大杉事件を並列して三大テロ事件と呼ぶ人が多い．また日本
　人の間では，東北地方の方言を話す人が死んだ，あるいは中国人が死ん
　だ，沖縄人が死んだという事実を強調して，日本の対外関係やアジア人
　差別の問題として，このような事件を排外主義一般に拡大解釈しようと
　する傾向がある．しかし，私はこれに反対する．それは視野を歴史的に
　拡大することではない．一つ一つの事件はその本質が異なる．朝鮮人事
　件を他の事件と並列させることは，歴史的意義と事実を損なうものであ
　り，官憲の隠蔽工作と一軸をなすものと言ってもよい．……最後にもう
　一度強調したい．大杉事件，亀戸事件は官憲による権力犯罪，密室犯罪，
　日本民族内部の階級問題である．これに対し，朝鮮人事件は官民一体，
　さらに一般民衆が加担した民族犯罪である．そして日本人の一部，中国
　人，沖縄人の問題は，日本と朝鮮との矛盾によって生じた派生的なもの
　であり，今なお続く日本の排外ナショナリズムの犠牲となった事件であ
　る．これらを決して同一視してはならない．

　姜徳相は，朝鮮人虐殺の本質を明確に指摘した．すなわち，「朝鮮人虐殺は
日本官民一体の犯罪であり，さらに一般民衆が動員されて直接虐殺に加担し
た民族的な犯罪であり，国際問題である」とし，他の事件との差別性を明らか
にしなければならないと指摘した．また，姜徳相は，関東大震災当時，なぜ
戒厳令が公布され，軍隊が出動したのかという点を考えなければならないと

し，戒厳令を朝鮮の民族解放闘争史と切り離してはならないという点が最も重要であると強調した．朝鮮人虐殺は戒厳令の下で行われたことを忘れてはならないという視点を提示したのである．

　朝鮮人虐殺問題は，日本帝国主義の植民地支配の問題と切り離せないし，同時に朝鮮民衆の解放闘争と切り離してその歴史的位置づけは難しい．虐殺と植民地支配，民族解放闘争の高揚は明確な因果関係で結びついている．関東大震災での朝鮮人虐殺事件は，1905年以降の植民地支配とそれを支えた日本民衆が朝鮮民衆を潜在的な敵とみなして恐れたことから発生した集団殺人であり，民族犯罪であった．日韓間の不条理な関係の中で必然的に突出したもう一つの残酷な事件であった．

　朝鮮人虐殺については，これまでの研究成果にもかかわらず，依然として解明すべき領域が多い．とりわけ，犠牲者に関する調査研究はまだ十分とは言えない．正確な犠牲者の統計も不明である．残念ながら，日本ではこれまで日本政府が朝鮮人犠牲者について調査した資料は発見されていない．今後，東アジアという共通点から，虐殺をめぐる共同シンポジウムなどが頻繁に開催されるだろう．1923年9月という同一空間で起きた虐殺であるため，中国人を含めた研究視野の拡大という側面では歓迎すべきことである．朝鮮人と中国人の虐殺の共通点と相違点などを明らかにすることで，虐殺の全体像を把握することができるだろう．しかし，このような研究傾向は，姜徳相が強調した「事件の真相と本質」を十分に認識した上で行われる必要がある．朝鮮人虐殺の問題は，中国人虐殺の問題とは異なり，植民地支配の問題と決して切り離すことができないからである．

2. 虐殺の忘却，歴史修正主義の攻撃

　日本社会では，関東大震災当時の朝鮮人虐殺に対する歴史否定論が広がっている．常識的な歴史認識に対する組織的な抵抗が行われている．植民地支

配そのものを否定しようとする勢力も存在している．彼らは関東大震災当時の 6 千人という朝鮮人犠牲者は誇張されたものであり，たとえ虐殺された朝鮮人がいた場合にも，それは正当防衛だったと主張する．嫌韓の言説を無差別に流布するネット右翼が存在感を増している[19]．

　市民運動勢力は「孤独な」闘いを続けているが，高齢化も目立ち危機的状況である．嫌韓と排外主義運動は，一部の階層の「逸脱行為」と見なすことはできない．ネット右翼のプロパガンダにより，歴史否定論に暗黙のうちに同調する一般市民が増加しているからである．このような動きは関東大震災に限ったことではない．植民地支配全体を否定するネオナショナリズムとも密接に関連している．朝鮮人虐殺への反省と追悼に対する反発も同じである．歴史否定論の代表的な事例は，ネット右翼のヘイトスピーチと小池百合子東京都知事の朝鮮人犠牲者に対する追悼辞送付拒否であろう．これを理解するためには，1990 年代以降に台頭した歴史修正主義の動きとネット右翼との関連性を見る必要がある．

　歴史否定論は関東大震災の朝鮮人虐殺問題にも影響している．日本では，1990 年代以降の社会経済的危機感が蔓延した状況を契機に，歴史修正主義が前面に出てきた．その代表格「自由主義史観研究会」と「新しい歴史教科書をつくる会」は「健全なナショナリズムの復権」という名目で精力的な活動を展開した．自由主義史観研究会は，周知の通り，1990 年代初頭から日本の戦争責任問題を封じようとする人物を中心に結成された．いわゆる「文化人」に分類されるネオナショナリストたちは，従来の歴史観を「東京裁判史観」，「コミンテルン史観」，「自虐史観」，「暗黒史観」と規定した．一部のマスコミがこれに呼応し，政界や社会運動界，学界，教育現場でもこのような風潮を支持する集まりが生まれるなど，波及効果は少なくなかった．

　歴史修正主義は教科書領域にも拡大された．彼らは教科書が近現代史の部分で日本の帝国主義的侵略と植民地支配，戦争責任，戦争犯罪などを過度に強調し，全体的に日本の「暗い」側面だけを強調していると批判した．朝鮮人虐殺問題も日本の恥部を露呈するものとして受け止められた．また，彼ら

はインターネットのホームページを通じて第一線の学校教師に自分たちの主
張を流布し，支持層を拡大した．中学校の歴史と公民教科書を独自に編集し，
2005 年には周辺国の反対にもかかわらず，文部省の検定を通過させた．教育
現場では，日の丸の掲揚や君が代の斉唱の義務化を通じて，国家に対する「愛
国心」を強要するなど，戦争を美化し，国家のために命さえも捨てることが
できる「国民づくり」に乗り出している[20]．

　最近のこれらに関する社会学的研究では，ネット右翼は日本社会から相対
的に疎外された階層の「剥奪感」が表出したものであり，日本社会にいわゆ
る「不安型ナショナリズム」または「マイ・デモクラシー症候群」が出現し
たものであると警告する．彼らの主張が既存の右翼だけでなく，戦争を経験
していない戦後世代の歴史認識に直接影響を及ぼし，ネット右翼を創出する
ことに大きく貢献したというところに問題の深刻さがある．要するに，1990
年代に台頭した教科書問題をめぐる歴史修正主義は，嫌韓・排外主義運動の
源流といえる．歴史修正主義は知識人層が主導する市民運動であり，ネット
右翼はインターネットを中心とした運動であるという点で違いはあるが，日
本社会で展開された 1990 年代以降の変化の様相を反映しているという点では
根本的に共通している[21]．

　歴史修正主義に賛同する論調は，関東大震災の際に 6 千人の朝鮮人虐殺は
行われておらず，追悼式に追悼の辞を送ることはできないという論理で表明
された．朝鮮人虐殺はなかったという主張である．朝鮮人追悼式は，関東大
震災 50 年目の 1973 年より，東京都議会の賛成で「慰霊公園」と呼ばれる墨
田区横網町公園で正式に行われるようになった．この時，「関東大震災朝鮮人
虐殺者追悼碑」が建てられた．碑には「アジアの平和をつくろう」と書かれ
ている．

　追悼式は，日韓両国の市民による虐殺への反省と追悼の象徴であり，朝鮮
人虐殺の歴史を教訓としてアジアの平和を構築しようという意味で，歴代の
保守的な都知事も追悼の辞を送ってきた．しかし，現職の小池百合子東京都
知事は，2017 年から「関東大震災朝鮮人犠牲者追悼式典」に追悼の辞を送る

ことを拒否した．これには「そよ風」という新興右派団体が深く関わっていた．彼らは朝鮮人追悼式が開催されるたびに，「関東大震災の真実を知らせる」という名目で，同じ公園の隣接する場で「真実の関東大震災石原町犠牲者慰霊祭」という集会を開催している．彼らが主張する「真実」とは，日本人自警団によって6千人が殺害されたという慰霊碑は間違っており，日本人も悪くないということである．

　これらの右翼団体は故意に朝鮮人犠牲者追悼式と同じ日，同じ時間に朝鮮人犠牲者追悼碑のすぐ隣にある「大正大地震火災石原町遭難者碑」の前で慰霊祭を開催した．集会には「6千人という嘘に友好はない，謝罪はいらない」「私たちの先祖にヘイトスピーチをやめろ」という看板も掲げられた．朝鮮人が日本人にヘイトスピーチを行ったというとんでもない主張である．朝鮮人の「不逞行為」に自警団が正当防衛を行なったと叫び，加害者ではなく，日本人こそが被害者だということである．彼らの目的は，朝鮮人犠牲者の追悼式を妨害することに他ならない．

　繰り返しになるが，日本の歴史修正主義は知識人層が主導する市民運動である．ネット右翼は彼らの影響を受けてインターネットを中心に排外主義運動を展開しているという点で，1990年代以降の保守主義イデオロギーの変化を反映している．嫌韓・排外主義運動の言説は，1990年代に台頭した歴史修正主義の延長線上にある．歴史修正主義は自国の歴史教科書を改変することにとどまらず，その正統性をめぐって周辺国との対立を引き起こした．周辺国に対する敵意を発動させ，日本に居住する外国人に対する嫌悪感を呼応させることが彼らのフレームであろう．関東大震災の際の朝鮮人虐殺に対する否定的な言説も，追悼に対する拒否感も同じような流れで行われている．歴史否定論が蔓延する日本社会において，関東大震災の朝鮮人虐殺の記憶は歪曲される可能性が大きい．

3.　記憶の呼び戻しと布施辰治

　では，歴史修正主義の朝鮮人虐殺否定論に対する市民勢力の連帯の歴史はどうだったのだろうか．日韓連帯による朝鮮人虐殺の真相究明の可能性は存在するのだろうか．この問いに答えるために，前述の条件付き追悼行事に対して抗議声明を出した自由法曹団の創設者である布施辰治弁護士の関東大震災当時の活動を通して，日韓連帯の可能性を探ってみよう．

　布施は様々な形で朝鮮と関わりを持った人権弁護士であり，「朝鮮人の友」として記憶されている弁護士である．彼は関東大震災が発生した際，朝鮮人保護の先頭に立ち，虐殺事件の調査と抗議活動に乗り出した．また，朝鮮の各報道機関に「虐殺の責任を痛感する」という書簡を送るなど，良心的な法律家として活動した．朝鮮人は彼を「日本無産階級の猛将」と敬意を込めて呼んだ．

　布施が朝鮮に本格的に関心を示したのは，3・1運動の前後した時期と思われる．彼はいわゆる成功した弁護士の道をあきらめ，1920年5月に「社会運動に闘卒した弁護士として生きていくことを民衆の一人として民衆の権威のために宣言する」という「自己革命の告白」を公表した[22]．

　布施は日本国内の社会運動関連事件だけでなく，植民地朝鮮にも関心の幅を広げていった．1922年に朴烈が発行した雑誌『太い鮮人』第2号に「プロレタリアの友人，弁護士界の反逆者布施辰治」[23] という広告も掲載した．布施の「自己革命の告白」は新鮮な衝撃と希望として受け止められた．彼にとって日本国内の不条理だけでなく，朝鮮や台湾などの植民地問題も解決すべき課題の一つであった．

　布施は1923年7月31日に初めて朝鮮を訪れた．留学生思想団体である北星会が主催する「下期巡回講演会」に参加するためであった．北星会は布施の講演を通じて，植民地の現実を歪曲・宣伝する総督府に対する批判を朝鮮の青年に広めた．布施もこの期待に応えた．布施は朝鮮滞在期間中，講演活

動のほか，京城地方法院で開かれた義烈団員の金始顯と金益相の裁判も弁護した．彼の講演と誠実な態度は朝鮮人に信頼を与えるのに十分だった．布施が「日本無産運動の猛将」であることが再確認された[24]．

　日本に帰国した布施を待ち受けていたのは，関東大震災であった．布施は震災当日，3 回にわたって市内を巡回し，自宅や事務所を避難所として提供した．市内巡回時には，バイクに「地震は止まる！次は火の用心！」というフレーズを掲げ，また，市ケ谷刑務所を訪れ，収監中の第 1 次日本共産党事件関係者の安否を確認した．

　布施の回顧によると，流言は 1 日午後 3 時から広まったという．夕方 8 時頃からは小松川警察署管内で朝鮮人虐殺が始まったという．地震発生時の状況と流言について，布施は「1923 年 9 月 1 日午前 11 時 58 分に地震が起きると，参謀本部は 100 台以上のオートバイを動員し，3 時から 5 時まで，東京を中心に埼玉，千葉，神奈川 1 都 3 県にわたって「主義者や鮮人が地震に乗じて革命的暴動を画策しているので，主義者や鮮人を殺せ！」という流言を流した．続いて，騎馬憲兵が同じ流言を印刷して歩き回り，そのような虐殺事件を起こした」[25]と述べた．流言の震源地が軍隊であることを指摘した．

　布施は朝鮮人虐殺事件を調査・告発するために自由法曹団の先頭で活躍した．自由法曹団は当局が発表した「朝鮮人殺害問題に関する全容」を批判し，布施の提起により 9 月 20 日の第 1 回震災総会で「震災中（朝鮮人）殺害の真相及びその責任に関する件」の調査を議題とした．しかし，自由法曹団は当局の妨害工作で虐殺の真相を正確に解明することができなかった．

　自由法曹団が提示した調査方針は以下の通りである．すなわち，①殺害された朝鮮人の数は何千人か．殺害された原因は何か．ただ朝鮮人であるという理由だけで殺されたのか．それとも本当に不穏危険な暴行があったから殺されたのか．③殺害の手先は誰か．軍人か，警察か，自警団民衆か．④殺害方法はどうだったか．本当にやむを得ない事情による殺害だったのか．残酷な殺害方法ではなかったのか．殺害方法はどうであったか．本当にやむを得ない事情による殺害方法であったか．⑤殺害された遺体はどうしたのか．⑥

殺害した犯人に対する捜査，検挙，処罰の実態はどうであったかなどであった[26]．

　関東大震災当時，朝鮮人虐殺問題の原因究明と実態把握をめぐる布施の認識は的確なものであった．しかし，状況は芳しくなかった．布施自身も命の危険を感じざるを得なかったからである．布施は調査方針に基づいた概略的な調査内容を 1924 年に発表した．その概要は『日本弁護士協会録事』に掲載された．主な内容を要約すると以下の通りである．

　第 1 に，殺害者数について．当局が発表した死傷者 300 人程度は歪曲縮小したものである．布施は，在留朝鮮人数の増減統計をもとに当局の発表に反論した．震災当時の在留朝鮮人数は 2 万人以上で，このうち震災後に帰国した者と在留者，所在確認者を合わせると 1 万 3 〜 4 千人を確認できる．したがって，6 〜 7 千人の所在が不明である．当局の発表は少なくとも一桁以上の単位に差がある．

　第 2 に，殺害の原因について．流言を流布した正体を暴露しなければならない．また，当局は少数の朝鮮人の暴動により，多数の善良な朝鮮人も誤解を受けたと言い訳するが，被害者の名前も加害者の名前もない．問題はデマそのものである．その証拠に布施は「朝鮮人殺害の遠因を提供した者が誰であれ，また 1 〜 2 人の狂暴な朝鮮人がいて善良な多数の朝鮮人を誤解させたとしても，官憲当局は善良な多数の朝鮮人のためにすべての誤解を解消し，生命を守らなければならない責任がある．誠意ある朝鮮人殺害事件の真相発表を期待せざるを得ない」[27] と批判した．

　第 3 に，犯人について．当局は，自警団員が殺害の主体であるため，当局は関係ないと主張する．布施はこれに反論し，警察官憲の教唆，思惑，指揮によるものであると判断した．退役軍人分会長の言葉を引用すると，「2 日の夜，警察官 1 人が今，朝鮮人が来るから，各所に武器を持って警戒しろと言った．そこで彼らは警察官の言うとおりに日本刀を持って家の外に出た．そこにもう一人の警察官が来て，朝鮮人が来たら殺してもいいと言った．朝鮮人が来たら暴行の有無にかかわらずナイフで斬るつもりだった」[28] という証言

を示している．

　第 4 に，殺害方法について．朝鮮人の殺害された状態は筆舌に尽くしがたい．武器がどのように使用されたのか，目撃者の話を聞いただけでも今でも身震いする．しかも，遺体焼却は官憲が容認した状態で行われた．当局がこれを発表しなかったのは卑怯である．

　第 5 に，殺害した犯人に対する捜査，検挙，処罰の問題についての反省を求めた．布施は「まず事実の真相を調査確定する必要がある．これがわれわれ自由法曹団が朝鮮人殺害問題の真相を調査しようとする理由である」[29] と述べている．

　布施は朝鮮人留学生との連携活動にも積極的であった．布施は留学生たちが 1923 年 10 月に結成した「東京地方罹災朝鮮人後援会」の顧問に推挙された．12 月 28 日には「被殺同胞追悼会」で朝鮮人虐殺に対する当局の態度を批判し，次のように述べた[30]．

　　　考えれば考えるほど，あまりにも恐ろしい人生の悲劇です．あまりにも過酷な悲劇でした．特に朝鮮から来た同胞の最後を考えるとき，私は悼む言葉がありません．また，どんな言葉で追悼しても，朝鮮同胞 6 千人の亡霊は満足しないでしょう．彼らを悼む千万の追悼の言葉を並べても，その人々の無念に満ちた最後を追悼することはできないでしょう．……虐殺は階級闘争の一端でした．私たちの同志が殺されたのも，6 千人の同胞がそのような境遇に直面したのも，私たちが階級闘争に敗れたからです．私たちは負けました．とても悔しいです．なぜ私たちが負けたのか考えてみてください．

　布施の演説文は，当時の朝鮮人虐殺を糾弾した言説の中で最も激しいものであった．虐殺に対する怒りと悔しさが追悼辞全文に込められている．日本人として朝鮮人に切実な謝罪を表明した珍しい内容だった．布施は朝鮮人虐殺問題を人災として認識していた．1926 年 3 月に朝鮮を訪問した際，布施は

関東大震災に対する「謝罪文」を次のように『朝鮮日報』と『東亜日報』に
郵送した[31]．

> 　朝鮮に行けば，全世界の平和と全人類の幸福を追求する私たち無産階
> 級解放運動家は，たとえ日本に生まれ，日本に活動の根拠を置いていて
> も，日本民族という民族的枠組みに陥らないこと，また実際の運動にお
> いても民族的枠組みに陥らないことを証明するために，震災直後の朝鮮
> 人虐殺問題に対する率直な私の所信と感想をすべての朝鮮同胞に伝えよ
> うと思います．……日本人として，すべての朝鮮同胞に朝鮮人虐殺問題
> について心から謝罪を表明し，自責を痛感します．

布施は関東大震災における朝鮮人虐殺問題の解明に誰よりも積極的であった．
これは布施自身を危険にさらす行動であった．布施は，虐殺の本質を正確に
認識しただけでなく，朝鮮人への謝罪の気持ちも誠実に表した．朝鮮のマス
コミと社会運動家たちに朝鮮人虐殺を公式に謝罪した．布施は大邱でも『時
代日報』の記者と対談し，朝鮮人虐殺問題について次のように語った[32]．

> 　私が朝鮮の地を踏むのは今回が二度目ですが，今回来た重要な用事は，
> 宮三面事件の調査と解決努力にあります．……朝鮮の感想を述べる前に，
> まず第一に朝鮮民族に言わなければならない所感があります．それはす
> なわち，3年前に起きた震災変乱の間に生じたいわゆる○○○○○○問
> 題の謝罪です．……私は今回朝鮮に来て，自ら朝鮮問題に尽力するにあ
> たり，朝鮮全土に読者を持つ貴紙を通じて，まず第一に一人の日本人と
> して，いわゆる○○○○○○問題の謝罪の誠意を表明する次第です．……
> あの事件以来，初めて朝鮮に来た私は，いわゆる○○○○○○問題に対
> する謝罪の誠意を表明しなければ，という自責の念を痛切に感じる次第
> です．

　布施にとって関東大震災当時の朝鮮人虐殺問題は，一つの柩であった．記事で「○○○○○○」に入る言葉は「朝鮮人大虐殺」である．日本人の布施にとって，日本当局と自警団が犯した虐殺事件にどう対応するかは一つの歴史的課題であった．朝鮮人に「謝罪の誠意を表明しなければ，という自責の念を痛切に感じる」という発言には，彼の真摯さが伝わったのだろう．朝鮮人は，関東大震災における朝鮮人虐殺を謝罪した布施に，大きな信頼を寄せた．

　布施の事例からも教訓を得ることができるように，朝鮮人虐殺問題に対する真摯な謝罪と自責の念が日韓連帯の出発点である．布施の謝罪と真相究明の努力は，朝鮮人にもその真意が伝わった．日韓連帯の出発点と可能性をよく示す事例である．1923 年 9 月 1 日の記憶を忘却することなく記憶する姿勢が連帯の始まりである．虐殺の実態と記憶を社会化し，伝承することが正しい方向であろう．

おわりに

　関東大震災は 1923 年 9 月 1 日午前 11 時 58 分，関東地方南部で発生した．その規模は M7.9，震源は相模湾西北部（東経 139.3 度，北緯 35.2 度）と計測された．地震は小田原と根府川方面が最も激しかったが，東京と横浜では地震による火災が重なり，最大の被害を受けた．東京では 3 日朝まで地震による火災が続いた．地震による被害は，死者 99,331 人，負傷者 103,733 人，行方不明 43,746 人，家屋全壊 128,266 戸，家屋半壊 126,233 戸，焼失家屋 447,128 戸，流失家屋 868 戸であり，被災者は約 340 万人に達した[33]．

　現在，日本では 9 月 1 日を「防災の日」と定めている．この日が近づくと，マスコミや行政機関は，各家庭に避難用具や非常食の準備と点検を広報する．日本は同日を災害にどう対応するかという歴史の教訓としている．しかし，自然災害の恐ろしさを思い出すだけでは済まされない．この日は，地震や火災の恐怖よりも，白昼堂々と朝鮮人虐殺が行われ，衝撃を与えた日である．

地震と火災による極度の混乱の中，朝鮮人が暴動を起こしたというデマがどこからか流れ，戒厳令が発令され，その後，組織的かつ計画的な朝鮮人大量虐殺が行われた人災の日であった．

　日本社会の一部では，朝鮮人虐殺はなかったと強弁する勢力が存在感を増している．歪曲された主張に暗黙のうちに同調する一般人も増えている．決して容認できない状況である．関東大震災における朝鮮人虐殺の究明のためには，多くの課題が山積している．研究の深化とともに様々な活動が求められている．今，私たちは何をすべきか．日韓間の歴史問題をどう清算していくのか．朝鮮人虐殺という野蛮な歴史をどのように記憶し，後世に伝えていくのか．布施は自らを平和主義者と称した．1946 年の追悼演説で，「虐殺の元凶は軍閥の殿堂，参謀本部である．朝鮮人を虐殺したのは，侵略戦争を準備する排外思想を宣伝するためであった．犠牲者は虐殺される理由がなかった．」[34] と述べた．そして，歴史的課題について「大津波の混乱に乗じて軍閥と警察に虐殺された日本，朝鮮，中華民国の犠牲者を追悼することは，今日まで生き残り，日本の民主化革命を遂行しようとする私たちの責任です．同志愛の発露です．……日本の国民大衆が再び震災当時のような反動的なデマに踊らされないように，民主化の思想を啓蒙するために大津波虐殺の犠牲者を記憶しなければならない」[35] と強調した．

　朝鮮人虐殺問題について，孤独ながらも着実に，そして力強く問題提起してきた在日朝鮮人と良心的な日本人の運動を見習い，新たな転換が必要である．これには韓国，さらに北朝鮮も連帯して日本政府に虐殺の真相究明を要求する必要があるだろう．虐殺された 6 千人余りの朝鮮人の死をそのまま葬り去ることは，歴史のもう一つの犯罪だからである．南北朝鮮と在日朝鮮人社会，そして日本の市民社会の新たな連帯が実現することを期待したい．

1)　John Mark Ramseyer, 2022, Contracting for sex in the Pacific War, *International Review of Law and Economics*.

2)　John Mark Ramseyer, 2019, Privatizing Police: Japanese Police, the Korean

Massacre, and Private Security Firms, *The Harvard John M. Olin discussion paper series, Economics John M. Olin Center for Law（and Business）*.

3)　2018 年にラムザイヤーは日本政府から国家勲章である旭日中綬章を授与された．また，彼のハーバード大学教授職の正式名称は「三菱教授」（Mitsubishi Professor of Japanese Legal Studies）で，三菱グループがハーバード大学に研究基金を創設した後に作られた役職である．

4)　歴史認識の土台は，経験，記憶，知識の複雑な多層的関係性であるといえる．例えば，ある民族に対するイメージは，個人の経験が共通の経験として記憶される方法と深く関係している．個人の経験が歴史的知識によって集団の経験として記憶され，様々な個人の経験が消去されたり変形されたりすることで，一つの定型化された集団の記憶が作られる．これは歴史的に長い期間をかけて形成されたものであり，各種教育を通じて直接的・間接的に伝承される．日本の敗戦後の歴史認識の推移とネット右翼の特徴などについては，李圭洙「日本の中学校教科書における『普通の日本人』作り」（『アジア研究』8-2, 2006）；李圭洙「日本の公民教科書の歪曲構図と右傾化―「縦軸の哲学」論批判」（『地域と歴史』18, 2006）；李圭洙「日本ネオナショナリズムの勃興と歴史認識研究―右派団体のホームページ分析を中心に―」（『近代韓日間の相互認識』東北アジア歴史財団, 2009）；李圭洙「『在特会』の歴史修正主義と右傾化」（『日本学』43, 2016）などを参照．

5)　既存の研究状況については，田中正敬「近年の関東大震災史研究の動向と課題―現在までの 10 年間を対象に」関東大震災 80 周記念行事実行委員会編『世界史としての関東大震災―アジア・国家・民衆』（日本経済評論社, 2004）；田中・専修大学関東大震災史研究会編『地域に学ぶ関東大震災―千葉県における朝鮮人虐殺その解明―追悼はいかになされたか』（日本経済評論社, 2012）；田中正敬「関東大震災時の朝鮮人虐殺をめぐる論点」（『歴史地理教育』809, 2013）；成周鉉『関東大震災と植民地朝鮮』（（先仁, 2020）などを参照．

6)　姜徳相・琴秉洞編『現代史資料 6 関東大震災と朝鮮人』（みすず書房, 1963）．

7)　朝鮮に関する研究資料編集委員会編『関東大震災における朝鮮人虐殺の真相と実態（朝鮮に関する研究資料第 9 集）』（朝鮮大学校, 1963）．

8)　姜徳相「大震災下の朝鮮人被害者数の調査」（『労働運動史研究』37, 1963）；姜徳相「関東大震災における朝鮮人虐殺の実態」（『歴史学研究』278, 1963）；姜徳相「つくり出された流言」（『歴史評論』157, 1963）；姜徳相『関東大震災』（中公新書, 1975）；姜徳相「関東大震災もう一つの虐殺―習志野騎兵連隊における朝鮮人虐殺」（『季刊三千里』23, 1980）；姜徳相『新版 関東大震災―虐殺の記憶』（青丘文化社, 2003）．

9)　「特集 関東大震災 50 周年」（『歴史評論』281, 1973）；「特集 関東大震災」（『歴史地理教育』356, 1983）；「特集 関東大震災の時代」（『季刊三千里』36, 1983）；「特集 関東大震災」（『歴史地理教育』506, 1993）；「特集 関東大震災と朝鮮人虐殺事件」（『歴史評論』521, 1993）；「特集 関東大震災時の朝鮮人虐殺」（『歴史地

理教育』809，2013).

10)　松尾章一監修・平形千恵子・大竹米子編『政府・戒厳令関係史料（関東大震災政府陸海軍関係史料 1 巻)』（日本経済評論社，1997)；松尾章一監修・田崎公司・坂本昇編『陸軍関係史料（関東大震災政府陸海軍関係史料 2 巻)』（日本経済評論社，1997)；松尾章一監修・田中正敬・逢坂英明編『海軍関係史料（関東大震災政府陸海軍関係史料 3 巻)』（日本経済評論社，1997).

11)　松尾尊兊「関東大震災下の朝鮮人暴動流言に関する二・三の問題」（日本朝鮮研究所『朝鮮研究』33，1964).

12)　姜徳相「関東大震災下『朝鮮人暴動流言』について」（『歴史評論』281，1973).

13)　日朝協会豊島支部編『民族の棘 関東大震災と朝鮮人虐殺の記録』（日朝協会豊島支部，1973).

14)　千葉県における関東大震災と朝鮮人犠牲者追悼・調査実行委員会『いわれなく殺された人々』（青木書店，1983).

15)　関東大震災時に虐殺された朝鮮人の遺骨を発掘し追悼する会『風よ 鳳仙花の歌を吹け』（教育史料出版会，1992).

16)　「隠された爪跡—関東大震災朝鮮人虐殺記録映画」(1983)；「払い下げられた朝鮮人—関東大震災と習志野収容所」(1986).

17)　これについては，塩田庄兵衛「関東大震災と亀戸事件」（『歴史評論』158，1963)；今井清一「大震災下の諸事件の位置づけ」（『労働運動史研究』37，1963)；松尾章一「関東大震災の歴史研究の成果と課題」（『法政大学多摩論集』9，1993)；姜徳相「三大テロ史観について」関東大震災 70 周記念行事実行委員会『この歴史永遠に忘れず—関東大震災 70 周記念集会の記録』（日本経済評論社，1994) などを参照.

18)　姜徳相「関東大震災朝鮮人虐殺を見る新たな視点—日本側の「三大テロ事件」史観の誤り」（『歴史批評』47，1999).

19)　ネット右翼とは 2005 年を起点として登場した用語で，「インターネットを中心に右翼的なメディア活動を活発に展開しており，既存の右翼，民族派団体，組織に所属していない人」であり，要するに既存の右翼とは別の新しいものである．ネット右翼の概念定義と特性については，谷崎晃『ネット右翼とサブカル民主主義マイモクラシー症候群』（三一書房，2007)；宝島編集部『ネット右翼ってどんなヤツ？ 嫌韓，嫌中，反テロ市民，打倒バガサヨ』（宝島社，2008) などを参照.

20)　歴史・公民教科書に対する批判は，上杉聰・君島和彦・越田稜・高嶋伸欣著『いらない！「神の國」歴史・公民教科書』（明石書店，2001)；VAWW-NET ジャパン編『ここまでひどい！「つくる会」歴史・公民教科書—女性蔑視・歴史歪曲・国家主義批判』（明石書店，2001)；和仁廉夫『歴史教科書とアジア—歪曲への反駁』（社会評論社，2001)；小森陽一・坂本義和・安丸良夫編『歴史教科書何が問題か—徹底検証 Q&A』（岩波書店，2001)；永原慶二『歴史教科書をどうつくるか』（岩波書店，2001)；子どもと教科書全国ネット 21 編『教科書攻撃のウソを

斬る─新しい歴史教科書をつくる会」がねらうもの」（青木書店，2001）；俵義文
『徹底検証あぶない教科書─「戦争ができる国」をめざす「つくる会」の実態』
（学習の友社，2001）などを参照.

21)　高原基彰『不安型ナショナリズムの時代 - 日韓中のネット世代が憎み合う本当
の理由』（洋泉社，2006）；近藤瑠漫・谷崎晃・桜井春彦『ネット右翼とサブカル
民主主義 - マイデモクラシー症候群』（三一書房，2007）；李圭洙「日本ネオナショ
ナリズムの勃興と歴史認識研究─右翼団体のホームページ分析を中心に」『近代
韓日間の相互認識』（東北亜歴史財団，2009）などを参照.

22)　布施は「自己革命の告白」を通じて，「人間は誰でも，自分がどのような人生
を生きていくのが良いかについて，真の自分の声を聞くべきである．これは良心
の声である．私はその声に従い，厳粛に『自己革命』を宣言する．社会運動の急
激な潮流を感じずにはいられない．従来の私は『法廷の戦士と言える弁護士』で
あった．しかし，これからは『社会運動に闘卒した弁護士』として生きていくこ
とを，民衆の一人として民衆の権威のために宣言する．私は主な活動場所を法廷
から社会に移す」（『法廷より社会へ』創刊号，1920 年 5 月）と宣言した.

23)　『太い鮮人』第 2 号，1922 年 12 月.

24)　布施辰治については，平野義太郎「人権を守った人々─布施辰治を中心に」
（『法學セミナー』44，1959）；岡林辰雄「布施辰治の人と業績」（『法學セミナー』
164，1968）；金一勉「布施辰治と在日朝鮮人」『日朝関係の視点』（ダイヤモンド
社，1974）；水野直樹「弁護士・布施辰治と朝鮮」（『季刊三千里』34，1983）；李
圭洙「布施辰治の韓国認識」（『韓国近現代研究』25，2003）；大石進『弁護士布
施辰治』（西田書店，2010）；森正『評傳 布施辰治』（日本評論社，2014）などを
参照.

25)　布施辰治「震災時の思いで」（自筆原稿，1946）．また，布施は，官憲当局が
流言を流布した理由について，「流言は我々の調査によれば，軍閥の陰謀であっ
た．……国民大衆がどう動くか？国民大衆がどの程度流言に従うことができるか
をテストしたのである」と述べている.

26)　布施辰治「鮮人騒ぎの調査」（『日本辯護士協會録事』298，1924 年 9 月 28 日).

27)　布施辰治「鮮人騒ぎの調査」（『日本弁護士協会録事』298，1924 年 9 月 28 日).

28)　同上.

29)　同上.

30)　「大東公論」2-2（1924 年 11 月号).

31)　布施辰治『朝鮮旅行記』（自筆原稿，1926 年 3 月).

32)　「一日本人として全朝鮮兄弟に謝罪 大邱で布施辰治氏談」（『時代日報』1926 年
3 月 6 日付).

33)　「国史大辞典」第 3 巻（吉川弘文館，1982).

34)　「関東大震災の虐殺犠牲者を追悼する」1946.

35)　「震災時の思いで」1946.

第 13 章

水俣病になった朝鮮人

——洲上朝市と朝鮮人集落——

辻　　信　行

は じ め に

　水俣病に罹患した朝鮮人はいるのだろうか．いるとすれば，どのような生い立ちで，どのように罹患し，どうやって生涯を過ごしたのだろうか．本章はそのような問題意識にもとづいている．あいにく水俣病に罹患した朝鮮人についての統計的な調査は存在せず，現段階で全体の把握はできない．また，個別のケースについても資料は限られている．本章では，岡本達明『水俣病の民衆史　第五巻　補償金時代　1973-2003』(日本評論社，2015 年) および岡本達明編『近代民衆の記録　7 ——漁民』(新人物往来社，1978 年) における証言を文献資料の中心に位置づけ，筆者の水俣における現地調査を盛り込みながら論じてゆく．

　本章でまず取り上げるのは，洲上朝市 (1900 ～ 1972) のケースである．朝鮮人として朝鮮に生まれた朝市は，不遇の少年時代，朝鮮の木浦で，天草の宮田から出漁してきた日本人漁師，洲上亀次と出会う．親のいなかった朝市は亀次に助けを求め，亀次の漁船に乗って天草にやってくる[1]．成長した朝

市は朝鮮の釜山を拠点に漁師として働き，新潟県出身のマサと結婚．その後，朝市は亀次が移住した水俣の湯堂に引き揚げ，その地で水俣病に罹患して死亡するのである．

　次に取り上げるのは，その他の朝鮮人の水俣病への罹患状況である．具体的な個人名までは判明していないが，水俣病に認定された在日朝鮮人が存在することは見て取れる．水俣病が公式確認された1956年当時，水俣の朝鮮人は集落を形成して集住しており，最大規模の朝鮮人集落は濱八幡宮の近隣にあった．当時の朝鮮人の水俣における生活状況と併せて見つめることとしたい．

1.　調査地の概要

　熊本県最南部に位置する水俣市は，人口21,892人（2024年4月1日現在）[2]，面積163.29㎢，西側は「魚湧く海」と呼ばれる漁獲量の豊富な不知火海に面し，東側は城山や鬼岳などの山岳がそびえている．1956年に公式確認された水俣病は，日本窒素肥料株式会社（現JNC株式会社．以下「チッソ」と呼称する）水俣工場が，海や河川にメチル水銀化合物（有機水銀）を排出することによって生じた．このメチル水銀を，住民が海産物を通して日常的かつ長期間にわたって経口摂取し，水銀中毒が集団発生した公害病である．患者の認定をめぐっては，2024年5月現在も裁判での係争が続いている．

　水俣と朝鮮の関係史を紐解く上で，チッソ水俣工場の前身が，朝鮮の興南に置かれていたことは押さえておきたい．チッソは戦前の植民地主義に乗じ，1920年代中頃から朝鮮に進出．朝鮮水力発電株式会社と朝鮮窒素肥料株式会社の二社を設立した．とくに興南には大規模な工場群が建設され，硫安や硝安といった肥料，カーバイドやアセトアルデヒドといった化学物質の生産がおこなわれた．興南工場で勤務する朝鮮人は労働内容も賃金も日本人に比べて劣悪な条件下に置かれ，水俣病と酷似した「興南病」も発生していた[3]．

　しかしながら本章で扱うのは，いまだに先行研究が蓄積されていない，水俣病に罹患した朝鮮人についてである．『熊本県統計年鑑　昭和 25 年』（熊本県総務部統計課，1951 年）では，1950 年時点での水俣市の人口が 43,661 人で，これに占める朝鮮人の人口は男 189 人，女 120 人の合計 309 人とされている[4]．この人々の水俣病の罹患状況について，十分に眼差しが向けられてこなかった過去に思いを凝らし，甚大な水俣病被害の一端を把握するための布石としたい．

2.　洲上朝市のケース

　水俣から朝鮮に直接出漁したケースは，管見の限り見当たらないが，水俣の茂道から朝鮮へ大根を売りに行った話については以下の記述がある．

　　　ここ茂道の人たちは海に生きる人々ばかりではないかと思う．年とったおジーさんにむかしばなしをきくとのん気な人がいて，天草をこえて朝鮮まで小船でだいこんをうりにいった人たちがいたときいた．[5]

　朝鮮まで小船で大根を売りにいくことが可能であるなら，出漁することも可能であっただろう．水俣の対岸に位置する天草は，朝鮮との地理的な距離がより近く，直接出漁するケースが目立った．洲上亀次の出身地である天草の宮田村（現天草市倉岳町宮田）は，戦前からタイ漁が盛んであった．岡本（1978）によると，帆船の時代には朝鮮近海まで遠洋漁業に繰り出していた．発動機船が出現すると，大連や青島まで遠征し，大連には根拠地も置かれていた．年末には大漁旗を立てて威勢よく宮田に凱旋していたが，アジア・太平洋戦争の勃発により，遠洋漁業の道は閉ざされた[6]．また，宮田村では遠洋漁業に家族を連れてゆくという特殊な形態も存在した．

　宮田は家族を連れて行くとです．若夫婦の，子供でも居る船も居れば，居らん船もで，どれもこれもじゃありませんけど，矢張，そういう家庭のやむを得ん場合のところは，女子供まで連れて行きます．女子供まで乗せて行く所は此の村しかないですな．ちょっと他には全然ありませんな．もう他は天草でも女乗すっとこは少なかろうな．上方あたりじゃったら，全然女子供は乗せませんけんな．[7]

　もちろん，子供のいない漁師の中には，単身で出漁する者もいた．そして現地で朝鮮の子供に懐かれ，そのまま船に乗せて帰って来るケースが存在した．次に記載するのはその事例である．

●御所浦島嵐口・崎田清松（明治26年生）の話

　（天草上島の）宮田辺りにゃ，朝鮮から子供なんかば連れて来とる者の居ってな．仕事さするために自分の子供にして．矢張，あん頃は朝鮮は食物が悪かったっじゃな，もう船サン来れば，行こうでセンとじゃもン．追いやらんば，抱えて降ろさンば行かんとやって．始めにゃ，恐ろっせ来ンが，馴るればなんさま遊び来て，船ン乗って飛っされて（飛び回って）もう危のうして．子供は魚どン船に干しとれば，すぐ持ってはって（逃げて行）きよったもンな．菓子買うて御馳走すれば，船から動かんとやもン．そして，動かんもンで，こるば躾くれば為になるばいて，いう如たるふうでな．

　亀どんな，木浦から一人連れて来らいたっじゃっで．そん人は，一人連れて来らいたが，宮田に何人も何人も来とっと．子持たん者な良かっじゃもね，あんた．連れて来て自分の籍に入れて．そん頃まじゃ，私生児てありよったでな．そって，どがンでンしてよかりよったもン．役場に届けて．そんかわり，矢張，年ば少のう言わんば，つまらんどで，あんた．自分が生んだ事にするわけ．亀どんな宮田の人で，水俣の湯堂に来らった．亀どんな，俺な，何でン言っ聞かせよったっばな．そん息子

もこの頃死ないたが.[8]

　証言のなかにある「亀どん」とは, 洲上亀次 (1900～1972) のことである. 木浦から子供を一人連れて来たとある. 亀次が連れてきたのは一人 (＝洲上朝市) であるが, 宮田村には朝鮮から何人も子供が連れられてきている[9]. それらの子供たちは, 連れてきた漁師たちの戸籍に入れられ, 役場に届け出るときには, 年齢を少なめに申告されたという.

　次の証言は, 日本に連れられてきた朝鮮人の子供たちが, 朝鮮で置かれていた状況について語っている.

●天草宮田・砂原岩彦 (明治31年生) の話
　　朝鮮は木浦でも群山(くんさん)でも, 町に子供が何ぼでも居ったですよ, 親なしの. 捨て子したりなんだりして養いきらずに. どうしあんた, 塵捨場に捨ててある残飯なんか, あがんとば拾うて食うて歩くとじゃがな. 何処の都会の港に着けてもそういうとが居りよったっです. そげんとば, 人相の良かったりなんだりすっとば選って船に乗せて, 子守りさせたりなんだりするのに, こっちゃん連れて来よったですよ. そっで, もうどの船も一人ぐらいずつは乗せっ来よったっですよ. 向うも喜んどるわけ, 食うか食わんかしとっとやけん, 日本人の舟に乗れば魚食わせて, 良かもンですから. そいで (それで) だんだん乗って来とってから, 後は立派な船員になるような者も出てくるでしょうが. 儂も何人も連れて来たっですよ. 次郎とか一郎とか名前つけて, どれも性の良かっばかりじゃった. たいがい儂がた次郎じゃった. 一郎ちいうとは, 小まい時から, 子守のできる頃から, 乗せて馴れかして居ったでしたが.[10]

　この証言からは, 朝鮮の子供を日本に連れ帰ってくる行為が, 拉致や略奪とは一線を画し, 双方の合意のもとに行われ, 互恵関係すらもたらしていた可能性が窺える. つまり, 朝鮮の木浦や群山には親なしの子供たちが溢れて

おり，食うか食わずかの毎日を送っていた．一方，子供のいない日本人漁師
たちは，そういった子供たちに対して生活の保障をする代わり，働き手とし
て漁船に乗せて連れ帰って来たのである．

　朝市もそのような「親なし」の子供の一人であったことが，以下の荒木幾
松・ルイ夫妻の証言から見て取れる．荒木夫妻は，水俣において亀次から生
活面で頼りにされていた．

●湯堂　荒木幾松（明治 33 年生）・ルイ（明治 43 年生）の話
　　じさん　朝市は死んだもね．ありゃ，終戦になって朝鮮から引き揚げて
　　来たっです．
　　ばさん　その人のじいさんにならっとが亀じいさんて，ここに居らったっ
　　たい．
　　じさん　天草の宮田で，朝鮮に一本釣り行きよって．
　　ばさん　そして，朝鮮人の子ば，朝市どんば拾うて来たち，俺共にゃ語っ
　　て聞かせよらったったい．朝市な，子供かとき海辺に居ったっば，「助け
　　てくれろ」て，言うたっば，乗せ来たち，亀どんが言うて聞かせよらっ
　　たったい．亀どんな，天草からガンタレ船に乗って，俺が如てガンタレ
　　着物どん，ひっ切れ帯どン来て，この人（幾松）のおっ母さんの名前ば
　　言うて，うち尋ねて来らったわけたい．ソン親共がおっ母さんば知っとっ
　　たわけでしょう．そげンして名乗って来らるもンじゃっで，可哀想で，
　　まあ助くるち意味じゃなかばってんさい，お互いカライモでン食い合わ
　　せたりして，何の彼のしよるうち，湯堂が良かろうちことで引き揚げて
　　（移住して）来らった．そして，亀どんを頼って，朝市どんも来らったわ
　　け．そりゃ，戦争に負けてからたい．
　　（中略）
　　じさん　朝市どんな，魚の好きじゃったもン，どもこも．
　　ばさん　魚でンタコでン釣って来て朝も晩も食うてさい．魚でン何でン
　　板の上に乗せてこしらえるどが．刺身してから醤油も何もつけでな，刺

身ばする方で食わったっちもね．そげン好きち．醤油つけりゃ甘味がないち．タコも人一倍上手やったもんな．釣って来られば，俺共もまたドッコイショでうんとこせ貰うて噛むしてさい，あーあ，もう．誰も彼もやられてしもうて．朝市どんな，俺共が裁判するときゃ，生きとらったっじゃ．裁判の証人には俺が立つち言うつな．「俺がボラ釣り行くときは会社が汚なか品物ば流しとって，俺見とっとざン，何ば会社が暴言ば言うか」ち，その余の立腹ちゃなかったな．そるばってン，何処にも行きゃ得られるん如つならったがな．月の間に．

じさん　水俣病に認定されて，下痢するとか何とかで山田先生の所言って，儂も胃のカメラ見たっじゃが，つまらんち言うつ市立病院で手術ばしたっですたい．手術してみたら，開けてみたらそれで仕舞えやった．どもこもしやならんち，言うてな．

ばさん　もう痩せてなあ．一週間ばっかり生きとったですばってン，何もしや得でな，オロンオロンして，飯も食やならん，何もしやならんち，まてーかわいそうかったっですばい．

じさん　親の亀どんも早う水俣病で死なったもんなあ (未認定)．[11]

　証言の前半では，朝市と亀次の出会いについて[12]，そして終戦後に朝市が亀次を頼って朝鮮から水俣に引き揚げて来た経緯が語られている．後半では，朝市が水俣病に発病した当時の状況について語られている．朝市は魚が好きで，タコを獲ることに長けていた．荒木夫妻も朝市が獲ったタコを貰うことがあったという．そして荒木夫妻の患者認定裁判の際には健在で応援していたが，一ヶ月間でどこへも行けないほど症状が悪化してしまったという．

　次に，朝市の妻・マサの証言を見ていくこととしたい．マサは 1908 年に新潟県の高田に生まれ，東京の警察病院での就労に伴い上京．10 年間勤めた後に朝鮮へ渡り，京城の病院で勤務する．その地で結婚して男児を出産するも，伝染病で夫が他界．子供を新潟に預けて釜山で看護師として働き仕送りを続ける．そのころ朝市を紹介され，1942 年に結婚する．子供を引き取って釜山

の学校に行かせ，日本人漁師町の釜山の牧島に住む．敗戦により，当時亀次
が天草から移住した水俣の湯堂に引き揚げてくる．水俣に来た当初，朝市は
漁師として，マサは公共職業安定所の職員として労働していた．しかし水俣
病で魚が獲れなくなると，マサは朝市に安定所の仕事を譲り，自らはチッソ
の請負業者である西松組に勤める．それから4〜5年が経ち，ついに朝市の
症状が悪化する．

　　　主人は，原田先生に診断書書いてもらって市立病院に入院しました．
　　私は付いてないといかんし，どもこもならんから，生活保護してもらい
　　ました．で，開けてみなったね，手術したわけなんですよね．開けてみ
　　たら，腸もね，腹の中も全部くさってたのね．手術の時間，長くかかり
　　ましたもんね．普通なら縫合しますけど，縫合しないで開けっ放し．中
　　がザクロのようになってました．そのとき私も退院して間もなかった．
　　病み上がりだった．あ，これはだめだなと思いました．手術して10日ば
　　かりで死にました．子供とその嫁さんに手取られて死んだ．だから満足
　　したんじゃないですか．
　　　死ぬ前に，主人も私も水俣病に認定されました．判決の前ですよ．金
　　額がまだ決まってないから，100万か200万かくれるだろうて思ってた
　　んでしょう．（中略）（主人は）死人ですから，一番に下りたんじゃないで
　　すか．補償金は子供にやらんばしようがないでしょうが．そのとき1800
　　万に利子やら付いて2000万ちょっとでしたかね．[13]

　朝市の最期に関する生々しい証言である．市立病院に入院して手術を試み
たものの，開腹したところすでに手の施しようのない状態で，縫合すらしな
いまま10日ほどで亡くなったという．死亡する前に朝市もマサも水俣病と認
定され，朝市に対する補償金は利子などを入れて2,000万円強であった．
　水俣市湯堂に生まれ育ち，洲上マサのことを記憶する村上文世さん（1951
〜）は，筆者の聞き取りに対し，マサが標準語で話し，物静かで上品で落ち

着いていたと語る．いつも自宅で縫物をしており，村上さんの実家が営んでいた雑貨屋に買い物にくることもなく，つましい生活をしていたように感じるという．一方，朝市を見かけるときは，着物姿が多かった．当時，老人が着物を着るのは一般的で，冬は長めの綿入れを羽織っていた．また，岡本達明の聞き書きに同行したほたるの家の伊東紀美代さん（1942～）は，朝市が体格の大きな立派な人であったことを覚えていると筆者の聞き取りに対して語った．

　天草の漁師に連れられて日本にやってきた朝鮮人の子供は，岡本（1978）の証言に見られる通り，数知れない．また，天草から水俣に移住することは，「天草流れ」という言葉が存在するように一般的である．しかし，朝鮮出身で天草を経由して水俣に辿り着き，水俣病を発病したケースについては，現在のところ朝市の一例しか確認できていない[14]．本項ではそんな朝市の生涯を辿ってみたが，実際には他の事例があったとしても不思議ではない．

3.　朝鮮人集落

　少年時代に日本人漁師と共に来日し，日本国籍に入った朝市のケースとは別に，いわゆる在日朝鮮人として水俣に居住していた人々の水俣病の罹患状況について見ていきたい．水俣病が公式確認される前後，水俣市内に居住する朝鮮人がおかれていた状況について，元チッソ工員の中村和博（1923～2023）は，次のように語る．

　　　朝鮮の人は終戦になったら，岡部病院の向かいに衣料品の大きな店を作っていましたよ．
　　　それと，八幡宮の通りに朝鮮人の集落があって，戦後そこの人たちが焼酎の製造を始めたんです．密造酒ですから，水枕に入れて売ってました．昭和二五年，私たちの結婚式ではそこの焼酎を使いましたね．焼酎

は貴重品でしたもん，まだまだ昭和二五年じゃ．[15]

　闇焼酎については，筆者の聞き取りにおいても，当時のことを記憶する複数の人々が自明のこととしてその存在について語っている．中村の証言にある通り，朝鮮人集落の居住者たちが闇焼酎（カライモ焼酎）を製造し，日本人がそれを買っていたというものである．朝鮮人集落は，戦中から濱八幡宮の近隣に存在した．それと同時に，岡部病院の向かいと旭町商店街にも朝鮮人が集住している地域があった．濱八幡宮の神社関係者・Oさん（1951～）は筆者の聞き取りに対して，濱八幡宮近隣の朝鮮人集落は，アジア・太平洋戦争中から存在したものの，周辺と対立・抗争が激しく，盗難も頻発していたと語った．Oさんによると，行政によって1961年に強制撤去されたという．同時期，在日朝鮮人の帰還事業によって北朝鮮に帰国する人々と，水俣に残る人々とに分かれることとなった．チッソの労働組合が発行している新聞『さいれん』1959年10月30日付には，次の記事がある．記事の前半を抜粋する．

　　祖国への帰還

　　おめでとう

　　在日朝鮮人帰国祝賀会開催

　　　すでに新聞，ラヂオなどで発表されておりますので，みなさんもご存知と思いますが，朝鮮の人たちが，晴れて祖国へ帰還されます．

　　　水俣からの帰国者は二一〇名とのことです．水俣地協では，市当局その他の諸団体の協力を得て「朝鮮人帰國歓送市民の夕べ」を開催することになりました．[16]

　第1次帰国船が新潟港を出港したのは，1959年12月14日である．上記の記事にある祝賀会は，それに間に合う日程（1959年11月2日）に水俣市公会堂で開催された．水俣からは210名が帰国すると記載されている．帰還事業において，北朝鮮は「地上の楽園」と標榜されたが，実際に帰還者たちが北

朝鮮で味わったのは，楽園とは似ても似つかない差別と苦しい生活であった[17]．Oさんは「水俣に残って商売した人たちのほうが，豊かな生活を送った」と一般的に言われていると語ったが，無理のない話であるだろう．

　村上文世さんは90歳代の男性から聞いた話として，戦時中にチッソ裏門の近くに女郎屋（風俗店）があり，そこでは在日朝鮮人の女性も女郎（娼妓）として働いていたという．その朝鮮人の女性に対して，子供ながらわいせつな言葉を発したことを，男性は記憶しているという．

　チッソの従業員としてチッソの社宅の中で守られて暮らす在日朝鮮人が一部存在したものの，朝鮮人集落や女郎屋の従業員など，厳しい環境下で生活する在日朝鮮人が大半であった．また，村上さんの小学生時代の話として，同級生が友人の家に行き，その家のお母さんが片膝を立てて座っている姿を見て，初めて在日朝鮮人だと気付くケースもあったという．在日朝鮮人であることが分かったからと言って，子供同士で仲が悪くなったり，いじめたりしたという話は聞かなかったという．

　このように，あくまでも日本人の子供の目からは，在日朝鮮人が違和感なく社会のなかに溶け込んで暮らしているかのように見える一面も確認できる[18]．そのような中，朝鮮人の水俣病の罹患状況について調査を求める動きがあった．1984年6月5日付『朝日新聞』に次の記事が掲載された．

　　朝鮮人の水俣病調査を訴え
　　患者連盟の川本委員長
　　　チッソ水俣病患者連盟の川本輝夫委員長は四日，熊本県水俣市で開かれた社会党熊本県本部と同県労評の合同水俣病問題調査団との話し合いの中で「水俣病発生当時，水俣市内で生活していた朝鮮人が多数，水俣病に侵されて帰国したり，県外に出た可能性が強い」として調査の必要を訴えた．これに対し馬場昇団長（党県本部委員長）は調査を約束した．
　　　川本委員長の説明によると，昭和三十一年の水俣病公式発見当時，水俣市内に約百七，八十人の朝鮮人が住んでいたことが熊本県などの調査

で明らかになっている．うち八割が三十六，七年ごろまでにかけて朝鮮民主主義人民共和国（北朝鮮）に引き揚げ，残りの一部が京阪神方面に転出したという．ところが川本委員長が調査した結果，市内在留の朝鮮人のうち二人が水俣病患者としてすでに認定されていたことがわかった．[19]

　上記の記事が掲載された後，朝鮮人の水俣病罹患状況に関する調査が，実際になされた形跡は，管見の限り見つかっていない．記事中にある川本輝夫（1931〜1999）の長男，川本愛一郎さん（1958〜）に聞き取りしたところ，「その後，動きがあったとは父からも周囲からも聞いていない．そのまま止まっているのでは？」ということであった．また，チッソ水俣病患者連盟事務局長の高倉史朗さん（1951〜）も，「記事が出た記憶はあるが，その後どうなったかは覚えていない」と筆者に語った．記事中にある馬場昇（1925〜2015）の著作にも，朝鮮人の水俣病被害の調査についての言及は見当たらない．今のところ，残念ながら調査はおこなわれなかったか，おこなわれたとしてもその成果は公開されていないと判断せざるを得ない．

　水俣病センター相思社の資料室には，朝鮮人の水俣病罹患について触れられた資料として，以下の書簡が保管されている．これは，自らの日本国籍を主張し，日本政府の在日朝鮮人関係の政策を追求してきた宋斗会（1915〜2002）に関するものである．

　　昨年，宋さんが水俣を訪れ，在日朝鮮人で水俣病にかかっているものがいないかどうか聞いてまわり，事実2〜3人いることがわかったわけです．今までの水俣病の闘争の中で，なぜ同じく水俣病にかかった朝鮮人のことがとり上げられないかを質問し，「外国人だからしかたないでしょう」との返事がかえったことをひとく憤がいして，僕に話されたことです．[20]

　上記書簡は，「金鐘甲さんの裁判をすすめる会」の兼崎という人物によって

綴られている．宛先と投函日時は不明である．金鐘甲が日本政府に対して日本国籍確認と損害賠償を求めた裁判がおこなわれたのは，1975〜89年にかけてであるので，その間に綴られた可能性が高い．在日朝鮮人で水俣病に罹患したのが2〜3人とする宋の調査は，『朝日新聞』の記事における川本の「二人」とする調査結果とおおむね齟齬はない．

　しかしながら，日本人の水俣病認定の状況を見ても，認定される患者は氷山の一角である．仮に在日朝鮮人の認定者が1984年時点（『朝日新聞』の記事掲載時点）で2人であったとしても，実数はさらに多いことが予測される．日本人ですら申請することに心理的葛藤がある以上，在日朝鮮人という社会的マイノリティーの人々が申請することに伴う心理的葛藤は，想像するに余りある．

お わ り に

　本章では，水俣病に罹患した朝鮮人として，洲上朝市のケースを取り上げた．朝鮮に生まれ，日本人漁師の亀次と出会い，天草と釜山を経て水俣に辿り着き，水俣病によって死去した朝市．その生涯の軌跡を，複数の証言から見つめた．戦前の天草において，朝鮮の子供たちが日本人の漁師と共に来日し，戸籍に入ったことは一般的であった．しかしこのこと自体，全国的にどの程度認知されているだろうか．5歳頃に来日した可能性の高い朝市は，戸籍上は「日本人」であるために，厳密には朝鮮人とは言えないだろう．しかし，朝鮮人として朝鮮に生まれたことは事実であり，そんな朝市が水俣病で死亡したことも事実である．

　また，その他の朝鮮人の水俣病の被害を考えるにあたり，まずは水俣病が公式確認された時期における在日朝鮮人の生活状況を概観した．濱八幡宮の近隣に存在した水俣最大規模の朝鮮人集落は，その中で闇焼酎が製造され，日本人によって購入されていた．朝鮮人集落は治安が悪いとされ，朝鮮人集

落の内外での抗争も激しかった．岡部病院の向かいと旭町商店街の中にも，朝鮮人集落が形成された．

　川本輝夫は，社会党熊本県本部と同県労評の合同水俣病問題調査団に対し，在日朝鮮人の水俣病の罹患状況についての調査を依頼し，馬場昇団長が調査を約束した．しかしその後，調査がなされた形跡は見当たらない．川本は独自の調査によって，1984年時点で，2人の在日朝鮮人が水俣病に罹患しているとしている．また，宋斗会も水俣を訪れた際に独自の調査をおこない，水俣病に罹患している在日朝鮮人が2〜3人いるとしている．しかしながら，川本と宋による調査はあくまでも個人レベルで，これらの調査結果の詳細が広く公に開示されることはなかった．

　また，日本に在留した朝鮮人の水俣病被害についてはもちろん，帰還事業によって北朝鮮に帰国した人々の中に，水俣病の症状に苦しむ人もいたのではないかと推測できる．そのような人々の実態についても現在のところは不明である．

　チッソ水俣工場がメチル水銀を含む排水を垂れ流した1936〜1968年の間に，水俣市とその周辺地域に居住し，不知火海の海産物を日常的に口にしていたすべての人は，水俣病に罹患している可能性がある．そこにおいて，民族や国籍の違いは，まったくもって関係ない．いわゆる日本国籍を持たない人々の被害状況について，その把握が立ち遅れている現状に，忸怩たる思いである．

　本章は水俣病に罹患した朝鮮人について研究するための基礎的な資料の一端を示したに過ぎない．今後も調査を継続し，広く日本人以外の人々にとっての水俣病被害について，光が当たるきっかけを作ることができればと考える．

※本章の執筆にあたり，多くの方々にご協力いただきました．とくにお世話になった方々のお名前を記して感謝申し上げます．
李奨娘氏，神谷丹路氏，遠藤邦夫氏，村上文世氏，樋口雄一氏，永野三智氏，葛西伸夫氏，辻よもぎ氏，彩蘭弥氏，岡庭璃子氏，岸和沙氏．

1)　戦前において日本人の漁師が朝鮮人の子供と共に帰ってきて籍に入れるケース
　　は，天草で散見されるものの，日朝関係史を研究する神谷丹路によると，山口県
　　にも見られるという．その事例が紹介されている論考として，清水満幸（1999）
　　「鱶延縄漁と萩地方漁船の朝鮮半島への出漁」『萩市郷土博物館研究報告』(9) が
　　ある．

2)　水俣市役所 HP（2024 年 5 月 31 日最終閲覧）https://www.city.minamata.lg.jp/
　　dynamic/statistics/pub/default.aspx?c_id=25

3)　チッソの朝鮮進出と興南工場については，岡本達明（2000）『聞書水俣民衆史
　　第 5 巻　植民地は天国だった』東京：草風館　に詳しい．また，興南病について
　　の論考として，石原信夫（2018）「興南病は何であったか？」『産業衛生学雑誌』
　　(60-6) を挙げておきたい．

4)　熊本県総務部統計課編（1951）『熊本県統計年鑑　昭和 25 年』熊本：熊本県総
　　務部統計課，16-17 頁．

5)　杉本肇（1973）「茂道部落」『「水俣」患者とともに』1973 年 11 月 25 日付．

6)　岡本達明（1978）『近代民衆の記録　7 ──漁民』東京：新人物往来社，174
　　頁．

7)　岡本達明（1978）『近代民衆の記録　7 ── 漁民』東京：新人物往来社，
　　180-181 頁．

8)　岡本達明（2015）『水俣病の民衆史　第五巻　補償金時代　1973-2003』東京：
　　日本評論社，318 頁．

9)　そのため，どこから来たのか分からない子供や，いつの間にかその家の子供に
　　なっている場合，「朝鮮の子ではないか？」と言われることがあった．

10)　岡本達明（2015）『水俣病の民衆史　第五巻　補償金時代　1973-2003』東京：
　　日本評論社，318-319 頁．

11)　岡本達明（2015）『水俣病の民衆史　第五巻　補償金時代　1973-2003』東京：
　　日本評論社，319-321 頁．

12)　マサの証言の中に，「主人の話では，もう五つぐらいから船に乗ってたていう
　　もの」（岡本，2015 年，327 頁）とある．ここから，朝市と亀次の出会いは，朝
　　市が 5 歳ぐらいの頃と推測することができる．

13)　岡本達明（2015）『水俣病の民衆史　第五巻　補償金時代　1973-2003』東京：
　　日本評論社，330-331 頁．

14)　朝市の場合，正確には天草から釜山に移住し，そこから水俣に移住している．

15)　葛西伸夫（2023）「元チッソ工具　中村和博さんインタビュー」『ごんずい』
　　(169) 3-4 頁．

16)　『さいれん』昭和 34 年　第 22 号　10 月 30 日付．

17)　清武英利（2003）「明らかにされ始めた四〇年目の真実 北朝鮮帰還事業の悲惨」
　　『中央公論』(118) 2．

18)　あくまで当時子供だった日本人の視点であり，在日朝鮮人の視点ではないこと

に留意したい．周知の通り，一般的に日本社会において在日朝鮮人は進学や就職において大きな障壁があり，それが水俣に存在しないことは確認できていない．

19)　『朝日新聞』1984 年 6 月 5 日付．

20)　書簡「金鐘甲さんの裁判をすすめる会・兼崎」.

第 **Ⅳ** 部

現代の韓国と日本

第 14 章

解放後の韓国の宗教政策
——米軍政の開始と大韓民国の成立——

上別府 正信

は じ め に
——日本統治下の朝鮮の宗教政策

　本研究は韓国[1]の解放後，米軍政の統治下，さらには大韓民国の成立の過程において宗教がどのように扱われてきたかを，同様に米国の統治を受けた日本との比較を通じて検証することで，解放後の韓国における宗教政策の基調と日本の宗教政策との相違点を明らかにしようとする試みである．

　日本と韓国（朝鮮）において仏教はその伝来以来，それぞれの国の基層思想として統治から民衆の生活に至るまで歴史的に非常に大きな役割を果たしてきた．しかし，近代へ突入する前段階において，その日本と朝鮮の仏教は大きく異なる状況におかれていた．日本の江戸幕府では仏教が事実上の国教として機能していたのに対して，朝鮮では儒教が国教となっており，朝鮮仏教は宗派の強制的な統合，僧科制度の廃止，僧尼の漢城へ入城禁止，僧尼が還俗令を強いられるなどの崇儒抑仏政策によって，その伝統は大きく毀損されていた．朝鮮仏教は儒教の倫理・秩序の外にいた女性や民衆といった祈福

的傾向が強い社会的な弱者の需要を受けとめ，民衆と結びついた家内（内堂・内房）仏教としてその命脈をかろうじて保っている状況であった．

　こうした，状況に大きな変化をもたらしたのが，近代国家として歩み始めた日本という外部からの干渉であった．日本は 1876 年（明治 9 年）の江華島条約（日朝修好条規）により釜山，元山，仁川の開港，日本の商品無関税，貨幣流通権，居留民の治外法権などを朝鮮に認めさせた．この朝鮮の開国によって日本人の朝鮮への流入が急速に進んでいくと，それに伴い日本の各仏教教団による朝鮮での開教が始まり，苦境に陥っていた朝鮮仏教に一大転機が訪れることになる．

　日蓮宗の佐野前勵は朝鮮に働きかけて「僧侶都城出入禁止」を解除させ，さらに，城内で大祈祷会を開催するなど朝鮮仏教では長い間，不可能であったあったことをいとも簡単にやってのけて朝鮮の仏教徒と民衆に日本仏教の力を見せつけた．さらに，日本の仏教各教団は日本の仏教の近代性に触れさせるために朝鮮人僧侶の日本視察や留学などを積極的に奨励するなどの施策を行うと，朝鮮仏教内部においても次第に朝鮮仏教の近代化を求める声が大きくなっていった．朝鮮仏教の近代化は比丘戒といった戒律の順守やその改革といった思想・伝統の側面から寺法，寺院管理，僧侶の教育，布教活動といった統治・行政・管理の側面にいたるまでのあらゆる面で展開された．しかし，朝鮮仏教は自ら仏教の近代化を図るだけの人材，資金といったリソースを保有しておらず，それを準備する時間もなかった．このため朝鮮仏教を自派に取り込もうとする日本仏教各派のそれぞれの思惑の中で翻弄されることとなった．最終的には，日本仏教各派による朝鮮仏教の分割や支配を望まなかった朝鮮総督府は「寺刹令」に代表される一連の関連法令によって，朝鮮仏教を朝鮮総督府の一元的な管理統制下に置くことにした．また，同様に，“外地”である朝鮮の儒教は「経学院規定」などによって学事として，その他の宗教的な組織は「布教規則」によって類似宗教として宗教とは認められぬまま日本の管理統制下に置かれることになった．

　こうして，「大日本帝国憲法」第 28 条に「日本臣民ハ安寧秩序ヲ妨ケス及

臣民タルノ義務ニ背カサル限ニ於テ信教ノ自由ヲ有ス」と明記されているように，安寧秩序を妨げない限りという限定を伴う信教の自由があったものの，実際の運用として，"内地"である日本と"外地"である朝鮮ともに外部に向って行われる礼拝，儀式，布教，演説，及結社集会の自由などには宗教や治安維持に関する各種法規によって容赦なく制限が加えられる極めて管理統制の強い宗教政策が行われていくことになった．そして，こうした状況は太平洋戦争が日本の敗戦として終焉を迎えるまで続いていった．

1. 米軍政の開始と大韓民国成立期の宗教状況 —— 韓国における "上からの基督教化" と日本

1945年8月14日にポツダム宣言を受諾し，15日にラジオ放送を通じて国民に知らされ（玉音放送），9月2日に降伏文書に調印し即時発効され太平洋戦争は終結した．日本の敗戦は，同時に朝鮮半島における日本統治の終焉を意味し，それは韓国では"光復"という言葉で表されるように，日本からの独立を成し遂げたことを意味するようになる．しかし，現実的には日本の敗戦が直に"光復"を成し遂げたという状況ではなかった．

1943年11月22日には，終戦後の朝鮮半島の処理方案を論じるために，カイロで開かれた米国のルーズベルト，英国のチャーチル，中国の蒋介石の三国首脳会談が行われており，朝鮮が日本から解放された後，適当な時期に独立させると即時独立を留保したカイロ宣言（同年11月26日署名）が発表されていた[2]．

このカイロ宣言を受けて，日本がGHQの占領統治を受けたように，朝鮮半島も連合国による統治が始まった．またヤルタ会談に従い，朝鮮半島は国土を南北に二分する38度線が設定され，南をアメリカ軍に，北をソ連軍によって分割占領されることとなった．これは朝鮮半島に残留している旧日本軍の武装解除をするために暫定的に設けられたものであったが，この38度線

は朝鮮半島から消えることなく，現在もなお政治的，軍事的な境界線として残っている．また，米軍の朝鮮半島の南における政策はアメリカの敵国であった大日本帝国の一部であった朝鮮半島を降伏した日本と同様の扱い，被占領国としての規定を適用して占領政策を行うことになった．

こうして，朝鮮半島において信託統治で統治が開始されたため，早期独立を希望する朝鮮半島の人々に大きな失望を与えた．しかし，当時，韓国には独自の政権を樹立するほどの国際的な政治力や経済的な基盤がなかったことも事実であった．

1945年9月から10月にかけて行われたヤルタ，ポツダム両協定に基づく米英仏中ソの五国からなる外相理事会の第1回会議（ロンドン）が行き詰まり，これを打開のため同年12月に米英ソの三国外相だけがモスクワに集まり開いた会議でモスクワ協定が合意された．ここで，米ソ合同委員会および臨時朝鮮政府の設立も決定されたことによって，朝鮮半島の運命が定められた[3]．米ソ両国は朝鮮半島に単一政府を樹立するため合同委員会を通して合意を試みたが，米ソ両国が互いに朝鮮半島の政治的な指導権を掌握しようとしたため，米ソ両国間の政治的な利害関係によって合意を形成できずに合同委員会は難航し，何の成果を収めることができないまま終了してしまった．こうして，朝鮮半島は分裂したままの状況で，38度線以南では米国の軍政が始まり，軍政下で単独政府の樹立を推進する動きが現れた．結局，暫定的に設けられた38度線を基準として南北は各々単独政府を樹立し，結果的に朝鮮半島は南北に二分されてしまった．1945年から1948年にかけて南に単独政府が樹立し大韓民国が成立されるまで，米軍政は朝鮮半島の南を統治する唯一の政治主体であった．しかし，1910年から1945年までの日本の植民地統治は人材面でも大きな楔を打ち込んでおり，米軍政も立法・司法・行政など統治組織は，日本の植民地統治を支えていた人材をそのまま利用するという実用重視の政策を取らざるを得なかった．これは，米軍政当局が朝鮮半島の独立について具体的な政策や占領統治に関する事前の準備がなかったため従来の組織をそのまま利用するしかなかったという面もあった[4]．こうして，朝

鮮半島の南半分は日本と同様に米国の統治が行われ，それは一般的に米軍政（韓国では美軍政）と呼ばれるようになった．

　米軍政が行われた朝鮮半島の南では，ソ連・北韓の政治体制である共産主義に対抗するために徹底的な反共政策がとられた．米軍政は日本統治下において大韓民国臨時政府[5]の初代大統領となり，独立運動を主導し，米国でのロビー活動なども積極的に行っていた李承晩が主導する政治勢力を選択，支持した．李承晩は米国に渡り，ジョージ・ワシントン大学，ハーバード大学を経て，プリンストン大学で博士号を取得したインテリで，また敬虔な基督教プロテスタントの信仰心を持っており，米軍政のパートナーとしては非常に望ましい人物であった．

　また，米軍政庁に韓国人官吏を選択，推薦する任務を一手に担っていたジョージ・ウィリアムズ（George Z. Williams）海軍大領は，朝鮮半島で布教活動をしていた宣教師の子供であり，9月8日に上陸した5,000名あまりの米軍の中で韓国語を駆使できたほとんど唯一の人物であった[6]．彼はスタッフの人選においてその多くを基督教信者の中から選んでいた．これは当時の基督教者たちが，ある程度の教育水準に達している中産階級であり，留学経験などもある英語を巧みに使いこなす人材が多かったということも理由であった．米軍政は，1946年3月に日本帝国の巨大な旧官僚機構の再編成を行い，従来の「局」を「部」に，「課」を「處」に昇格させ，「11部7處」の官僚機構を置いた．この1946年から1947年までの間に軍政庁に任命された軍政各部署の韓国人局長は13名であったが，内7名がプロテスタント信者であり，彼ら全員が米国留学を経験した者であった．この体制は1948年まで維持され，この軍政後に成立した政府官僚の総数は142名であり，その中の70名以上が総督府時代に官吏としての経歴を有していた[7]．このように，米軍政はその信託統治を行うにあたり，英語が堪能な人材を求めていたこともあり，基督教徒（特にプロテスタント）は，いわゆる「通訳政治」の一員として米軍政に入り込むことができた．そして，そのような基督教の信仰をもつ政府官僚は信託統治が終了して大韓民国の成立した後も引き続き重要な地位に留ま

ることとなったのである．このような親基督教の指導層が形成されたことが，後の韓国の基督教の急激な成長を後押しすることになった[8]．

　米国に選択されて指導者として祖国に戻ってきた李承晩は，親米主義，反共産主義，そして，基督教精神に基づく民主主義を強く主張を全面的に表に出して国家運営に乗り出した．これには，独立運動家としては知られていた李承晩であったが，国内に政治的基盤がなかったため米国の強固な後ろ盾を必要としていたという事情もあった．また，北の共産主義の政治的・宗教的な抑圧や弾圧から逃れてきた基督教者たちと反共産主義者たちは 1949 年末までに 200 万人に達しており，こういった勢力を取り込むためにも李承晩は基督教精神，反共産主義を主張する必要があった．このような李承晩の政治的態度は連合国軍総司令官であったマッカーサー（Douglas Mac-Arthur）からも高く評価された[9]．

　こうした中，1947 年 9 月 17 日に第 2 次国連総会で韓国の独立案が確定した．1948 年 3 月 31 日以前に，国連韓国委員団の監視下で人口比例の総選挙を南北で同時に行い，総選挙が終了してから 90 日以内に朝鮮半島から米ソ両占領軍は撤収することも提案されていた．しかし，これらの提案は信託・反託運動をはじめ，南北の政治的利権争いによって決裂してしまい，1948 年 5 月 10 日に南だけで総選挙が実施され，5 月 31 日に初めての国会が開会し，こうして 3 年間にわたる米軍政による統治が終了することになった．

　朝鮮半島の南では，「憲法起草委員会」が米軍政庁の助言を受けながら憲法を起草した．そして，1948 年 7 月 1 日に国号を大韓民国と決定し，同 12 日に憲法を作成，17 日に憲法が制定・公布され，7 月 20 日に行われた国会の間接選挙によって，初代大統領に大韓民国臨時政府の大統領であった李承晩が選出された．8 月 15 日にはマッカーサー総司令官が参席した中で大韓民国の成立式典が盛大に挙げられた．李承晩は大統領の就任式を基督教的な式典とし，国会では規定にもない祈祷で始めるなど基督教との親和性をもつことを隠さなかった．実際，李承晩の第一次閣僚の中は日本留学を経て，西洋で近代的な学問を身につけた人たちによって構成されており，李承晩政権の政府

要職を担当していた閣僚の宗教的背景を見てみると，プロテスタント 39.2％，カトリック 7.4％，仏教 16.2％，儒教 17.6％，天道教 0.3％，不明が 18.3％であった[10]．

　1948 年 7 月 17 日に制定された大韓民国憲法の憲法第 1 号の第 12 条には「すべての國民は信仰と良心の自由をもつ」，そして「国教は存在せず，宗教は政治から分離される」と信仰の自由と政教分離の原則が憲法上に明確に規定された[11]．これは現行憲法の第 20 条「①すべての国民は宗教の自由をもつ」と「② 国教は認められず，宗教と政治は分離される」という内容と同様であり，信仰の自由と政教分離の原則は現行法にまでほぼ一貫して流れている[12]．しかし，当時，現実的には政治・政権の運営は基督教主義による米軍政と李承晩を中心に多くの基督教者によって成立していたことは紛れもない事実であった．政権が基督教的な性格を持っていたことの象徴的な例としてクリスマスを公休日に設定したことが挙げられる．1949 年 6 月 4 日には李承晩は大統領令を出しクリスマスを公休日に制定した．この当時の韓国における基督教徒の割合は韓国人口 20,167,000 人のうちプロテスタント信者 500,198 人，カトリック信者 157,688 人の合計 657,886 人で人口の 3.2％に過ぎなかった．このように自国の伝統文化とは全く関係ない宗教行事であり，またわずか数パーセントの宗教集団の宗教行事を公休日に設定する背景には基督教に対する親和的な雰囲気の醸成を意図した非常に政治的な判断があったと考えられる[13]．この他にも，1946 年 3 月から国営放送の性格をもっていたソウル放送（旧京城放送，後の KBS）の毎週日曜日に放送されていた「宗教の時間」を通して基督教の福音を全国に放送することに特別の便宜を図るなど政府による親基督教的な動きがみられた．「宗教放送」はキリスト教だけ放送したのではなく，他の宗教団体も宗教団体ごとに週 1 回 10 分ずつに編成され放送された．しかし，他の宗教団体で放送時間を埋めることができない場合や月に放送日が 5 週ある場合には，キリスト教でその時間を埋めるように配慮されていた[14]．さらに，朝鮮戦争中の 1951 年 2 月 7 日には大統領令により軍の中における宗教活動を認める軍宗制度（chaplaincy）が導入されたが，この軍

宗制度には長老派，監理教，聖潔派などプロテスタントとカトリックの基督教のみが参加を認められていた．軍宗制度の創設時，国軍の基督教の割合が5％程度に過ぎなかったが，1956年には13％まで上昇した．そして，17万に達する北朝鮮の捕虜に対して，韓米両国の20人牧師の活動で6万人余りを基督教に改宗させるなど，軍宗制度は基督教の宣教に非常に大きな役割を果たした．また，軍隊という極めて国家的な組織において，基督教のみに宣教の機会が与えられたことは，国家が基督教を公認宗教として認め，さらにその活動を積極的に支援していたことの現れであり，正に"上からの基督教化"政策であった言える[15]．

　日本における米国の占領政策，少なくとも連合国総司令官のマッカーサー個人としては親基督教的な性格をもつ宗教政策を行う意思をもっていた．事実，マッカーサーはことあるごとに基督教は日本人の精神的・道徳的空白を埋める唯一の宗教であると公言し，1947年2月24日に行ったラジオでのメッセージにおいて「基督教を除くならば，民主主義は人類の偉大な思想とはいえないと信じる」と述べた[16]．また，ある宣教師に宛てた手紙の中では，「私が，日本が基督教化されるであろうとの希望と信念を持っていることをご存知だと思います」とし，自ら「その目的に向かってできる限りの努力をしている」[17]という記述を残し，多くの宣教師の日本派遣を希望するなど積極的に日本の基督教化を支持し推進しようとしていた[18]．また，GHQも同様に宣教師の活動を背後から積極的に支援していた．

　しかし，民間情報教育局宗教課は基督教も他の宗教と同様の法的な立場に置くことを主張した．さらに，基督教の宣布のために占領軍の人員および資材を利用してはならないという内部通達を用意し，宗教問題担当スタッフであったバウンス大尉（Lt.Wiliam Kenneth Bunce）はマッカーサーに占領軍は基督教だけを特別に厚遇する政策をとらず，諸宗教を公平に保護するものである旨の声明を出すように進言した[19]．

　こうした背景もあり，日本を親基督教国にしようとする当初のマッカーサーの希望とは異なり，日本においては，信教自由の確立，政教分離，宗教界か

らの超国家主義・軍国主義的思想の除去という三大原則を強力に推進することとなり，国家と宗教との関係においていかなる宗教の影響も排除する厳格な政教分離の政策がとられることになった．こうして，日本においては，“上からの基督教化”の動きは抑制されることになった．これと比べると韓国における宗教政策は，憲法上には信教の自由，政教分離が規定されているものの，日本とは全く別の道を辿ることとなったと言える．

2.　1945 年以降の宗教政策の基調
――旧法を巡る日韓の宗教政策の態度

　1945 年以降の宗教政策は，日本と韓国は同様に米国の統治を受けることとなったが，その後，日本と韓国が辿る道は大きく異なることになる．

　日本における占領統治は，連合国軍最高司令官総司令部（GHQ/SCAP；GHQ/Supreme Commander for the Allied Powers 以下，日本の通称に従って GHQ もしくは，GHQ/SCAP）によって行われることとなった．GHQ は 1945 年 10 月 4 日には，指令（SCAPIN-93）「政治的，社会的及宗教的自由ニ対スル制限除去ノ件」[20]（連合国軍最高司令部発日本帝国政府ニ対スル覚書），いわゆる「人権指令」によって，戦前の治安法規のうちの中核をなしていた治安維持法などが廃止された．1945 年 12 月 15 日には指令（SCAPIN-448）「国家神道，神社神道ニ対スル政府ノ保証，支援，保全，監督並ニ弘布ノ廃止ニ関スル件」[21]（連合国軍最高司令官総司令部参課副官発第三号日本政府ニ対スル覚書），いわゆる「神道指令」で国家の祭祀としての神社（国家神道）が禁止され，1945 年 12 月 28 日には宗教法人令（勅令第 719 号）が GHQ から発令され，宗教団体法が廃止されて，新しい宗教関連法が実施された．さらに 1946 年 11 月 3 日に日本国憲法（1947 年 5 月 3 日施行），1951 年 4 月 3 日に宗教法人法が制定された．この時点で戦前からの宗教関連法，及び GHQ 占領政策下による指令など主要な宗教に関する法令がほぼ現行法に移行することとなった．これらの宗教に関する法律

は，GHQ が占領統治において重要な課題として考えていた信教の自由，政教分離，宗教界からの超国家主義・軍国主義的思想の除去という三大原則を踏襲したものであった．

　韓国（朝鮮）においては，アメリカ太平洋陸軍総司令部（GHQ/AFPAC：GHQ/U.S. Army Forces, Pacific 以下 米軍政，GHQ/AFPAC）によって信託統治が開始された．1945 年 9 月 7 日，GHQ/AFPAC の名で布告令第 1 号「朝鮮住民対する布告」[22] を発表した．布告令第 1 号には「北緯 38 度以南の朝鮮地域を占領する」ことを明示し，「長い間，朝鮮人が奴隷化された事実と適当な時期に朝鮮を解放独立させる決定を考慮した結果，朝鮮占領の目的が降伏文書条項履行と朝鮮人の人権及び宗教上の権利を保護する」ことにあることを明らかにした．1945 年 9 月 29 日には軍政庁法令第 6 号「公立学校の再開」[23] を公布し，「朝鮮学校は種族及び宗教の差別がない」と規定し，学校教育における人種差別と宗教間の差別を禁止した（3 条）．10 月 9 日には軍政庁法令第 11 号「日政法規一部改正廃案の件」[24] を発令し，日本統治下の反社会的宗教活動を統制する根拠となっていた「政治犯処罰法」（1919 年 4 月制定），「予備検束法」（1941 年 5 月制定），「治安維持法」（1925 年 5 月制定），「出版法」（1910 年 2 月制定），「政治犯保護観察令」（1936 年 12 月制定），「神社法」（1919 年 7 月制定），警察の司法権などのうち韓国人に対する差別条項を廃止した．

　また，軍政庁は 1945 年 9 月と 10 月にかけて軍政庁条令第 5 条「一般人民の武装解除」[25] に基づき，38 度線以南のすべての神宮を直接解体して焼却，11 月には神社の焼却と所属書類及び財産の押収・保管を各道知事に命じた．特に神社の本殿を焼却する時には官吏の現場立ち合いのもとで実施することを求め，その神社所在地の 10 マイル以内に駐留している米軍部隊長にこれを報告するようにした[26]．

　これらは GHQ/SCAP が日本において打ち出された「人権指令」，「神道指令」，「宗教法人令」などの一連の占領政策と同様な流れであったと言える．1945 年 10 月 9 日の軍政庁法令第 11 号は日本で同年 10 月 4 日に出された「人権指令」と同様に「治安維持法」などの人権，信教自由などに対して著しく

問題のある部分を即座に停止するものであり，1945 年 9 月と 10 月の軍政庁
条令第 5 条は同年 12 月 15 日の「神道指令」と同様に軍国主義の温床となり，
その象徴となっていた国家神道の解体を求めたものであったと言える．特に
日本統治下にあった朝鮮半島ではそれをより強力に推進したものと理解でき
る[27]．

　このように日本と韓国との宗教政策は同じ流れの中にあった一方で，明確
に異なる点が存在する．それは米軍政庁が 1945 年 11 月 2 日に発令した軍政
庁法令第 21 号「法律諸命令の存続」[28] に代表されるもので，日本統治時代
の法制度をそのまま存続させるための法令であった．この軍政庁法令第 21 号
は「すべての法律また朝鮮旧政府が発表し，法律的効力を有した規則，命令，
告示，その他の文書として 1945 年 8 月 9 日に実行中であるものはこれまでに
すでに廃止されたものを除き，朝鮮軍政府の特殊命令で廃止するまで全効力
でこれを存続する」と規定している．つまり，日本統治下の宗教関連法も米
軍政庁が直接廃止，変更しない限り，その効力が持続するというものである．
この条項により日本統治下において行われた「寺刹令」や「布教規則」など
はそのまま存続することになった．

　日本においては，戦前の主要な宗教関連法案が信教の自由，政教分離，宗
教界からの超国家主義・軍国主義的思想の除去という三大原則によって廃止
されて，その三大原則に基づいて新法が制定されことになった．これに対し
韓国においては，GHQ/AFPAC の準備不足もあり，日本統治下の旧法令をそ
のまま存続させる政策がとられた．

　これを受けて，仏教総務院では 1946 年 7 月 27 日と 8 月 22 日に軍政長官に
「寺刹令」の撤廃を願い出た．この願いが受け入れられないと，仏教総務院長
の金法麟[29]（キム・ボプリム）は有力議員ら 25 人の連署を携え，「寺刹令」，「寺刹令施行規則」，
「布教規則」，「寺院規則」など 4 つの法令を廃止することを立法議院に正式に
願い出た．これを受けて 1947 年 8 月 8 日に「寺刹財産臨時保護法」が立法議
院を通過した[30]．この「寺刹財産臨時保護法」は日本の統治下で政治権力が
寺刹を一元的に効率良く管理するためにつくられた「寺刹令」，宗教の自由を

制限した「布教規則」などの統制の厳しい法令を廃止し，寺刹財産に関する権限を政府からその当時の仏教界の頂点にあった敎正に寺刹財産の管理や処分権限を付与することで，仏教界自ら寺刹財産の管理・保護する制度を作り出そうとする試みであったと言える．

　しかし，この仏教界の主体的な寺刹財産の管理・保護を可能にする可能性を秘めていた法律は立法議院を通過したにもかかわらず，同年10月29日に米軍政当局によって法の認可を保留された．米軍政当局がこの法の認可を保留した理由は，「寺刹財産臨時保護法」のうち“寺刹財産”が，日本統治下における日本仏教寺院の財産も含まれていると解釈することもでき，そうなれば莫大な“敵国財産”が朝鮮仏教という一つの宗教団体に帰属する恐れがあったためであった．

　当時，朝鮮仏教界は総務院とこれに対抗する朝鮮仏教総本部の間で政治思想による内部対立を抱えており，1947年11月12日には，総務院側と対立状態にあった朝鮮仏教総本部とその傘下にあった10以上の団体で，この法律の撤廃を主張する抗議文を大法院長など関係方面に提出した．このように「寺刹財産臨時保護法」を制定し，仏教教団の人事権と財政権を取り戻そうとする総務院側の努力は米軍政当局と仏教内部の反発により挫折することとなった[31]．

　こうして，「寺刹令」は1962年1月20日に「仏教財産管理法」が制定されるまで効力を有することとなった．また，1950年代以降の仏教浄化運動によって帯妻僧を寺刹から追放しようとする紛争に政府が介入したが，その根拠となったのは「寺刹令」であり，日本統治下で発令された「寺刹令」が依然として法的効力を発揮していたためであった．実際，1955年6月29日に文教部と内務部そして法務部が共に関係官会議を招集し，1911年6月に制定された「寺刹令」と7月に制定された「寺刹令施行規則」が依然として効力があることを前提に帯妻僧を認めないとする行政処分を下した．さらに，1960年9月にも「寺刹令は旧憲法の公布実施後も効力が存続し，寺刹令の規定により主務長官の許可のない寺刹財産に対する一般的な譲渡性は否定される」

という判断が大法院から下された[32]．

　これは，大韓民国の憲法にも信教自由と政教分離の原則は一貫して規定されていたが，寺刹に関する法律はそれとは別な形で運用されていたことがわかる．戦後の日本において旧法は廃止，または改正されており，信教自由と政教分離はかなり厳格に運用され，立法，行政，司法とも宗派内の争いをはじめ，宗教的な内容についての判断を避けるようになっていたのとは大きな違いをみせている．

　米軍政庁は統治開始直後から日本の軍国主義と植民統治の象徴であった神道の神宮と神社をすべて焼却してそれに関する法令を廃止．また儒教に関しては法令第 15 号「孔子廟経学院の名称を成均館に変更」[33]（1945 年 10 月）を発令して早い段階で儒教の復権を後押しし，法令第 194 号「郷校財産管理に関する件」[34]（1948 年 5 月）においては 1919 年 6 月に朝鮮総督府が発令し儒教の施設などを監督・統制していた「郷校財産管理規則」（府令第 91 号）を廃止することで儒教教団に郷校財団の設立を許可し，部分的にではあるが，財政権の一部を認可するなど積極的な変更を行った[35]．さらに，米軍政庁は基督教（プロテスタント・カトリック）は勿論のこと，「布教規則」によって，これまで類似宗教とされていた大倧教，天道教，甑山教などの新宗教・民族宗教に対しても自由な宗教活動ができるような運用を行った．しかし，仏教に対してだけは，「寺刹令」などを有効として残すことで，仏教界自らがその人事権と財産権を完全に行使することをできない状態にしていたのである．そのような不均衡・不平等な宗教政策は米軍政終了後の大韓民国建国後にも引き継がれていくことになったのである[36]．

3.　帰属財産と宗教
──宗教関連財産の処理に関する問題

　韓国の宗教教団にとって，当日本統治からの解放は教団の新たな体制作り

にとっては極めて重要な転換点であった．教団の教義や組織の体制のみならず，その教団の運営の規模を決定付けるという意味でも，資産，財産の規模は宗教教団にとっては現実的な関心事項とならざるを得ない．

　敗戦国日本が朝鮮に残していった財産，つまり，朝鮮内に残された日本の国有資産，及び自然人，法人のすべてを含む韓国在住のすべての日本人の所有財産の財産権を一括して米軍政庁の所属としたことから一般的に帰属財産（vested property）と呼ばれるようになる日本の残していった莫大な資産をどのように処理するのかは極めて重要な問題であった[37]．

　米軍政は1945年9月25日に「財産移転禁止」[38]（法令2号）を発令して敗戦国財産の凍結及び移転制限措置を講じ，同9月28日には「日本陸海軍財産に関する件」[39]（法令4号）によって，日本の陸海軍関連財産に対して差し押さえ及び米国の所有と規定した．しかし，これらの法令は“敵国財産”の処理については何も規定していなかった．帰属財産に関して最も重要な法令は同年12月6日に発令された「朝鮮内にある日本人財産権取得に関する件」[40]（法令33号）である．この法令では，「1945年8月9日以後，日本政府，その機関，その国民，会社，団体，組合，その政府機関又はその政府が組織した団体等が直間接的に，全部又は一部を所有管理する金，銀，白金，通貨，証券，銀行勘定，債券，有価証券または本軍政庁の管轄内に存在するその他すべての種類の財産，及びその輸入に対する所有権は1945年9月25日付で米軍政庁が取得し，米軍政庁がその財産すべてを所有する．誰を問わず，軍政庁の許可なくその財産に侵入，占有，その財産の移転または価値効用を損なうことを違法とする」と規定されており，日本の財産の範囲を定義して，日本国家の財産であれ，日本国民の財産であれ，すべて米軍政庁に所有権を移転し，米軍政の所有として没収されることになった[41]．

　1948年9月11日には韓米において合意された財政及び財産に関する協定により帰属財産は米軍政庁の管理から韓国政府に移管されることとなった．第1共和国は1949年12月19日に「帰属財産処理法」[42]を制定し，続いて1950年3月30日に「帰属資産処理法施行令」[43]，さらに，同年5月27日に

は「帰属財産処理法施行細則」[44] を制定した. 帰属財産の処理は 1963 年 5 月
29 日, 帰属財産処理に関する特別措置法において, 帰属休眠法人の処理, 及
び非売却財産の国有化措置が定められた. このように帰属財産は米軍政から
第 3 共和国初期まで長期間にわたって処理された. また米軍政から大韓民国
へ帰属財産の移行後の財産の処理政策も米軍政の基本政策をほぼ踏襲する形
で行われた[45].

　「帰属財産処理法」において, 帰属財産の処理は"第 2 章 国有と公有"の
第 5 条において, 「天然資源に関する権利及び営林財産で必要な林野, 歴史的
価値のある土地, 建物, 記念品, 美術品, 文籍その他公共性を有し, 永久に
保存する必要がある不動産と動産は国有又は共有」とし, 「政府, 公共団体で
共用, 公共用又は公認された教化, 厚生機関で公益事業に供するために必要
な不動産と動産」についても同様に国有又は共有とされた. 第 6 条では, 帰
属企業体のうち「企業体と重要な鉱山, 製鉄所, 機械工場その他公共性を有
する企業体はこれを国営又は公営」すると規定され, 第 7 条では, 「国有又は
共有, 国営又は公営となる財産及び企業体の指定に関する手続は大統領令で
定める」ことになっている. また, 国有, 共有以外にも"第 3 章 売却"では
帰属財産の売却についても規定されている. 第 15 条においては, 「帰属財産
は合法的であり, 思想が穏健で運営能力のある善良な縁故者, 従業員又は農
地改革法により農地を買収された者及び住宅においては, 特に国家に有功な
無住宅者, その遺族, 住宅のない貧困な労働者又は 帰属住宅以外の住宅を入
手しにくい者に優先的に売却する」ことができ, さらに, 「公認された教化,
厚生その他公益に関する社団または財団として営利を目的としない法人に対
して優先的に売却することができる」ことが規定されている. これは政府の
社会政策の一環といった側面をもつものであり, 政府の社会政策の不備を非
営利法人, 主に基督教と仏教といった宗教団体の奉仕の精神や活動によって
補完されることを期待しての政策であった.

　実際, 南韓（韓国）内にあった基督教系と神道系の帰属財産は大部分, プ
ロテスタント側に払い下げられ, 日本仏教の帰属財産は仏教に委譲される傾

向がみられた．日本統治の終了後の十年間に新設された 2,000 か所あまりの
プロテスタント教会の 90％以上が北韓（北朝鮮）からの避難民のための教会
であった．これは国内の政治基盤が脆弱だった李承晩大統領の大きな支持基
盤となる層であり，プロテスタントへの委譲された帰属財産は北から避難し
て来たプロテスタント信者たちの教会活動を支える重要な基盤となった．カ
トリックは出版社を一つ払い受けると『京郷新聞』を発行し，1947 年 9 月時
点でソウルにおいて発刊された日刊紙の中で 61,300 部という最大の発行部数
を誇る新聞となり，カトリックの宣教と社会的影響力の向上に大きく寄与し
た．

　仏教は光復後，金法麟総務院庁は米軍政府のホッジ中将に会い，日本仏教
の寺院を朝鮮仏教側で引き取ることに合意し，東本願寺，西本願寺，和光教
団，曹渓学院，龍谷大学など日本仏教諸宗派の財産を禅学院が管理すること
になった．しかし，後にこれら日本仏教の帰属財産の管理権を巡って，比丘
僧中心の禅学院と帯妻僧中心の総務院の間に紛争が生じることになった．ま
た先にも述べた通り，米軍政当局は日本仏教関連帰属財産のすべてが朝鮮仏
教に帰属してしまうことを憂慮して，1947 年 8 月 8 日に立法議院を通過した
「寺刹財産臨時保護法」への認准を拒否したため，日本仏教の帰属財産がその
まま朝鮮仏教に委譲されることはなかった．さらに，仏教教団はその激しい
内部対立のために既に管理下にあった財産も失うことがあった[46]．

　日本の場合は 1947 年の国家に帰属していた寺社等の国有地処分に関しての
「社寺等に無償で貸し付けてある国有財産の処分に関する法律（法律第 53 号）」
（第二次国有境内地処分）に見られるように，ほぼ宗教団体の望み通りに寺社か
らの申請があれば，その国有地の多くはそのまま寺社の財産となった．これ
に対して，韓国の場合は，日本の土地が敵国財産となって国有・共有される
か，もしくは売却されることとなった．しかし，その対象は無住宅者などの
貧困層，あるいは，公認された教化，厚生その他公益に関する社団または財
団として営利を目的としない法人に対して優先的に売却されることが規定さ
れていた．これは米軍政庁，あるいは韓国政府のある種の意図—ここではプ

ロテスタント教団の育成と政治基盤の強化など—が非常に色濃く反映された形で土地の処分が行われたと考えることができるだろう.

　もう一つ, 財産に関して重要なことは, 1949 年 6 月 21 日に公布された「農地改革法」である. この農地改革によって, 土地収入に依存していた韓国の仏教教団は大打撃を受けることになった[47]. この寺社の土地の解放の点については, 日本の仏教教団が「自作農創設特別措置法」(1946 年 12 月 29 日施行)と「農地調整法改正法」(1946 年 11 月 22 日施行) によって大打撃を受けたのと同様であった.

おわりに
——日本統治によって"打ち込まれた楔"

　これまでみてきたように, 近代以降, 朝鮮の宗教状況は外部勢力である日本の影響を避けることができなかった. 朝鮮の開国以降, 朝鮮への日本人の流入が起こると日本の宗教である日本の仏教各派の朝鮮開教も開始されることになった. 朝鮮の長年にわたる崇儒抑仏政策によって大きく毀損された朝鮮の仏教の伝統は, 日本の仏教との接触が増えていくに連れ, 朝鮮仏教の停滞, 後進性として理解され, 次第に朝鮮仏教の近代化を求める動きへと繋がることになった. しかし, 当時の朝鮮仏教にはその近代化を自らの力で遂行する能力はなかった. 結局, 日本の仏教各派によって隷属化される寸前まで追い込まれるが, 日本の仏教各派による朝鮮仏教の分割, 支配を由としなかった朝鮮総督府が「寺刹令」に代表される一連の宗教令を発令して朝鮮仏教を一元的に管理統制することになった. また, 朝鮮の国教であった儒教は「経学院規定」などによって学事として, その他の宗教的な組織は「布教規則」によって類似宗教として宗教とは認められぬまま同様に日本の管理統制下に置かれることになった.

　こうして,「大日本帝国憲法」第 28 条に信教の自由は謳われているものの,

安寧秩序を妨げない限りという限定を伴うものであり，"内地"である日本，"外地"である朝鮮ともに外部に向って行われる礼拝，儀式，布教，演説，及結社集会の自由などには宗教や治安維持に関する各種法規によって容赦なく制限が加えられる極めて管理統制の強い宗教政策が太平洋戦争の終結するまで続くことになった．

　1945年以降，日本と韓国は同様に占領統治を受けることとなったが，その後，日本と韓国が辿る道は大きく異なることになった．

　日本における占領統治は連合国軍最高司令官総司令部（GHQ/SCAP）によって行われた．GHQは1945年10月に戦前の治安法規の中核をなしていた「治安維持法」などが廃止する，いわゆる「人権指令」（SCAPIN-93），1945年12月には国家の祭祀としての神社（国家神道）を禁止する，いわゆる「神道指令」（SCAPIN-448）を発令，また，同12月に「宗教法人令」（勅令第719号）を発令して，それまで宗教を管理統制していた「宗教団体法」が廃止して，新しい宗教関連法を実施した．そして，GHQが占領統治において重要な課題として考えていた信教の自由，政教分離，宗教界からの超国家主義・軍国主義的思想の除去という三大原則に基づいた「日本国憲法」（1947年施行），「宗教法人法」（1951年施行）が定められた．

　韓国（朝鮮）においては，アメリカ太平洋陸軍総司令部（GHQ/AFPAC）によって信託統治，いわゆる米軍政が開始された．米軍政は1945年9月と10月にかけて38度線以南のすべての神宮を直接解体して焼却，11月には神社の焼却と所属書類及び財産の押収・保管するなど国家神道の痕跡を消し去った．また時期を同じくして，学校教育における人種差別と宗教間の差別を禁止，日本統治下の反社会的宗教活動を統制する主な根拠となっていた「治安維持法」などを廃止するなど，日本におけるGHQの占領統治と同じように，信教の自由を阻害する法律や人権の抑圧につながる法規を速やかに廃止した．また，1948年7月17日に制定された大韓民国憲法の憲法第1号の第12条から，現行憲法の第20条まで，一貫して信仰の自由と政教分離が謳われている．

　このように戦後の日本と韓国との宗教政策は同じ流れの中にあり，信教・信

仰の自由や政教分離が保障されているのは日本も韓国も同様であったが，日本がかなり厳格に信教の自由と政教分離を侵害するような法的な要素をかなり厳格に排除したのに対して，韓国は明確に異なった対応をとることになった.

　米軍政庁は，日本と同様に朝鮮においても国家神道や日本統治下の治安維持に関する法規はこれを速やかに廃止したが，1945 年 11 月 2 日に日本統治時代の法制度をそのまま存続するための軍政庁法令第 21 号「法律諸命令の存続」を発令，日本統治下において行われた「寺刹令」や「布教規則」などはそのまま存続することになった.

　これには極めて政治的な状況が作用していたと考えられる. 当初，朝鮮では GHQ/AFPAC の準備不足のためもあり，日本統治下の旧法令をそのまま存続させるという政策をとることになった. このような不均衡・不平等な宗教政策は米軍政終了後，それに続く大韓民国建国後の李承晩政権にも引き継がれていくことになった. 李承晩は米国における朝鮮の独立運動のロビー活動などが評価されて米国の後ろ盾を得て祖国に戻ってきたが，朝鮮国内に政治的な基盤をもっていなかった. このため李承晩は個人の信仰と米国の支援を盤石なものとするために親基督教的な政策を行い，「通訳政治」と言われる程に基督教の信仰をもつスタッフで行政組織を固め，親基督教の指導層を形成した. また，朝鮮戦争時には軍の中における宗教活動を認める軍宗制度（chaplaincy）を創設し基督教のみに参加を許可するなどの基督教への優遇政策をとった. これによって，基督教は軍内内部，また北朝鮮の捕虜に対する宣教で大きな成果を上げた. これが，結果として韓国の基督教の急激な成長を後押しすることになった.

　これには当時の知識層であり組織的にも確立しており，李承晩を中心とした指導層のライバルとなり得る仏教教団を政治の中心から遠ざけておくという現実的な問題もあった. 事実，李承晩は日本統治下において仏教教団の圧倒的多数派となっていた帯妻僧を「親日仏教＝反民族的仏教」であると批判する論示を何度も出し，帯妻僧は寺刹を去るべきとまで言及し，比丘戒を守る比丘僧を中心とした朝鮮仏教の伝統に戻るべきであると一宗教団体の在り

方にまで積極的に介入し，教団内部の対立を激化させただけでなく，世論にも「帯妻僧＝親日的＝反民族的」であるというメッセージを明確に示した．

　このように，信教の自由と政教分離を明記した憲法を持ちながらも，仏教に対してだけは，「寺刹令」などを残すことで，仏教界自らがその人事権と財産権を完全に行使することをできない状態を放置し，大統領自ら政教分離の原則を無視するかのような仏教教団への過度な介入を行い，さらには，国の制度である軍宗制度への参加も認めないといった非常に不平等な扱いをしていた．また，日本統治下における日本資産であった，いわゆる帰属財産に関しても，基督教団体は公認された教化機関，公益団体としての役割を果たすべく，スムーズに帰属財産を譲渡され，それを活かして，勢力を拡大していくことができた．しかし，仏教教団は仏教浄化運動と呼ばれる内部対立の激化もあり，仏教関連の帰属財産も失うことがあった．

　以上のように，日本統治下になり，韓国内では最大の宗教組織となっていた朝鮮仏教であったが，解放後は政治的な状況によって，日本統治時代の「寺刹令」などの管理統制の強い法律がそのまま存続し，さらには日本統治時代から内在していた比丘僧と帯妻僧との激しい内部対立のために仏教教団が自ら寺刹財産の管理・保護する制度を確立することができなかった．さらには，信教の自由と政教分離を明記した憲法があるにも関わらず，実質的には宗教の平等，政教分離の原則は貫徹されておらず，政治的な状況によって，基督教だけは国教ともいえるような異例な厚遇を受ける時期が長く続いた．

　こうした状況に変化が訪れたのは，朴正煕が1960年に5.16軍事クーデターにより政権を掌握した後であった．ここでようやく，仏教の軍宗制度への参加，釈迦の誕生日の公休日化，さらに日本統治時代の「寺刹令」廃止などが実現した．しかし，これは信教の自由や政教分離が貫徹されたというよりはむしろ，民主化運動と結びついた基督教に対抗する手段として仏教の支持と仏教の支持基盤を取り込むために親基督教的な宗教政策からの離脱といったこれまでとは異なる別の政治的な状況によるものであった．

　また，「寺刹令」の後を受けた1962年の「仏教財産管理法」[48]は，名称そ

こ変更されたものの，仏教教団内部での仏教教浄化運動が激化していことも
あり，「寺刹令」のような管理統制色が濃い法律が維持された．社会状況や政
治的状況が変化に対応して，1988 年には「伝統寺刹保存法」[49]，さらに 2009
年には「伝統寺刹の保存及び支援に関する法律」[50] と少しずつではあるが管
理統制色の薄い法律へ変更された．しかし，仏教教団だけが，その他の宗教
団体とは異なる法律が適用されている状況は現在でも変わっていない．現在
でも，すべての宗教が同じ法の下で運用されるべきであるという声もあるも
のの，様々な利害関係から依然として，すべての宗教が同じ法律の下で活動
されるということは実現されていないのが韓国の宗教政策の現在である．

　このように，戦後の日本が比較的，法の運用の下での信教の自由，宗教の
平等，政教分離が実現されているのに対して，韓国の宗教政策，さらに宗教
団体は，日本の統治によって"打ち込まれた楔"——仏教・儒教・民族宗教
などに対する宗教伝統の破壊，「寺刹令」などの法規，知識層・指導層の人材
育成の不均衡など——によって大きな影響を受け，解放後も韓国の複雑な政
治状況も相まって，かなり歪な形で宗教政策が行われ，それが現在まで宗教
教団，特に仏教教団に影響を与えてきた．そして，それは韓国の宗教団体の
健全な発達にとって障害となるものであり，この影響は韓国の現在の宗教状
況にまで多大な影響を及ぼす要因となったのである．

1)　「朝鮮」という国号は 1897 年に「大韓帝国」に変わり，1910 年の日韓併合に
　　よって日本の"外地（朝鮮）"に，1945 年の解放後に朝鮮半島の 38 度線の停戦ラ
　　インを基準として以南が「大韓民国」（韓国），以北が「朝鮮民主主義人民共和
　　国」（北朝鮮）となっている．本稿では 1948 年 8 月の「大韓民国」成立までを基
　　本的に「朝鮮」，それ以降は「韓国」，通史的には「韓国」と称する．
2)　国立国会図書館（2024）「カイロ宣言 1943 年 12 月 1 日［Cairo Communiqué］」
　　<https://www.ndl.go.jp/constitution/shiryo/01/002_46shoshi.html>（Accessed
　　March 2, 2024).
　　外務省（2024）「われらの北方領土 2009 年版（平成 21 年度版）」外務省，16
　　頁．小学館 日本大百科全書（2024）「カイロ会談」< https://kotobank.jp/word/

カイロ会談 -43071#w-1516042>（Accessed March 2, 2024）を参照.

3)　小学館 日本大百科全書 (2024)「モスクワ協定」<https://kotobank.jp/word/ モスクワ協定 -142373>（Accessed March 2, 2024）を参照. その他にイタリアなど旧枢軸国との講和条約の準備, 極東委員会および対日理事会の設置, 中国の国民政府の下での統一促進と干渉の排除, 国連原子力委員会の設置などが合意された.

4)　申昌浩 (2002)『韓国的民族主義の成立と宗教―東学・親日仏教・改新教（プロテスタント）の分析を通じて―』京都：国際日本文化センター, 131-132 頁を参照.

5)　但し国際的には正統な臨時政府とは認められていなかった.

6)　허명섭 (2005)「미군정기 재한 선교사와 한국교회」(『韓國敎會史學會誌』第 16輯) 서울：韓國敎會史學會, 177 頁を参照. 大領は大佐に相当する.

7)　申昌浩 前掲書, 133 頁を参照.

8)　前掲書, 133 頁を参照.

9)　前掲書, 134-135 頁を参照.

10)　前掲書, 135-136 頁を参照.

11)　법제처 국가법령정보센터 (2024)「대한민국헌법 [시행 1948. 7. 17.] [헌법 제 1호, 1948. 7. 17., 제정]<https://www.law.go.kr/ 법령 / 대한민국헌법 >（Accessed May 1, 2024）を参照.

12)　법제처 국가법령정보센터 (2024)「대한민국헌법 [시행 1988. 2. 25.] [헌법 제 10호, 1987. 10. 29., 전부개정]」<https://www.law.go.kr/ 법령 / 대한민국헌법 >（Accessed May 1, 2024）を参照.

13)　申昌浩 前掲書, 136-138 頁を参照. また, 申昌浩はこの状態を「大韓民国の樹立は, 如何にも基督教を国教とする国家であるかのような姿を見せていたといっても過言ではなかった」と指摘している. 前掲書, 136 頁. 姜敦求は当時, 韓国の人口を 2 千万人, プロテスタント信者とカトリック信者を合わせて 45 万人と握り, 当時韓国全体の人口でキリスト教人が占める割合を 2-3％と推測した. 강돈구 (1993)「美軍政의 宗敎政策」(『종교학연구』Vol.12 No.0) 서울：서울대학교 종교학연구회, 37 頁を参照.

14)　허명섭 (2004)「미군정의 종교정책과 한국교회」(『韓國敎會史學會誌』第 15輯) 서울：韓國敎會史學會, 299 頁を参照.

15)　강돈구 前掲書, p.37 を参照. 尚, 米軍政当初の基督教信者の比率は全人口比では 2％だったのが, 1960 年には 7.5％を占めるまでになっている. 강돈구 前掲書, 39 頁を参照. また, 仏教が軍宗制度に加わったのはベトナム戦争時の 1968年 9 月であった. 姜敦求 (2002)「光復後における韓国の社会変動と宗教」(柳炳德 安丸良夫 鄭鎮弘 島薗進編『宗教から東アジアの近代を問う：日韓の対話を通して』) 東京：ぺりかん社, 380 頁を参照.

16)　中野毅 (2003)『戦後日本の宗教と政治』東京：大明堂, 102 頁. ウィリアム・P・ウッダード 阿部美哉訳 (1988)『天皇と神道：GHQ の宗教政策』東京：サイ

マル出版会，282 頁を参照.

17)　原文は "A Letter from D.MacARTHUR to Miss Elizabeth A. Whewell", October 4, 1947, GHQ/SCAP Records（CIE），Box5166, Sheet No.C-00589 国会図書館現代史資料室所蔵. 中野 前掲書，101-102 頁. ウィリアム・P・ウッダード 前掲書，283 頁を参照.

18)　しかし，マッカーサーは，ある宣教団体の幹部に「自分がもっている権力を行使すれば，天皇と 7 千万人の日本人を一夜にして基督教徒にしてしまうこともできるだろうが，それは悲劇的なことだと承知している」と述べ，「そうしないないのは，それが日本における基督教の終末にほかならなくなるからだ」と説明したと伝えられている. また，マッカーサーが「天皇が内密に基督教を日本の国教にする用意があるといったことがあるけれども，自分はいかなる宗教でも，それを国民に強要することは間違っていると考えているので，その申し出を退けた」と語ったことがあると伝えられている. このようにマッカーサーは，日本の基督教化を希望し，それが望ましいことであると考え，宣教を支援していたが，基督教化が政治権力によって強制的に変更させることは望んでいなかったようである. ウィリアム・P・ウッダード 前掲書，284 頁を参照.

19)　中野 前掲書，102 頁を参照.

20)　国立国会図書館（2010）「Memorandum for：Imperial Japanese Government. Through: Central Liaison Office, Tokyo. Subject: Removal of Restrictions on Political, Civil, and Religious Liberties.（SCAPIN-93）」<http://www.ndl.go.jp/modern/img_t/M003/M003-001tx.html>（Accessed August 10, 2010）を参照.

21)　文部科学省（2010）「国家神道，神社神道ニ対スル政府ノ保証，支援，保全，監督並ニ弘布ノ廃止ニ関スル件」<http://www.mext.go.jp/b_menu/hakusho/html/hpbz198102/hpbz198102_2_033.html>（Accessed August 10, 2010）を参照.

22)　韓國法制研究會編（1971a）「1. 1945.9.7 TO THE PEOPLE OF KOREA」（『美軍政法令總覽：英文版 1』）서울：韓國法制研究會，1-2 頁. 韓國法制研究會編（1971b）「1. 1945.9.7 朝鮮住民에게布告함」（『美軍政法令總覽：國文版』）서울：韓國法制研究會，1 頁を参照.

23)　前掲書 a,「6. 1945.9.29 REOPENING OF PUBLIC SCHOOLS」58-59 頁. 前掲書 b,「6. 1945.9.29 教育의措置」126 頁を参照.

24)　前掲書 a,「11. 1945.10.9 SPECIFIC LAW REPEALED」66-67 頁. 前掲書 b,「11. 1945.10.9 日政法規一部改定廢案의件」131 頁を参照.

25)　前掲書 a,「5. 1945.9.29 DISARING OF CIVILIANS」57 頁. 前掲書 b,「5. 1945.9.29 一般人民의武裝解除（武器彈藥또는爆發物의不法所有禁止）」125 頁を参照.

26)　허명섭 前掲書，292-293 頁. 강돈구 前掲書，28 頁を参照.

27)　外務省告示 264 号によって，官幣大社朝鮮神宮以下 16 社（樺太・朝鮮・台湾の官国弊社）が廃止されたのは，1945 年 11 月であったので，朝鮮国内では実質的にそれより早く神社の解体が行われることとなった.

28) 허명섭 前掲書, 294 頁. 강돈구 前掲書, 28 頁. 韓國法制研究會編 前掲書 a,
「11. 1945.11.2 RETENTION OF LAWS」80-81 頁. 韓國法制研究會編 前掲書 b,
「11. 1945.11.2 法律諸命令의存続」139 頁を参照.

29) 1899-1964 年. 14 歳で出家, 1915 年に梵魚寺で比丘戒を受ける. 3・1 運動時
に仏教系独立万歳運動に参加, 1920 年に仏教中央学林を卒業し, 翌年フランス
に渡り, 1926 年にパリ大学哲学科を卒業. 1930 年, 仏教改革者, 独立運動家の
韓龍雲の志を継いで密結社の卍黨を結成. 同年, 日本の駒澤大学で仏教を研究,
1931 年に東京で朝鮮青年同盟を組織して独立運動を行い, 以降, 継続的に独立
運動に傾倒. 後に仏教総務院長, 政治家に転じて文教部長官などを歴任. 仏教系
大学の中心である東国大学校総長として仏教教育に注力. 僧侶, 独立運動と政治
活動, 教育者として評価されている.

30) 강돈구 前掲書, 29-30 頁を参照. 第 1 条 寺利財産は朝鮮佛教教憲に定めると
ころにより, 朝鮮仏教教正の許可を受けない限り, 此を譲渡したり, 担保に提供
したり, 他の処分をすることができない. 寺利の負債となる行為も亦同である.
第 2 条 寺利財産處分等に関して, 国宝, 古蹟, 名勝, 天然記念物保存令, 森林
令その他, 法令による行政官庁の許可又は許可を受けようとするときは朝鮮佛教
教正を経由しなければならない. 第 3 条 本法に違反した行為は無効とする. 附
則 第 1 条 本法は公布日より有効とする. 第 2 条 下記の法律は宗教の自由の原則
に基づいてこれを廃止する. 寺利令 (1911 年 6 月 制令 第 7 号) 寺利令施行規則
(1911 年 7 月 朝鮮総督府令 第 84 号) 布教規則 (1915 年 8 月 朝鮮総督府令 第 33
号) 寺院規則 (1915 年 8 月 朝鮮総督府令 第 80 号).

31) 강돈구 前掲書, 30-31 頁を参照. 朝鮮仏教総本部には左翼系の思想をもつ者が
多かった.

32) 강돈구 前掲書, 31 頁. 韓國宗教法學會 編 (1982)「憲法施行과 寺利令 (1960.
9.15 大判 4921 民上 492)」『宗教法判例集』서울：育法社, 126 頁を参照.

33) 韓國法制研究會編 前掲書 a,「15. 1945.10.16 THE NAME OF KEIJO IMPERIAL
UNIVERSITY CHANGED」71 頁. 韓國法制研究會編 前掲書 b,「15. 194510.16 名
稱變更 (京城帝國大學을서울大學으로孔子廟經學院을成均館大學으로)」134 頁
を参照.

34) 前掲書 a,「194. 1948.5.17 MANAGEMENT OF CONFUCIAN-SHRINE PROPERTY」
560-561 頁. 前掲書 b,「194. 1948.5.17 郷校財産管理에關한件」523-524 頁を参
照.

35) 강돈구 前掲書, 29 頁を参照. 米軍制法令第 194 号の「郷校財産管理에關한件」
は 1962 年 1 月に郷校財産法 (法律第 958 号) が制定されることによって廃止さ
れた.

36) 姜敦求 (2002)「光復後における韓国の社会変動と宗教」柳炳德 安丸良夫 鄭鎮
弘 島薗進編『宗教から東アジアの近代を問う：日韓の対話を通して』東京：ぺり
かん社, 367-368 頁を参照.

37)　양태건 장은혜 (2019)『귀속재산처리법 존치 필요성 및 개선방안 연구』세종 : 한국법제연구원, 31 頁を参照. 日本の国家, 企業, 個人などの財産であった帰属財産は当時の朝鮮国内の財産の 80%程度を占めていたと多くの学者の共通認識となっている. 前掲書, 36 頁を参照.

38)　韓國法制研究會編 前掲書 a,「2. 1945.9.25 CONCERNING PROPERTY TRANSFERS」53-54 頁. 韓國法制研究會編 前掲書 b,「2. 1945.9.25 財産移轉禁止」121-122 頁を参照.

39)　前掲書 a,「4. 1945.9.28 CONCERING JAPANESE MILITARY AND NAVAL PRPPERTY」56 頁. 前掲書 b,「4. 1945.9.28 日本陸海軍財産에關한件」124 頁を参照.

40)　前掲書 a,「33. 1945.12.6 VESRING TITLE TO JAPANESE PROPERTY WITHIN KOREA」95-96 頁. 前掲書 b,「33. 1945.12.6 朝鮮內에잇는日本人財産權取得에關한件」149 頁を参照.

41)　米軍政庁は日本の財産を没収し, 連合国の戦争賠償用として使用するという米国の基本方針と韓国人の日本の残していった財産は韓国へ譲渡されるべきだという一般通念との対立, さらに, 北を占領したソ連軍政が迅速に日本または日本人所有財産を没収して無償分配, または国有化していたため, 韓国が共産主義化しないように米軍政庁はこうした韓国の社会情勢を考慮しながら慎重に処理を進めなければならなかった. 양태건 장은혜 前掲書, 35-41 頁を参照.

42)　국가법령정보센터 (2024)「귀속재산처리법」<https://www.law.go.kr/ 법령 / 귀속재산처리법 / (00074,19491219) > (Accessed May 1, 2024).「帰属財産処理法」は現在まで 12 回の改正が行われ最新は 2023 年 7 月 18 日に改正・施行されている.

43)　국가법령정보센터 (2024)「귀속재산처리법시행령」<https://www.law.go.kr/ 법령 / 귀속재산처리법시행령 / (00298,19500330) > (Accessed May 1, 2024).

44)　국가법령정보센터 (2024)「귀속재산처리법시행세칙」<https://www.law.go.kr/ 법령 / 귀속재산처리법시행세칙 / (00027,19500527) > (Accessed May 1, 2024).

45)　강돈구 前掲書, 32 頁. 姜敦求 前掲書, 369 頁を参照.

46)　강돈구 前掲書, 34-36 頁. 姜敦求 前掲書, 369-372 頁を参照.

47)　申昌浩 前掲書, 113 頁を参照.

48)　韓國宗敎法學會 前掲書, 397-399 頁, 법제처 국가법령정보센터 (2024)「불교재산관리법 [시행 1962.5.31] [법률 제 1087 호, 1962.5.31, 제정]」< https://www.law.go.kr/ 법령 / 불교재산관리법 / (01087,19620531) > (Accessed May 1, 2024) を参照.

49)　법제처 국가법령정보센터 (2024)「전통사찰보존법 [시행 1988.5.29] [법률 제 3974 호, 1987.11.28. 제정]」https://www.law.go.kr/ 법령 / 전통사찰보존법 / (03974,19871128) > (Accessed May 1, 2024) を参照.

50)　법제처 국가법령정보센터 (2024)「전통사찰의 보존 및 지원에 관한 법률 [시행

2009.6.6]［법률 제 9473 호, 2009.3.5, 일부개정］」<https://www.law.go.kr/ 법령 / 전통사찰의 보존 및 지원에 관한 법률 > (Accessed May 20, 2024) 現在までの最新の改正は 2025 年 2 月 13 日一部改正，同 2 月 14 日施行の法律第 20288 号 .

第15章

2000年代韓国映画に表れた
女子商業高校全盛期の「終焉」

藤 田 忠 義

は じ め に

戦友の屍を越えて，越えて
前へ，前へ
洛東江よ，どうか達者で
我々は前進するのだ

　これは朝鮮戦争下での兵士の悲壮感を歌った『戦友よ安らかに眠れ』の歌詞の冒頭部分だ．絶え間ない時の流れにおいて，戦友は記憶となり，雄大な自然はそこにありつづける．兵士は次の戦場へと向かう宿命にある．戦争が続く限り．この歌は後に女学生がゴム紐飛びの遊びをする際にも歌われるようになり，2001年に開封された韓国映画，『子猫をお願い』のオープニングでも卒業を迎えた女子高校生が仁川港を背景に陽気に歌っている．

　韓国社会は植民地と解放，1950年代に戦争と分断，1960年以降の急速な経済成長を半世紀の間に経験した．1990年代中盤には高校就学率が90％を越

え，2000年代初頭には高校進学にとどまらず高等教育進学率も80％に達する[1]．「学校に通いたかった」時代は既に過去のものとなり，上級学校進学の意味は確実に変わりはじめていた．大学全入時代になったと錯覚させるほど，人びとは大学進学を目指し一斉突撃をはじめる．

　2001年に開封された映画，『子猫をお願い』にはそうした転換期における韓国女性の姿が鋭く描写されている．映画は女子商業高校生5人の卒業1年後を背景に，新たな生活を送りながらも互いに連絡を取り合い交流を続けている姿を描写した人間ドラマ，青春物語だ．大手証券会社に就職したヘジュ，実家のサウナ銭湯の手伝いをしながら将来を模索するテヒ，就職先の経営悪化で失業し職を探しながらもデザインの勉強を続けたいジヨン，露天でアクセサリー販売をして生きる双子姉妹のビリュとオンジョは，旧友との関係性が変っていく中でそれぞれの人生を歩みはじめていく．韓国映像資料院に掲載されている映画評論では「卵の殻を破って出てこようとする少女たちの孤軍奮闘であり，彼女らを取り巻く世界の記録だ．それも極めて現実的な」物語であると紹介されている[2]．

　『子猫をお願い』は2021年に20周年を記念して再上映されるほど，韓国で大衆的な人気を得ている作品だ[3]．2000年前後の高卒女性は移り変わる時代をどのように経験していたのか．その問いに対する答えは千差万別だ．しかし，長年にわたる人々の支持はその語り口が何かしらの共感帯をもっていたことの証明であるともいえる．

　映画は1980年代から2000年代にかけて女子高校生が直面していた時代の変化を鋭く描き出している．全入学水準に達する高校進学率と大学進学率の急増，急速に発展・普及するIT技術，1980年代に加速していく労働者の非正規化とアジア通貨危機の余波による就業難など，彼女らを取り巻く状況は劇的に変わり続けていた．

　特に，映画の主人公の卒業した女子商業高校もそうした社会状況の中で転換期を迎えていた．1960年代以降，女子商業高校は女子の教育機会と経済活動機会の拡大と緊密な関係にあり，韓国史において重要な位置づけにあった．

図 1　『子猫をお願い』仁川，沿岸埠頭でのオープニング場面

提供：（株）BARUNSON E&A.

特に，その教育内容と学生進路には高卒程度の技能人材養成を担う女子商業高校の特徴が明確に表れていた．『子猫をお願い』には女子商業高校生の技能習得と進路状況の変化が暗喩的に映し出されている．では，女子商業高校は1970 年代から 2000 年代の韓国社会でどのような変化を経験していたのか．本稿は『子猫をお願い』に登場する女子商業高校に関連する描写をもとに，1980年代から 2000 年頃の女子商業高校の経験した変化を考察することを試みる．それを通じて 20 世紀末から 21 世紀初頭，さらには 2020 年代にも続く韓国社会の現状を理解する一助としたい．

1. 『子猫をお願い』のナラティブ

　『子猫をお願い』に関する研究は映画の時代的な意味分析，登場人物の人間関係分析，映画の中心舞台となった仁川の表象分析，フェミニスト的な観点の探求など，映画の時間軸に焦点をあてて作品を考察している[4]．それらの研究は作品そのものを扱っており，既に高校を卒業した主人公と同時代の状況を論じている．それら映画批評的な分析は作品と韓国社会の歴史的経験と

の関係には触れておらず，いずれも女子商業高校に対するステレオタイプ的
な認識を再生産している．女子商業高校の歴史性が劇中の様々な場面で象徴
的に扱われているにもかかわらず，それは主人公の背景を説明する程度に止
まっている．同時代的な作品分析は 2000 年代の女子商業高校とその出身者が
閉塞した状況に直面している姿に焦点をあてている．そうした立場は変化の
過渡期にあった女子商業高校の実状やその出身者の当事者的な感覚は欠落し
ている．それらの研究にとって女子商業高校は現在の社会を論じるための他
者にすぎない．

　作品研究はその数も少ないため，女性のナラティブという観点から他の領
域の研究にも範囲を広げてみる．1960 年代以降の女性史，労働史，社会史，
運動史は性差別を中心とした女性問題を浮き彫りにしている．それらの研究
は「旧態依然とした慣習からの解放」，「抑圧に対する抵抗」のような語りに
目をむけている[5]．その対象は男性中心の社会の中で性別間格差や女性性を
要求される女性一般，あるいは「女工」と呼ばれる女性労働者だ．ジェンダー
間の不平等や労働問題を可視化するそれらの研究は「女性の主体化」を試み
る．それは現状の問題化という点で先の作品研究とも親和性が高く，重要な
意味をもつ．

　一方，『子猫をお願い』の語りはそうした視点とは一線を画する．映画のナ
ラティブは 2000 年代初期までの映画作品だけでなく，女性研究，あるいは女
性史研究の設定す女性像とは異なる前提で設定された．まず，5 人の女性主
人公を登場させ，女性を取り巻く状況に複数性をもたせることで「女性一般」
を表現することを回避している．また，主人公を自分とは異なる前衛的，あ
るいは抑圧や疎外された「他者」ではなく，自己を含む存在として描き出そ
うとしている．

　そうしたナラティブは監督の創作性だけでなく，製作過程を通じて形成さ
れていった．『子猫をお願い』は詳細なストーリーが先にあったのではなく，
撮影場所を決めるために仁川周辺を巡りながら地域の人にインタビューも行
い，シナリオを同時進行で執筆する形で製作されていた．監督チョン・ジェ

ウンによる作品のナラティブについての説明は次のとおりだ.

> シナリオを書く過程自体が映画を作る過程だったんです. それは，映画
> をストーリーとして見るのとはだいぶ異なった接近方法だと思います.
> 空間から感じた間隔やインタビューしながら知り合った人たちの身の上
> に接しながら，私が経験できないし，知ることもできない未知の世界を
> 映画という媒体にアーカイブするやり方に近かったと思います[6].

　映画は創作された物語というよりも，「記録」に近い性質のものとして製作
された. では，その経験とは何だったのか. 卒業後の旧友との人間関係と現
在の主人公を取り巻く状況の変化を軸に物語は展開していく. 作品における
主人公の経験は2000年代の女子商業高校生の感覚を意味することになる. し
かし，劇中には主人公の経験してきた過去を含めた語り，その背景も重要な
要素となっている. 同時代性と過去の両者を含んだ経験，映画のナラティブ
を構成しているのはその両者ではないだろうか. そうであるならば，『子猫を
お願い』が映し出した「記録」は韓国社会の歴史経験を考察するうえでも有
意義な視点を提供してくれるだろう. そこで，以下の各節では映画における
女子商業高校のナラティブと，女子商業高校が韓国社会でどのような存在で
あったのか，2000年前後にそれはどのような変化の中にあったのかを論じて
いく. 本論文は劇中の商業教育と進路に関する描写を参照点として考察して
いく.

2. タイプライターからコンピューター時代へ（教育課程）

　韓国の高校商業教育は1950年代の教育課程の制定後，1963年，1971年，
1977年，1981年と改訂を重ね実業高校としての教育の枠組みが整備されてい
く[7]. 1963年の改訂を起点に，高校商業教育課程は時間数の50%以上が専門

教科目に割当てられた．特に，珠算，簿記の計算技能を中心とした教科目と
タイプライターを用いた文書作成技能を習得する教科目に重点が置かれた．
商業高校はそれらの技能教科目については技能資格検定で一定基準に合格す
ることを卒業要件して設定し，学生の実技習得を徹底した[8]．

　その中で，1960 年代に実用化されたハングルタイプライターは韓国社会に
普及し，女子商業高校に配備されていった．商業高校の教育でも 1988 年の教
育課程までは「ハングルタイプ」と「英文タイプ」が専門必須教科目の中に
含まれていた．また，珠算，簿記に加えてタイプライターも公認資格として
級数が設定され，就職に際して選抜に用いられるなど，タイプライティング
は女子学生にとって重要な技能のひとつとなった．女性が商業高校や学外の
専門学校に通い，韓国社会においてタイピストが女性比率の高い職業として
定着していった[9]．

　しかし，1990 年代のパソコンの普及や職業の多様化により，商業教育はタ
イプライターをはじめとしたアナログ機器使用からの脱却していく．1991 年
に国家認定資格である事務能力検定には従来の簿記，打字，速記，珠算に加
えてワードプロセッサ，秘書の 2 分野が新設され，1992 年 8 月に初のワード
プロセッサー資格試験が実施された[10]．

　そうした流れの中で，1995 年 10 月 16 日には国家技術資格法施行規則が改
訂され，タイプライターを使用する「打字種目」が削除される[11]．それを背
景に女子商業高校や商工会議所で実施されていた打字検定試験実施は姿を消
していった[12]．この時期を前後に文書作成の手段はタイプライターからワー
ドプロセッサーに取って代わられ，女子商業高校における技能習得も情報電
子機器中心の内容へと移行していく．

　さらに，1996 年に施行された改訂教育課程ではタイプライティング系の教科
目が「文書実務」の中の一単元に再編される[13]．「文書実務」にはワードプロ
セッサー教育も含まれており，タイプライターは実質的にワープロ技能に置き
換えられる形となった．映画でも企業がパソコン技能を習得した人材を求める
描写が登場する．再就職にむけた採用面接で採用担当者がジョンに質問する．

図 2　1995 年進永女子商業高校で行われた最後のタイプ資格試験

出所：キム・グヨン，「27 年前最後のタイプライター試験」『慶南道民日報』，2022
年 7 月 27 日.

面接官：パソコン使える？

ジョン：いいえ，パソコンはあまり使えません[14].

パソコン技能の有無だけが理由ではないが，ジョンは不採用になる．主人公
5 人の中で唯一就職したのはパソコン技能を有するヘジュだけだった．女子
商業高校の教育でも情報処理教育は就職を目指す学生には必須の条件となっ
ていた．しかし，教育課程やコンピューター教育に必要な施設など，教育体
制の整備が追い付かないほど，時代の変化は急速なものだった．韓国社会で
パソコン使用が一般化するまでにはさらに数年の時間を要したと考えられる
が，映画が上映された 2000 年代にはパソコンは商業高校教育に定着していく
時期だった．

　『子猫をお願い』の製作された 2000 年前後にはパソコンが女子事務員の基
本技能となっており，劇中にもヘジュがパソコンで業務をこなしている描写
がたびたび登場する．商業系高校教育の象徴でもあったタイプライターは
1999 年代末には一般的に既にその役割を終え，実質 30 年ほどで引退を余儀

なくされた.

　主人公の一人，テヒはボランティア活動で障害者詩人の自宅を訪問しタイプライターで詩を打ち込む作業を行う. その際に, テヒは詩人のキム・ジュソンに向かって次の台詞を言い放つ.

　　キム・ジュソン, あんたの言うとおりタイプを打つ音は心地良い. だけど, 詩をパソコンで打ち込んじゃダメだっていうのはどうしようもなく頑固だと思う[15].

　そこには1990年代末に女子商業高校に通ったテヒにとってタイプライターは自分とは関わりのない「過去の異物」だという認識が明確に示されている.
　20世紀末, 珠算, 打字, 簿記に特化したそれまでの女子商業高校における事務員養成教育では社会経済の変化に対応できなくなっていた. 女子商業高校はアナログ的な事務技能に特化した実業教育から, より多様な教育内容への転換を迫られることとなった. 事実, 1980年代以降, 世界的に情報化が進展していく中で, 商業高校の学科編成は細分化された. 従来, 商業科のみを配置していた商業高校の学科編成は会計科, 情報科, 貿易科など, 卒業後の業務形態に適合する形へと再編されていった. それに伴い, 名称を商業高校から「産業情報高校」のように変更する学校が現れはじめる. また, 情報教育に特化した高校が相次いで設立されるなど, 商業高校は転換期を迎えていた[16].
　一例をあげると, 1991年にソウルに設立された美林電算女子高等学校は設立時から商業科を設置せず, 情報通信教育に特化した学科編成を行った. 同校は1997年の通貨危機により打撃を受けたものの, 1990年代から2000年代を通じて高い就職率を維持した[17]. ソウルという地理的, 経済的な利便性も重なり, かつ, 時代の要求に対応したことが就職成功を促したといえる.
　奉仕活動で障害者の詩の書き起こしを行う場面で登場するタイプライターは「遠い昔に過ぎ去られたもの」として, 現代との直接のつながりさえも漠然としている懐古的なものとして映される. ボランティアでタイプライター

を使い続けるテヒはかつての女子商業高校生の進路であった事務員とは異な
る道に進んでいった.

3.　女子商業高校生の進路と経路の変化

(1)　女子商業高校生の進路

　商業教育課程の変化だけでなく，映画の背景となった 2000 年前後は商業高
校の役割が揺らいでいた時期でもあった．まず，1980 年代末から 1990 年初
頭にかけて高校就学率がほぼ完全入学の水準に達し，同時期から 2000 年代ま
でに高等教育進学率は 50％ 前後から 70％ にまで上昇する．大学全入時代の様
相を呈し，高校入学の価値を低下させていった．1970 年代でも憧憬の対象
だった高校進学の意味は 1990 年代には全く別のものになっていた．もはや高
校卒業は付加価値のある学歴ではなく，上級学校進学のための準備過程にな
りかわってしまっていた[18].

　次の表 1 は 1968 年から 2005 年までの女子商業高校生の卒業後進路の推移
を示したものだ．これを参考に商業高校女学生の進路が 2000 年前後までの変

表 1　1968-2005 年女子商業高校生の卒業後進路

(単位：人)

	合計	進学	就職	無職	入隊	未定
1968	10,105	770	4,799	1,986	2	2,548
1970	11.983	531	7,010	2,036	0	2,509
1980	67,008	2,043	43,548	16,499	0	4,918
1990	123,111	2,313	109,563	5,767	1	5,467
1995	110,685	8,684	96,499	2,543	0	2,959
2000	109,673	29,940	72,453	4,333	0	2,947
2001	99,572	30,492	63,159	3,678	0	2,243
2002	82,695	30,598	48,644	2,109	0	1,344
2003	64,795	28,523	33,936	1,377	0	959
2004	49,629	22,366	20,492	1,144	0	920
2005	43,192	21,152	15,799	971	0	593

出所：文教部（編）（1968; 1970; 1980; 1990）『文教統計年報』文教部；教育部，韓国教育開発院（編）
　　　（1995; 2000；2001; 2002; 2003; 2004; 2005）『教育統計年報』韓国教育開発院.

化を確認し，彼女らの置かれていた状況を把握する.

　1995 年以降，商業高校の学生数が激減していき，それと比例するように就職者も減少を続けていく. 一方，1990 年以降，進学者数はそれと反比例するように急増をはじめる. 1980 年代に女子商業高校生の進路のうち，最大でも 5％以下だった商業高校女学生の上級学校進学者が，2000 年には 20％を越え，2004 年には進学者が就職者を上回った.

　こうした推移からも明らかなように，2000 年前後に女子商業高校生の一般的な進路設計だった「商業高校－就職」という枠組みが揺らぎはじめていた. 一方，劇中の登場人物は誰一人として卒業後に上級学校に進学しなかった. だが，それは進学を熱望する社会の雰囲気から彼女たちが自由だったことを意味するのではない. ソウルの証券会社に就職したヘジュは女性上司から大学進学の意向を問いかけられる. おそらく大卒で管理職になったであろうその上司は女性部下の将来を気にかける様子をうかがわせる.

　　上司　：ヘジュさん，あなたは大学行かないの？　同僚たちはみんな夜間大学に通ってるのに.
　　ヘジュ：ここでもっとたくさんのことを学べますよね？　どんな場面でも実戦が大切じゃないですか（後略）
　　上司　：でも学位も必要でしょ？[19)]

　就職機会だけでなく，職業選択や職場内での待遇や業務も高卒以上の学歴が重くのしかかるようになっていた. 1980 年代に女性の経済活動はさらに活発になる一方で，性別間の賃金格差と職種分離は解消の兆しをみせなかった. また，性別間だけでなく，性別内の労働待遇の格差も学歴間で固定してしまった. 1980 年に 100 対 217.3 だった高卒 - 大卒間の賃金格差は 1995 年に 100 対 146.8 まで縮小したものの，2000 年代に入り 100 対 150 前後から動きをみせなくなった[20)]. さらに，1997 年の通貨危機は女子商業高校生の就職を困難にし，女性の雇用形態においても非正規就業の拡大に拍車がかかった[21)]. 2000

年 8 月時点で高卒女性の正規職は約 597,000 人だったのに対し，臨時・日雇い職は 1,587,000 人となり，高卒女性の経済活動人口の 71.1％を占めた．大卒女性の場合，正規職の割合は 61.9％と半数以上であり，学歴間による雇用格差が明確に現れていた[22)]．映画でも高卒事務職員であるヘジュが上司の個人的な雑用や書類整理などの単純業務に従事する一方で，大卒の女子新入社員が上司から厚遇されている雰囲気をかもしだす描写がある．2000 年代前後は性別による職種分離が進んでいくと同時に性別内でも学歴による待遇の差異が顕著になっていた時期だったといえる[23)]．

　労働需要や待遇の変化だけでなく，職業選択の多様化も女子商業高校生の進路と無関係ではなかった．高校時代に学業成績に優れたジョンは会社に就職をしたものの，諸事情により短期間で職を失う．新たな職を探しながら，テキスタイルに関心を寄せるジョンはヘジュに将来の展望を語る．

　　こっち（韓国：筆者注）でデザインを勉強しても留学しなきゃいけないでしょ[24)]．

ジョンは天井の崩れかけている補修だらけの古い家屋で高齢の祖父母と暮しており，家庭の経済状況は留学はおろか国内での大学進学さえ困難なものだった．それでも，いつかは自己実現のために海外で学ぶことを望んでいた．

　では，ジョンは高校でデザインを学ぶことができなかったのか．商業高校の教育課程には教科目として「商業美術」が含まれている．また，授業外の特別活動には商業美術班，校内外における商業美術展など，デザインを学ぶ機会は存在している．時代の変化に対応し効果的な専門教育を実施できるよう 1981 年に商業高校の学科編成が細分化された．それは事務員養成に傾倒した商業教育から情報系を中心に範囲を広げていった．さらに，1996 年に施行された教育課程ではデザイン系の教科目が重点的に追加されている[25)]．しかし，高校段階では専門的な内容を学ぶ時間が絶対的に不足している．また，進学した女子商業高校に自らの望む学科が設置されているとは限らない．自

身に必要な教育を受けられなかったジョンは留学という突破口に望みを託す.

　一方，先述のとおり，女子商業高校出身者は事務職員となる場合が一般的
だった．1990年代半ば頃まで女子商業高校は事務員養成において十分に機能
を果たしており，学生の進路は進学よりも就職が優勢だった．低賃金のまま
結婚退職をする女性事務員に代わる新規労働力の採用という労働循環は女子
商業高校学生に対する需要を確かなものとしていた[26]．しかし，高等教育進
学率の上昇に伴い，労働市場においても事務職需要は高卒から大卒へと移行
しはじめた．商業高校が即座に対応できないほど1990年代の社会経済の変化
は急速だった．それ以前まで有効だった女子商業高校の「事務技能の習得−
卒業−就職」という進路モデルはその機能を喪失しつつあった．

　次の表2は1970年から2003年までの女子商業高校生の就職者を職種別に
整理したものだ．これに依拠しながら女子商業高校の人材輩出機能がどのよ
うに変化していったのかを確認する．

　まず，際立った特徴として，1970年から2003年まで就職職種において「事
務職員」の比率が半数以上を占めている．その割合は1980年から1990年代

表2　1960-2003年女子商業高校卒業者の職種別就職者推移

（単位：人）

年度	合計	立法公務員, 高位役職員, 管理者	専門家	技能工, 準専門家	事務職員	サービス販売	農業, 漁業熟練	技能員・関連技能	装置・機械操作員, 組立員員	単純労務職	軍人	その他
1970	7,010	0	0		4,619	967	167	546			0	711
1980	43,548	2,988	3,453		22,208	9,370	339	3,924			8	1,258
1990	109,563	3,973	3,690		70,010	19,200	484	7,895			1	4,310
1995	96,499	79	321	1,179	68,400	14,125	316	6,530	2,885	2,662	2	6,726
2000	72,453	16	196	1,339	40,619	15,292	141	7,565	2,636	4,599	50	0
2001	63,159	1	196	985	34,080	12,926	249	7,117	2,911	4,686	8	0
2002	48,644	0	0	941	27,809	10,876	183	4,236	2,006	2,593	0	0
2003	33,936	0	0	540	17,968	7,176	33	4,000	1,416	2,803	0	0

　　註：1970年から1990年まで『文教統計年報』に分類されている職業数が多いため，本稿では
　　　　便宜のため上記に分類不可能な職業をその他に分類した．
　　出所：文教部（編）（1970; 1980; 1990）『文教統計年報』，文教部；教育部，韓国教育開発院（編）
　　　　　（1995; 2000 ; 2001; 2002; 2003）『教育統計年報』韓国教育開発院．

半ばまで急増を続け，1995年には就職者数の70%以上が「事務職員」だった．その後，1990年代後半から2000年代には50%代にまで下降し，次点の「サービス販売」と比べて著しく減っている．この変化は就職者が激減していく時期とも重なり，就職者の減少が「事務職員」の就職者の減少を意味していたといえる程の減少率を見せている．

　一方，1970年には10%をわずかに上回る程度だった「サービス販売」は増加を続け，1990年代半ばに一時的に減少に転じるものの，2000年以降に全就職者中の20%以上を占めるまでになる．こうした変化から，事務職員の養成を中心としていた女子商業教育への需要が相対的に低下していた状況を伺い知ることができる．主人公のうちただ一人，大企業に就職したヘジュはテヒとの通話で皮肉混じりの台詞を言い放つ．

　　仁川で一番良い女子商業高校をでたからって何になるっていうの？[27)]

　少なくとも1990年頃までは商業高校卒業後の職場への移行は多くの女性にとってライフコースにおける「正解」の選択として認識されていた．1995年前後に女子商業高校の就職率と就職者数は頂点に達する．しかし，1990年代後半には女子商業高校学生の進路は進学，就職，さらには就職する職種も含めて多様化していく．女子大学進学者や職場での大卒女性が目立ちはじめた2000年代に，その選択の持つ意味は複雑化していく．2000年代に近づくにつれて女子商業高校に対する需要は年々減少していた．それは学生数だけでなく，就職者と事務職員への就職者比率の減少にも明確に表れていた[28)]．女子商業高校を出て就職できたとしても，職務，賃金，将来性など，決して期待できるものではなくなっていた．

(2)　商業高校女学生の就職経路

　1990年代後半には女子商業高校の職業訓練的な教育機能だけでなく，女学生を社会と結つける就職斡旋の機能にも変化があらわれはじめる．ソウルの証

券会社に職を得たヘジュもその就職経路は縁故採用だった．劇中にはそんな
ヘジュに対して，失業をしたジョンが皮肉をぶつけるような場面も出てくる．

　後ろ楯があって入社したのがそんなに偉いことなの？[29)]

　事実，女子商業高校学生の就職経路は学校推薦による採用が圧倒的に多く，
学校関係者，知人，親族などの紹介を通じた縁故採用も少なくなかった．で
は，女子商業高校生は実際にどのように就職していたのか．次の表3は女子
商業高校の就職経路の推移を示したものだ．これを参照しながら女子商業高
校生の就職経路の特徴を確認していく．
　1970年代から1980年代に学校推薦の割合が増え続け，特に1980年以降に
急増している．特に都市所在，あるいは設立年度が古い学校は長期にわたり
地域企業と関係を構築しており，学校と企業の双方が採用推薦を依頼するな
ど，学生の就職経路をある程度は確保できる状態だった．1980年代の女子商
業高校教員の話では，1997年の金融危機前までは商業高校で技能資格を取得
していれば，金融機関，一般企業の経理として就職は容易だったという[30)]．

表3　1960-2003年商業高校女学生の就職経路

(単位：人)

年度	合計	学校推薦	採用試験	友人・知人の紹介	実習	親の経営事業	自営業	その他
1960	5,740	2,047	938	1,204	544	254	40	353
1970	7,010	2,793	540	1,639	835	247	171	785
1980	43,548	15,514	5,362	13,969	4,854	1,230	483	2,156
1990	109,563	69,860	12,016	18,609	2,848	1,264	419	4,547
1995	96,499	66,342	9,138	13,413	4,457	1,106	328	1,805
2000	72,453	48,789	3,880	10,139	5,740	1,233	402	2,270
2001	63,159	42,754	4,019	8,283	4,932	962	211	1,998
2002	48,644	33,933	2,211	6,928	3,257	720	243	1,352
2003	33,936	23,559	1,407	4,226	2,883	581	159	1,121

　出所：文教部（編）(1980; 1990)『文教統計年報』文教部；教育部，韓国教育開発院（編）(1995; 2000;
　　2001; 2002; 2003)『教育統計年報』韓国教育開発院．

また，「友人・知人の紹介」も就職者中 10％以上をしめおり，「学校推薦」と同様に教師，同窓会などの学校関係者からの紹介による縁故就職も少なくなかったと推測される．夏期休暇などの長期休暇時に企業で職場実習を行い，そのまま採用されて卒業前に勤務をはじめる場合もあった．従って，女子商業高校は様々な形態で学生の就職経路を確保していたといえる．一方で，採用試験による就職者は 1995 年頃まで全体のうち 10％前後で推移していたが，2000 年代頃にその比率は 5％前後まで減少していった．

　女子商業高校は 2000 年代以降でも「学校推薦」という安定した就職経路を確保していた．それにも拘わらず，1990 年以降，就職者の比率は下降の一途をたどっていく．上級学校進学のための経済的条件を満たすようになった家庭経済，大卒や専門大学卒女性との待遇格差，通貨危機による不安定な経済など，女学生を取り巻く状況は大きく変りはじめていた．そんな中，望ましい将来像を保障できなくなった女子商業高校は進学先としての魅力を減退させることになった．

　映画の主人公のうち 3 人が就職しなかったのは彼女たちの自発的な選択であるかのようにも見えるが，様々な状況が折り重なった結果としてたどり着いた進路だったともいえる．仮に女子商業高校が 1980 年代のように学生に将来の展望を示すことのできる場所だったならば，彼女たちのように進路に葛藤することもなかったかもしれない．しかし現実には，女子商業高校には 1980 年代までのような役割は期待できなくなっていた．女子商業高校生は決して自由ではない選択肢の中から進路を決断しなければならなかった．こうして，就職者の減少という形で女子商業高校の就職斡旋機能は低下していくこととなった．

おわりに

　2000 年代の韓国社会において，時代の要求にそった教育内容の変化，進路

の多様化と選択の自由は 1960 年代から築き上げてきた女子商業高校の安定し
た位相に揺さぶりをかけた．高卒女性は高度経済成長の下で保障されていた
固定的な人生観に縛られることなく，経済危機を経験しながらも高度資本主
義社会に移行した社会で流動性の高いライフコースを歩むことができるよう
になった．「高校 - 就職 - 結婚退職 - 出産・子育て」ではなく，それぞれの生
き方を選ぶようになったようにも見える．本稿は『子猫をお願い』における
女子商業高校の表象を通じて，その歴史的経験を考察した．1960 年代から
1990 年代初頭まで高校進学者の増加，経済発展と労働市場における女性事務
職の需要拡大などを背景に女子商業高校は 30 校から 120 校までその数を増や
した．その過程で女子商業高校は女学生の進学機会を保障し，多くの女性を
事務職に養成し経済活動に送り出した．

　しかし，1990 年代末には高卒女性事務員に対する労働市場の需要に裏打ち
されていた「就職がうまくいく女子商業高校」は既に過去のものとなってい
た．女子商業高校学生は進路選択にあたって，以前の時代のような就職一辺
倒ではなく，さらに，それぞれの個人的な制約の中で決断しなければならな
かった．かつての女子商業高校は『子猫をお願い』の主人公にとっても神話
的な存在となっていた．

　映画のナラティブは「自由」な進路と「不自由さ」の中で生きること，そ
の可能性と閉塞状況を認めながらも，2000 年代の女子商業高校出身者の生き
る姿を描写したものだった．そのナラティブは韓国女性を社会文化による被
害者や主流を拒否し社会に抗う女性の姿には回収されない．映画は主人公の
姿から，女子商業高校の歴史的意義を逆照射した描写を丹念に編み込んでい
た．同時代の仁川女子商業高校に在学した学生は『子猫をお願い』を鑑賞し，
校内文芸誌に感想を寄せ，自身を含む周囲の状況と登場人物とを重ねる．

　　私はこの人物のなかで誰になるだろうか．（中略）……私の想像する 20 歳
　　とはあまりに違っていた．それでも私はあんなふうにはならないだろう
　　……でも実際はどうだろうか，周囲のみんなも映画の主人公たちのよう

に平凡に生きているような気がする[31]．

女子商業高校生の将来は展望が見えにくくなっている中，高卒事務職と大卒女子社員の違い，就職も進学も選ばない生き方がどんなものなのか．同年代の女子商業高校生はそれらを劇中で目の当たりにし，5 人の主人公が未来の自分たちの姿であるかのように感じている．その感覚は 1980 年代までの女子商業高校生や教員のそれとは対照的だ．1990 年代前半までは商業高校に入学した時点で事務職をはじめ「就職 - 結婚」という人生設計をある程度は想像できていた．その後の経済危機，大学進学率の増加，職業選択の多様化など，社会経済の変化に伴い商業高校女学生の進路設計における不確実性は高まっていった．映画を見た仁川女子商業高校の教師と思しき人物はそうした時代風景を辛辣に批評している．

　　思い切り夢を見なければいけない時期であるはずの 20 才．だが，韓国の20 才の多くは，その年齢になって絶望しはじめている．テヒ，ヘジュ，ジョン，ビリュ，オンジョを見つめながら，「まさに，私だ」と挙手する人がほとんどであることは明らかなのに，彼女たちの声はいつも隠れている．ドラマも映画も彼女たちより勤勉な，あるいは悲惨な人びとにだけ関心を向けてきたからだ．彼女たちへの多くも少なくもない平均値の視線．『子猫をお願い』のアングルだ[32]．

この著者は 20 才の若者の状況を「絶望」と言い切っており，その認識は悲観的だ．羨望あるいは同情の対象として女子商業高校生出身者を周辺に追いやるものとは異なるものの，大多数の同年代女性の状況として女子商業高校生の先行きを憂いている．事実，そうした状況は近年において深刻さを増している[33]．少なくとも 1990 年代前半までは男性との賃金格差や結婚退職が当然ではあったものの，商業高校出身者の人生設計は確実性の高いものだった．それに比して，2000 年代の女子商業高校生の先行はあまりに不透明だ．『子

猫をお願い』に映っていた女子商業高校の姿は学生の将来を保障していた時
代のものではなかった．大企業に就職しても職場に満足できない，あるいは
就職さえ選択しなかった5人の主人公の姿は「就職がうまくいく高校」とい
う女子商業高校の「神話」が終焉したことを映しだしていた．

　だが，『子猫をお願い』はそうした時代の変化を否定的な形で終わらせては
いない．チョン監督は製作20周年を記念した再上映イベントを迎えたインタ
ビューの中で，映画のナラティブの意義を振返っている．

　　（2000年代頃は：筆者注）若い女性たちを主人公にした映画がほとんどな
　　かったし，語りのスタイルも（当時の映画とは：筆者注）全く違うものだっ
　　たので，どんな作品ができるか想像もできないままに（中略）ヒーロー
　　のナラティブになるよりも，誰かのストーリーとして残そうとしたのは
　　良い選択だったと思います．時代の要求するヒーロー像はその都度変る
　　ので，平凡だけど大切な人生の悩み（삶의 고민들）を抱えた主人公たちで
　　映画を満たしたのは良い選択だったと思います[34]．

ヒーローではなく，「平凡」な存在を主人公に選んだことは作品にとって決定
的な意味をもっていた．そこから形成されたナラティブは先に引用した仁川
女子商業高校生のように映画を自身のストーリーとして感情移入できる効果
をもたらしていた．その感情とは女子商業高校を否定するものではなく，「大
切な人生の悩み」に向き合うものだ．それは主義や運動に回収されない，多
声的な日常を再現する試みではないだろうか[35]．もちろん，2000年代の女子
商業高校生の進路や教育を取り巻く状況は楽観できるものではない．しかし，
女子商業高校での出会いは5人の人生史において重要な経験であり，チョン
監督は現在悩んでいる姿を重要なものだと認識している．

　かつては学生の進学欲求を解消し，技能教育を習得することができ，就職
を保障していた女子商業高校は韓国女性のライフコースを相対的に安定させ
る経路のひとつだった．映画ではそれらが遺産のような形で表象される．障

害者の言葉を文字化するために既に見向きもされなくなったタイプライター
を打ち続けるテヒ．家庭状況のためにかつての女子商業高校生のように就職
もできず，大学にも進学できないジヨン．コネでの事務職採用という女子商
業高校の「伝統」を体現するものの，時代の変化には抗えず大卒女性との格
差を見せ付けられるヘジュ．

　しかし，劇中の表現は悲壮間や絶望に満ちた過去の異物としてのみ片付け
られてはいない．彼女らの状況の断片だけを切り取り「疎外された」，あるい
は時代に「取り残された」存在のように見せてしまう映画批評では女子商業
高校と人びとのたどってきた歴史と映画に映ったそれらの「その後」の展開
を歪曲することにもなりかねない．歴史学的に『子猫をお願い』に接近する
ことは，理念形の外に出て女子商業高校のたどってきた跡を地道になぞる作
業からはじまる．

　栄華を誇っていた女子商業高校の「屍」を越えて，時代は絶えず移り変わっ
ていく．女子商業高校とその出身者の存在意義を否定する前に，どのような存
在であってほしいのかを慎重に考えていく作業が必要なのではないか．そこに
は楽観も悲観にも偏りすぎることなく，新たな世代は進み続けるしかない．

　1)　文教部（編）（各年度）『文教統計年報』文教部；教育部，韓国教育開発院（編）
　　　（各年度）『教育統計年報』韓国教育開発院．
　2)　チャン・ソンラン（2019）「チョン・ジェウン＜子猫をお願い＞素顔の少女の
　　　物語がはじまる地点」（韓国映像資料院ホームページ，https://www.kmdb.or.kr/
　　　story/256/5195 2024 年 9 月 30 日接続）．
　3)　「'子猫をお願い' 4K リマスタリング 10 月 13 日上映開始・・・20 年ぶりの再上映
　　　［公式］」（『朝鮮日報』2021 年 9 月 20 日）．
　4)　ソン・ウナ，シン・ジウン（2013）「映画＜子猫をお願い＞に表れた混種と友情
　　　の空間」（『人文コンテンツ』第 28 号）243-267 頁；グ・ヨンミン，チェ・ヘイン
　　　（2005）「仁川の女性性と都市アイデンティティーに関する研究—映画 '子猫をお
　　　願い' に表れたフェマージ（Femmage）的解釈を中心に—」（『仁川學研究』4 号）
　　　419-462 頁；キム・ソンア（2005）『韓国映画の時間，空間，肉体の文化政治学：
　　　コリアンニューウェーブと韓国型ブロックバスター時代を中心に』中央大学校先
　　　端映像大学院映像芸塾学科博士学位論文．
　5)　キム・ムンジョン（2018）「1970 年代韓国女性労働者手記と彼女たちの '名前探

し」(『韓国学研究』第 49 集) 307-331 頁；キム・ギョンミン (2017)「1970-1980 年代
民衆の文筆に強要された '恥じらい' の政治学」(『韓民族語文學』第 76 集) 1-32 頁.

6)　チョン・ジェウン，他 (2022)『子猫をお願い 20 周年アーカイブ』，京畿道：
PLAIN ARCHIVE，265 頁.

7)　1951 年には学制改訂に伴い中等学校が前期 3 年の中学校と後期 3 年の高等学
校に区分され，これに伴い教育課程も整備されていった (社団法人大韓商業教育
会，全国商業系高等学校長会 (編)，(1999)『商業教育 100 年史』社団法人大韓商
業教育会，ソウル：全国商業系高等学校長会，229-266 頁).

8)　藤田忠義 (2024)『1950 〜 1980 年代韓国女子商業高等学校研究』ソウル大学校
師範大学大学院博士学位論文，74-79 頁.

9)　蘇賢淑 (2024)「ソウル地域女性タイピストの労働と生活」(『近現代ソウル地域女
性の労働と生活』ソウル歴史重点研究 17，ソウル：ソウル歴史編纂院) 72-90 頁.

10)　「「国家技術資格法施行規則中改訂令」(大統領令第 13494 号，1991 年 10 月 31
日)；(商業教育 100 年史，266 頁);「画面を見ながら文書作成・修正てきぱきと」
(『ハンギョレ』1992 年 8 月 29 日).

11)　「国家技術資格法施行規則中改訂令」(労働部令 第 101 号，1995 年 10 月 16 日);
「国家技術資格法施行規則中改訂令」(大統領令第 14783 号，1995 年 10 月 16 日).

12)　「打字検定試験廃止」(『東亞日報』1995 年 9 月 3 日).

13)　教育部 (1995)『高等学校実業系教育課程解説 - 商業系列』教育部.

14)　チョン・ジェウン，他 前掲書，89 頁.

15)　前掲書，83 頁.

16)　1990 年代後半に全国的に高校共学化が加速し，男子校や女子高が減少してい
く時代でもあった．そうした流れの中で，植民地期から 1960 年代前半に設立さ
れ，女子実業高校の名門校としてその位置を確立した女子商業高校の多くは学校
名を商業高校のまま維持し，共学にもしていない.

17)　美林三十年史編纂委員 (編) (2009)『美林三十年史』ソウル：美林女子高等学
校，美林女子情報科学高等学校，321-332 頁.

18)　パク・ファンボ (2015)「解放後韓国教育膨張の規模と特徴」(呉成哲，他『大韓
民国教育 70 年』(大韓民国歴史博物館韓国現代史研究叢書 8) ソウル：大韓民国歴
史博物館)，186 頁.

19)　チョン・ジェウン，他 前掲書，138 頁.

20)　統計担当官 (編) (2003)『賃金構造基本統計調査報告書 (2002)』労働部，16 頁.

21)　カン・イス (2011)『韓国近現代女性労働：変化と実態性』ソウル：文化科学者，
321-22 頁.

22)　前掲書，327 頁.

23)　前掲書，324-328 頁.

24)　チョン・ジェウン，他 前掲書，65 頁.

25)　巻末付録参照.

26)　藤田忠義 前掲書，115-120 頁.

27)　チョン・ジェウン，他 前掲書，114 頁.

28)　社団法人大韓商業教育会，全国商業系高等学校長会（編）前掲書，345-347 頁.

29)　128 頁；女子商業高校出身者は銀行，経理など金銭を扱う業務に関わる場合が多く，就職に際して保証人が必要となる場合も少なくなかった．ジヨンは映画の冒頭で既に前職を解雇されており，その後は再就職を試みて採用面接を受けにいく．しかし，両親がいないために保証人となる存在を確保できず，職探しは難航していた.

30)　仁川民主化運動センター編（2022）『2022 年わたしが生きてきた物語』仁川：仁川民主化運動センター，439 頁.

31)　オオンヌリ（2002）「'子猫をお願い'を鑑賞して」（『白鳥』第 41 号），246 頁.

32)　著者不明，「ひと休み / 映画－子猫をお願い」（『白鳥』第 41 号），43 頁.

33)　商業高校生への蔑視や否定的なイメージ，さらには就職後の労働環境など，当事者が直面している状況は決して楽観できるものではない（ウンユ（2019）『知ることのできない子どもの死』京畿道：トルペゲ，202-227 頁）.

34)　チョン・ジェウン，他 前掲書，270 頁.

35)　許英蘭（2013）「民衆運動史以後の民衆史―民衆史研究の現在と新たな模索」（歴史問題研究所民衆史班（編）『民衆史を再び語る』ソウル：歴史批評社），47 頁.

参考文献（全て韓国語）

- 単行本・学術論文

藤田忠義（2024）『1950 ～ 1980 年代韓国女子商業高等学校研究』ソウル大学校師範大学大学院博士学位論文.

グ・ヨンミン，チェ・ヘイン（2005）「仁川の女性性と都市アイデンティティーに関する研究―映画 '子猫をお願い' に表れたフェマージ（Femmage）的解釈を中心に―」（『仁川學研究』4 号）419-462 頁.

カン・イス（2011）『韓国近現代女性労働：変化と実態性』，ソウル：文化科学者.

キム・ギョンミン（2017）「1970-1980 年代民衆の文筆に強要された '恥じらい' の政治学」（『韓民族語文學』第 76 集）1-32 頁.

キム・ムンジョン（2018）「1970 年代韓国女性労働者手記と彼女たちの '名前探し'」（『韓国学研究』第 49 集）307-331 頁.

キム・ソンア（2005）『韓国映画の時間，空間，肉体の文化政治学：コリアンニューウェーブと韓国型ブロックバスター時代を中心に』中央大学校先端映像大学院映像芸塾学科博士学位論文.

許英蘭（2013）「民衆運動史以後の民衆史―民衆史研究の現在と新たな模索」（歴史問題研究所民衆史班編，『民衆史を再び語る』ソウル：歴史批評社）.

仁川民主化運動センター編（2022）『2022 年わたしが生きてきた物語』仁川：仁川民主化

運動センター.

チョン・ジェウン，他 (2022)『子猫をお願い 20 周年アーカイブ』京畿道：プレインアーカイブ.

美林三十年史編纂委員（編）(2009)『美林三十年史』ソウル：美林女子高等学校，美林女子情報科学高等学校.

オオンヌリ (2002)「'子猫をお願い'を鑑賞して」(『白鳥』第 41 号) 246 頁.

パク・ファンボ，2015,「解放後韓国教育膨張の規模と特徴」(呉成哲，他『大韓民国教育 70 年』(大韓民国歴史博物館韓国現代史研究叢書 8) ソウル：大韓民国歴史博物館).

社団法人大韓商業教育会，全国商業系高等学校長会（編）(1999)『商業教育 100 年史』ソウル：社団法人大韓商業教育会，全国商業系高等学校長会.

蘇賢淑 (2024)「ソウル地域女性タイピストの労働と生活」(『近現代ソウル地域女性の労働と生活』(ソウル歴史重点研究 17) ソウル：ソウル歴史編纂院).

ソン・ウナ，シン・ジウン（2013)「映画〈子猫をお願い〉に表れた混種と友情の空間」(『人文コンテンツ』第 28 号) 243-267 頁.

ウンユ (2019)『知ることのできない子どもの死』京畿道：トルペゲ.

著者不明 (2002)「ひと休み / 映画 ― 子猫をお願い」(『白鳥』第 41 号) 43 頁.

- 政府刊行物・新聞・インターネット資料
教育部 (1995)『高等学校実業系教育課程解説―商業系列』教育部.

教育部，韓国教育開発院（編）(各年度版)『教育統計年報』韓国教育開発院.

文教部（編）(各年度版)『文教統計年報』文教部

統計担当官（編）(2003)『賃金構造基本統計調査報告書 (2002)』労働部.

『朝鮮日報』，『ハンギョレ』，『慶南道民日報』，『東亞日報』

チャン・ソンラン (2019)「チョン・ジェウン〈子猫をお願い〉―素顔の少女の物語がはじまる地点」(韓国映像資料院ホームページ，https://www.kmdb.or.kr/story/256/5195 2024 年 9 月 30 日接続)

〈付録〉　1970-2000 年代商業系高等学校教育課程における授業時間配当と専門教科目

年度	学科	専門必須	専門選択
1971	商業科	商業大要，経営管理，商業法規，簿記 I，企業会計，商業計算，商業実践，ハングルタイプ，電子計算一般	銀行簿記，工業簿記，商品学，統計調査，商業英語，商業美術，貿易実務，速記，商業書芸，経済地理，経営数学，簿記 II，税務会計，コーブルプログラミング，ポートランプログラミング，アセンブルプログラミング，文書事務，事務管理，英文タイプ，電子計算実務，販売管理，その他
1981	商業科	商業大要，経営大要，商業簿記，電子計算一般，商業計算，商業実践，**タイプ**	商業法規，商業計算，マーケティング，商業実践，商品，簿記会計，工業簿記，税務会計，貿易業務，商業英語，経済地理，文書事務，**タイプ**，経営統計，**プログラミング**，資料処理，商業美術，商業書芸，電子計算実務，その他
	会計科	商業大要，経営大要，商業簿記，電子計算一般，商業計算，簿記会計，工業簿記	
	貿易科	商業大要，経営大要，商業簿記，電子計算一般，貿易業務，商業英語，**タイプ**	
	情報処理科	商業大要，経営大要，商業簿記，電子計算一般，**プログラミング**，資料処理，**タイプ**	
1996(1992 年 10 月 30 日教育部告示第 1992-19 号)，1996 年 3 月 1 日施行	観光経営科，商業デザイン科，秘書科，その他（学校の裁量による）	商業経済，商業簿記，電子計算一般	商業実習，<u>経営大要</u>，商業法規，商業計算，商業実務，マーケティング，商品，**文書実務**，<u>流通管理一般</u>，企業会計，原価会計，税務会計，貿易業務，商業英語，<u>国際経済</u>，プログラミング II，資料処理，電子計算実務，経営統計，<u>商業デザイン一般</u>，商業美術，<u>グラフィックデザイン</u>，<u>コンピューターグラフィック</u>，<u>秘書一般</u>，<u>秘書実務</u>，<u>速記</u>，<u>事務自動化一般</u>

　　註：太字部分はタイプライター系教科目，下線部は 1996 年度に新規追加された教科目をそれぞれ示す．

　　出所：社団法人大韓商業教育会，全国商業系高等学校長会（編）(1999)『商業教育 100 年史』ソウル：社団法人大韓商業教育会，全国商業系高等学校長会, 236; 250, 271, 280 頁．

第 16 章

韓国の行政デジタル化の変遷と日本への示唆点

髙 木 佳 祐

は じ め に

　韓国の行政デジタル化は，国際的にも高い評価を受けている．行政のデジタル化の度合いを複数の指標で評価する国連の「世界電子政府ランキング」において，2001 年に 15 位を記録して以降，2004 年に 5 位，2008 年に 6 位，そして 2010 年以降は 3 回連続（2010，2012，2014）で 1 位を記録し，名実ともに世界最高水準の電子政府としての地位を確立した[1]．そのため近年では，米国や英国といった先進国や，これからデジタル化の推進を図る開発途上国なども，韓国のデジタル行政の取り組みに注目している[2]．我が国においても韓国のデジタル行政に対する関心は高く，特に，新型コロナウイルス感染症のパンデミック発生時に韓国政府が実施したリアルタイムでの感染者・接触者の追跡および管理，官民連携によるマスク在庫情報管理などの情報通信技術（ICT）を活用した迅速な対応は，メディアを中心に大きく取り上げられた．行政機関も韓国の取り組みに注目しており，総務省やデジタル庁などは韓国へ視察官を派遣している．

　他方，日本の行政のデジタル化に目を向けると，2000 年に電子政府の実現を重点政策分野の一つに掲げた「IT 基本戦略」が示されてから 20 年以上が過ぎたにもかかわらず，その実態は国民が満足できる水準に達していないことは，マイナンバーカード制度への根強い不信感や，新型コロナ禍における諸手続きに関する混乱からも明らかである[3]．国際比較においても，日本は前述の世界電子政府ランキングにおいて 2018 年に 10 位を記録したが，その後の 2020 年と 2022 年では 14 位と順位を下げている．このような我が国の行政デジタル化における芳しくない現状には，デジタル化に伴うシステムの構築や変更にかかるコストの問題に加え，セキュリティに対する懸念などがあり，官民ともにデジタル化が後回しにされてきた背景がある[4]．加えて，行政業務の効率化や公共サービス利用時の利便性の向上といったデジタル化の恩恵は認識されてきたものの，デジタル化が市民社会にもたらすその他の恩恵について，充分に認識されてこなかった点も指摘できるだろう．

　諸外国の事例を見ると，行政のデジタル化は単に行政業務の効率化のような内部的な改革のみを志向するものではない．デジタル化は発展していくにつれて，政府の透明性を向上させ，市民の政策決定過程への民主的参加を可能にするとされる[5]．韓国においても，効率性や利便性のみならず透明性や民主性といった側面でのデジタル化の発展が追求されてきた．韓国における電子政府の基本原則や推進方法などを初めて規定した「電子政府法」（2001 年制定）は，その第 1 条（目的）において，「この法は，行政業務の電子的処理のための基本原則，手続きおよび推進方法などを規定し，電子政府を効率的に実現し，行政の生産性，透明性および民主性を高め，国民の暮らしの質を向上させることを目的とする」と定めており，政府のデジタル化を通じた透明性と民主性の向上が明確に認識されていることがわかる．また，第 17 条（利用者の参加拡大）には，「行政機関などの長は電子政府サービスを提供する際，利用者が参加して討論，建議，政策提案など多様な意思を表現できる機会を保障しなければならず，これを通じた建議および政策提案などを法令および制度の整備，電子政府サービスの改善などに積極的に反映しなければな

らない」と定められている．こうした方針に則り，韓国では，政府が運営する「国民請願掲示板」（現在は「国民提案」）やソウル市が運営する「サンサンデロソウル」など，市民の意見や提案を政策に反映するための仕組みを行政機関が整えられてきた．韓国において電子民主主義（デジタル・デモクラシー）が発展したことは，民主主義実現のための市民の弛まぬ努力は勿論ながら，政府がデジタル化を通じて市民に歩み寄り，デジタルを通じて市民との疎通と市民参加の仕組みを整えていったことによって実現したものといえる．

　本章では，こうした韓国の行政のデジタル化（電子政府）の取組みの変遷を追いながら，その成功要因を整理し，日本の行政デジタル化への示唆点の導出を試みる．

1.　電子政府とは何か

(1)　電子政府の定義

　電子政府（e-Government）という概念は，当初は行政部門において導入・拡散されたものであり，学術的用語ではなく政策的用語として登場した概念である．それゆえ学術的な定義に定まったものがないが，広義には「ICTの活用を通じ，行政の内部に対しては行政業務の効率性を向上させ，行政の外部に対しては政府の各種情報および行政サービスを向上させる政府」と定義できる[6]．韓国政府は，前述の「電子政府法」の第2条第1項において「電子政府とは，情報技術を活用して行政機関及び公共機関の業務を電子化し，行政機関などの相互間の行政業務および国民に対する行政業務を効率的に遂行する政府」と定義している．

　電子政府と類似の概念として，「デジタル・ガバメント（Digital Government）」という用語がある．OECDは，「（デジタル・ガバメントとは）公益の利益を創造するためにデジタル技術を使用すること」と定義し，単なる行政サービスへのITの利用を意味する「電子政府」よりも進化した概念として捉えてい

る[7]．しかし，韓国では，電子政府とデジタル・ガバメントを区別せずに「電子政府（전자정부）」という用語を使用することが多く，本章で引用している各種文献においてもその多くが電子政府という呼称を使用している[8]．よって本章では，用語が意図的に区別して使用されている場合を除き，電子政府という用語に統一している．

(2)　電子政府の登場背景

　電子政府という概念は，1993 年に出帆した米国のクリントン政権から始まった．当時のアル・ゴア副大統領が主導した「情報スーパーハイウェイ構想[9]」と呼ばれる全米情報基盤政策がその始まりとされる．同計画は，クリントン政権の電子政府事業の起爆剤となり，以後，欧州や日本など先進国での電子政府推進に影響を及ぼしていった．

　米国において電子政府が推進された背景には，財政赤字削減のための小さな政府の追求と，行政サービスの縮小に対する国民の不満があった[10]．そこで，以前と同水準のサービスをより少ない費用で供給する方法が模索されることになり，その技術的解決策として登場した形態が「電子政府」であった．電子政府は，情報通信技術を活用することで，サービス伝達の技術的費用を減少させようとする試みとして各国で導入されていった．なお，電子政府の登場と同時期に，民間部門と協働することで政府の業務に市場原理を一部導入し，効率性を向上させ行政負担を減らす目的で導入された理論が新公共管理（New Public Management, NPM）であり，電子政府は NPM 理論に基づく官民協働・疎通のためのツールとしても活用されていくことになった．

(3)　電子政府の現在

　社会全体の情報化の進展と公的問題の解決における民間部門との協働が拡大していく中で，政府が有する情報資源が公共サービスの一つとして認識されるようになっていった[11]．そのため政府には，新たな役割として行政情報の収集と分析，新たなデータの創出，他の公共機関や民間への情報提供など

が求められるようになり，デジタル化を通じた政府の透明性向上の必要性が一層認識されていくようになった．

　また，近年のクラウド，ビックデータ，ソーシャルメディアなどの ICT の発展に伴い，求められる電子政府の機能は変容しつつある．市民や企業，NGO などの多様な民間行為者らが，ICT を介して政府と持続的に協議と調整を行い，社会問題を解決する過程および構造としての電子政府へと発展しつつある．市民が一方的な公共サービスの受益者として「客体」として存在するのではなく，企業や市民社会が政府と協働して公共サービスを生産・提供していく「主体」として参加する「クラウドソーシング型」の電子政府である[12]．こうした市民参加志向型の電子政府は，行政の効率性や効果性，サービスの質の向上といった伝統的な行政的価値の実現にとどまらず，協働型ガバナンスに基づいた民主的な政府を実現するための取組みと言える．

2.　韓国の行政デジタル化の変遷

(1)　朴正熙・全斗煥・盧泰愚政権（1960 年代〜 1993 年）：行政電算化の開始

　韓国の電子政府は，2000 年頃から本格的に始まったが，その前段階である行政の電算化（コンピュータ化）は，朴正熙政権下の 1967 年に経済企画院が人口センサスの統計処理のために 1 台のコンピュータを導入したことから始まった．行政安全部が 2017 年に作成した韓国の電子政府の変遷に関する資料集の題目が『電子政府 50 年』となっているのはそのためである．1970 年には経済企画院が予算業務の電算化を，1971 年には逓信部が電話料金業務の電算化に取り組み，その他の官庁およびソウル市などもそれぞれ電算化を開始した．

　行政電算化の効果を認識した当時の朴正熙大統領は，国家レベルで総合的に電算化を推進することを決定し，その司令塔として 1975 年に総務処内に国務総理が委員長を務める「行政電算推進委員会」を設置した．同委員会が中心となり，国家的な電算化の推進に必要な規定の制定や基本計画の策定など

が行われた[13]。

　なお，1962年に住民登録法が制定されたことも，今日の韓国の電子政府の基盤を提供したという意味で重要であった。住民登録制度そのものは，南北分断という国内状況における安保上の目的が大きかったといえるが，関連の法改正を経る中で1968年に始まった住民登録番号制度は，情報通信環境下での重要な個人識別手段として活用されるようになり，韓国のあらゆる分野でのデジタル化の進展を支えることになった[14]。

　1980年代以降からは，全斗煥政権と続く盧泰愚政権下において，汎政府レベルで「国家基幹電算網事業」が推進された。同事業では，各行政機関の電算化（主要情報のデータベース化）という従来の方針は維持しつつ，その範囲を全国の金融機関や教育機関，国防や安全保障といった分野にまで拡大させていった。1987年からは第一次国家基幹電算網基本計画として住民登録管理，不動産管理，自動車管理，通関管理，雇用管理，統計管理といった6つの業務の電算化が，1992年からは第二次国家基幹電算網基本計画として国民福祉，郵便局総合サービス，海上貨物管理，知識財産権情報管理，気象情報管理，政府内物品目録管理，漁船管理といった7つの業務が電算化されていった。また，電算網関連の管理・標準化および技術支援や関連事業の妥当性の検討などを専門に行う支援機関として韓国電算院（NCA：National Computerization Agency）が設立された。

(2)　金泳三政権（1993～1998年）：情報化の推進と電子政府の登場

　1990年の中盤になると，韓国を取り巻く環境に変化が訪れた。WTOが設立されるなど経済の世界化が急速に進む中で，情報技術とインターネットの発展によって「デジタル経済」が登場し，先進国を中心に急速に拡大し始めた。このような経済的・技術的な環境変化の中で，1993年に軍事政権後初の文民政権として発足した金泳三政権は，「産業化は出遅れたが情報化は先を行かねばならない」という認識に基づき，政府のデジタル化を推進した。金泳三政権が積極的にデジタル化を推進した背景には，韓国を取り巻く環境的変

化のほか，政権が推進する金融実名制などの改革プログラムにおいて，行政のデジタル化が必要不可欠であるという理由もあった[15]．

　金泳三政権は，1994 年に逓信部を拡大改編して情報通信部を新設し，通商資源部や科学技術処などに分かれていた情報化関連業務や，情報通信産業の育成および通信・放送技術の開発業務などを同部署へ一元化した．1995 年には情報化事業の根拠法として「情報化促進基本法」を制定し，同法に基づいて国務総理を委員長とする「情報化推進委員会」を設置し，国家と社会の情報化の推進体系を整えた．1996 年には情報化促進基本計画を策定し，公共部門の情報化促進や情報通信産業の基盤情勢，超高速情報通信網の構築及び社会インフラの整備などの推進を決定した．同計画では，韓国の公式文書で初めて「電子政府」という用語が使用されたが，これは米国を中心に世界的に広がり始めた電子政府という概念を，韓国政府が新たな行政課題として認識するようになったことを意味した[16]．また，同計画に基づいて高速通信網が整備される中で，デジタル化を通じた市民向けの行政サービスの改革が進められた．One-Stop の民願処理サービス[17] の拡大が進められ，デジタル化の恩恵が徐々に市民にも波及し始めた．

　朴正熙政権期から金泳三政権期までの関連政策は，行政の効率化・合理化のための電算化・情報化が中心であり，多省庁間による連携事業中心というよりは，単一省庁中心の個別的な情報化という性格が強かった．一方で，以降の情報化の礎となった「住民登録番号制度」の開始や「情報化促進基本法」の制定，民間の情報化産業育成の開始，超高速情報通信網の構築など，その後の情報化政策を支える基盤を構築したという点で重要な時期であった[18]．

(3)　金大中政権（1998 〜 2003 年）：本格的な電子政府の推進

　1990 年代後半は，世界的に知識情報社会が一層進展する中で，IT 産業が経済発展の主要な動力として認識されるようになり，先進国では情報化への投資を増大させた[19]．他方，韓国は IMF 外貨危機によって経済に深刻な打撃を受けており，構造改革が喫緊の課題となっていた．このような状況におい

て，国家競争力の強化と国内での雇用創出を迫られた金大中大統領は，「世界で最もコンピュータを使用する国を作る」と宣言し，1999 年 3 月に IT 産業への集中投資や社会全般の情報化推進を掲げた「Cyber Korea 21」計画を策定した．

　金大中大統領は，新政府の組織改編に着手し，総務処と内務部を統合して行政自治部を新設した．行政自治部は，情報通信部および企画予算処と共同で行政のデジタル化を担当することになった．1999 年 9 月，行政自治部は「電子政府総合実践計画」を発表した．これは「情報技術を活用した行政計画を通じ，生産性が高く国民中心の質の高いサービスを提供する 21 世紀知識情報社会型電子政府の実現」を目標とするものであった[20]．しかし同計画は，各省庁が個別に掲げた計画を土台として行政情報化施行計画を策定することになっていたため，汎政府的な統一性と長期的なビジョンが欠如していた．これまでの韓国の電子政府事業は各省庁別に推進されてきたため，省庁間の情報連携及び共同活用と統合的な調整には未だ限界が存在していた[21]．

　そこで，汎政府的な行政改革の観点から電子政府を推進する必要性が提起された．まず，2001 年に大統領直轄の「電子政府特別委員会」が設置され，省庁の枠を超えた電子政府推進の司令塔が設置された．また，同年には世界初の電子政府に関する法律である「電子政府実現のための行政業務などの電子化促進に関する法律」（2007 年より名称を「電子政府法」に変更）が制定され，本格的な電子政府推進のための制度的基盤が整備された．電子政府の推進目標としては，①電子政府の単一窓口を通じた対国民サービスをインターネットで処理できるようにする（G4C），②政府と企業間の電子取引方式を適用し，透明性を最大化する（G2B），③行政業務の処理において，生産性と透明性を最大化する（G2G），④情報流通および管理の安全性と信頼性の確保，が設定された．この 4 大目標の下，大統領が直轄のプロジェクトとして電子政府事業が推進されていった[22]．

　金大中政権による国家情報化政策は，IT インフラの拡充および IT 産業の成長など，量的な側面では一定の成果を見せた．一方で公共部門においては，

持続的に ICT 関連の投資が進められたにも関わらず，各省庁が競争的・個別的にシステム構築を推進したため，省庁間の情報共有及び連携活用の改善という目標は達成できず，質的な効果は不十分であった[23].

(4)　盧武鉉政権（2003 ～ 2008 年）：電子政府の発展と参与政府

　2003 年 2 月に発足した盧武鉉政権は，前政権の電子政府関連政策を継承しつつ，それを拡大していった．盧武鉉政権は電子政府を行政改革のための主要手段として位置づけ，電子政府の推進を通じて「公務員の働き方改革による透明な行政」,「情報資源管理の革新による効率的な行政」,「情報サービス改革による参加する行政」を追求していくとした.

　盧武鉉政権は，電子政府のビジョンを「世界最高水準の開かれた電子政府の実現」と定め，具体的な推進目標を 3 つ掲げた．第一に，「サービス伝達改革を通じたネットワーク政府の構築」である．ICT を活用して電子政府のサービスを実現しながら，政府の国民に対する各種サービスの量的拡大と質的高度化が図られた．第二に，「行政の効率性と透明性の向上を通じた知識政府の実現」である．電子政府化を通じて政府が保有する行政情報の公開・共有及び共同活用を拡大し，行政の透明性と公職の責任性を高め，政策決定とサービス提供などの全般的な情報活用の水準を高めるとした．第三に，「真正なる国民主権を実現する参与政府の構築」である．これは，国民が電子政府を通じて国政過程の全般に参与（参加）できるようにするという構想であった.

　こうしたビジョンの下，盧武鉉政権は「電子政府ロードマップ」を構成した．同ロードマップは「働き方改革」,「対国民サービス改革」,「情報資源管理改革」,「法制整備」などの 4 大分野における 10 のアジェンダと 31 の課題を選定したもので，課題を克服していくことで先進的な行政を実現していくとした．「対国民サービス改革」では，対国民・対企業向けサービスの高度化に加え，デジタルを通じた市民参加の拡大がアジェンダに設定された．国民の提案や苦情を政府が聴取してそれを政策に反映するための受容体制の整備や，国民の行政への参加手段の構築の必要性が，政府内外から提起されたた

めである[24)]．盧武鉉政権は，これを優先推進課題として選定し，国民の円滑な政策参加と提案や苦情を受け付ける単一請求オンライン窓口として国民権益委員会が運営する「国民申聞鼓[25)]」を導入した．

　盧武鉉大統領は，政権初期から電子政府を強力に推進し，今日の世界最高水準とされる韓国行政のデジタル化を成し遂げたと評価される[26)]．盧武鉉政権での取り組みの中でも注目すべきは，「真正な国民主権を実現する参与政府の構築」の手段として電子政府が位置付けられた点である．2003 年に発足した盧武鉉政権は，「ノサモ」と呼ばれる熱狂的な盧武鉉支持者たちによるオンライン上での積極的な支援活動によって当選に至った．これは，当時すでに100 人あたりの超高速インターネット加入者数が世界一となっていた韓国において，インターネットを用いたコミュニケーション構造の刷新が起こっており，こうした情報革命が，国民から政府に対する異議申し立てや討議の文化と相乗効果を生みながら成長し，韓国のデジタル・デモクラシーを発展させていった[27)]．そうして誕生した政権であったがために，民主的な電子政府推進の必要性を当初から認識していた．

(5)　李明博政権（2008 〜 2013 年）：スマート電子政府構想

　2008 年に発足した李明博政権は，与野党の 10 年ぶりの政権交代でもあった．政権交代の影響は，電子政府の推進にも影響を及ぼした．李明博大統領は，金大中・盧武鉉政権の時代を「失われた 10 年」と批判し，発足後直ちに大規模な政府組織の改編を断行した．改編によって 1995 年以来，電子政府政策の中心機関であった情報通信部が廃止され，国家情報化の機能を行政安全部（旧行政自治部）に移管し，電子政府と国家情報化の機能を統合した．その他の情報通信部の機能は，知識経済部（IT 産業政策），放送通信委員会（電波及び通信，放送通信融合，ネットワーク保護など）等にそれぞれ移管された．また，2009 年 5 月には，韓国情報社会振興院（旧韓国電算院）と韓国情報文化振興院が統合され情報化戦略の策定やシステム調達支援および事業評価などを行う政府系シンクタンクである情報化振興院（NIA：National Information Society

Agency）を設置した．また，金泳三政権期に制定された「情報化促進基本法」を「国家情報化基本法」に改正し，大統領直属の意思決定機関である「国家情報化戦略委員会」を発足させた．地方自治体のデジタル化に関連しては，自治体情報化戦略の策定や共同利用システムの開発・維持・運用などを担当する地域情報開発院（KLID：Korea Local Information Research & Development Institute）を 2008 年に新たに設置した．

　こうした改編の背景には，前政権までの電子政府の成果に対する評価に加え，デジタル化を促進中心で進めてきた既存の政策の限界に対する認識があった．行政内部では，持続的な電子政府の推進によって中央政府と地方政府で多くの情報システムが構築されたものの，データと情報システムが機関別に運営されていたため互換性についてはなお課題が多く，共同活用を通じた費用の節減や成果の創出といった結果が十分に出せずにいた[28]．また，複数の省庁間で電子政府の主導権争いなども発生しており，事業の重複などの問題も生じていた．加えて，行政外部では，構築された強固なインフラによってインターネット利用者数が 3,400 万人に達するなど社会の情報化は進んだものの，一方では有害情報や虚偽情報がインターネット上に氾濫し，ハッキングや個人情報の流出といった社会問題が拡大しており，こうした課題に対応できる政府組織体制の整備が急務となっていた．

　新たな組織体制を整備した李明博政権は，「断絶と分散」の情報化から「疎通と融合」の情報化へ，「促進」から「活用」の情報化へと政策パラダイムの転換を推進した．この方針に則り，これまでの政府中心の推進体系を官民協業型ガバナンス体系へと転換し，民間の専門性を最大限活用できる体制の構築を目指した．官民の協力を通じた情報化政策の開発・推進を行うことで，市民参加と情報共有の新しいインターネット文化環境に対応し，情報化の成果の最大化を図ろうとしたものであった．前述の情報化振興院などは，職員の約半数が民間人で構成された．

　任期中盤の 2011 年には，「国民と 1 つになる世界最高の電子政府の実現」として「スマート電子政府」構想を発表した．スマート電子政府とは，最新

IT 技術と政府のサービスを融合させていつどこでも媒体に関係なく自由に市民が望むサービスを提供する政府とされ，①情報とサービスの公開および解放，②使用者中心のサービス統合，③組織や部署間の協業と情報共有，④環境親和的で低コストのシステム構築（グリーン情報化）を目指すとされた．

(6)　朴槿恵政権（2013 ～ 2016 年）：「政府 3.0」の推進

　朴槿恵政権は，世界的な低成長の長期化と不確実性の増大といった経済社会的な問題を克服するために，行政デジタル化に対する新しい役割の付与と政策転換の必要性を提起した．また，社会的には，国民の間にスマートフォンが広く普及し始めるなどの通信環境の変化が起きていた．こうした行政内外の環境変化を受けて，朴槿恵政権は，政府主導の政策推進形式ではなく，国民の想像力と創意力を ICT と結合させることで社会課題を解決して新しい価値と雇用を創出するというデジタル化の役割に注目し，デジタル分野における官民の協力体制の強化を図った[29]．また，政府は IoT，ビックデータ，クラウドコンピューティング，モバイル，AI などの様々な ICT 関連の新技術を活用した国家的な懸案の解決を目指すこととし，ビックデータとしてクラウド上に保存された公共データを民間に積極的に公開・開放することで，民間企業が公共情報を活用したサービスを開発できるようになり，クラウド基盤の情報資源の効率化が推進されていった．

　朴槿恵政権は，看板政策として「政府 3.0」を推進した．「政府 3.0」とは，政府から国民への一方向（1.0）を超えた双方向の政府（2.0）を実現し，その上で，国民中心のオーダーメイド型の情報およびサービスを提供する政府（3.0）を達成する，というものである．この目的を達成するために「政府 3.0推進委員会」が設置されたが，同委員会は委員長を務める国務総理の下，政府委員 6 名，民間委員 10 名で構成され，官民の協力を意識した構成となった．「政府 3.0」は，公共データの公開と解放がその鍵を握っていたこともあり，自然と既存の電子政府事業と融合し推進されていった．

　一方で，朴槿恵大統領は，政府 3.0 の政策的な焦点を毎年変化させた．そ

のため，その方針は一貫性に欠けており，現場の公務員たちに混乱をもたら
したとの批判も存在する[30]．

　政府 3.0 型の行政サービスとして，「政府 24」を挙げることができる．これ
は，異なる省庁間の行政サービスの連携および各種申請書類発行，政策情報
の公開等のサービスを統合したオンラインプラットフォームである．「政府
24」の運用開始は文在寅政権下（2017 年 5 月）であるが，構想は朴槿恵政権下
で練られたものであった．「政府 24」は，住民登録番号を基盤とした各種証
明書の発行や行政申請が行えるワンストップポータルサイトであり，2024 年
現在の提供サービス数は 12,181 種類，登録会員数（累積）は 2,300 万人を超
えており，国民の 3 人に 1 人は電子政府サービスを使用している[31]．

　いずれにせよ，金大中政権から本格的にスタートした韓国の電子政府は，
この頃には世界最高水準と認定されるまでに発展した．韓国式の電子政府シ
ステムの海外への輸出も本格化し，2015 年には電子政府関連輸出額が 5 億ド
ルに達成するなど，グローバルな「行政韓流」を先導していった[32]．

(7) 文在寅政権（2017 〜 2022 年）：デジタル・ニューディール政策

　前大統領の弾劾によって誕生した文在寅政権は，国家ビジョンを「国民の
国，正義の大韓民国」とした．これは，国民との疎通が十分ではなかったと
いう朴槿恵政権に対する国民の批判，国民が国家の主人であることを確認し
た「ろうそく革命」の精神を意識したものであった．2017 年 8 月に政権発足
100 日目から開始された国民向けデジタル請願プラットフォーム「青瓦台国
民請願」などは，その国家ビジョンを反映した代表的な政策の 1 つであった．

　文在寅政権の初期においては，積もり重なった過去の弊害の清算を目指す
「積弊清算」と雇用の創出が優先的な国政課題とされたため，デジタル行政改
革はほとんど進展しなかった．その原因について，文在寅大統領がそもそも
政府改革にさほど関心を示さなかったことが指摘されている．実際に，文在
寅大統領は政府改革に関連した会議を主催したり参加したりすることがほと
んどなく，関連組織は推進力を得難い状況にあった．例えば，AI や IoT，ビッ

グデータなどの技術革新を基盤とした新しい産業やサービスの育成および社会変化への対応に必要な政策に関する事項等を審議・調整する司令塔として設置された「第4次産業革命委員会」についても，第一回の会合以降，大統領は一度も会議に参加せず，期待された効果を発揮することができなかった[33]．

　文在寅政権でのデジタル行政改革は，政権発足から2年が過ぎた2019年の後半から推進が開始された．政府は2019年10月に「デジタル政府革新推進計画」を発表し，政府における民間クラウドシステムの利用拡大や，政府データプラットフォーム開発と公共データ開放の拡大，AI基盤の統合サービス環境の構築などを目指した．また，コロナウイルス感染症が蔓延し始めると，行政窓口における非対面の本人確認手段の拡大等を実施した．

　2020になると，政府は2020年にコロナウイルス感染症による経済的・社会的ダメージからの復興のための「韓国版ニューディール政策」を発表した．同政策は2025年までの中長期予算計画となっており，デジタル・ニューディール，グリーン・ニューディール，ヒューマンニューディールの三つの柱から成っている．デジタル部門の対応課題としては，公共データや公共サービスへのAI活用や教育インフラのデジタル転換，スマート医療のインフラ構築，メタバースなどのプラットフォームや技術の開発基盤強化などが示された．

(8) 尹錫悦政権（2022年〜現在）：「デジタルプラットフォーム政府」の推進

　尹錫悦大統領は，大統領選挙戦の最中であった2022年初頭の記者会見において，政府組織のデジタル転換に関する内容を含む公約として「デジタルプラットフォーム政府」を宣言した．デジタルプラットフォーム政府とは，政府が一つのプラットフォームとなり，あらゆる行政機関を一つに連結し，ビックデータとAIサービスを活用して国民のための先制的・オーダーメイド型サービスを提供する政府改革戦略である．そのための4つの推進方向として，①国民が使用する民間プラットフォームと連携した公共サービス開発などの「国民体感先導プロジェクト」，②AIやデータ基盤の政策効果精密予測などの

国政運営の科学化を実現しデジタル時代にあった行政業務の再設計を行う「仕事のできる政府」, ③一度の認証や入力および決済によって各種公共サービスの処理などの官民協業基盤の汎政府データサービスの開発・連携・活用インフラを構築する「デジタルプラットフォーム政府改革エコシステムの造成」, ④個人情報を徹底に保護しデータの安全かつ信頼性のある活用を可能とするための「データ安全活用基盤の強化」を掲げた[34]. 政権発足後には「尹錫悦政府 120 大国政課題」を発表したが, そのうち 53 の課題 (44%) がデジタルと関連したものとなっており, 行政のみならず, 経済・社会・文化など国家全般のデジタル転換を強調した[35].

　尹錫悦政権は, 2022 年の 9 月に大統領直属機関として「デジタルプラットフォーム政府委員会」を発足させ, 改革の司令塔とした. 同委員会は, 構成委員 23 名のうち関連分野の現場経験を持つ民間人が 19 名を占めるなど, 民間との協働体制で構築された. 同委員会は, デジタルプラットフォーム政府実現のための総合的戦略と分野別政策, 主要事業および計画等を審議・調整し, 推進状況を点検・評価する機能を有している.

　尹錫悦政権のデジタル化政策の特徴は, AI を活用した行政業務の効率化に関する言及が随所に見られるほか, 李明博・朴槿恵政権と同様に民間, 特に企業との協働を強調している点にある. 上記委員会のほか, 官民のデジタル人材育成推進のための行政と企業との協議体である「デジタル人材アライアンス」の発足や, 国内のソフトウェア開発環境整備のための「ソフトウェア振興戦略」の策定などが行われた. これらは, 自由市場経済と民間主導を強調する尹錫悦大統領の国政哲学が反映されたものである.

　尹錫悦政権のデジタル政策についての客観的・数量的評価は, 任期半ばということもあり時期尚早ではあるが, 国内のデジタル行政の専門家からは, 「韓国における行政デジタル化のフェーズは自治体のデジタル化に移行しているが, 自治体のデジタル化に関する視点が欠けている」,「『デジタルプラットフォーム政府』という概念に関する議論が十分でなく, ビジョンも曖昧なため, 現場は混乱している」, といった声が聞かれる. また, 文在寅政権で設け

られた国民請願掲示板を廃止し，「非公開」，「実名制」，「特定団体や手段の利益を代弁する書き込みの制限」などを原則に運営される「国民提案」という国民意見の窓口を新たに設置するなど，デジタル・デモクラシーの観点からは後退したとの指摘も出ている．

3. 韓国の行政デジタル化の成功要因と日本への示唆点

(1) 韓国の成功要因

　韓国は 2000 年代初頭から本格的に行政の電子化事業を開始し，わずか10年で世界トップクラスの電子政府化を成し遂げ，その後もその機能を拡大し続けている．その成功要因について，本論の内容を踏まえ，以下の点を指摘する．

　第一に，大統領を中心とした強いリーダーシップである．行政のデジタル化は，行政組織に対し組織改革や業務改革を不可避的に要求するため，官僚組織の反発や硬直性の問題に直面しがちである．それを乗り越えて汎政府的なデジタル化を遂行していくためには，組織トップの強いリーダーシップが重要となる．朴正熙大統領の指示によって開始された行政データの電子化や，金大中大統領や盧武鉉大統領らが電子政府の国家ビジョンを示して関連施策を強く推進していったことが，韓国の急速な電子政府の発展を可能にした．特に韓国の大統領は，予算提出権や高位官僚の人事権を有するため，行政において強い権限を有しており，大統領の意向が政策に反映されやすい行政構造になっている．

　一方で，こうした行政構造は時としてマイナスにも作用する．朴槿恵政権では，大統領が毎年のように「政府 3.0」に関する政策の焦点を変え，それにも関わらず成果主義に基づき厳格な業務成果と評価を公務員に求めたことで，現場の公務員たちに混乱と不満をもたらした．文在寅政権では，大統領がデジタルによる行政改革にリーダーシップを発揮しなかったがゆえに，大統領

の関心事項（労働改革など）に比べ改革が進まなかった[36]．また，李明博大統領は，金大中・盧武鉉政権時代を「失われた10年」と批判し，前政権から続いていた電子政府関連事業の一部予算を一方的に削減した．政局の変化が行政に影響を与えやすいということは，安定的なデジタル化の発展にマイナスに作用する可能性もある．

　第二に，「選択と集中」に基づいた集中投資である．光ケーブルなどの情報通信関連インフラの整備に集中的に投資を行ったことで，デジタルを活用するための環境を整えた．こうした情報通信環境の整備が国内の ICT 関連企業の成長を下支えし，国民が日常的にデジタルを使用できるようにしたことで，社会全体のデジタルに対する受容度を高め，行政サービスのデジタル化を受け入れる社会的環境が整えられていった．また，行政デジタル化に関するソフト開発への投資についても，公的セクター間において重複投資とならないよう，中央政府が責任を負ってシステム開発と予算の負担を担い，地方自治体をはじめとする公的セクターに無償提供する形式をとったことで，統一的なシステムの運用と低コストでの維持・保守・改善を可能とした．

　第三に，韓国の政治体制における民主化過程と電子政府の発展時期の一致である．電子政府が本格的に推進・発展していく時期が，韓国において民主主義が発展・浸透していく過程と重なったことで，政府の透明性を向上させるツール，国民の政策参加を促進するツール，民主的な政府を実現するためのツールとしての電子政府が重要な意味を持った．その結果，業務の効率化や低コスト化という行政内部の要望のみならず，政府の透明性や民主性の向上といった行政外部の要望によってデジタル化を推進する動機が生じ，政府が国民の要望に応える形でデジタル化が発展していった．

　そのほかの成功要因としては，全国民を対象とした住民登録番号制度や，IT 専門人材の育成や市民向けの情報化教育の実施，電子政府法によって裏付けされた横断的な推進体制の整理などが挙げられる．

(2) 日本への示唆点

　日本は，森喜朗政権下であった2000年にIT戦略を韓国に先立って策定し，行政のデジタル化に着手した．その後，関連戦略は数次の改訂を経てきたが，目標通りのデジタル化を達成するには至っていない．日韓の行政デジタル化におけるこの差を生んだ要因について，以下の二点を指摘したい．

　第一に，その推進力と実行力の差およびそれを生み出す政治環境の差である[37]．世界的に電子政府が発展していった2000年代序盤に強い権限を持つ大統領が継続して政策を推進していった韓国と比べ，日本は同一政党ながら次々と首相が替わる期間が存在した．その結果，行政デジタル化関連施策は強い原動力を得ることができず，行政のセクショナリズムを突破できないままに，全体最適ではない部分最適としてのデジタル化が進められることになった．2021年にデジタル化政策の司令塔となるデジタル庁が誕生したことで，日本においても関連政策を持続的に推進していく環境が整ったものの，マイナンバーカード普及の苦戦などを見る限り，道のりはいまだ半ばであると言える．勿論，韓国においても本論で指摘したような大統領の意向が過度に反映されやすいという問題や，政局の影響が行政改革に及びやすいという問題も存在する．

　第二に，韓国ではデジタル化がもたらす恩恵としての行政の民主性向上という側面が明確に認識されている一方で，日本ではそうした側面での議論が充分ではないという点である．日本での行政のデジタル化は，行政業務の効率化や行政サービス利用時の利便性向上といった文脈で語られることが多く，そのほかのデジタル化の恩恵，すなわち市民が政府を監視・牽制するための情報公開（透明性の向上）や，行政と市民の疎通ラインの増加（民主性の向上）といった恩恵について，政府の認識は勿論，市民や社会の立場からも充分に認識されてこなかった[38]．他方，韓国では，電子政府の発展過程と民主主義の発展過程が重なっていたことで，市民から政府を統制するためのツールとしての電子政府の要求が発生し，政府がそれに応える形でデジタル化が一層推進されていった．政府に対する社会からの欲求が，デジタル化推進の外部

的プッシュ要因として働いたのである.

　特に,デジタル化と民主化の関係については,韓国だけの事象ではない.国連の電子政府の発展段階に関する分析においても両者の関係性は言及されている. 国連が 2008 年に提示した電子政府の発展段階によると,電子政府は,①政府機関間の水平的連携,②中央省庁と地方政府間の垂直的連携,③相互運用性確保のためのインフラ間連携,④政府機関と市民間の連携,⑤政策の利害関係者(政府・民間・企業)間の完全な連携,と段階的に発展していくという. これは①から③までは行政内部での効率性・合理性の向上を志向する段階,④と⑤は透明性・民主性・相互性の向上を志向する段階と分けることができ,前者を電子政府 1.0,後者を電子政府 2.0 と区分することもある[39].

　世界的に代議制民主主義の限界が指摘される中で,参加民主主義や熟議民主主義など,新しい民主主義の方向性が模索されている[40]. それを可能にするための概念的ツールとして,協働的ガバナンス(Collaborative Governance)や共同創造(Co-creation)といった,市民や民間企業などが参加した新しいガバナンスモデルが試みられている. このように,外部の知識を政治と行政のプロセスの中に統合する政府の形は,「開かれた政府(Open Government)」とも称される[41]. デジタル・ガバメントは,この「開かれた政府」を可能とするツールの役割を果たす. 高度情報技術を利用して市民の参加を増進し,市民と政策決定者間の協働的対話を促進することで,行政に市民の声が反映される仕組みを提供する. 行政は積極的に公共データを公開し,市民や企業がそのデータを活用して新たな公共的サービスを創出する. また,行政が積極的に市民との疎通と情報公開を推進する姿勢は,政府の信頼性を向上させ,市民のより積極的な参加と新たな公共サービスの創造を生む. こうした循環(エコシステム)を形成することが,行政デジタル化の 1 つの到着点である.

お わ り に

　韓国の著しい行政のデジタル化の成果は，産業化では遅れたが情報化では先を行こうという方針のもと，歴代の大統領が情報化と電子政府をアジェンダとして選定し，国家の資源と人材や予算などを集中投資し，そこに市民たちの民主的行政に対する要望が後押しをしたことで，世界最高水準のデジタル化を達成するに至った．行政のデジタル化が持つ価値を，単に政府の業務処理の合理化・効率化の手段として矮小化させることなく，民主的な行政を実現するためのツールとして捉えて発展させていった結果であり，韓国の民主主義の発展と電子政府の著しい発展は無関係ではない．

　現在，4次産業革命の技術が普遍化していく中で，AIやビックデータ，ソーシャルメディアなどが「民主主義の技術」(Technology for Democracy) として推進・活用されている．ICT を活用し，立法や議会，行政過程に市民の参加を試みる事例は世界的に存在する．政府の行政業務に対するデジタル市民参加プラットフォームも多くの国や自治体において試みられている．韓国以外でも，イギリスの「電子請願」，台湾の「Join」，フランス（パリ）の参加予算プラットフォーム「madame Mayor」などが存在する[42]．

　市民の活動空間は，オフラインのみならずオンライン上にも拡張しており，その内容も多様化・多量化している．そのような市民社会の変化の中で，行政がそのあり方を変化させずにいることは，行政としての役割を充分に果たしているとは言い難い．韓国の行政デジタル化の変遷を単なる技術的な先行事例として捉えるのではなく，その背景にある理念や市民と行政の関係性について，謙虚に学んでいく必要があるだろう．

　1）その後の 2016 年および 2018 年は 3 位，2020 年は 2 位，2022 年は 3 位を記録した．
　2）リュ・ヒョンスク（2015）『社会統合および持続可能な発展に寄与する望ましい電子政府像に関する理論研究』（韓国行政研究院調査報告書）ソウル特別市：韓

国行政研究院，3 頁.

3）野村敦子（2021）「新型コロナ禍が促すデジタル・ガバメントへの取り組み：わが国に求められる行政改革の意識とガブテックとの共創」（『JRI レビュー』5 号 (89)）11 頁.

4）前掲書，18 頁.

5）姜信一，稲葉美由紀（2014）「e- デモクラシーについての理論的な検討：電子政府，電子的な市民参加の観点から」（『九州大学大学院言語文化研究院言語文化論究』第 33 号），117 頁.

6）オム・ソクジン（2020）『政府のデジタル革新』大韓民国京畿道：ムンウサ，5 頁.

7）OECD（2019）*Digital government, in Government at a Glance 2019*, Paris: OECD, p.146.

8）日本においても，両用語は必ずしも区別されていない．例えば総務省ホームページにおける電子政府の説明では，「デジタル・ガバメント（電子政府・電子自治体）」と表記されている（総務省「電子政府（デジタルガバメント）って何？」https://www.soumu.go.jp/hakusho-kids/use/economy/economy_10.html).

9）Information Superhighway. 光ケーブルなどの高速通信回線によって全米全土にコンピュータネットワークを構築し，行政機関，民間企業，医療機関，家庭などを結ぶ社会基盤とする構想．2015 年までに情報通信網を構築する政府の計画は途中で頓挫したが，民間主導により整備されたインターネットの普及によって構想は実現された.

10）キム・ソクチュン，チェ・テヒョン他（2023）『ガバナンスの理解』京畿道：テヨンムンファサ，106-107 頁.

11）曽我謙悟（2022）『行政学』東京都：有斐閣，338 頁.

12）Moon, M. J. (2018), "Evolution of co-production in the information age: crowdsourcing as a model of web-based co-production in Korea", *Policy and Society*, Vol.37, No.3, pp294–309.

13）具体的に電信化した業務は，住民登録管理，旅券管理，労働，法罪，経済，財務情報，農業統計，その他許可など 60 種の業務であった.

14）行政安全部（2017）『電子政府 50 年』ソウル特別市：行政安全部，28 頁.

15）アン・ムンソク（1996）「韓国政府の情報化現況と課題：文民政府の情報化政策と以前の政権の情報化政策間の違い」（『韓国行政研究』第 5 巻第 3 号）9 頁.

16）春木（2021）「韓国の電子政府：歴史的制度論の視座からみる政策の背景と変遷」（『同志社社会学研究』第 25 号），72 頁.

17）民願（ミンウォン）とは，行政に対する申請や届出，陳情などの総称である（廉宗淳（2009）『電子政府・電子自治体への戦略：行政改革を導く』東京都：時事通信社，51-52 頁).

18）チョン・チュンシク（2021），「韓国の情報化および電子政府政策 30 年の変化」，

3 頁.

19）日本では電子政府の実現に向けて 2001 年に「e-Japan 戦略」が策定された．同戦略は，1990 年代半ばのインターネット商用利用開始を契機とした IT 革命を背景に，5 年以内に世界最先端の IT 国家となることを目標に，インフラや制度を推進するとした IT 戦略のことである（総務省（2022）『令和 3 年情報通信白書』）．「2003 年度までにすべての行政手続きをインターネット経由で可能とする」との目標が示されたが，現在も実現には至っていない．

20）行政自治部（1999）「電子政府総合実現計画」ソウル：行政自治部．

21）チョン・チュンシク（2009）「国家情報化推進体系に対する批判的検討」（『韓国地域情報化学会誌』第 12 巻第 4 号）39-66 頁．

22）チョン（2021）前掲書，11 頁．

23）オム　前掲書，57 頁．

24）行政安全部（2017）『電子政府 50 年』ソウル特別市：行政安全部，28 頁．

25）申聞鼓（シンムンゴ）とは，朝鮮第 3 代王の太宗（1367-1422）が 1401 年に設置した太鼓のこと．民衆は，法律機関に訴えても結果が納得しがたい場合，申聞鼓を叩くことで王に直接上訴することができた．

26）チョン・チュンシク（2023）「電子政府からデジタルプラットフォーム政府への転換：過去政府の経験から得られる教訓」（『韓国地域情報化学会誌』第 26 巻第 4 号）13 頁．

27）文京洙（2015）『新・韓国現代史』東京：岩波新書，225 頁．

28）オム　前掲書，61 頁．

29）チョン（2023）前掲書，4 頁．

30）チョン（2023）前掲書，17-18 頁．

31）「政府 24」ホームページ上の統計データより．

32）行政安全部（2017）前掲書，12 頁．

33）その他の例として，政府改革のために新設された「政府革新戦略会議」が挙げられる．文在寅大統領は，第一回の会議に参加し，その後も大統領の主催の下で年 2 回の会議を開催すると定めたが，その後会議は一度も開催されなかった．また，行政安全部は政府改革を推進するために「政府革新推進協議会」および「政府革新国民フォーラム」などを構成したが，これらの会議に大統領が参加することも一度もなかった．

34）行政安全部（2022）『行政安全部のデジタルプラットフォーム政府推進計画』世宗特別自治市：行政安全部，1-25 頁．

35）課題の詳細は，キム・ヨンウン（2023）「尹錫悦政府 1 年，デジタル政策推進の現況と成果」（韓国知能情報社会新興院報告書）を参照．

36）チョン（2023）前掲書，17-21 頁．

37）同様の指摘について，島田達巳（2014）126 頁を参照．

38）デジタル庁（2023）「デジタル社会の実現に向けた重点計画」を参照すると，「デ

ジタル社会を形成するための基本原則」の原則 1 に「オープン・透明」が置かれており，今後は「情報公開により官民の連携を推進」するとされている．ただし，ここには，行政文書や政策決定過程の積極的な公開や市民からのアクセスの改善についての言及は見られない．また，同資料の「デジタル化により我が国が目指す社会の姿」では，「誰一人取り残さない」デジタル化の重要性を強調しているが，これはデジタル・デバイド（情報格差）の解消という観点から論じられており，本論において論じるような市民と行政の疎通の拡大や市民の ICT を通じた政策決定過程への参加といった観点は考慮されていないと言える．

39）リュ（2015）前掲書，69 頁．

40）ソン・ヒョンジェ（2020）「民主主義の技術：電子民主主義の進化のために」（『月刊中心社会』5 月号）56 頁．

41）リュ・ヒョンスク（2015）52 頁．Hilgers（2012）の再引用．

42）キム・ユヒャン（2020）「〈デジタル民主主義の現在と未来②〉デジタル民主主義はどこまできたのか？」（『KISO ジャーナル』第 39 号）17 頁．

参 考 文 献

Moon, M. J. (2018), *"Evolution of co-production in the information age: crowdsourcing as a model of web-based co-production in Korea"*, Policy and Society, Vol.37, No.3.

OECD. (2019), *Digital government, in Government at a Glance 2019*, Paris: OECD. https://doi.org/10.1787/c77e9a28-en 146 頁．

UNDESA (2022), *United Nations E-Government Survey2022*, New York: United Nations.

姜信一，稲葉美由紀（2014）「e- デモクラシーについての理論的な検討：電子政府，電子的な市民参加の観点から」（『九州大学大学院言語文化研究院言語文化論究』第 33 号）117–134 頁．

自治体国際化協会（2009）『日本と韓国にみる電子自治体の推進』東京都：自治体国際化協会．

島田達巳（2014）「電子政府・自治体の日韓における比較研究」（『日本情報経営学会誌』第 34 巻第 4 号）116–129 頁．

総務省（2022）『令和 3 年情報通信白書』．

―――「電子政府（デジタルガバメント）って何？」https://www.soumu.go.jp/hakusho-kids/use/economy/economy_10.html（2024.5.30. アクセス）．

曽我謙悟（2022）『行政学』東京都：有斐閣．

デジタル庁（2023）「デジタル社会の実現に向けた重点計画」https://www.digital.go.jp/policies/priority-policy-program（2024.5.30. アクセス）．

野村敦子（2021）「新型コロナ禍が促すデジタル・ガバメントへの取り組み：わが国に求められる行政改革の意識とガブテックとの共創」（『JRI レビュー』第 5 巻第 89 号）．

―――（2020）「韓国のデジタル・ガバメント：行政改革と一体となった中央集権・組織横断型の取り組み」（日本総研 リサーチ・フォーカス No.2020–034）．

春木育美（2021）「韓国の電子政府：歴史的制度論の視座からみる政策の背景と変遷」
　（『同志社社会学研究』第 25 号）67-82 頁.
文京洙（2015）『新・韓国現代史』東京：岩波新書.
廉宗淳（2009）『電子政府・電子自治体への戦略：行政改革を導く』東京都：時事通信社.

（韓国語文献：タイトルは研究者訳）
アン・ムンソク（1996）「韓国政府の情報化現況と課題：文民政府の情報化政策と以前
　の政権の情報化政策間の違い」（『韓国行政研究』第 5 巻第 3 号）.
イ・スンジョン，キム・ヘジョン（2018）『市民参加論』ソウル特別市：パクヨンサ.
オム・ソクジン（2020）『政府のデジタル革新』大韓民国京畿道：ムンウサ.
行政安全部（2022）『行政安全部のデジタルプラットフォーム政府推進計画』世宗特別
　市：行政安全部.
行政安全部（2017）『電子政府 50 年』世宗特別自治市：行政安全部.
行政自治部（1999）『電子政府総合実現計画』ソウル特別市：行政自治部.
キム・ソクチュン，チェ・テヒョン他（2023）『ガバナンスの理解』京畿道：テヨンム
　ンファサ.
キム・フンジョン（2022）『日本のデジタル転換政策の評価と示唆点』（対外経済政策
　研究院 研究資料 22-01）世宗特別自治市：対外政策研究院.
キム・ユヒャン（2020）「〈デジタル民主主義の現在と未来②〉デジタル民主主義はど
　こまできたのか？」（『KISO ジャーナル』第 39 号）15-21 頁.
キム・ヨンウン（2023）「尹錫悦政府 1 年，デジタル政策推進の現況と成果」（『韓国知
　能情報社会新興院』報告書）.
政府 24 ホームページ. https://www.gov.kr/portal/dataviewgov.
情報通信部・韓国電算院（2005）『参与政府の電子政府』ソウル特別市：情報革新地方
　分権委員会.
ソン・キョンジェ（2020）「民主主義の技術：電子民主主義の進化のために」（『月刊中
　心社会』5 月号）56-63 頁.
チョン・チュンシク（2023）「電子政府からデジタルプラットフォーム政府への転換：過
　去政府の経験から得られる教訓」（『韓国地域情報化学会誌』第 26 巻第 4 号）1-34 頁.
―――（2021）「韓国の情報化および電子政府政策 30 年の変化」（『知能情報技術動向』
　創刊号）3-30 頁.
―――（2009）「国家情報化推進体系に対する批判的検討」（『韓国地域情報化学会誌』
　第 12 巻第 4 号）39-66 頁.
リュ・ヒョンスク（2015）『社会統合および持続可能な発展に寄与する望ましい電子政府
　像に関する理論研究』（韓国行政研究院調査報告書）ソウル特別市：韓国行政研究院.

執筆者紹介 （執筆順）

木村 健二（キムラ ケンジ）　客員研究員・下関市立大学名誉教授

尹 惠貞（ユン ヘジョン）　客員研究員・一橋大学大学院言語社会研究科研究員

新井 佑一（アライ ユウイチ）　客員研究員

文 純實（ムン スンシル）　研究員・中央大学商学部准教授

神谷 丹路（カミヤ ニジ）　客員研究員・早稲田大学・法政大学非常勤講師

韓 梨惠（ハン リヘ）　客員研究員・千葉大学・法政大学ほか非常勤講師

李 熒娘（イ ヒョンナン）　研究員・中央大学総合政策学部教授

早川 和彦（ハヤカワ カズヒコ）　客員研究員・筑波大学附属駒場中・高等学校教諭

樋口 雄一（ヒグチ ユウイチ）　客員研究員・元高麗博物館館長

朴 敬玉（パク ケイギョク）　客員研究員・帝京大学経済学部准教授

金 守香（キム スヒャン）　客員研究員・一橋大学大学院社会学研究科特別研究員

李 圭洙（イ キュス）　客員研究員・全北大学学術研究教授

辻 信行（ツジ ノブユキ）　客員研究員・法政大学沖縄文化研究所国内研究員

上別府 正信（カミベップ マサノブ）　客員研究員・中央大学政策文化総合研究所客員研究員

藤田 忠義（フジタ タダヨシ）　客員研究員・社団法人歴史問題研究所民衆史研究班運営委員

髙木 佳祐（タカギ ケイスケ）　準研究員・ソウル大学行政大学院博士課程後期課程

韓国・朝鮮の近現代史と日本
中央大学政策文化総合研究所研究叢書33

2025 年 3 月 31 日　初版第 1 刷発行

編著者　李　熒娘

発行者　中央大学出版部

代表者　松本　雄一郎

〒 192-0393　東京都八王子市東中野 742-1
発行所　中央大学出版部

電話 042（674）2351　FAX 042（674）2354

© 2025 李熒娘　ISBN 978-4-8057-1432-4　　印刷・製本 城島印刷㈱